改革开放与中国企业发展

（上　卷）

本书编写组

出版说明

习近平总书记指出，改革开放是决定当代中国命运的关键一招，也是决定实现“两个一百年”奋斗目标、实现中华民族伟大复兴的关键一招。隆重庆祝改革开放 40 周年，是今年党和国家政治生活中的一件大事。经党中央批准，中共中央宣传部组织开展了庆祝改革开放 40 周年“百城百县百企”调研活动。

为用好调研成果，讲好改革开放故事、凝聚改革开放共识、坚定改革开放再出发的信心和决心，我们精选 164 篇优秀调研报告，组织编纂了庆祝改革开放 40 周年“百城百县百企”调研丛书，包括《改革开放与中国城市发展》《改革开放与中国县域发展》《改革开放与中国企业发展》3 种共 9 卷。丛书以点带面梳理总结改革开放 40 年的光辉历程、伟大成就和宝贵经验，突出展示党的十八大以来以习近平同志为核心的党中央带领全国各族人民推动改革开放和社会主义现代化建设取得的历史性成就、党和国家事业发生的历史性变革，是一部中国特色社会主义和中国梦宣传教育的鲜活教材。

本书编写组

2018 年 11 月

改革开放与中国企业发展

目录

CONTENTS

上卷

中 卷

下 卷

国家开发银行：世界开发性金融史上的中国贡献

中国社会科学院国家金融与发展实验室

对发展中国家而言，中长期发展投融资是迫在眉睫的任务。尽管先发国家提供了自工业革命以来的丰富经验，但中长期投融资问题一直未能得到较好的解决。而这一点恰恰又是发展中国家迫切需要的。

于是一种新的金融形态——开发性金融——横空出世。1979 年世界开发性金融协会成立，其成员遍布全球 100 多个国家和地区。1994 年中国国家开发银行成立，宣告中国特色的开发性金融从此诞生。相比那些百年以上的老牌银行，区区 24 年行龄的国家开发银行不过是一位翩翩少年，但其所取得的成绩却引人注目。

以实现国家发展目标为己任的国开行，24 年来一直与中国经济风雨同舟，始终承载着国家中长期投融资引擎的职责，坚定履行着“增强国力、改善民生”的使命，充当国家关键领域、薄弱环节的急先锋以及非常时期、特殊场合的“别动队”。

如今，国开行已成为全球最大开发性金融机构，2017 年资产总额达到 16 万亿元人民币（约合 2.5 万亿美元），超过了世界银行、亚洲开发银行等国际开发性金融机构的规模总和；同时又使不良贷款率控制在 1% 以下，创造了开发性金融机构的发展奇迹。

当西方学者习惯通过一种有色眼镜来看中国的时候，中国的一切成就都会打折扣。但国开行的表现却让这些西方学者主动摘下了有色眼镜。一篇由诺贝尔经济学奖获得者斯蒂格利茨作为合作作者之一、发表在欧洲顶级经济学杂志上的论文，对国开行的实践给予了高度的肯定和赞赏。这篇研究开发性金融的论文特辟一个专栏介绍国开行的投资模式，并强调：尽管其享有独特的结构性优势（如政府信用和特许权），但是，它能够以一种严谨和复杂的项目审批制度达成可持续性的贷款模式且坏账率比一般商业银行还低，这确实是值得复制和推广的。

实践证明，以国家开发银行为代表的开发性金融机构在实现政府发展目标、弥补市场失灵、提供公共产品、熨平经济波动、助推市场化改革、促进创新发展等方面具有不可替代的独特优势。在工业化与城镇化快速推进过程中，国家开发银行充分利用中国特色的制度优势，寻求政府与市场之间的优势互补方式，创造性地解决中长期投融资难题，将会为全球基础设施领域中长期融资不足问题提供中国智慧和中国方案，从而在世界开发性金融史上写下浓墨重彩的一笔。

国家开发银行的发展历程是中国改革开放的一个缩影。国家开发银行的成功探索向我们展现了中国改革开放的波澜壮阔与光辉愿景。

一、与改革开放同行

（一）因改革开放而生

国家开发银行是体制改革的产物，是在改革开放的大潮中应运而生的。

1992 年 10 月，党的十四大确立了建立社会主义市场经济体制的宏伟目标，我国改革开放和现代化建设进入新的历史阶段。此后，我国开始综合推进财政、税收、外贸、计划、投资等多个领域的整体性改革，金融体制改革和投融资体制改革是其中的重点。

1993 年 3 月，时任国务院总理李鹏在第八届全国人大一次会议上作《政府工作报告》，对金融体制改革做出部署，强调深化金融体制改革是建立市场经济的重要环节，并首次提出了政策性银行的概念。金融体制改革与投融资体制改革密不可分。1993 年 6 月，中共中央、国务院六号文件“十六条”措施中的第八条指明了投融资体制改革的方向，并将建立政策性银行作为投融资体制改革的主要突破口：“投资体制改革要与金融体制改革相结合。从改革投资体制入手，尽快建立政策性银行，逐步实现政策性金融与商业性金融相分离。组建国家长期开发信用银行、出口信贷银行等政策性银行，专门承担政策性投融资和贷款任务。”1993 年 7 月，时任国务院副总理朱镕基在全国金融工作会议中阐明了政策性银行的基本属性和基本特征：“政策性银行在国家产业政策和规划的指导下，在国家财政的支持下，不以盈利为目的，自主经营、自负盈亏、自担风险。”

建立国家政策性银行的一系列改革设想和举措，最终反映在 1993 年 11 月党的十四届三中全会通过的《中共中央关于建立社会主义市场经济体制若干问题的决定》中。该决定提出投资领域要实现市场对资源配置的基础性作用，并明确提出了加快金融体制改革、实行政策性业务和商业性业务分离、组建国家开发银行的任务。该决定强调国家重大建设项目，按照统一规划，由国家开发银行等政策性银行，通过财政投融资和金融债券等渠道筹资，采取控股、参股和政策性优惠贷款等多种形式进行。正是在这一文件中，“国家开发银行”的名称正式启用。同年 12 月，为贯彻落实党的十四届三中全会精神，国务院出台《关于金融体制改革的决定》（国发〔1993〕91 号），要求通过建立政策性银行，割断政策性贷款与基础货币的直接联系，确保人民银行调控基础货币的主动权。该决定专门对组建国家开发银行做了部署，将国家开发银行定位为办理政策性国家重点建设项目的贷款及贴息业务的政策性银行。更具体地说，国家开发银行配置资金的对象是国家批准立项的基础设施、基础产业和支柱产业的大中型基本建设、技术改造等政策性项目及其配套工程（简称“两基一支”）。该决定还明确提出国家开发银行从 1994 年开始运作。国家开发银行已呼之欲出。

1994 年 3 月 17 日，《国务院关于组建国家开发银行的通知》（国发〔1994〕22 号）发布，国家开发银行正式成立，标志着我国金融体制改革迈出了重要一步。国家开发银行正式向国内外各界发布公告，宣布开业的时间是 1994 年 4 月 14 日。颇有巧合意味的是,4 月 14 日是“试一试”的谐音，而国家开发银行的成立是一个革新的创举，具有探索金融改革道路的拓荒意味。当日，《人民日报》在头版头条以“国务院决定组建国家开发银行”为题刊发了新闻。

至此，作为我国社会主义市场经济体制改革以及投融资体制改革的重要成果，国家开发银行正式登上中国经济大舞台。

（二）因改革开放而兴

国家开发银行成立伊始，在党中央、国务院的领导下，依托我国改革开放取得的丰硕成果，积极借鉴国际经验，确立了政策性金融机构的办行目标，构建了以发行金融债券为主的筹资模式，建立了政策性项目的决策机制，以及委托商业银行办理业务的委托代理模式，开启了中国特色政策性金融机构的探索之路。

在成立之后的最初阶段，国家开发银行除了要保证国家大量的基础设施建设得到有效的融资支持之外，还面临着一个更大的问题——我国当时在基础设施建设融资领域由行政力量主导，缺乏市场机制和市场化运行规则。这种模式被形象地称作“计委挖坑、开行种树”，计委批多大的项目，开行就拨多少钱。加上开行所支持的基础设施建设领域，长期以来被视为计划经济最核心的领域，都是由国家定项目、给资金，很多人因此认为，开行作为政策性银行，资金相当于“第二财政”，是国家给的“免费午餐”，可以像财政拨款一样免费使用，不必偿还。

上述体制缺陷必然导致银行不良贷款率高企。加之 20 世纪 90 年代中期宏观经济波动剧烈，而国开行又承接了原来国家六大投资公司很多经济效益低下的项目，多重因素共同作用，使得国开行的不良贷款率持续升高。1997 年的国开行，不良贷款率一度在 40% 以上。如此之高的不良贷款率对任何一家银行而言都意味着巨大的风险，显然难以为继。

严酷的现实逼迫国开行用改革和开放的办法破解困局。1998 年 11 月，上任不久的国开行新一届领导班子提出了“市场环境下、银行框架内”办政策性银行的新思路，即要把国开行办成一家在市场环境下，按照市场规则运作的真正的银行，而不是一家政府的“放款机器”。虽然国开行在许多方面能够发挥商业银行力不能及的特殊作用，但也不能无视市场规律，不能超越银行框架。此后，国开行主要领导还指出要通过深化改革把国开行办成“符合国际标准的现代化银行”，这就要求国开行按照国际标准“照镜子”。

在上述思路的指引下，1998 年之后，面对国开行自身运行中的巨大挑战，面对亚洲金融危机冲击、我国加入 WTO 等新的外部环境，国开行通过深化改革开放开启了由政策性金融机构向开发性金融机构定位的探索。

此后，国开行主动深化改革，坚决落实中央“既要防范金融风险，又要支持经济发展”的新要求，推动信贷体制改革，从市场建设入手改变规则，翻开了政策性金融机构转型发展的新篇章。

信贷风险控制是改革的重头戏。从 1998 年到 2000 年，国开行先后进行了三次信贷改革。

1998 年实施的第一次信贷改革，主要目的是控制贷款增量风险，主要方法是建立面向市场、自主经营的运行机制，在资金来源上实行市场化发债和派购相结合的方式，在贷款项目上突破“计委挖坑、开行种树”的窠臼，建立起择优、淘汰的筛选机制和受理机制，实现了资金来源与项目渠道的多元化。

1999 年实施的第二次信贷改革，主要目的是化解存量不良贷款。借助当年我国成立四家国有资产管理公司的契机，信达资产管理公司收购了国开行 1000 亿元不良资产，使得国开行不良资产率从 33% 大幅下降至 16%。除此之外，国开行还通过机构调整，进行贷款流程再造，即在贷款审查和决策两个环节之间增设市场与产业分析、财务分析、评审管理三个局，在贷款审查之后分别对项目的市场前景、还款能力和评审的合规性进行再次审查，这就是“防火墙”体制。

2000 年实施的第三次信贷体制改革，主要目的是在评审体制、内部管理、市场业绩等方面与国际接轨。机制的创新之处主要有两个：一是建立客户信用评级和债项风险评审并重的二元评审体系，为贷款决策增添一双快速识别优质客户的“慧眼”；二是实行电子路演独立委员审议制度，把个别领导拍板改为行内外专家投票决定，提升了贷款决策的科学化、民主化，大大减少了“人情贷款”和其他潜在的不良贷款。

从市场建设入手改变规则，用市场化方式实现各级政府发展目标，是国开行建立市场规则的另一条重要的改革思路。国开行致力于把贷款的项目建设与客户的制度建设和信用建设结合起来。一个典型的例子是，国开行在与各级地方政府签署合作协议时，前提都是对方按照市场规则行事，即国开行贷给地方政府巨额资金，力求换回一个市场化的规则，与地方政府共同构造市场化的融资平台。通过主动建设市场，国开行将基础设施等貌似缺乏商业前景的领域培育成商业可持续的领域，从而引导商业性金融进入。

从实施效果上看，国开行通过银政合作、市场建设、社会共建等开发性方法，支持了我国工业化、城镇化、国际化发展，成为促进国民经济增长的重要金融力量，也为应对国际金融危机、促进经济企稳回升发挥了积极作用。这样的成绩也表明，国开行以市场化方式服务国家战略的探索，正在改变人们“政策性金融机构 = 亏损银行 = 享受补贴的银行”的成见，树立起政策性银行富有创新力和竞争力的崭新形象。

此外，在 1998～2000 年，国开行还不断加快对外开放步伐，既广泛学习借鉴国外金融机构的先进理念和做法，又在服务国家对外开放战略方面做出了积极贡献：成立国际顾问委员会，聘请国际会计公司进行外部审计；响应国家“走出去”战略，向海外派驻国别工作组，为中国企业拓展海外业务“保驾护航”；积极参与多边金融合作，推动建设上海合作组织银联体，改变不合理的国际经济金融秩序。

（三）因改革开放而强

伴随着改革开放进程的推进，国开行的定位经历过较长时间的探索，先后经历了从“政策性金融机构”到“商业银行”再到“开发性金融机构”的演变。

进入21世纪以来，随着我国社会主义市场经济体制的初步建立，以及中国与世界的融合程度不断提高，银行业运行的市场环境发生了很大变化，政策性银行与商业银行之间的竞争越来越激烈，对政策性银行的质疑声也越来越多。由于各方对开发性金融的运作模式、作用，以及其与政策性金融、商业性金融的关系等问题存在不同认识，提出的国开行改革思路也大相径庭。主张继续维持传统政策性银行定位，风险由国家财政兜底者有之；主张向开发性银行转型，实行市场化运作者有之；不主张单独搞政策性银行者亦有之。当然，还有一种思路是向商业银行转型，最后决策层采纳的也是这一思路。

按照商业化改革方向，国开行转制为股份有限公司。然而，由于受到机构定位、债信支持、资金来源、资金成本、地方融资平台风险等不确定因素困扰，国开行服务国家战略作用发挥得仍然不够充分。其中，最为关键的还是机构定位问题，各方对国开行的发展方向究竟是彻底的商业化还是回归政策性银行莫衷一是，国开行的发展仍时常因此陷入进退两难的境地。

面对新的形势和任务，2013年召开的党的十八届三中全会通过《关于全面深化改革若干重大问题的决定》，明确将“建立开发性金融机构”作为构建开放型经济新体制的任务之一。这是中央文件第一次在政策性金融、商业性金融之外提出开发性金融，体现了中央对发挥开发性金融机构作用的重视。2014年4月，国务院常务会议部署进一步发挥开发性金融对棚户区改造的支持作用，由国家开发银行成立专门机构，正式把开发性金融与发挥国开行作用对应起来。

定位明晰之后，国开行着手解决制约自身改革发展的各种体制机制难题。2013年以来，按照党中央、国务院关于深化国开行改革的决策部署，国开行提出了解决长期债信、完善银行经营管理架构、推动立法的深化改革“三步走”战略：第一步，先解决当务之急，破解长期债信难题，稳定投资者预期；第二步，拓展新的业务平台，搭建涵盖政策性和商业性业务的银行控股集团架构；第三步，推动就国开行的职能与监管立法，将银行业务发展和监管纳入法治轨道。深化国开行改革“三步走”战略的成功实现是十八大以来我国金融体制改革的一项重要成果，也是全面深化改革在金融领域的重要内容。

在深化改革的同时，国开行紧随我国对外开放步伐，推动开发性金融在更大范围、更广领域开放发展。2013 年起，国开行积极响应“一带一路”倡议，完善国际业务管理体制，进一步优化海外布局。时至今日，国开行国际合作业务已经覆盖世界 100 多个国家和地区，发展成为中国对外投融资合作的主力银行。同时，国开行积极参与全球金融治理，推进多边、双边金融合作，推动设立上合银联体、中国 – 东盟银联体、金砖国家银行合作机制、中国 – 中东欧银联体等多边金融合作平台，不断扩大“朋友圈”，国际影响力显著提升。

党的十八大以后的五年，国开行资产总额由 7.4 万亿元增长到 16 万亿元，相当于再造了一个国开行；净利润由 598 亿元增长到 1071 亿元，人均利润超过 1000 万元；不良贷款率持续低于 1%，拨备覆盖率超过 530%，资本充足率超过 11.4%，抗风险能力和可持续发展能力不断增强。

今天的国开行，正处在改革发展史上的金色时期。国开行从政策性银行到商业银行，再到开发性金融机构，从与国际接轨到全球布局，再到参与全球金融治理，24 年的历程记录了自身改革开放的足迹。这 24 年在中国金融发展史上不过是瞬间，但这一瞬间却改变了中国金融的格局，使开发性金融作为独立的金融生态登上历史舞台，完善了中国的金融体系。这一瞬间凝结着解放思想、打破常规的观念突破，包含着披荆斩棘的历史转折，凝聚着敢为人先的开拓创新。实践证明，改革开放是国开行发展壮大的关键，也是国开行发挥更大作用的力量源泉。

国开行的改革转型和中国特色开发性金融事业的发展是一个不断突破自我、不断积极探索的动态过程。在未来的发展中，还会遇到各种风险和挑战。例如，如何在严控地方政府债务的背景下创新投融资模式，如何破解汇率、定价、不良贷款等难题，如何防控信用风险、政府债务风险、国际业务风险和流动性风险，等等。应对风险和挑战的最有效办法是继续依靠改革创新，用深化改革的办法突破发展瓶颈，用源源不断的改革红利推动国开行持续健康发展。正如国开行主要领导同志所言："唯有以改革促发展，以发展更好地服务国家战略，才能在改革大潮中牢牢把握主动权。"

二、政府与市场之间的桥梁

（一）国家定位：开发性金融

2013 年 11 月，党的十八届三中全会通过的《关于全面深化改革若干重大问题的决定》指出，要"建立开发性金融机构"，这是中央文件首次在商业性金融、政策性金融之外，明确提出开发性金融的概念。2015 年 10 月，党的十八届五中全会通过的《关于制定国民经济和社会发展第十三个五年规划的建议》进一步提出"健全商业性金融、开发性金融、政策性金融、合作性金融分工合理、相互补充的金融机构体系"。同时，国务院批复的国家开发银行改革方案又明确将国开行定位为开发性金融机构，既不同于工农中建等商业性金融机构，也不同于进出口银行、农业发展银行等政策性金融机构。因此，国家开发银行就成为我国的金融体系中开发性金融机构的主要代表，承担着探索中国特色开发性金融模式的历史使命。

在中国，开发性金融与政策性金融有着密切联系，但同时也有着本质区别。开发性金融是政策性金融的升级版，政策性金融是财政性或准财政性的，是财政政策的延伸，是开发性金融的初级版本。开发性金融，或者说高端版本的开发性金融的核心要义不是单纯地用财政补贴绕过市场完成某一项融资任务，而是在以国家信用弥补市场发育落后等体制性缺陷的基础上，用培育市场、建设体制的方法来推动改革，发挥市场机制的决定性作用。

从这一角度切入，我们也可以清晰地看出国开行等开发性金融机构与商业性金融机构的根本差异：商业性金融机构是运用现有的市场追求利润最大化，而开发性金融机构则要不断地在融资活动中培育市场，建设市场，扩展市场范围，最终实现国家战略，并实现机构自身财务的可持续性。

有人风趣地形容，“开发”银行就是先做“开”路先锋，然后把市场培育成熟，最后它就“发”了，是先“开”后“发”。这句玩笑话生动地诠释了开发性金融的本质特征：以服务国家战略、实现政府目标为使命，主要进入那些商业性金融机构不愿或不能进入的领域，然后不断地加强信用建设、努力培育市场，把“青桃子”培育成“熟桃子”，最终获得市场回报。我国长期处于社会主义初级阶段，是发展中经济、发展中市场、发展中体制，其重要特征是市场发育不足，体制不完善。努力培育市场既是为国家改革大战略服务，也是开发性金融机构自身特色所在。因此，开发性金融成功的关键是，要在政策性和市场化之间实现平衡，将培育市场作为开发性金融的竞争力来源，在机构自身实现可持续发展的基础上，实现国家战略和意图。

在调动资源、实现战略意图方面，国开行有着独特的优势。因为国开行是政府的开发性金融机构，具有政府赋权的法定信用。国开行在实践中注重把准国债性质的开发性金融债券和金融资产管理结合起来，把融资优势和政府的组织优势结合起来，用市场的方法实现政府意志，以国家信用与市场业绩的完整统一为经营目标，建立投融资民主的治理结构，运用政府特许权和各种灵活的开发性金融产品，通过融资支持“两基一支”、高新技术产业等政府优先发展及市场失灵的行业和领域，用融资推进投融资体制建设和相关金融市场建设，弥补体制缺损和市场失灵，促进经济和社会发展。专栏 1 中的国开发展基金案例很好地说明了国家开发银行的上述特色。

专栏 1　设立国开发展基金支持重点领域建设

根据国家切实扩大有效投资做出的重要决策部署，国家开发银行于2015年8月25日依法设立了国开发展基金，注册资本500亿元，按照“看得准、有回报、不新增过剩产能、不形成重复建设、不产生挤出效应”的原则，支持国家确定的重点领域项目建设。国开发展基金采取项目资本金投入、股权投资以及参与地方投融资公司基金等市场化投资方式，用于补充重点项目的资本金缺口。国开发展基金支持重点领域项目建设，这是促投资稳增长的重要举措之一，也是我国投融资体制改革的重大创新，同时也是国家开发银行服务国家战略的又一重要政策工具，是进一步发挥开发性金融在重点领域、薄弱环节、关键时期功能和作用的重要举措。

（二）创新探索：国际标准与中国国情相结合

1. 向国际标准看齐

国家开发银行致力于成为符合国际标准的一流银行，就要向国际先进水平看齐，学习国外优秀金融机构的长处。2000年11月，国开行就提出了要在组织机构、人员管理、业务功能、技术手段、员工素质等方面实现现代化。具体来说，就是要达到“八项标准”：第一，在国内外保持准主权级的信用等级；第二，按照国际通用会计准则，准确、公开地反映财务状况；第三，在信贷市场和资本市场上达到相当规模；第四，盈利能力达到国外先进政策性金融机构的水平，向世界先进商业银行水平靠近；第五，资本充足率不低于8%，并建立起资本金补偿机制；第六，不良贷款率低于3%，同时能够运用市场手段，有效处置和化解不良资产；第七，银行功能健全，市场手段完备，能够运用市场手段为政策性业务服务；第八，具有很高的综合管理能力，在员工素质、企业文化、专业能力、风险控制方面，都达到国际先进水平，内部管理要上一个台阶。

在此前后，从建立国际顾问委员会，到聘请国际会计公司进行外部审计，从在国内各大金融机构中率先引入现金流量表、损益表和利润表，到学习世界银行等国际优秀开发性金融机构对产业发展的分析、判断、规范、布局，等等，无不体现了国开行按照国际标准进行制度建设的努力。多年来，国开行始终把国际先进经验当作一面“镜子”，在发展中贯穿“照镜子”的方法，以国际标准为标杆，主动寻找与国际先进银行的差距，引入国际金融原理和管理经验，有力地促进了自身业绩和经营管理水平的提升。

2. 准确把握中国国情

综观“二战”后各国开发性金融机构发展情况，由于所在国的历史背景、经济社会环境、工业化发展水平和优势不同，其发展模式也不尽相同，开发性金融机构发展都必须从本国国情出发，不能照搬别国经验。因此，国家开发银行作为一家植根于中国改革发展实践的开发性金融机构，在全面对接国际标准、学习国际经验的同时又必须结合中国国情，具有中国特色。

中国有一个显著的国情——组织化、社会化程度很高，有着党组织的坚强领导和社会主义制度的优越性，政府在市场经济中发挥着重要作用。政府在项目审批、税收、土地等各个领域拥有大量资源，有着很强的组织协调优势。因此，政府推动市场发展，政府与市场相结合，是社会主义初级阶段融资体制的基本特征。国家开发银行摒弃了“银政一家”和“银政对立”的理念，致力于推动银政合作、共建信用、培育市场，将自身作为沟通政府和市场的桥梁。在这一合作模式下，国开行的工作重点是积极支持地方项目建设，帮助政府解决发展中的融资难题。地方政府的工作重点是发挥组织协调作用，把政府的组织优势转化为信用优势，帮助国开行回收贷款、防范金融风险。专栏 2 中介绍的芜湖模式是国开行推动银政合作的典型案例。

专栏 2 国开行与芜湖模式

1998 年以来，国开行把支持领域从国家重点项目拓展到城市基础设施，助力中国的城市化建设。国开行与地方政府合作，建立市场化的融资机制，为城市化、工业化搭建科学发展的平台，这种如今为各地普遍采用的合作模式，源自 1998 年起步的安徽“芜湖模式”。

芜湖的变迁，是开发性金融助推中国城市化发展的一个缩影。芜湖是有着两千多年悠久历史和深厚商贸传统的皖南名城，20 世纪 90 年代末期，芜湖正处于新一轮经济社会发展的起飞期，城市基础设施建设亟待推进，但由于城建类项目自身经济效益不明显，加之政府财力不足，资金紧张成为制约芜湖基础设施建设的瓶颈。

1998 年初，为加快城市基础设施建设步伐、盘活政府存量资产、提高政府性资金使用效率，芜湖市政府划拨优质资产成立了芜湖建设投资有限公司。与此同时，国开行也与安徽各地政府通过银政合作的方式共同搭建了融资平台。地方政府通过融资平台向国开行贷款，将地方政府增信与融资行为融为一体，信用结构参照世界银行模式，由地方财政提供担保或兜底承诺。

1998 年冬天，国开行与芜湖建投签订了 10.8 亿元的十年期贷款协议。这笔资金主要用于芜湖市 6 个基础设施建设项目，有公路建设、城市供水系统改善以及废物处理填埋场建设等，贷款担保和还款采用芜湖市财政预算内、外安排建立偿还资金，芜湖市财政全面兜底偿还的模式。

面对城建项目建设单位分散、建设内容繁多的情况，国开行采用一种全新的融资模式，将城建项目“打捆”，由市政府指定的融资平台作为统借统还的借款法人，由财政建立“偿债准备金”作为还款来源。这种模式被外界称为“打捆贷款”。“打捆贷款”对于国开行和地方政府来说，都是一次巨大的思想解放。一经“打捆”，好多项目可以组合起来做了，优质项目可以“救济”劣质项目，以丰补歉，以盈补亏，最终整体上变成了优质项目。

2002年，“芜湖模式”又有了其他创新。当年8月，开行与芜湖市政府签署“金融合作协议”，掀起新一轮合作高潮。双方商定在投融资领域密切合作，充分发挥各自在金融服务和政府组织协调方面的优势，促进地方经济社会发展。同年11月，为加快城市化发展的步伐，建立城市基础设施建设与地方经济发展长期稳定的融资渠道，国开行进一步加强与芜湖的合作，开展新城区道路新扩建工程项目等第二轮城建组合项目，贷款总计10.95亿元。

这次国开行与芜湖的合作有一个与以往不同的突出特点，就是充分发挥了土地的巨大价值，对贷款信用结构进行创新。政府授权借款人以土地出让收益质押作为主要还款保证，并经芜湖市人大批准，在借款人不能及时偿还贷款本息的情况下由市财政补贴偿还，以“土地 + 金融”丰富和完善了“芜湖模式”。

“芜湖模式”为破解长期以来困扰地方政府的城建融资难题迈出了第一步，打响了第一炮。其成功之处，就在于各相关方开创性地运用各自优势，在国家法律、法规允许的框架内，创新模式，创新制度，协同一致，共同开拓。“芜湖模式”充分挖掘了芜湖市经济社会发展的巨大潜力，既提高了政府信用，也保证了国开行贷款成为优质资产。同时，构建了良性循环的城市基础设施投融资机制，培育了市场化的投融资平台载体，打通了城市基建融资通道，引领了商业银行等社会资金的积极介入，为持续、快速、高效推进芜湖市城市基础设施建设奠定了雄厚基础。

这一模式后来之所以在各地普遍得到推广并发挥积极作用，简而言之，就是充分调动了各地政府科学发展的主动性和积极性，把国开行的金融资源与政府推进发展的愿望结合起来，形成合力，为城市化进程注入巨大动力。

当然，任何事物都有两面性。融资平台在拉动城市化和经济增长的同时，也不可避免地加大了地方政府的债务负担。近年来，融资平台的风险已经对银行经营形成潜在风险压力，助推杠杆率攀升。这背后既有中央与地方财税关系未能理顺、地方政府存在预算软约束等深层次体制原因，也与还款来源单一、平台经营性资产比例过低、平台缺乏独立的市场定位等运作模式层面的问题有关。

3. 探索风险管理的有效方法

防范和化解重大风险是我国全面建成小康社会的重要攻坚战，也是国开行将国际经验与中国国情相结合的又一重点探索领域。其主要努力方向包括三个方面。

一是建立全面风险管理框架。从 1998 年开始，国开行探索市场化改革，引入以风险管理为核心的管理理念，并以此统领各项业务。此时的风险管理，主要以信用风险管理为主。2004 年，国开行建立风险管理行长办公会制度，对全行各类风险进行统筹决策和全面管理，这标志着全面风险管理体系的初步建立。2007 年 8 月，为强化对风险的管理，国开行将信用管理局更名为风险管理局，明确其为国开行全面风险管理的职能部门；同时，把全面风险管理逐渐向分支机构延伸。2009 年，伴随着现代公司治理结构的建立，国开行把“三会一层”治理结构和运作机制与国开行的战略发展目标、风险管理体系、业务发展模式等结合起来，进一步完善了覆盖主要业务领域和风险类型的全面风险管理框架，构建了董事会和监事会、管理层、总行部门、分行四个层级的授权管理体系，强化了业务部门、风险管理职能部门、内审部门的三道防线建设，筑牢了风险防控的堤坝。在现代银行公司治理体系下，这三道风险管理防线分别是：第一道防线由总行、分行和子公司的业务部门构成，全面评估各业务领域和各部门的风险信息，形成独具特色的风险集中化管理模式；第二道防线由总行、分行和子公司的风险管理部门构成，对信用、市场、操作风险和合规内控实行统一集中管理；第三道防线由总行内部审计部门及其派出机构构成，对内部控制和风险状况进行全过程监督、评价和揭示。

二是强化信用风险管理。国开行从 1998 年开始启动信用评级打分卡的开发及信用评级工作。2003 年，国开行基于自身资产结构特征，在国内率先建立了由客户评级与债项评级共同构成的二维内部信用评级法，并逐年对客户评级方法进行完善。2008 年起，国开行依据巴塞尔新资本协议及银监会的要求，针对项目融资业务特点，在国内首创电力、公路、公用事业等项目的融资评级模型。项目融资评级模型的开发，打破了中长期项目贷款套用公司评级方法的局面，解决了中长期项目基于财务报表进行评级引起的等级不稳定、不合理的难题。2009 年，国开行基于 1999～2008 年的历史数据，引入国际上先进的统计技术，优化了一般公司客户评级模型，校准了客户等级对应的违约概率；完善了违约损失率模型，结合国开行资产组合风险特征，确定了不同资产组合违约后的损失程度；针对国开行业务特点，分别开发了一般公司、项目融资违约风险暴露模型。在这三大信用风险参数的基础之上，国开行利用自身等级迁移数据开发了违约概率期限结构，进一步设计出多年期贷款预期损失计算方法，并实现了所有模型与流程的 IT 化。至此，国开行建成了以量化模型为核心的信用风险量化体系，以及与之相配套的内部评级流程、政策和支持内部评级的 IT 系统。在稳步提高信用评级模型准确性的基础上，国开行不断加强评级管理的规范性和合理性，先后制定和出台了一系列制度规范，进一步明确了评级审批和监控管理的工作要求、操作流程与管理权限。随着内部评级结果准确性的持续提高，国开行还强化对信用风险的精细化管理，深化开展授信审查、资产质量风险分类、贷款风险定价、国家风险限额设定等工作。

三是完善市场风险管理体系。长期以来，国开行资金交易业务的前台交易、中台风控与后台结算操作，都集中在资金局资金交易室，中台风险控制职能缺乏独立性。为扭转这一局面，2004 年初，国开行在资金局内设立专门处室，行使市场风险管理职能，开始应用市场风险管理工具，相继引进了路透的资金交易管理系统和配套的风险管理系统。从 2007 年底起，国开行历时一年完成“市场风险计量与管理咨询项目”，初步规划了市场风险管理框架。同时，国开行以巴塞尔新资本协议实施为契机，以构建风险价值（Value at Risk，以下简称 VaR）管理为核心，以全面提升国开行市场风险管理水平为目标，开始构建市场风险管理体系。2010 年 11 月，市场风险管理系统正式上线并投产运行，标志着国开行市场风险内部模型法管理体系的确立。随后，国开行深入推进内部模型法的应用，借鉴国际先进经验，建立起由 VaR 限额与非 VaR 限额构成的市场风险限额体系。国开行的市场风险管理体系，符合全球市场风险管理的发展趋势，满足了监管要求，使国开行成为国内少数几家与国际先进风险管理技术接轨的、实现风险价值计量的银行，市场风险管理能力得到显著提升，市场风险管理水平居国内银行同业领先水平。

截至 2018 年 6 月底，国开行不良贷款率连续 53 个季度控制在 1% 以内，远低于全行业平均水平。在当前国内银行业经营发展面临诸多困难和压力的大背景下，国开行能取得这样的成绩主要归因于其积极主动、未雨绸缪，改革创新、完善机制。

（三）二十四载耕耘，成绩斐然

从成立的第一天起，国开行就把自身的发展与国家战略紧紧联系在一起，牢牢把握中国国情和发展的阶段性特征，顺应国际趋势和时代要求，忠实履行“增强国力、改善民生”的使命，披荆斩棘、砥砺奋进，在我国社会主义市场经济的探索中，在工业化、城镇化、国际化的进程中，发挥了不可替代的重要作用，取得了重大的成就。在此，我们选取基础设施、“一带一路”、产业创新三个典型领域，对国开行的发展成就进行介绍和剖析。

1. 基础设施

国开行在基础设施建设领域致力于发挥引领作用，支持国家大型骨干项目建设。在国开行支持下，三峡工程、京九铁路、岭澳核电站、西电东送、西气东输、南水北调、苏州工业园区等一大批关系国计民生的重大项目开工建设、投产运行，成为经济发展的支柱和命脉。国开行支持建成的水电、火电、核电装机容量占全国电力装机容量的三分之一；支持的高速公路通车里程占全国已通车里程的 65%；支持的铁路建设里程占全国营业里程的60%。专栏3所介绍的三峡工程是国开行支持重大基础设施建设的典型案例。

专栏3 国开行独家贷款支持三峡工程起步

1992年4月3日，第七届全国人民代表大会第五次会议审议通过了《关于兴建长江三峡工程决议》。作为当时世界最大的水利枢纽工程和我国最大的建设项目，三峡工程备受世人瞩目。同年9月，全面负责三峡工程资金筹措、动工建设和投产后经营管理的中国长江三峡工程开发总公司（以下简称"三峡总公司"）正式成立。

据三峡总公司估算，由于三峡工程施工期较长，考虑物价上涨及施工期贷款利息等因素，项目动态总投资为2039亿元。其中，除国家在全国售电价中提取的三峡基金及葛洲坝电厂（当时为三峡总公司旗下子公司）收益外，资金来源有限，建设资金缺口很大。

面对巨额资金缺口，国内很多银行对融资支持三峡工程建设表示担忧：作为世界上规模最大的在建水电站，三峡工程存在因技术复杂而导致的建成风险，如果不能成功建好，大笔贷款可能难以回收。此外，受通胀、工程进度等不确定因素影响，工程有超概算的可能。即便顺利完工，假如售电价格无法保证，项目收益不足导致的偿债风险也较大。

同时，受当时国内资本市场发展状况局限，债券、股票等融资手段难以运用，实现海外融资的可能性同样渺茫。世界银行等国际性金融组织对兴建工程的环境、社会影响评价要求极为苛刻，水电项目开发几乎得不到国际和地区性金融组织的融资。1993～1994年，国务院三峡工程建设委员会在研究整体融资方案时，也曾一度与国际知名投行进行交流，但最终因时机不成熟而放弃了依托葛洲坝电厂海外上市筹资的计划。

在三峡工程处于困境的关键时刻，国开行组成专门工作组，对项目情况进行了详细测算。经过综合考察三峡水文地质、工程规模、施工技术、项目资本金、发电效益等多项指标，工作组认为，三峡工程不存在重大技术风险，且项目贷款能够在15年（宽限期9年）内实现按时还本付息。最终，凭着支持国家重点建设项目的责任感和对大型水电项目行业特性的深刻认识，国开行做出为三峡工程提供长期贷款的决定。

1994年，国开行为三峡工程提供总额300亿元人民币的贷款，贷款期限15年，宽限期10年，1994～2003年每年发放30亿元。为保证三峡项目资金拨付汇路畅通，贷款及时到位，国开行于1996年成立了当时唯一的分行——武汉分行，并派出专门工作组进驻三峡总公司。国开行成为国务院三峡工程建设委员会成员之一，当时的国开行领导还多次代表开行参加国务院三峡办公会议，为三峡工程建设尤其是三峡工程融资安排建言献策。

1996年10月20日，国开行与三峡总公司在宜昌签订300亿元信用借款合同。合同签订之前，为使工程建设顺利启动，国开行已为三峡工程提供了一部分贷款。国开行的贷款保障了三峡工程一期建设所需资金，并为三峡总公司拓宽融资渠道、优化负债结构、形成滚动开发能力打下了坚实基础。直到1997年三峡一期工程顺利完工，国开行都始终是三峡工程的独家贷款支持者。1997年8月，三峡左岸电站机组国际招标采购时，国开行又为国外出口信贷和商业贷款提供了转贷服务。

1997年11月8日下午3时30分，随着最后一车石料倾入江中，举世瞩目的三峡工程胜利实现大江截流，三峡工程顺利进入二期施工阶段。随着三峡工程技术难题的逐个破解，蕴含在工程中的商业价值也逐渐被其他银行所认可，国开行对三峡工程融资支持的示范和导向作用也显现出来。工商银行、建设银行、交通银行开始为二期工程提供贷款融资，总额110亿元。2002年三峡工程二期工程即将结束时，中国银行、农业银行、民生银行、招商银行等都积极要求参与支持项目。

1998年3月，在国开行阜成门外办公大楼启用之际，三峡总公司送来一份特殊的礼物——一块高两米的圆柱形巨石，正面书写“国家开发银行”

这六个大字，背面是“三峡坝址基石”，此石取自于三峡库区坝底的地下岩石层，象征着国开行在三峡建设中彰显出的金融柱石作用。2012年7月4日，三峡工程最后一台机组并网发电，总装机容量达2250万千瓦，成为世界最大的水利发电站和清洁能源生产基地之一。

在支持三峡工程的同时，国开行还相继支持了一批国家大型水电项目，包括黄河小浪底水利枢纽工程、青海李家峡水电站、四川二滩水电站及送出工程、山西万家寨水利枢纽、广西天生桥一级水电站、贵州东风水电站、西藏羊卓雍湖抽水蓄能电站等。这些重要水电工程的建成，对于充分挖掘利用中西部地区丰富的水电资源、缓解全国能源压力发挥了重要作用。

2.“一带一路”

近年来，国开行成功运作中委基金、中俄石油、中巴石油、中土天然气、中缅油气管线等重大项目，维护国家能源资源安全；服务国家经济外交战略，把维护国家利益与支持合作国发展结合起来，支持当地基础设施、农业、民生等领域发展，为我国和平发展创造良好的外部环境；发挥金融“铺路搭桥”作用，支持企业“走出去”开拓国际市场，促进产能、技术和劳动力的有序转移；推动设立上合银联体、中国－东盟银联体、金砖国家银行合作机制，为我国开展对外区域经济合作、提升在国际事务中的话语权和影响力提供了重要的金融平台。

特别是“一带一路”倡议实施以来，国开行针对沿线一些国家市场机制发育不健全的情况，以融资为抓手，组织相关企业，构造新的金融生态环境，既改善相关国家的基础设施和产业创新水平，又不断培育市场，扩展市场范围。在这一思路的指引下，国开行围绕国家战略，在全球范围内“投棋布子”，支持国内企业“走出去”，已累计向沿线国家发放贷款1789亿美元，开展各类培训2536人次。推动能源资源和国际产能合作，每年带动石油进口9.3亿桶、天然气589亿立方米。下面是国开行海外战略的两个代表性案例。

专栏 4 英国 HPC 核电项目

英国 HPC 核电项目是我国核电“走出去”战略首个落地项目，也是面向西方发达国家的首个项目，同时承载推动我国自主核电技术“华龙一号”在英审查任务，战略意义重大。项目由中法共同出资，采用 EPR 核电技术，建设 2×160 万千瓦核电机组，总投资约 210 亿英镑。国开行独家全额融资 65.25 亿英镑，占中方总投资的 80%，支持中广核集团于 2016 年 9 月与法 EDF、英政府签署英国 HPC 核电项目三方协议，项目正式落地。2016 年，国开行向该项目开立 7.4 亿英镑投资对价保函和 30 亿英镑股本投入保函，10 月 8 日发放项目首笔贷款 7.984 亿英镑，实现支持我国核电“走出去”第一单融资正式落地。

国开行作为融资顾问，创新融资模式，独家全额承贷，全力推动项目实施和列入高访，2015 年 10 月，在习近平主席见证下签署投资协议，并及时研究调整信贷支持方案，完成变更评审，实现首笔贷款发放，为我国“华龙一号”核电技术“走出去”奠定坚实基础。

专栏 5 雅万高铁项目

在境外业务方面，国开行结合“一带一路”和高铁“走出去”，开展了一系列理论研究和实践推动，探索新的融资模式以破解行业瓶颈。国开行充分依托支持铁路“走出去”工作领导小组，积极参与有关工作，配合国家发改委，会同行内有关部门，积极推动我国首个完全采用中国标准的高铁“走出去”项目——印尼雅加达—万隆高速铁路项目完成评审。该项目在合作模式设计方面即由国开行全程参与，是我国“一带一路”沿线国家合作的重大战略性项目，是我国历史上首单中国标准“走出去”项目，是我国国家层面推动“全产业链走出去”“抱团走出去”的首次成功尝试，也是东南亚的首条高铁。

3. 产业创新

创新是发展的第一动力，支持产业创新是国开行长期以来的工作重点。近五年来，围绕“中国制造2025”，国开行为集成电路产业提供2667亿元融资；率先在全国启动科创企业投贷联动试点，开发培育科创企业192家；发放军民融合贷款1239亿元。其中，对集成电路产业创新的支持成效显著。

集成电路产业是信息技术产业的核心，是支撑经济社会发展和保障国家安全的战略性、基础性和先导性产业。国开行遵循产业特点和规律，充分发挥开发性金融机构的优势，以及贷款、专项建设基金、集成电路产业基金“三类”金融工具的作用，突出投贷联动优势，提供跨产业周期的综合金融解决方案。贷款重在推动项目建设，以中长期融资平抑行业波动，实现项目资金的总体平衡；专项建设基金重在解决资本金不足的问题，调动地方政府积极性，落实国家战略；集成电路产业基金重在优化企业股权结构，完善企业治理机制，调动企业内生发展积极性。此项创新工作得到了国家领导人的肯定。

截至2016年6月底，国开行累计发放集成电路及其配套产业贷款3270亿元，成为集成电路行业的主力投融资机构。在国开行的支持引导下，一大批国家战略项目得以落地与实施，一大批有基础、有潜力、有前景的企业成为行业骨干龙头。

三、世界开发性金融史上的中国贡献

（一）“可持续贷款模式”破解中长期融资难题

中长期投融资指期限在一年以上的投融资活动。从国际经验看，市场这只“看不见的手”无力独自解决中长期资金的筹措问题。虽然这些基础设施类项目能够为其他生产生活提供服务，具有正的外部性，但投资规模大、建设周期长、见效慢、资金回收慢，很多项目甚至未必能够直接产生现金流。考虑到这些特点，基础设施投资往往需要稳定的长期融资手段来支撑。

长期投融资问题不仅是中国面临的巨大挑战，也是一个世界性的热点难点问题。2008 年全球金融危机爆发之后，在去杠杆化过程尚未完成、经济增长乏力、失业率持续居高不下的现实背景下，通过促进长期投资拉动经济增长成为全球宏观经济政策的焦点之一。2013 年 2 月 16 日在俄罗斯闭幕的 G20 财长和央行行长会议首次强调了推动长期投融资对促进经济增长和就业的重要性，决定就动员各种长期投资融资问题开展研究。这次会议的公告指出："我们认识到，以长期投资为目的的融资，包括基础设施，是所有国家经济增长和创造就业机会的关键因素……长期投资融资来源包括本币债券市场、国内资本市场，并且机构投资者在投资中发挥很大的作用。同时，各国的特殊因素将影响长期融资的获得。因此，在吸引长期融资上，政府大有可为。"这意味着，各国已形成共识，政府理应在长期投融资领域发挥重要作用。转型期的中国自然不能例外。

从国际经验看，开发性金融机构通常都在中长期投融资中发挥重要作用。例如，德国复兴信贷银行的设立，就是为了通过欧洲复兴计划，向电力、钢铁、煤炭等中长期投资项目提供长期资金，支持"二战"后德国经济复苏。法国储蓄托管机构的贷款期限最长可达 60 年，其使命之一就是作为负责任的长期投资者，推动金融市场建设。日本政策投资银行设立之初的业务重点，就是向电力、煤炭、钢铁等基础产业提供长期低息贷款和债务担保。可以说，中长期投融资是很多国家在面临经济复苏和大规模建设任务时的共同选择，适应了经济社会发展的阶段性需求。

从金融生态平衡的角度来看，不同群体需要不同的金融机构提供服务。例如，对老百姓和一般企业而言，需要短期、零售的商业银行为其提供存贷汇及理财服务；对国家发展战略、大型企业及政府机构来说，中长期投融资的支持必不可少。作为我国开发性金融机构的代表，国开行在解决中长期投融资方面积累了丰富的经验，一方面通过发行金融债券筹集大量中长期资金，另一方面通过信贷、投资、基金、证券、租赁等方式，开展中长期投融资业务，服务国家发展战略，是中长期投融资领域的主力银行。

国开行在中长期投融资活动中的突出表现是，发挥专业优势，建设中长期投融资市场和体制，克服期限错配风险，在支持项目建设的同时，以每一笔融资为载体，注入市场、信用和制度建设的要求，促进形成健康市场主体，提高投融资效率。

具体而言，过去的二十年中，中国处于城市化加速时期，需要大量城市基础设施投资。城建项目普遍具有超前性、社会性、公益性等公共产品属性，以及资金投入量大、建设周期长、沉淀成本高、需求弹性小等特点，这与商业金融追求短期盈利的目标存在明显错位。而这种错位造成了我国城建融资领域的空白，恰恰为开发性金融发挥作用提供了空间。

正是在这种背景下，国开行将城投公司改造为规范的融资平台，一种全新的地方政府融资模式应运而生，为破解我国城建融资难题、突破城市化发展资金瓶颈找到了突破口。国开行作为这种可持续融资模式的推动者，在这个过程中不断完善融资方式和信用结构，把城市基础设施建设培育成中国经济增长的亮点，形成了银政双赢的局面。

除了中长期融资，国开行在中长期投资方面也颇有亮点。例如，国开行自 1998 年与瑞士经济事务总局共同发起设立中瑞合作基金以来，已经成为国内参与发起设立私募股权基金时间最早、数量最多、规模最大、形式最丰富的金融机构。1999 年，国开行还对亏损国有企业开展债转股业务。这项业务经过了 10 年，于 2009 年划转至开行子公司国开金融。此外，国开金融还承接了国开行原有非金融类股权资产，主要从事私募股权基金、直接投资、投资咨询和财务顾问等业务，成为国开行旗下重要的专业投资平台，进一步强化了国开行中长期投融资的功能。

（二）“政策性目标 + 市场化运作”

政府与市场的关系是经济学的一个经典课题，而中国的改革和发展实践，正是一个不断探索政府与市场适宜边界的伟大试验。究其根本，政府和市场的关系不是对立的，而是相辅相成的；也不是简单地让市场作用多一些、政府作用少一些的问题，而是统筹把握，优势互补，有机结合，协同发力。在新时代推进改革，要始终坚持辩证法、两点论，把“看不见的手”和“看得见的手”都用好。要找准市场功能和政府行为的最佳结合点，切实把市场和政府的优势都充分发挥出来，更好地体现社会主义市场经济体制的特色和优势，努力形成市场作用和政府作用有机统一、相互补充、相互协调、相互促进的格局。

在这方面，国开行实施多年的“政策性目标 + 市场化运作”模式，用成功的实践打破了政府与市场之间的藩篱，为我们准确把握社会主义市场经济条件下的政府与市场关系提供了新的经验。专栏 2 中介绍的芜湖模式就是一个典型例子。在芜湖模式中，国开行通过与地方政府合作培育健康运行的市场主体，逐步把基础设施等传统财政融资领域变成市场成熟、商业可持续的领域，提高投融资效率，促进市场经济体制的建设和完善。

从政府与市场的关系角度来思考，将国家开发银行“政策性目标 + 市场化运作”运行模式的基本特征进一步抽象和拓展，可以将中国特色开发性金融的基本内涵归纳为以下几个方面。

以服务国家发展战略为宗旨。始终把国家利益放在首位，从国情和发展的实际需要出发，找准工作的着力点，缓解经济社会发展的瓶颈制约，努力实现服务国家战略与自身发展的有机统一。

以国家信用为依托。国开行运用国家信用，不是简单地分配和消耗，而是不断放大其在市场和制度建设中的功能与作用，通过先进的市场业绩巩固和增强国家信用，更好地服务国家战略和政策任务。

以资金运用保本微利为原则。开发性金融不单纯追求股东利益，不以盈利为首要目标，不追求利润最大化，但也不是只负责资金分配的预算部门，不是社会福利机构，而坚持算大账、算战略账、算效益账，兼顾资产质量和一定的收益目标，实现机构可持续发展。

以市场化为基本运作模式。发挥政府与市场之间的桥梁纽带作用，坚持用市场化方式服务国家战略，增强服务国家战略的主动性和作用力。市场化运作的开发性金融效率更高、作用更强、影响力更大、风险防控更严。

以建设市场、信用、制度为核心原理。开发性金融不是被动等待市场自动演进，而是立足主动建设，通过完善微观制度和金融基础设施，加快推进市场、信用、制度的形成，使空白、缺失的市场逐渐发育、成熟，破解发展瓶颈制约。

以银政合作和社会共建为主要抓手。通过银政合作，整合各类资源，将政府的组织协调作用、市场的资源配置作用、国开行的中长期投融资作用、企业的主体和平台作用、社会各方的监督作用集中起来，形成合力，共同推进市场建设，构建公共市场伙伴关系（PPP），为市场发挥配置资源作用创造条件。

以规划先行为工作切入点。通过规划先行将市场建设的触角向上游、前端延伸，成批量、成系统、高效率地开发培育项目，也使项目建设符合经济社会发展规划和财力增长趋势，大大减少和消除盲目投资、重复建设，实现有序的资金安排和风险控制前移，促进科学发展。

归结起来看，中国特色开发性金融是中国国情与国际先进金融原理相结合的产物，是政府组织协调优势与金融融资优势相结合的集中体现，是市场化方式服务国家战略的一大创新。正是依托上述思路，国开行实现了跨越式发展，创造了中国金融的奇迹。

（三）世界金融史上的创举

开发性金融的必要性人所共知。然而，长期以来，西方主流经济学和金融学却选择性地忽视开发性金融，有价值的理论文献并不多见。究其根本，主要是因为国际上的开发性金融往往亏损严重，成功的案例极少。在全球金融危机爆发之后，已有西方经济学界的著名学者看到了这一事实，并撰文阐述开发性金融的基本功能。其中，有代表性的作品是斯蒂格利茨等五位学者合作发表在《经济政策》杂志上的论文《利用全球过剩储蓄为基础设施融资》。

该文强调了开发性金融在减少市场失灵和政府失灵方面的作用，但也指出，由于自身资金有限，开发性银行应主要扮演项目发起者和分配协调者角色，吸引长期机构投资者进入基础设施领域，促进长期储蓄向基础设施投资的转化。然而，这并不足以唤醒大部分“装睡”的西方主流经济学家。

中国开发性金融改写了这一历史。国开行虽然不以利润最大化为目标，但其在推动经济社会发展的同时，也实现了自身的盈利和可持续发展。因此，开发性金融机构就有了生存的合理性。

当然，西方主流经济学界的大多数学者依然选择假装看不见中国发生的这一现象，坚持其固有成见。面对这一局面，中国学者责无旁贷，理应直面开发性金融这一为实现国家战略而发展出来的市场化金融形态，总结国开行通过创造市场实现自身财务可持续性、实现国家战略目标的基本事实和基本经验，并将其背后的机理加以系统化，最终提炼为富有学理价值的“中国故事”。这既是对中国改革道路的系统总结，也是对世界经济学发展的积极贡献。

专栏 6　中国国家开发银行的投资模式[①]

国家开发银行完善的投资模式源于中国独特的地方经济发展大环境。由于资金紧张、税收基础受到严格限制，中国的市政当局越来越多依靠城市开发实现的资本收益来为自己融资。一个早期著名的由国家开发银行为城市开发融资的成功案例被称为芜湖模式。

根据这种模式，市政当局将在指定区域设立一个特殊目标工具（SPV）即所谓融资平台。融资平台可以从国家开发银行这样资深的长期贷款机构以及其他商业银行借款为基础设施和房地产提供融资。至关重要的是，随着开

① 本专栏来自《经济政策》杂志上的英文论文。见 Arezki, Rabah, Patrick Bolton, Sanjay Peters, Frédéric Samama, and Joseph Stiglitz, “From Global Savings Glut to Financing Infrastructure”, *Economic Policy*, Volume 32, Issue 90, 1 April 2017，pp. 221–261。

发的推进和土地价值的升值，融资平台可以向房地产开发商出售土地和开发权，从而实现资本收益用于偿还国家开发银行和其他商业银行贷款以及支持市政开支。同样重要的是，国家开发银行对融资平台的贷款是以城市未来土地出售的收益作抵押。国家开发银行的这种模式类似于香港地铁开发模式。国家开发银行也很像美国的政府支持企业（GSE），如 Fannie Mae、Sallie Mae 和 Freddie Mac 等，一旦国家开发银行获得财政部的批准，就可以发行金融市场认为与政府债券无差异的长期债券来为自己融资。由于这些债券通常提供的收益率略高于银行间利率，并且显著高于中央银行对超额准备金账户支付的利率，它们对流动资金过剩的商业银行非常有吸引力。这种融资结构的一个关键优势是，国家开发银行通过精益化的组织建立起庞大的资产负债表——尽管其资产负债表是世界银行的 6 倍，但截至 2015 年，其员工才只有 3500 名。

尽管像很多政府支持企业（GSE）一样，国家开发银行可以利用一些独特的结构优势，但它能够以一种严谨和复杂的项目审批制度达成可持续性的贷款模式，且坏账率比一般商业银行还低，这确实是值得复制和推广的。

四、走向新时代：开发性金融的新担当

当前，中国特色社会主义已经进入新时代，党的十九大吹响了新时代中国改革开放再出发的冲锋号。作为党治国理政的重要金融工具，以国开行为龙头的开发性金融机构要以习近平新时代中国特色社会主义思想为指引，坚持开发性金融机构的定位和发展方向，牢牢把握我国经济社会发展的历史阶段和时代特征，在服务“五位一体”总体布局、“四个全面”战略布局的大“坐标系”中找准自身的位置，锚定前进的方向，把国开行办成更好体现党和国家意志的银行，办成更好满足人民美好生活需要的银行，为新时代全面深化改革开放做出新的更大贡献。

（一）着力关键领域、薄弱环节，推动高质量发展

面对新时代全面深化改革开放的复杂形势和繁重任务，国开行要牢牢把握我国经济转向高质量发展阶段这一基本特征，围绕建设现代化经济体系这一战略目标，坚持有所为有所不为，聚焦重点，精准发力。

第一，把助力打赢决胜全面建成小康社会三大攻坚战作为重中之重。主动对接各项任务的时间表、路线图、优先序，坚决守住风险底线、倾力支持脱贫攻坚、大力发展绿色金融，助力打好防范化解重大风险、脱贫攻坚、污染防治三大攻坚战，向党中央、国务院交上合格答卷。要以改革发展的办法主动解决前进中的问题，防范和化解各类潜在风险，实现高质量发展。在防风险方面，要协助地方政府稳妥处理好债务问题，继续加强风险防控，密切监控集团客户内部关联风险，高度警惕风险跨行业、跨市场、跨区域传导，加强大数据非现场审计筛查，坚决不留风险防控死角。在精准脱贫方面，要坚持“融资、融制、融智”的扶贫策略，坚持“易地扶贫到省、基础设施到县、产业发展到村、教育资助到人”的思路方法，深化与各级政府的合作。在污染防治方面，要健全绿色金融产品体系，积极支持环保节能、清洁能源、绿色产品制造、低碳经济等领域发展。

第二，大力支持深化供给侧结构性改革。要发挥投资对优化供给结构的关键性作用，以促进提高供给体系质量作为主攻方向，制定差异化行业信贷政策，大力破除无效供给，加大对战略性新兴产业的支持，通过统筹“投贷债租证”等金融服务助力降低实体经济成本。要完善银政企合作机制，加大力度支持集成电路等先进制造业，积极培育数字经济、网络经济、海洋经济、健康产业等新兴业态，服务于创新型国家建设。

第三，更好发挥开发性金融在支持民生改善中的作用。坚持以人民为中心的发展思想，继续支持保障房建设和住房制度改革，加大对教育、医疗卫生、健康养老等事业发展支持的力度，发挥开发性金融在增加公共产品供给中的作用，推动实现金融普惠。在棚户区改造方面，要把握“多主体供给、多渠道保障、租购并举”的方向，坚持尽力而为与量力而行相结合，严把政

策标准，加强租赁住房建设融资模式及产品创新，筑牢风险防线。

第四，服务于区域协调发展。在支持雄安新区建设方面，要加强与有关部门和地方政府合作，配合编制雄安新区规划，探索土地、住房、生态环保等领域融资模式创新，支持雄安新区基础性重大项目建设。在支持粤港澳大湾区建设方面，要深化与华为等战略客户的合作，助力打造粤港澳大湾区世界级企业集群，培育创新驱动、高质量发展的新动力。在支持长江经济带建设方面，要促进生态保护和绿色发展，推进融资规划编制实施。

（二）支持“一带一路”，服务扩大对外开放

今年是改革开放 40 周年，也是习近平总书记提出“一带一路”倡议 5 周年。作为全球最大的开发性金融机构和中国对外投融资合作的主力银行，国开行要继续发挥好支持“一带一路”主力银行作用，积极参与共建“一带一路”的伟大历史进程。全力以赴落实好 2500 亿元等值人民币专项贷款授信承诺。要积极参与上合组织峰会、中非合作论坛峰会等主场外交。要发挥好国开行在上合银联体、中国 – 东盟银联体、金砖国家银行合作机制、中国 – 中东欧银联体等金融合作中的主导作用，推动项目落地。

要加大产品和服务创新力度，以专项贷款带动“一带一路”融资合作不断实现新进展。要推进重点国别、重点领域合作，牢牢把握重点方向，认真谋划推动看得准、有影响、能落实的关键项目，加快在能源资源、基础设施、国际产能合作、产业园区等领域开发一批重大项目，促进重大项目尽快落地、早期收获。要继续优化业务结构，完善国际业务工作体制，推动境外投融资模式创新和产品创新，抓好重点风险管控项目化解，打造国际业务发展新动能。

（三）以改革为根本动力，推动业务模式创新

改革创新始终是发展的根本动力。新时代属于奋斗者，属于改革者。新时代全面深化改革开放，对国开行内部管理和金融服务能力提出了更高要

求。国开行要继续深化自身改革，通过自身改革进一步提升服务全面深化改革开放的能力和成效。抓好深化改革政策落实，完善中国特色法人治理架构，推动落实差异化监管、绩效评价等深化改革各项后续工作，破解制约国开行改革发展的体制机制障碍。创新开发性金融产品和服务，围绕脱贫攻坚、棚改、节能环保、战略性新兴产业、区域协调发展、“一带一路”等重点领域，创新融资模式、金融产品、服务机制，有效支持全面深化改革开放重点领域和薄弱环节建设。

当前国开行改革创新的重头戏是改革创新投融资模式。要深刻认识防范化解地方政府隐性债务风险的重大意义，以市场化运作为准则，找准银政合作业务的切入点，加快研究不直接依赖政府增信的融资模式，构建更多依托项目自身收益还款的机制，体现地区和行业的差异化，相机调整项目类型、信用结构和实现路径，促进基础设施与产业、民生的协调发展。同时要加强和规范 PPP 模式创新，稳妥推进投贷联动，推广交通领域融资再安排模式。

中国核工业集团有限公司

中核集团：始终把自主创新摆在中心位置，勇攀核科技新高峰

中国工程院

改革开放40年来，中国核工业集团有限公司（简称“中核集团”）取得了哪些成就，改革发展经历了哪些曲折，取得哪些成功的经验，对集团乃至其他国企有什么启示，等等，自中国工程院承担中宣部“百城百县百企”调研对象之一——中核集团——的调研活动以来，这些都是调研组一直在不断思考的问题。

为回答这些问题，调研组采取“专家 + 记者、调研 + 采访”的方式，在全面了解中核集团改革开放40年发展的情况下，以“自主创新”和“勇攀科技高峰”为调研主题，深入挖掘，展示改革开放40年来中核集团取得的亮点成就，探究了取得这些成就的经验与启示。

一、中核集团概貌

中核集团创建于1955年，是典型的高科技战略性产业，是国家战略安全的重要基石。正如习近平总书记在核工业创建60周年重要指示中指出的那样：“60年来，几代核工业人艰苦创业、开拓创新，推动我国核工业从无到有、从小到大，取得了世人瞩目的成就，为国家安全和经济建设做出了突出贡献。”中核集团脱胎于二机部，作为共和国的长子，是我国战略核威慑

的重要建设者，也是核能和平利用的主力军；中核集团作为国家核科技工业的主体，是我国核科技创新和市场开发的引领者，也是国家安全、生态环境和人类健康的守护者。

改革开放之前，中核集团以国家核力量建设为主要任务，为国家的“两弹一艇”研制做出了巨大贡献。改革开放之后，随着国家机构调整和国家军工体制改革，自二机部始，1982 年改称核工业部。1988 年，由二机部改为具有政府职能的中国核工业总公司。中国工程物理研究院（九院）于 1990 年、中国广东核电集团公司（大亚湾核电站）于 1994 年先后从中国核工业总公司划出。1999 年，中国核工业总公司分立为中国核工业集团公司和中国核工业建设集团公司（简称“中核建设集团”），核工业产业链保持在中核集团内。2007 年从中国核工业集团公司分出上海核工程研究设计院，成立国家核电技术公司（2015 年与中国电力投资集团公司合并重组为国家电力投资集团公司）。2018 年 1 月，经国务院批准，中核集团与中核建设集团实施战略重组，中核建设集团整体无偿划转进入中核集团。

改革开放以来，中核集团按照“集团运作、专业经营”的方针，以产品为核心，以市场为导向，国防建设和经济建设双轮驱动，对下属单位进行产业集聚和专业化改革，发展了以核电、核燃料、核技术应用为代表的核科技产业，取得了“华龙一号”、高温气冷堆、低温供热堆、模块化多功能小型堆、铀浓缩技术工业化应用、CF3 燃料组件、地浸采铀技术、230 兆电子伏强流质子回旋加速器、放射性诊疗药物等一大批科技创新成果，服务于社会民生的各个领域，取得了显著的经济效益和社会效益。

中核集团已连续 13 年获得国资委考核 A 级。目前，拥有全资、控股及具有实际控制权的企事业单位 600 多家，在职职工约 14 万人，涉核资产和人才队伍规模在国内涉核企业集团中最大，是世界上少数几个国家拥有的核工业全产业链企业集团之一。

二、四十年发展成就概览

核工业是国家战略性高技术产业，也是国际敏感产业，对于确保国家战略安全、能源安全、科技安全都具有十分重要的战略意义。改革开放40年来，中核集团以履行国家使命，建设更加自主、先进、安全、高效的核工业体系为己任，克服重重困难，投入国民经济主战场，始终坚持自力更生、自主创新，勇攀核科技新高峰，在“科技引领、创新驱动”方针的指导下，取得了一系列重大科技成果，对核工业在国防工业、核电核能、核燃料、核基础研究、核技术应用等领域的产业发展起到关键的支撑作用和引领作用。

（一）核电：新时代的大国名片

在2018年5月28日的中国科学院第十九次院士大会、中国工程院第十四次院士大会上，习近平总书记在讲话中说，“第三代核电‘华龙一号’、掘进装备等跻身世界前列”。早在2017年6月8日，习近平总书记参观阿斯塔纳世博会中国馆时，就向哈萨克斯坦总统纳扎尔巴耶夫介绍说，“华龙一号”是中国完全自主知识产权的三代核电技术。习近平总书记主动向外推介，进一步凸显“华龙一号”“国家名片”的显著地位。

2017年5月，李克强总理对“华龙一号”福清核电5号机组建设工作做出重要批示。李克强总理一直在国际外交场合力推中国自主研制的“华龙一号”“走出去”，在《政府工作报告》中盛赞“华龙一号”是我国科技领域具有先进水平的创新成果。

“华龙一号”以提高制造业创新能力和基础能力为重点，推进信息技术与制造技术深度融合，成为可以为“自主创新”“智能制造”“产业转型与升级”代言的新名片。

“华龙一号”以我国30多年核电研发建设运营的经验为基础，汲取世界先进设计理念，大量采用了经过验证的技术和设备。“华龙一号”具有三个主要特点：一是采用“177堆芯”，在提高堆芯输出功率的同时，大幅度降低了堆芯平均线功率密度，充分保证了核电站的安全性；二是核燃料完全实现自主化，其燃料组件采用的是自主研发的 CF 系列先进核燃料，具有完全自主知识产权；三是装备国产化率达到 90% 以上，其中压力容器、蒸汽发生器、稳压器、主泵、堆内构件、控制系统等核心装备都具有很高的国产化率，充分发挥了我国制造业的优势，保证了“华龙一号”的安全性、先进性与经济性的统一。中核集团“华龙一号”总设计师邢继介绍，按照最终确定的融合方案，“华龙一号”采用 ACP1000 技术和“177 堆芯”，燃料采用中核集团开发的 CF 自主品牌。

在设计创新上，“华龙一号”提出“能动和非能动相结合”的安全设计理念，设计了双层安全壳，安全和性能指标达到了国际三代核电技术的先进水平。一旦发生事故，能够保证堆芯安全，带出堆芯热量，而且通过电力驱动等方式循环，可以达到冷却效果。即便在电源等动力源丧失时，依靠自然循环，也可以达到冷却目的。“华龙一号”创新成果产生的自主知识产权覆盖了设计、燃料、设备、建造、运行、维护等领域，并已自主开发了核电专用软件，形成了完整的知识产权体系。至今，“华龙一号”共申请海内外专利 629 件。

改革开放 40 年来，从“国之荣光”到“国之重器”再到“国家名片”，中国核电机组实现了装机容量从 30 万千瓦到 100 万千瓦的跨越，先后建设了压水堆、重水堆、“华龙一号”全球首堆、AP1000 全球首堆等多种堆型机组，实现了跨越式的发展。

中核集团紧密跟踪世界核能发展趋势，开发形成了“大、中、小、特、微”型谱化特征的核能系列产品。作为第四代核能系统的快中子反应堆示范工程在福建省霞浦县土建开工；作为中国核能发展的第三步，聚变堆研究也取得很大进步；中核集团发布了自主研发、可用来实现区域供热的“燕龙”泳池式低温供热堆 DHR–400；开展了 ACP100 小型模块反应堆、低温供热堆、地下核电站、海上浮动核电站、超临界水冷堆等先进反应堆科技研发，均取得了较大进展。

核电发展坚持绿色发展。在保障能源安全、促进经济发展的同时，为减排做出了重大贡献。截至2017年底，中核集团核电累计发电7175亿千瓦时，减少标准煤消耗28700万吨，相当于减少二氧化碳排放71534.75万吨，减少二氧化硫排放2152.5万吨，相当于造林196万公顷。

（二）核燃料："大国重器"的战略支撑

核燃料是核工业的"粮食"，是核工业基础性、战略性的资源，无论是国防建设还是经济建设，都少不了满足相应技术要求的核燃料，没有核燃料就无从谈核工业的发展。中核集团以建设更加自主、先进、安全、高效的核燃料循环体系为己任，在铀浓缩技术、核燃料元件制造以及乏燃料后处理等重要环节不断突破，相关技术升级换代，为军民"大国重器"提供了有力的战略支撑。

1. 铀浓缩技术实现工业化应用

2018年3月20日，中核集团研发的具有完全自主知识产权的新一代铀浓缩离心机大型商用示范工程全面建成。示范工程的建成，标志着我国铀浓缩离心机实现了升级换代，具备了大规模商用条件，技术水平、经济性进一步提升，达到国际先进水平。

早在2013年，中核集团自主研制的铀浓缩离心机就已成功实现工业化应用，此次是技术的再次更新升级。铀浓缩技术的升级换代标志着中国具备了核燃料生产的完全自主化工业能力，完全掌握了离心法铀浓缩技术，为核工业的发展提供了充足的"粮食"，对保证核大国的战略核威慑、保障中国核电可持续发展具有重大战略意义。

在铀浓缩的前端，以CO_2+O_2绿色经济地浸工艺为标志的三代采铀技术实现规模化应用，建成以北方砂岩型铀矿大基地为主体的绿色天然铀矿山；铀纯化转化一体化生产线建成，产能显著提高，成本大幅降低。

2. 核燃料元件制造国产化

核燃料元件是核电站的核心部件。不断提高核燃料元件的研发与制造技术是改善核电站安全性、可靠性和经济性的有效手段，也是我国核电技术国产化、核电“走出去”的关键所在。

作为我国唯一的核燃料供应企业，中核集团经过60余年核燃料及核材料技术研发，已经掌握世界上主要类型压水堆、重水堆、高温气冷堆等核燃料组件制造技术，具备相关堆燃料元件制造能力，保障了大亚湾、岭澳、秦山、田湾、福清、宁德、红沿河、阳江、巴基斯坦等核电基地的核燃料元件供应，质量达到国际先进水平。此外，在MOX燃料元件、环形燃料元件、耐事故燃料元件等新型燃料元件技术研发领域也取得很大进展。

3. 后处理技术实现突破

中核集团自“七五”开始确定核燃料后处理研究以生产堆为主转向以动力堆为主。经过几个五年科技计划攻关，自主攻克了乏燃料后处理系列关键技术，建成了核燃料后处理放化试验设施，建成了我国第一座动力堆乏燃料后处理中试厂，攻克了核燃料闭合循环关键技术；研发了具有自主知识产权的后处理先进无盐两循环工艺流程，建立了一系列后处理工艺分析及检测监测方法，研发出多种关键装置设备和仪器。

（三）核医疗：护卫民众健康的神兵利器

核能和核技术应用是核领域的两个重要方面，如果把核能喻为“核领域的重工业”，核技术应用则是“核领域的轻工业”。核技术在食品保藏、医药消毒、辐射育种、辐射探测等领域，都发挥着重要作用。实践证明，核技术的应用，深化了农业的绿色革命，促进了工业的技术改造，提高了人类征服疾病的能力，推动了环保事业的发展。

在核技术应用于医疗领域方面，中核集团416医院无疑走在前列。416医院是西南地区一所集医疗、教学、科研、预防保健为一体的三级甲等综合性医院。其中，核医学专科为四川省重点专科，门诊量位居全国第一，甲亢碘-131治疗量位居全国第一，核素显像量位列全国前10名。经过近20年的发展，416医院核医学专科积累了丰富的教学经验，并帮助省内外多家医院组建甲亢治疗专科。

1. 研制成功质子回旋加速器

中核集团自主建成的世界先进的230兆电子伏紧凑型质子回旋加速器，是国际上最大的紧凑型强流质子回旋加速器。紧凑型回旋加速器优点突出，既节省建造费用和运行费用，又可获得高流强，无论是经济性还是实用性都达到了国际先进水平。质子束对正常组织损伤小、副作用小，可用于轰击癌细胞，且将最大限度地保护正常组织。

在此之前，1994年建成的30兆电子伏加速器生产出铟–111、镓–67、铊–201、钴–57四种同位素，结束了我国不能用加速器批量生产中短寿命放射性同位素的局面。2014年，又成功研发100兆电子伏强流质子回旋加速器，填补了我国中能强流质子回旋加速器的空白，使我国成为少数几个拥有新一代放射性核素加速器的国家。

2. 中子照射器用于治疗恶性肿瘤

中子照射器可以杀死一定范围内的肿瘤细胞，最大限度地保留患部周围正常组织及功能，从而达到治疗目的。2016年8月，中核集团研制成功的我国首座用于治疗恶性肿瘤的小型医疗专用中子照射器示范装置达到设计额定值，且在前期国内首例恶性黑色素瘤患者临床试治中达到预期验证目标。

医用中子照射器示范装置的建成，将使我国微堆技术与硼中子俘获疗法密切结合。此装置是一种30千瓦微型堆，便于在医院内实施癌患的治疗。此外，此中子照射器堆芯实现了低浓化，摆脱了国际上对高浓铀防核扩散的种种限制，可顺畅进入核医疗市场，被国际原子能机构称为“具有亲用户的核安全特性”，可由医师自行掌控。此堆芯一炉装料可持续使用20年，除常规供水、供电、供气外，不需特殊配置，癌患的照射花费比重离子放射或大型加速器低。

目前，中核集团围绕“健康中国”，积极承担社会责任，不断满足人民群众对健康生活的美好向往，优化产业布局，设立了中核医疗产业管理有限公司，统筹核医疗发展，不断提升发展能力，形成10个核医药中心、8个辐照站，三大医药基地建设取得显著进展。支持核素治疗示范基地建设，全国参与医院达36家，有效助力各地核医学发展，培育核医学市场。

在核技术应用的其他方面也取得了可喜成果。如钴–60放射源实现了国产化，打破了其他国家的长期垄断与控制，其技术指标和质量水平达到了国外同类产品的先进水平，有力地保障了我国辐射育种、辐射加工、无损检测、肿瘤治疗等科研生产和医学治疗的需要；安检核仪器与核探测已实现实战化，多项放射性和爆炸物检测创新型装备，在国家会议中心、国家大剧院、上海世博会等重要场所成功使用，为北京奥运会、上海世博会等国家级大型公开活动提供了放射性和爆炸物检测反恐技术支持；锝–99m发生器研制成功，结束了我国裂变钼–99料液、裂变锝–99m发生器和锝–99m药盒依赖进口的局面。

核安全与辐射安全方面，中核集团坚持了“生产未动、防护先行”的方针，逐步建立了完善的核与辐射安全和环境保护体系。核设施保持良好安全业绩，辐射安全水平大幅提升，辐射环境质量保持良好，核与辐射安全技术研发取得重要成果，为我国核事业健康持续发展创造了良好的安全环境。

三、经验与启示

2018年6月13日，习近平总书记在烟台考察时表示，基础的、核心的东西是讨不来买不来的，要靠我们自力更生、自主创新来实现。7月13日，习近平总书记在中央财经委员会第二次会议上再次强调，要进一步提高关键核心技术创新能力。

核科技工业是典型的技术密集型行业，更是国际敏感和各国高度关注的战略性产业，中核集团作为我国核科技工业的主体，系统性地掌握相关科学技术是自主发展的前提及核心。这既需要持续不断地深化体制机制改革，也需要持之以恒，持续加强核科技的自力更生、自主创新。

在改革开放的大潮中，中核集团既有坚决贯彻落实国家相关政策部署，以实际行动推动改革开放的“顺势而为”，也有结合集团自身特点，主动思考，积极谋划，推动技术创新的“独树一帜”。其间形成的经验值得我们总结、凝练。

（一）坚持党的领导，确保核工业正确航向

核工业是“大国重器”，是大国地位的重要标志，是国家安全的重要基石。中国核工业是在党中央的直接领导和关怀下创建和发展壮大的。坚持党的领导、加强党的建设是包括核工业在内的国有企业的光荣传统和独特优势，是中国核工业与生俱来的红色基因，是确保核工业发展方向的“根”和“魂”。

在党的领导下，作为共和国的长子，中核集团始终把核军工放在首要位置，担负强军首责，加快推进核军工科技创新。随着科研保障条件和科技研发能力的提升，核军工科研取得多项重大创新成果，确保无条件高质量完成各项核军工生产科研任务，有力地保障了国防建设和国家安全，为我国战略核威慑力量建设发挥了重要作用。

中核集团党组始终坚持党的领导，高度重视思想政治工作，矢志不渝地贯彻党中央指示，坚决落实中央决策部署，特别是在体制机制改革中，党组织发挥了领导核心的作用。党的建设在实践中探索，在创新中发展，积累了丰富的经验。各级党组织的核心作用、卓有成效的思想政治工作，大力弘扬“两弹一星”精神和核工业精神，为核工业发展提供了坚强的政治保障、组织保障和思想保障，确保核工业始终是党和人民最可信赖的骨干依靠力量。

（二）坚持自主创新，避免受制于人

从“两弹一艇”的研制开始，核工业发展史就是一部自力更生、自主创新的历史。自主创新是立家之本，核工业 60 年的发展实践证明，核科技是战略高技术，其核心技术是从国外买不来的，必须坚持以我为主，自主创新。中核集团党组书记、董事长余剑锋指出：“核工业的历史就是一部艰苦

奋斗、自主创新史，依靠自主创新，我们创造了‘两弹一艇’的辉煌，铸就了国家安全基石，挺起了民族脊梁。新时代，更要坚持自主创新，特别是要在解决关键核心技术受制于人的‘卡脖子’问题上下功夫，为国家安全和国民经济发展提供有力支撑，要强化科技军民融合创新和相互促进，推动军民科技在资源、技术、组织方式等方面的有机结合。核工业未来的30年，是我国由核大国向核强国转变的关键时期。我们相信在习近平新时代中国特色社会主义思想指引下，我们努力奋斗、敢于创新，核工业第一代人能实现的辉煌，在我们这一代人也一定可以实现。”

核工业60年的发展实践证明，核科技高度敏感，其核心技术是从国外买不来的，必须坚持以我为主，自主创新。

虽然中核集团形成了三代核电品牌——“华龙一号”，但是“华龙一号”要想实现出口，就必须解决核燃料自主生产的问题，否则将来出口核电站也会受制于人。正如中核集团“压水堆燃料元件设计制造技术”重点科技专项总指挥李广长所说，如果没有自主研发的核燃料元件，要实现核电强国梦，实现核电“走出去”战略就是空谈。2017年，中核集团历经多年研发的我国具有完全自主知识产权的高性能核燃料元件——CF系列燃料组件再获历史性突破：CF2燃料组件完成三个循环辐照考验，自主高性能锆合金品牌N36特征化燃料组件通过4个循环的辐照考验，性能达到国际先进水平；作为CF系列的拳头产品，CF3燃料组件完成两个循环辐照考验，经池边检查性能良好，终于具备了为“华龙一号”提供首炉燃料的条件。

铀浓缩离心机也是一例。航空发动机的转速每分钟高达1万多转，而铀浓缩离心机的转速则是航空发动机转速的数倍甚至十余倍。此外，离心机还具有高真空、耐强腐蚀、运行时间高达十年以上的长寿命、运行期间不可停机维修检修等特点，其研制过程涉及机械、电气、力学、材料学、空气动力学、流体力学、计算机应用等多种学科的理论和技术领域。工业化过程还须经过不同装机规模、长时间的试验考核。难上加难的是，这种设备不是一台机器工作，而是上万台机器共同连续稳定工作。因此，对机器的一致性要求和批量加工制造的工艺及装配技术要求非常高。正因为铀浓缩离心机技术难度很大，被认为是衡量国家核技术水平的重要标志，也是各国严格控制的核心机密。中核集团有关单位科研人员经过多年自主创新，艰苦努力，攻克了离心机研制中的多项技术难关，实现了离心机的工业化应用，它的耗电量大约相当于扩散法的 1/25，综合成本降下来 50% 多。目前，我国已形成的离心机制造装备能力，完全可以保障和满足后续国家安全和核电发展需要。

在那些引进不了且国外根本不让引进的领域，中核集团的专家只有白手起家，不断探索，形成自己的关键核心技术。

正因为中核集团掌握了核电全产业链的自主知识产权，所以才能够提供从基建、运行、核燃料供应等所有环节的自主产品和服务。在 2018 年 6 月底的国际核工展上，国外媒体和研究机构预测："中国核工业潜力惊人，已处于绝佳技术位置……中国有望成为核能超级大国。"

（三）坚持深化改革，构建更利于核工业发展的体制机制

习近平总书记说："国企要搞好就一定要改革，抱残守缺不行，改革能成功，就能变成现代企业。"

2000 年以前，为贯彻落实国家"军民结合"政策，中核集团广泛涉足能源、交通、基建、电子、食品、医疗等各个行业，从 2000 年至 2010 年结构调整改革，关停并转一些企业，由传统企业向集团化、企业化、专业化发展，进一步融入社会主义市场经济体系，再到 2010 年以后通过内部重组、建立制度、优化管理模式等方式建立现代化企业集团，中核集团经过了一场脱胎换骨的改革。通过改革，解决了历史遗留问题，队伍更加精干，主业更加突出，提高了创新效率，加快了发展速度，思想观念更新、市场意识增强，核科技工业体系建立得更加完整。

中核集团的蜕变，非"艰辛"一词可以言尽。

而今，中国核电成功在 A 股上市，成为我国纯核电第一股。中核科技、中核国际、中国同辐相继上市，核燃料、天然铀领域股权多元化也在加快推

进。从 1999 年中核集团主营收入为 61 亿元，补后亏损 2.4 亿元，到 2017 年底主营收入 878 亿元，利润总额 138 亿元，中核集团通过改革完成了历史性的蜕变。

深化改革仍在继续。2018 年 1 月，经国务院批准，中核集团与中核建设集团实施战略重组。2 月 22 日新华社的长篇通讯《谱写新时代改革新篇章——以习近平同志为核心的党中央全面深化改革启示录》中提到，中核集团与中核建设集团本是从中国核工业总公司拆分而来的“亲兄弟”。当年拆分，是为了形成适度竞争，促进行业发展。如今重组，则是凝聚强大合力，竞逐国际舞台。合与分，都是应对时代变化的重大改革。

此次重组将加大我国核工业资源力量整合，优化核工业结构布局，有利于形成核军工建设合力，更好地完成中央要求加快我国战略核力量建设的重大任务；有利于核工业军民融合深度发展，更好地推进我国核能发展和核工业全产业链“走出去”；有利于统筹发展我国自主三代、四代核电技术，提升核电技术创新能力；有利于加快推动核工业的转型升级，实现高质量发展、可持续发展。

（四）坚持开放合作，是核工业创新发展的有效途径

虽然中核集团自主研发了国家核电品牌“华龙一号”，但也是得益于改革开放，充分开展国际合作，调动利用国内外资源。

中核集团在早期通过大亚湾等中法合作项目，引进了法国 M–310 核电技术，并在此基础上开发了 CP 系列二代核电产品，在中国实现了批量化建设。在切尔诺贝利及福岛事故后，集团又引进俄罗斯 VVER–1000、美国 AP1000 等先进核电技术，在不断提升我国核电安全性的同时，通过开放合作与自主创新，核电的发展走出了“引进—消化—吸收—再创新”之路，大力推动了我国自主三代核电产品的设计与研发工作，进而形成了具有完整知识产权的三代核电“华龙一号”。

为实现中国核能“三步走”战略，第四代核电技术的研发也是充分利用

开放合作的优势，走“引进、消化、吸收、再创新”之路。从20世纪90年代初，中俄就开始了在快堆领域的合作与交流。2000年，两国政府签署了共同建造和运行中国实验快堆的政府间协议，自此正式开始建造电功率为20兆瓦中国实验快堆（CEFR）项目，并于2011年7月21日并网发电。

该项目实施所形成的设施、技术和人才基础，使中国有能力全面开展快堆技术研究，跨过原型快堆而直接进行示范快堆电站的研发，加快了产业化和商用化进程。此外，还利用俄方完备的实验快堆研发教学条件委托俄方培训了多个批次的运行、维修人员。目前，国家批准了600兆瓦的中国示范快堆建设项目（CFR-600），已于2017年土建开工。

另外，地浸技术、铀矿勘探技术、铀浓缩离心机、核燃料制造技术取得重大突破，在自力更生的基础上进行自主研发、自主创新，走出了一条“引进—消化—吸收—再创新”的发展之路。

从引进到出口，中国核工业实现了新的跨越。中核集团作为唯一实现批量出口核电机组和核设施的中国企业，坚持共享发展，坚持核电“走出去”，服务世界，促进和平利用核能，已经成功向巴基斯坦、阿根廷、阿尔及利亚、尼日利亚等国累计出口了7台核电机组、7座研究堆和1台次临界装置。面向未来，中核集团继续深化与国际核大国合作，与俄罗斯战略合作全面升级，与法国开展后处理项目合作，与美国推进行波堆开发，与英国成立核联合研发与创新中心，努力提升创新发展可持续性。

同时，开放也为中核集团创造了十分有利的外部环境，吸收国内外先进技术，与国内外各大科研机构积极协作，逐步走上良性发展的道路。

（五）坚持建设完整的核工业体系，是核工业健康发展的基石

产业链的完整性与自主可控的持续供应能力，同样是行业发展的瓶颈所在，掌握核心技术方能成就“国之重器”，掌握完整产业链才能自主可控。

我国有完整的核科技工业体系、核技术研发体系和核军工与核燃料循环生产保障能力，是一个有机的整体。目前，世界上只有美、俄、法等少数几

个国家拥有完整的核科技工业体系。中核集团建设并保有这一相对完整的体系，这是我国核事业持续发展的重要基础，是确保我国核威慑力量发展、保障国家安全的战略基石。

中国核工业事关国家战略安全，从国家安全、科技安全的角度来说，只有构建一条完整的核工业体系，不断提升技术进步，才能保证核工业本质安全，才能够安全又高效地发展核工业。

（六）坚持传承核工业精神，为自主创新提供不竭精神动力

核工业精神是构成中核集团经济活力、控制力、影响力和抗风险能力的重要支撑，与"两弹一星"精神等一道构成了中核集团创新发展的软实力。中核集团60年的发展，一步步发展壮大，取得了辉煌成就，形成了"事业高于一切，责任重于一切，严细融入一切，进取成就一切"的核工业精神。

从事核工业，某种程度上就是一种坚守。徐銤院士用他的实际行动诠释了这种精神。快堆研究始于1965年，1970年，"快堆"的零功率装置在原子能所建成，一年后，为响应国家"三线"建设号召，"快堆"研究组集体搬迁到了四川，300多名原子能所的研究人员拖家带口走进大山。物质匮乏，经费欠缺，研究组的人员积极性慢慢消减下来。几年后，只剩下徐銤等100多人。当时，国际原子能机构、大亚湾核电站以及其他研究机构都曾向他抛去橄榄枝，但被他一一谢绝。因为坚守，中国自主完成了"快堆"概念设计、初步设计、施工设计及建筑、安装调试工作，2017年快堆示范工程终于在福建霞浦开工建设。徐銤说，这一过程漫长而艰辛，更多的时候需要一份耐得住寂寞与孤独的守候心态。

在改革开放的浪潮中，核工业人既坚守阵地，勇于创新，取得一大批研究成果，做出巨大贡献，也有一部分核工业人在国家战略调整中离开岗位、散落各地，做出了巨大牺牲。形成了核工业人默默奉献、甘愿牺牲的精神。核工业60年中，一大批先进典型接连涌现，实现我国核潜艇从无到有的"中国核潜艇之父"彭士禄，"一生只做一件事"的徐銤，坚持自主创新的"华

龙一号”总设计师邢继，被称为“核动力心血管的守护神”的中核建中公司精修班长曹子昆，技术造诣深厚的“国防工匠”王多明，等等。一大批先进典型接连涌现，形成了核工业人默默奉献、甘愿牺牲的精神。他们和十余万中核人一起为核工业发展贡献力量，在实际工作中践行、弘扬核工业精神，并持续赋予其新的历史价值与时代内涵。

（七）坚持安全发展、军民融合发展

由于核的特殊性，安全发展是核工业健康发展的基本前提，核安全是国家安全的重要组成部分。同时，安全性也是公众最为关注的问题，这是核工业发展的底线、红线。我国 90% 以上的军工核设施在中核集团。这些核设施绝大多数是我国研制“两弹一艇”过程中形成的。中核集团始终坚持“安全第一、质量第一”，坚决贯彻“一克不丢，一件不少，确保安全，万无一失”的总方针，核安全一直保持良好记录，未发生核事故、环境污染事故和重大安全生产事故。

核能技术应用于民用领域会产生巨大的经济效益。国家赋予中核集团确保我国战略核力量建设的重大使命，在履行强军首责的同时，中核集团作为央企更要为国家经济建设和社会发展贡献力量。军民相辅相成、相互促进、相互融合。以强大的产业经济作为支撑带动技术进步，以技术进步促进产业经济更好地发展。

（八）实施人才强企战略，为核工业创新发展提供智力支撑

人才是一个组织核心能力的战略性资源。改革开放 40 年来，中核集团培养了一大批素质高、能力强的核科学技术人才，对核工业在国防工业、核电核能、核燃料、核基础研究、核技术应用等领域及产业发展方面起到了关键支撑作用和引领作用。

核工业长远、可持续发展关键在于人才，中核集团不断优化创业环境、改善生活环境、提升人文环境、创新制度环境，使人才资源总量有序增长、

人才专业结构日趋合理，核专业高层次人才聚集效应明显提升，对企业自主创新和持续发展发挥了巨大作用。

中核集团还积极搭建各种科研平台来聚集和培养人才。目前，中核集团共有23家科研院所，设立有6个国防科技重点实验室、1个国家（工程）技术研究中心、3个国防科技工业技术创新中心、3个国家能源研发（实验）中心、20个集团重点实验室、14个集团工程技术研究中心。建设了一批先进的科研基础设施和研发平台，实施了“龙腾2020”计划和“创新2030”工程。

四、新时代发展建议

走进新时代，中核集团正面临新的发展形势：世界核科技领域的创新日新月异，先进核能系统、多用途小型堆、先进核燃料、非动力核技术等一批核科技创新前沿正在面临多点突破，核科技创新面临新的战略机遇；核能与核技术应用需求日益广泛，国内外发展前景和空间十分广阔；国际核市场格局正在发生深刻变革，为我国参与并重塑新的世界核工业和全球核治理格局创造了历史性机遇；我国经济由高速度发展阶段转向高质量发展阶段，为核工业加快转型升级、优化资源配置提供了有利的外部条件。

面对新时代的发展形势、使命任务和战略目标，中核集团也面临着严峻挑战：国际核电市场在深刻调整中复苏乏力，核能发展面临激烈市场竞争；核工业供给侧结构性矛盾日益凸显，社会、市场对核工业的安全性、经济性的要求更高；产业发展存在不平衡不充分的矛盾；核安全标准与公众关注度的提高对核安全环保提出更高要求。

中国核工业正处在大变革、大发展的时代，由跟跑、并跑向领跑跨越，这是大有作为的时代。

自中国核工业创建，中核集团就传承建设并形成了相对完整的核工业体系，是国家战略科技重要力量之一。未来核工业领域的竞争将不仅是企业与企业之间的竞争，更是国家与国家之间的竞争。

中核集团应当将自己置于国家安全和发展的大局中，站在确保国家战略安全的高度，在集团战略谋划和发展运行中，以建设更加自主、先进、安全、高效的核工业体系为己任，按照习近平总书记“坚持安全发展、创新发展，坚持和平利用核能，全面提升核工业的核心竞争力”的要求，始终坚持自力更生、自主创新，续写我国核工业新的辉煌篇章。

同时，国家要做好核工业发展的顶层规划。

一是进一步加强国家对核工业的集中统一领导。未来产业整合是大势所趋，有利于破解可持续发展的“瓶颈”。应将核工业的发展规划提升到国家战略层面，合理规划国内核电站布局，继续深化核工业领域改革，实现强强合作，强强融合，发挥集中力量办大事的制度优势，推动核工业加快发展。

二是继续推进核电项目。推进核电“走出去”战略，继续打造以“华龙一号”为代表的“国家名片”，加大对核电“走出去”的组织领导与顶层设计，建立合理的核电“走出去”的融资政策。在进一步加强对核电安全监管的基础上，稳定有序核准核电项目，寓军于民，以民养军，支持核工业培养人才队伍，技术进步，促进技术、人才、军民融合水平提升和持续发展。

三是深入推进核工业绿色发展。立足十九大“推进绿色发展、建设美丽中国”的要求，在安全高效发展核电的同时，统筹考虑老旧核设施、退役矿山等安全环保突出问题，从根本上消除环境风险。整合资源，加强提高铀利用率、核燃料后期处理技术的研究，通过技术创新、制度规范等软硬方式全面提高核工业的本质安全度，助力核工业产业绿色发展、清洁发展等。

四是加强核知识科普。习近平总书记指出，科技创新、科学普及是实现创新发展的两翼，要把科学普及放在与科技创新同等重要的位置。中国工程院原副院长赵宪庚院士说：“核电的安全性是足够的，这不是技术问题，是心理问题。”为引导公众理性认知与看待核，一个很重要的途径就是开展由政府主导、行业协会和涉核企业共同努力的核知识科普宣教、舆论引导等公众沟通活动。例如设立国家“核科学日”，提升国民核科学知识；在保证核安全的基础上，向公众有序开放核设施。

作为中国核工业的中坚力量，中核集团要继续做好“三个发展”。

一是坚守安全发展。中核集团不仅仅是央企，还是军工企业，要把确保核安全作为重要政治责任，放在各项工作的首位。建立健全安全管理体系，落实各级安全责任，加强风险管控，推动管理提升，倡导核安全文化理念，开展安全生产标准化建设，全面提高安全管理水平，确保运营安全。

二是坚持创新发展。创新是核工业发展的“新引擎”。中核集团如果想在未来扮演更加积极的角色，不能仅仅满足于经济总量，更要在产业结构上有所提高，进一步推进产业整合，合理配置资源，要持续加强原始创新、颠覆性技术创新，加快新一代军工技术、核电技术研制进程，深化对乏燃料后处理、放射性废物处理处置研究，发展核技术应用产业。

三是深化军民融合发展。核工业是国家战略核力量建设的物质基础和技术基础。中核集团应充分利用全社会优势力量推动核工业的发展，走军民融合深度发展的道路，加快构建军民一体化战略体系和能力，进一步提高自主创新能力、装备供给能力和军民结合产业发展能力，努力成为具备全球竞争力的世界一流核工业企业，促进经济建设与国防建设协调发展。

跟跑、并跑、领跑……

中核集团正在按照新时代党和国家的部署和要求向前奔跑。

改革开放40年来，中核集团在核工业全产业链都取得了显著成就，也探索并形成了自身健康发展、创新发展、安全发展、持续发展的有益经验，为未来核工业发展提供了启示和借鉴。但在充满信心的同时，我们还应更加清醒和理性，与发达国家相比，我国不少领域关键核心技术尚未突破，亟待集中力量奋力攻关。

新时代要有新气象，新时代要有新作为。中核集团是国家核科技工业的主体、战略核威慑力量的重要组成、核能和平利用的主力军，应当承担起历史使命和时代责任，继续深入挖掘和总结改革开放40年来的经验，以习近平新时代中国特色社会主义思想为指导，不忘初心、牢记使命，坚持强军首责，不断自主创新，提升核心竞争力，推动核工业实现更高质量的发展，在实现“两个一百年”奋斗目标、实现中华民族伟大复兴的奋斗中，做核科技创新和市场开发的引领者，国家安全、生态环境和人类健康的守护者，为建设世界一流核工业，建设世界核强国而努力奋斗。

中国航天科技集团：明甲砺器扬国威、耕宇牧星问苍穹

中国宏观经济研究院

自主创新是发展航天事业和建设航天强国的关键所在。中国航天事业创建 60 多年来，特别是改革开放 40 年来，中国航天科技集团有限公司（以下简称航天科技集团）依靠自主创新，以较少的投入，在较短的时间内，迅速缩小了与航天科技发达国家的差距，形成了“弹、箭、星、船、器”全系列产品科研生产能力，走出了一条从小到大，从跟跑到并跑、领跑的中国特色航天事业创新发展之路。短短 60 年间能够取得如此辉煌的成就，根本原因在于集团紧紧围绕自主创新这条主线，探索形成了一整套符合国情的组织结构、创新团队和体制机制，包括以集团、研究院、研究所、制造厂为主的具有分工协作、系统集成特点的创新主体和架构，以预研团队、型号“两总”、班组和个人为主的具有航天情怀和不懈追求精神的创新团队和个人，以及在技术开发、协同合作、质量保障、人才保障、多元投入、技术转化等各方面的体制机制创新。

创新是一个国家兴旺发达的不竭源泉。改革开放以来，中国航天工业作为自主创新的典范，取得了以载人航天、北斗导航、月球探测等重大工程为代表的一系列辉煌成就，为维护国家安全、服务经济社会发展、促进人类文明进步做出了重要贡献，在世界航天史上写下不朽的光辉篇章。

一、不平凡的成长历程与举世瞩目的成就

中国航天科技集团有限公司成立于1999年7月1日，其前身为1956年10月钱学森同志负责筹建的我国第一家火箭、导弹研究机构——国防部第五研究院，集团历经第七机械工业部、航天工业部、航空航天工业部、中国航天工业总公司和中国航天科技集团公司的历史沿革。从国防部第五研究院到航天科技集团，历经60余年，尽管单位名称和组织结构发生变化，但“艰苦奋斗、自力更生”的自主创新意识始终未变，航天人出色完成了运载火箭、各类卫星、载人飞船、货运飞船、深空探测器、空间站等宇航产品和战略战术导弹系统等领域的研究、生产、试验和发射任务，推动我国航天事业实现了从无到有、从小到大、从弱到强的历史性跨越。

航天科技集团的发展历程可用三大标志性里程碑事件来划分。从国防部第五研究院成立到“东方红一号”发射成功，是艰难的起步阶段。面对国内经济基础薄弱、三年困难时期、苏联终止援助撤走专家等种种困难，老一辈航天人自力更生，从仿制起步，立足自行设计，攻克技术难关，1970年4月24日，我国自主研制的首颗人造地球卫星“东方红一号”升空，打破了超级大国的垄断，使我国成为第五个独立研制和发射人造卫星的国家，奠定了大国基础。从“东方红一号”到“神舟五号”飞船成功往返太空，是顽强的追赶阶段。我国成功发射人造卫星后，以美国为首的西方国家长期实施严格的对华出口禁运，拒绝我国加入国际太空合作计划，航天人深刻意识到，航天技术作为关乎国家经济命脉和科技发展的战略性高技术，是要不来、换不来、买不来、等不来的。20世纪90年代初，我国启动载人航天工程，坚持自主创新，攻克了一批国际公认难题。2003年10月15日，杨利伟搭乘“神舟五号”飞船成功往返太空，中国成为世界上第三个自主掌握载人往返技术的国家。从“神舟五号”到“嫦娥一号”发射成功，标志着中国航天事业进入高速发展阶段。21世纪初，航天科技集团启动以月球探测工程为起点的深空探测活动并取得重大突破。2007年10月24日，我国首颗月球探测器

发射成功，实现了中华民族千年奔月的梦想。

改革开放 40 年来，以航天科技集团为主导的中国航天事业取得了举世瞩目的成就，走过了发达国家上百年的发展道路，实现了从依赖国外支持到高度自主可控的转变，从以跟踪为主进入跟跑、并跑和领跑并存的新阶段。不仅铸就了人造地球卫星、载人航天、月球探测三大丰碑，还培育了“长征”火箭、“神舟”飞船、“东方红卫星”、“东风”导弹等一大批知名品牌，北斗导航、高分辨对地观测等多个国家重大工程和武器装备研制工作取得重大突破。目前航天科技集团已经建立起一套完整配套的科研生产创新体系，若干大型科研生产联合体、制造车间等成为一个又一个孕育重大技术的摇篮和平台，培养造就了一批又一批的科技领军人才和高水平创新团队，形成了适合航天事业发展的科研、工程管理和技术转化体制，积淀了深厚博大的以航天传统精神、“两弹一星”精神和载人航天精神为灵魂的优秀文化，为我国迈向航天强国奠定了坚实基础。

二、核心技术与产品：从无到有，从跟跑到并跑、领跑

航天科技集团主要承担“弹、箭、星、船、器”等技术产品的研制、生产、试验任务。所谓“弹”，是指我国现役战略导弹和部分战术地地导弹、战术防空导弹等武器系统；“箭”是指我国长征系列运载火箭；“星”是指各类军、民用卫星；“船”是指载人飞船、货运飞船以及空间站；“器”是指深空探测器。改革开放以来，航天科技集团依靠自主创新，在航天领域取得辉煌成就，大大缩小了与航天科技发达国家的差距，走出了一条具有中国特色的航天事业创新发展之路。

（一）导弹：驭天重器，直刺苍穹

导弹是现代战争中杀伤力和破坏力最大的武器之一，其技术水平是衡量一国国防现代化水平的重要标志，具有涉及学科广泛、研发周期长、费用昂

贵、研制风险高等特点。

我国导弹研制始于20世纪50年代，当时由国防部第五研究院研制的第一枚国产导弹“东风一号”为仿制苏联产品的近程地地导弹，因苏方撕毁合同、撤走全部专家，研究人员不得不采用由一家化肥厂仅用几天苦战生产的液氧作为导弹发射的推进剂，最终成功发射了我国第一枚导弹，实现了中国导弹从无到有的历史性跨越。

在党中央、国务院和中央军委的正确领导下，作为我国导弹的重要研制生产单位，航天科技集团不断加强和坚持自主创新、艰苦奋斗，冲破重重险阻，攻克道道难关，具备了研制多种类型战略、战术导弹等武器装备的技术和能力，研制生产了从近程到远程、洲际，从液体燃料到固体燃料，从陆上发射到水下发射，从固定发射到机动发射的完整配套的导弹武器系列，为我国国防现代化建设和世界和平做出了重要贡献。

（二）运载火箭：筑梦航天，长征相助

航天界有句行话：“运载火箭的运载能力有多大，航天的舞台就有多大。”运载火箭是我国目前唯一能把各种航天器送入太空的运载工具，是确保人类开展航天活动的前提，是大规模开发和利用太空的重要载体，是加快推动我国从航天大国向航天强国迈进的基础和重要条件。

专栏1 “厕所试验室”——在厕所里研发火箭发动机

火箭发动机技术一直是航空航天、弹道导弹领域的重中之重，火箭发动机被视为火箭的心脏，这也决定了火箭能不能承担起巨大的载荷飞向天空。在20世纪六七十年代，航天人在十分简陋的环境下，研制出了世界一流的弹道导弹火箭发动机部件。

长征系列火箭发动机的摇篮在陕西凤县大山深处的“红光沟”，是代号

为“067”的三线基地。“067”选址凤县，当年三线建设者立志“要为三线建设奉献青春、奉献热血”。在这个摇篮里，有着很多不为人知的秘密，其中一间不起眼的厕所，竟然是当年研制火箭发动机的重要实验室。当年，姿态发动机的研制任务十分紧张，为节省到试验区的时间，建设者把办公区外的厕所改造为临时实验室，在墙上打个洞再镶上有机玻璃作为防爆的观察窗。十年间，三线建设者在这个狭小的空间里，忍着试验产生的让人头昏脑涨的废气，试验了200多台次的试验件，进行了多达数十万次的启动测试，最终成功研制出中国第一台姿态控制发动机，它被三线建设者幽默地称为“厕所发动机”。

在恶劣的自然环境和艰苦的科研条件下，中国航天人凭着自力更生、自主创新、自强不息的民族精神，在“067”基地成功研制出我国长征系列运载火箭和第一代洲际战略导弹的系列发动机。

我国的运载火箭源自弹道导弹。几十年来，通过几代航天人对关键核心技术的逐项攻克，我国运载火箭实现了从无到有、从串联到捆绑、从常规推进到低温推进、从一箭单星到一箭多星、从发射卫星到发射载人飞船和月球探测器的重要跨越，形成了比较完备的运载火箭型谱，具备了发射低、中、高不同轨道，不同类型和不同质量航天器的能力。由航天科技集团独立自主、创新研制的长征系列运载火箭，已执行280余次发射任务，将300多个航天器送入预定轨道，发射成功率达到96%，具备发射近地轨道、地球静止转移轨道和地月转移轨道等空间飞行器的能力，可靠性、适应性、成功率、安全性和入轨精度达到世界领先水平（详见图1）。

航天科技集团研制新一代运载火箭的脚步从未停止。为进一步增强现役运载火箭的可靠性和发射适应性，按照“通用化、系列化、组合化”的思路，集团采用新型无毒无污染液氧煤油和液氢液氧推进剂，构建了新一代大、中、小型运载火箭型谱。“长征五号”、“长征六号”、“长征七号”、“长征十一号”的成功首飞，大幅提升了我国进入空间的能力。其中，“长征五

图 1　近年来主要国家和地区用运载火箭发射的航天器数量

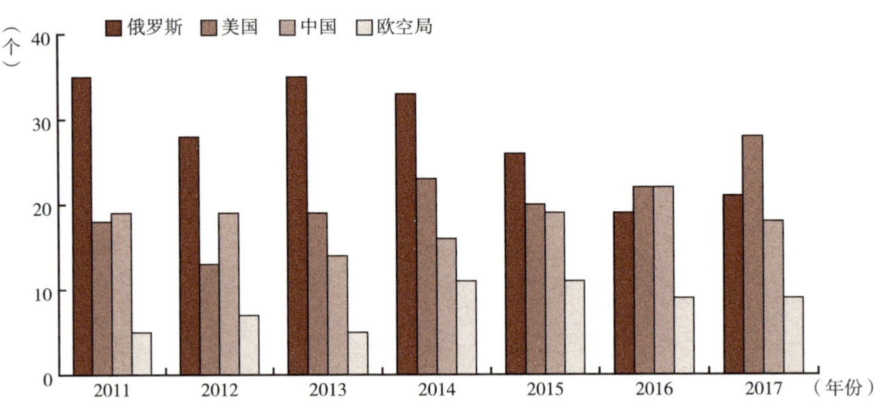

资料来源：中国航天科技集团有限公司。

号”运载火箭近地轨道运载能力达 25 吨，地球同步转移轨道运载能力达 14 吨，是我国由航天大国迈向航天强国的重要标志之一。“长征六号”首飞箭采用了一箭 20 星技术，成功将 20 颗卫星送入预定轨道，有效避免了“大马拉小车”，创造了我国一箭多星发射的新纪录。当前，我国运载火箭年发射次数排名世界前三位。按照集团规划，2020 年，低成本中型运载火箭“长征八号”将实现首飞；2028 年，重型运载火箭将实现首飞，航天运输系统水平和能力将跻身世界航天强国前列。

（三）人造卫星：群星璀璨，闪耀太空

人造卫星是发射数量最多、用途最广、发展最快的航天器，主要用于科学探测和研究、天气预报、土地资源调查、土地利用、区域规划、通信、跟踪、导航等领域。

我国是继苏、美、法、日之后第五个完全依靠自己的力量成功发射人造地球卫星的国家。1970 年 4 月 24 日，我国第一颗人造地球卫星“东方红一号”由我国自行研制的“长征一号”运载火箭成功送入太空，拉开了我国探索宇宙奥秘、和平利用太空、造福人类的序幕。航天科技集团承担着我国绝大多

数卫星的研制和发射任务，先后向国内外用户研制交付了200余颗各类卫星，形成了通信、导航、遥感、气象、科学探测与技术测试等卫星系列，卫星的技术水平、应用水平及长寿命、高可靠性逐步达到国际先进水平（详见图2）。

图2　航天科技集团研制并发射航天器数量

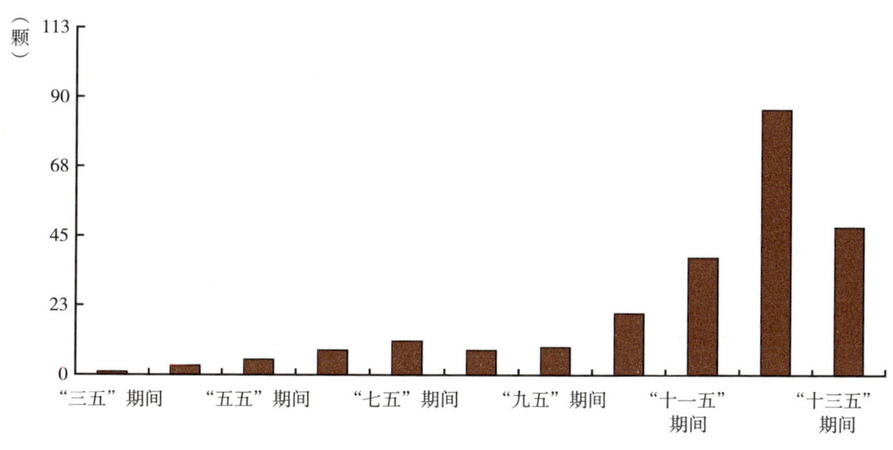

资料来源：中国航天科技集团有限公司。

我国还是继美、俄之后第三个拥有自主卫星导航系统的国家。导航卫星系统是国家安全和经济的基础设施，更是体现现代化大国地位和综合国力的重要标志。航天科技集团打破国外技术封锁和垄断，在较短时间内自主设计了国际上首个以GEO/IGSO卫星为主、有源与无源导航等多功能服务融合的卫星方案，攻克了以高精度星载原子钟、上行抗干扰为代表的多项关键技术，在国际上首创了由地球静止轨道、倾斜地球同步轨道、中远地球轨道三种轨道卫星构建的混合星座导航系统，以及短报文通信特色服务等。北斗导航的定位性能与美国的GPS系统相当，优于俄罗斯的GLONASS系统，具有较强的竞争优势。

我国遥感卫星已进入亚米级时代。遥感卫星高分辨率对地观测系统被形象地比喻为飞在我们头顶上的监控摄像头，它有助于对领空、领海、陆地进行全方位的了解，遥感数据广泛应用于国土资源调查与检测、环境保护、防灾减灾等领域。目前航天科技集团成功发射“高分一号”、“高分二号”、“高分三号”和“高分四号”等遥感卫星，其中，“高分四号”是目前世界上空间分辨率最高、幅宽最大的地球同步轨道遥感卫星。2020年前后，我国“高分工程”将形成具有时空协调、全天时、全天候、全球范围观测能力的稳定运行系统，进一步提升我国对地遥感观测能力。

我国也是继美、欧之后第三个能够自行研制和发射极轨气象卫星的国家。气象卫星实质上是一个高悬在太空的自动化高级气象站，是空间、遥感、计算机、通信和控制等高技术相结合的产物，好比监测灾害性天气的“千里眼”、“透视器”。由航天科技集团抓总研制的“风云”系列卫星已经达到国外同类卫星的先进水平，成功发射17颗，其中8颗在轨运行，为多个国家和地区提供气象服务，被世界气象组织列为国际气象业务卫星序列，成为全球综合地球观测系统的重要成员，有效增强了我国在相关国际活动中的话语权。

（四）飞船：太空筑巢，天神拥吻

飞船是衡量一个国家综合国力的重要标志，是航天科技能力和水平的得力彰显，对国家经济建设和维护国家安全具有重大意义。

我国是世界上第三个独立掌握载人航天技术的国家。1992年9月，载人航天工程经中央批准正式立项实施。航天科技集团承担了我国载人航天工程中载人飞船、货运飞船、运载火箭、空间实验室和空间站等重要系统的研制、发射任务。航天科技集团大胆创新，跨过美、俄载人飞船从单舱到多舱的40年历程，研制出具有中国特色的三舱（返回舱、轨道舱、推进舱）飞船，起点高、容量大、重量大、难度大，效果达到或优于国际第三代载人飞船技术。目前航天科技集团已成功研制、发射11艘“神舟”飞船、1艘“天舟”货运飞船、1个目标飞行器和1个空间实验室，攻克了载人天地往返、空间出舱、空间交会对接、航天员中期驻留、推进剂在轨补加等国际宇航界公认的一系列技术难题，圆满完成了“三步走”战略规划的第一步、第二步任务目标（详见图 3）。

图 3　载人航天“三步走”战略

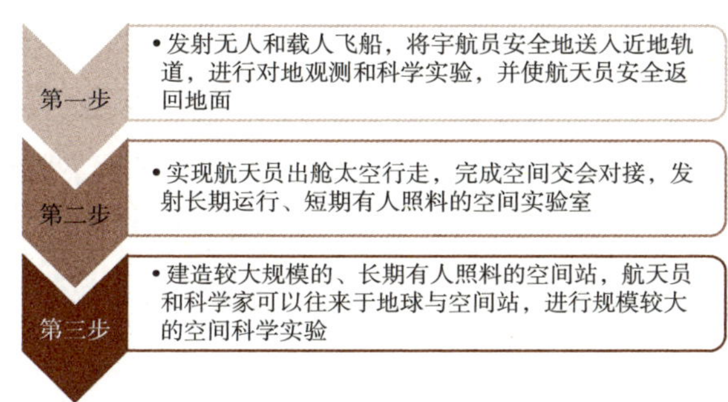

我国也是世界上第三个独立掌握交会对接技术的国家。空间交会对接是载人航天三大基础性技术的最后一关。随着“神舟”系列飞船飞行的连续成功，航天科技集团依靠自己的技术力量，成功研制出世界首创的“N+1”交会对接模式，即通过一个目标飞行器来支持多次交会对接，让“神舟八号”和“天宫一号”在太空中上演“天神拥吻”的盛景。目前集团正稳步推进载人航天工程后续任务，计划在 2022 年建成我国的第一个空间站，随着以美国为首的国际空间站在 2024 年服役到期，届时，我国可能成为全球唯一拥有空间站的国家。

（五）深空探测器：星辰大海，追星逐日

深空探测是对月球和月球以外的天体和空间进行探测，其主要目的是了解太阳系的起源、演变和现状。通过对太阳系内的各主要行星的比较研究，进一步认识地球环境的形成和演变，了解太阳系的变化历史，探索生命的起源和演变。深空探测器按探测对象划分为月球探测器、行星和行星际探测器、小天体探测器等。

航天科技集团近 10 年来开展了五次“嫦娥”月球探测活动。其中，运载火箭系统、“嫦娥”探测器系统均由集团抓总研制。2007 年，首颗月球探

测卫星“嫦娥一号”发射成功，这是继人造地球卫星、载人航天飞行取得成功之后我国航天事业发展的又一个里程碑。2010 年，“嫦娥二号”卫星发射再获圆满成功。2013 年，“嫦娥三号”首次实现航天器月面软着陆和巡视探测。2014 年，实施探月工程三期再入返回飞行试验，成功验证了“嫦娥五号”任务返回器以接近第二宇宙速度再入返回等相关技术，为“嫦娥五号”采用返回进行技术验证。2018 年 5 月，“嫦娥四号”中继星“鹊桥”发射成功，为在地月引力平衡点拉格朗日 L2 点进行中继通信提供介质。

我国的月球探测活动以无人探测为主，实施的是“绕”“落”“回”三步走战略（详见图 4）。目前“绕”和“落”已经成功实现，正在为“回”创造有利条件。航天科技集团计划在 2018 年下半年发射“嫦娥四号”探测器，其着陆器和巡视器将首次实现在月球背面软着陆，这将是人类航天器的第一次。航天科技集团正在实施探月三期工程，其中，“嫦娥五号”探测器将实现月球软着陆以及采样返回，有望实现我国开展航天活动以来的四个“首次”，即：首次在月球表面自动采样、从月面起飞、在 38 万公里以外的月球轨道上进行无人交会对接、带着月壤以接近第二宇宙速度返回地球。

图 4　月球探测“三步走”战略

航天科技集团同时还在开展火星探测和其他深空探测的任务。2016 年 1 月，火星探测任务已经批准立项。未来将以一次实现“循环、着陆、巡视”三个目标为主攻，力求在世界火星探测史上书写新的纪录。

纵观航天科技集团“弹、箭、星、船、器”等核心技术和产品的发展历程，几代航天人之所以在改革开放后的40年时间走完了西方发达国家上百年的发展历程，有几点重要经验。一是坚持问题导向，对标国际航天大国、强国的前沿领域和技术发展趋势，以问题为导向定位差距和短板，对看得准而又亟待解决的问题，不等不靠，提出切实有效的解决方案并快速推进，不断提高核心技术和产品水平。二是坚持技术创新，客观理性地对待现有理论、技术和已取得的成果，不盲目自满、不迷信权威、不墨守成规，从探索与建立不同的基础科学理论入手，大胆创新，另辟蹊径，颠覆传统理论和技术，不断采用新设计、新材料、新结构。三是坚持体制创新，普遍建立“传帮带”机制，实行“导师制”，不搞“论资排辈”，勇于给年轻人腾位置、压担子，对能力突出的，及时推荐到总设计师、总指挥等重要岗位，激发创新的激情与活力，打造创新人才高地。四是传承了工匠精神，航天人对航天产品质量性能甚至外观要求都近乎苛刻，产品的研发、生产、检测、组装等每一个环节都严格把关，强化产品质量，力求把产品做到极致，打造出一个个航天精品。

三、创新主体和架构：分工协作、系统集成

航天科技集团的组织架构和运营模式为加快自主创新提供了可能。目前集团下设8个大型科研生产联合体、11家专业公司、12家境内外上市公司以及若干直属单位，在集团发展方向指引下，各部门结合自己的职能定位和专业方向，按照分工有序、协作互补、系统集成的协同创新模式，形成持续强大的创新合力，为我国加快建设航天强国做出了卓越贡献（详见图5）。

（一）集团：扩平台、明机制，总体牵引

航天科技集团总部是企业的灵魂和创新的“司令部”。根据国家战略需求，集团总部负责制定和谋划企业创新战略，抓总航天技术创新方向，提出创新计划。通过平台和机制建设，持续加大研发投入，强化人才队伍激励，

图 5　中国航天科技集团有限公司组织架构

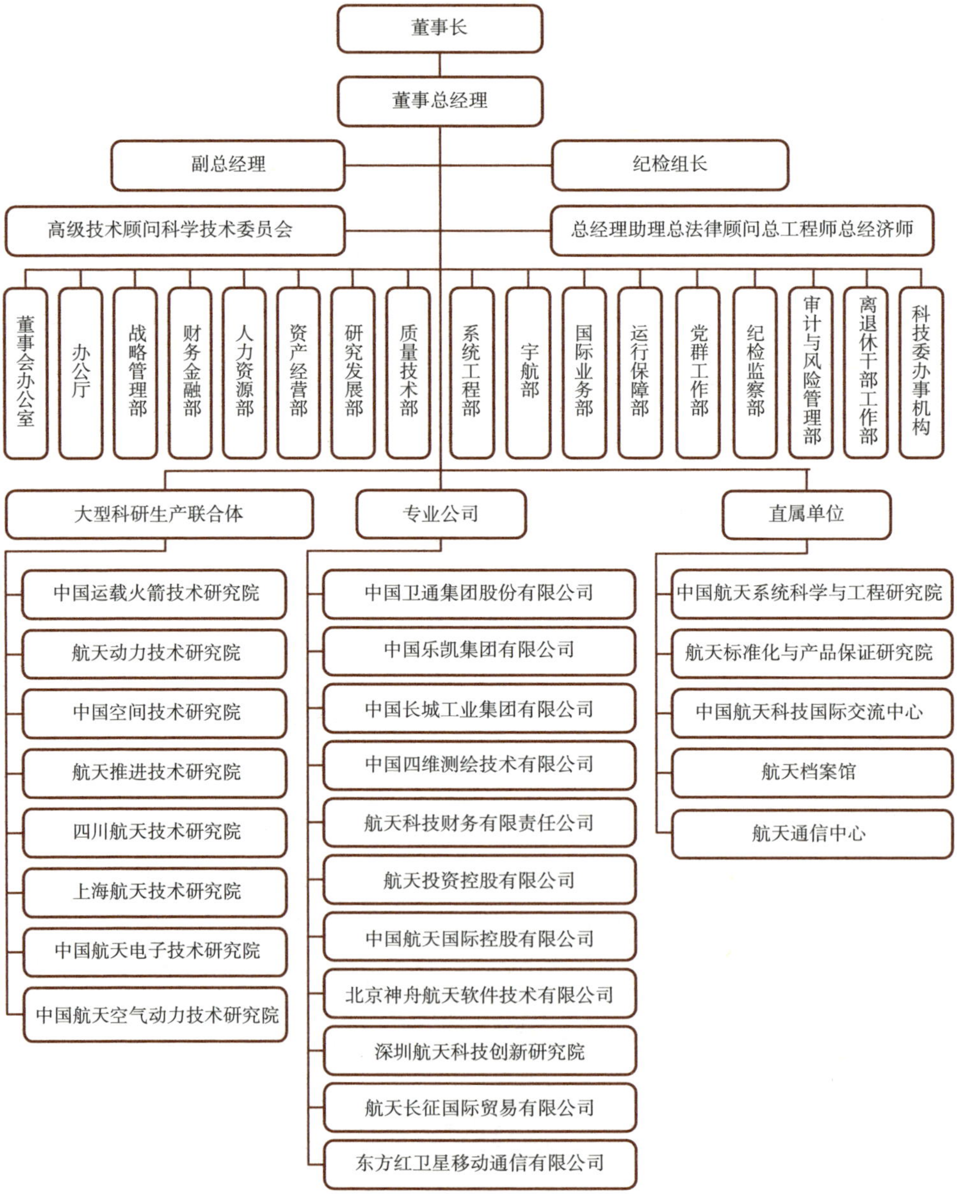

董事长

董事总经理

副总经理

纪检组长

高级技术顾问科学技术委员会

总经理助理总法律顾问总工程师总经济师

董事会办公室
办公厅
战略管理部
财务金融部
人力资源部
资产经营部
研究发展部
质量技术部
系统工程部
宇航部
国际业务部
运行保障部
党群工作部
纪检监察部
审计与风险管理部
离退休干部工作部
科技委办事机构

大型科研生产联合体
- 中国运载火箭技术研究院
- 航天动力技术研究院
- 中国空间技术研究院
- 航天推进技术研究院
- 四川航天技术研究院
- 上海航天技术研究院
- 中国航天电子技术研究院
- 中国航天空气动力技术研究院

专业公司
- 中国卫通集团股份有限公司
- 中国乐凯集团有限公司
- 中国长城工业集团有限公司
- 中国四维测绘技术有限公司
- 航天科技财务有限责任公司
- 航天投资控股有限公司
- 中国航天国际控股有限公司
- 北京神舟航天软件技术有限公司
- 深圳航天科技创新研究院
- 航天长征国际贸易有限公司
- 东方红卫星移动通信有限公司

直属单位
- 中国航天系统科学与工程研究院
- 航天标准化与产品保证研究院
- 中国航天科技国际交流中心
- 航天档案馆
- 航天通信中心

确保中国航天事业持续创新发展。

强谋划，抓方向。对于航天科技集团来说，技术创新方向关系企业未来走向何方。集团一直把技术创新放在工作首位，把每年制定研发计划、每五年制定技术发展中长期规划与长远发展战略作为集团公司常态化工作，为中国航天事业创新发展导航定位。为了更好把握航天技术前沿和未来发展方向，集团组织了包括30多位院士在内的专家，完成了航天技术发展规划，确定了12个核心技术领域、16个专业技术领域、13个前沿技术领域、16个基础技术领域。这些技术创新方向的顶层谋划，有力牵引和带动了整个集团航天事业的创新发展。

搭平台，建机制。航天科技集团将创新平台作为企业实现自主创新的重要载体，花大力气建设了一批研发平台，形成了以航天总体和专业技术研发中心为主体，14个国家重点实验室、21个国家级工程中心为支撑，涵盖基础研究、应用研究、产品设计制造与集成全过程的技术创新平台体系。此外，集团还与15个高校建立了35个产学研合作创新平台，积极探索利用海外研发资源，有效利用内外创新资源服务于中国航天事业。同时，集团始终把航天系统工程理念贯穿于技术创新全过程，建立了“两总”、“四个一代”、“零缺陷系统工程管理”等特色创新管理制度，从制度上保障了中国航天事业的创新发展。

强投入，育人才。创新投入是企业研发创新的重要支撑。集团每年累计投入超过60亿元，并把研发投入作为各级考核的重要指标，持续加大自主创新投入力度。创新的关键在人才。集团始终贯彻“人才是第一竞争力”的理念，围绕此建立了一系列创新激励机制。实施津贴向一线倾斜、向科研骨干倾斜制度，设立航天功勋奖、创新奖、贡献奖和金牌班组奖，激励科研人员和一线技能工人的创新动力。通过这些激励制度，培养造就了一支以31名两院院士、100余名国家级专家、540余名型号“两总”和520余名集团公司学术带头人为代表的人才队伍，为我国航天事业创新发展提供了坚强的人才保障。

（二）研究院：善组织、强协调，统筹调配

集团下属8个研究院作为大型科研生产联合体，在创新过程中担当着“前线指挥部”的角色，对上要细化落实集团总部的创新战略指令，对下要合理调配掌握的人力资源、科研设备、研发资金等创新要素资源，实现由创新概念向现实产品研制转化。改革开放以来，八个研究院始终发挥组织协调、统筹调配职能，调动院直属部门、下属各研究所、制造厂以及外围单位，把握航天技术创新方向，努力研制具体航天型号产品，为中国航天事业创新发展提供了坚强保证。

战略先导，超前谋划。在集团在谋划和决定技术发展方向的同时，各研究院也把超前谋划航天技术作为自己的重要职责。改革开放以来，各研究院围绕满足国家战略需求目标，以重大专项为重点，持续谋划航天发展新技术。例如，20世纪90年代初，中国空间技术研究院承担了载人航天工程任务抓总研制重任，按照迎头赶上“国际一流”目标，以技术大跨越思路直接研制国际上第三代飞船，确定了载人航天工程“三步走”发展战略，开启了中国人“太空筑家”新征程。他们通过专项研究提出的载人航天、探月工程、高分辨率对地观测系统、第二代卫星导航系统等专项纳入了《国家中长期科学和技术发展规划纲要（2016～2020年）》，提出的深空探测及空间飞行器在轨服务与维护系统纳入了“科技创新2030”规划，引领国家中长期技术创新方向。正是有了各研究院对航天技术的超前谋划，才保证了我国航天事业不断攀上新高峰。

项目牵引，先期储备。做好技术储备是航天企业创新永恒的主题。为了把技术牢牢掌握在自己手中，各研究院一直把先期培育、储备核心技术和产品作为抓手，以一批批预研项目为带动，激发航天人的创新意识，不断为我国航天事业储备新技术。例如，2018年上海航天技术研究院设立了26项创新责任令，为未来5～10年发展近30余个型号进行先期攻关；实施“核心技术攀登工程”，强化支撑型号立项和引领未来发展的核心技术培育实施；“有效载荷专项工程”，加大投入开辟新兴领域，弥补专业发展短板。这些

“瞄得准、干得出”预研项目的实施，使得我国航天事业储备了大量技术，实现了关键时刻“用得上”，支撑航天产品一代一代持续创新。

协同创新，系统集成。航天产品的创新仅靠一家单位或个人单打独斗是无法完成的，必须要用系统思维，运用好各方资源，实现集成创新。改革开放以来，各研究院在研发创新过程中，一直在积极调动国内外创新资源，构建产学研结合、开放融合的技术创新体系，推动航天产品专业化、产业化、标准化、集成化发展。例如，中国运载火箭技术研究院形成了以院级研发中心为总体牵引、各类研发中心为主体，以各厂所专业研究室为支撑，以重点实验室等国家级创新平台为骨干，以省级创新平台、产学研、国际合作为重要组成的技术创新组织架构。航天推进技术研究院形成了全国范围内的研究、设计、试验、生产的科研生产协作网，推动液体火箭发动机事业从无到有、从小到大，研制技术始终走在我国航天技术发展的前沿。

（三）研究所：追前沿、深钻研，重点突破

航天科技集团下属若干个研究所是航天创新任务具体执行者，是创新的“一线作战单元”，需要冲锋在研发一线，去攻克一道道难关，直到夺取胜利。改革开放以来，各专业研究所充分发挥各自专业领域优势，始终注重深入钻研前沿技术，在具体航天型号产品研制中，协同推进、密切配合、不断突破，有力保证了我国航天型号产品持续创新发展。

自主跟踪前沿，引领行业发展。航天技术每一个细分领域都十分专业，因此，只有深入钻研才能掌握本专业的关键前沿技术。正是秉承这样一种理念，各专业研究所充分发挥专业长处，认准本专业领域的技术前沿方向，自主跟踪，持续投入，大胆创新，不断取得航天技术新突破。例如，上海航天技术研究院 805 所认准火箭技术研究方向，成立了前沿跟踪小组，持续投入人力开展研究，积极推动运载火箭创新研制，研制过程中敢想敢干，不断与铁路部门协调，最终突破了运输限制尺寸，做大了火箭尺寸，并主导发布了相应指南，同时坚持融合创新路径，不断创新设计“上面级火箭”，为我国

航天事业发展贡献了应有的智慧和力量。

专栏2 “发动机的‘咽喉’——固体火箭发动机喉衬材料”变形记

固体火箭发动机的喷管碳/碳喉衬，作为发动机的“咽喉”，要在3000℃的高温下经受高压燃气粒子的长时间冲刷侵蚀，并且表面只允许有毫米级的变化，才能保证发动机工作正常，而航天动力技术研究院43所正是这种航天关键高端构件的设计制造者。

对固体火箭发动机喉衬材料的研制，航天动力技术研究院43所一直持续投入，从理论研究到实际产品生产，均投入了大量的创新资源。从苏君明老先生50年一直持续对固体火箭发动机喉衬材料进行深入研究，到今天的“巾帼文明岗”——308室质量技术组满腔热情践行航天报国誓言，几代航天动力技术研究院43所人不懈努力，持续自主追踪技术前沿，他们一切从零开始，不断攻克“大”与“新”衍生出的一个个技术难关，实现了碳材料由单一的石墨材料到现在2000℃～4000℃超高温、超高性能、多品种的历史跨越，推动了一次次新材料技术的重大突破和一代代航天发动机的整体飞跃。研发的先进碳/碳材料喉衬填补了我国固体动力材料技术领域的空白，达到了国际先进水平。

技术产品化，产品系列化。每一项航天技术的研发成功都来之不易，因此，要做到技术最大化使用，才能完全实现其创新价值。为此，各专业研究所紧密结合自己的技术研制方向，在把技术预研方向转化为具体航天产品型号过程中，始终坚持系列化研制生产航天产品，并注重零部件生产标准化，形成了有利于航天产品总体集成创新的格局。例如，上海航天技术研究院509所一直注重卫星产品的系列化研制，不断提升“高分”系列、“风云”系列等卫星产品性能和要求，将我国气象卫星、遥感卫星技术水平提升到新高度。

加大技术应用，促进成果转化。航天产品的研制开发需要集众智、集大成，很多技术可以直接转化为民用产品，服务于百姓日常生活。各专业研究所在服务国家航天事业的同时，积极探索将宇航科研成果应用于国家防务和民用产业领域，有力推进了军民融合发展。例如，中国空间技术研究院 513 所积极探索产品应用模式、产业发展模式和商业模式创新，实现了发展模式由任务驱动向创新驱动、应用导向和市场需求转变，将业务扩展到导弹、船舶、飞艇、无人机、物联网、节能环保等防务装备和社会民生多个领域，微电子产品广泛应用于航天、航空、兵器、船舶等领域，积极服务地方经济社会发展。

（四）制造厂：巧制造、强管控，精雕细琢

制造厂的主要任务是要把具体航天型号产品造出来，需要在创新的“一线战场”上冲锋陷阵，突破工艺技术，将设计图纸变为现实产品。改革开放以来，各制造厂各司其职，与专业研究所一起协作，不断改进生产工艺技术水平，培养技能工人，确保航天研发产品能造得出、运行稳，为航天事业持续发展奠定了基础。

潜心提升技术水平。航天产品的工艺精度要求高，而国内目前很多工艺技术水平还无法达到要求。为此，各制造厂投入大量人员，持续研发和提升技术工艺水平，在关键工艺上做到精雕细琢，使之能满足航天产品设计要求。例如，中国空间技术研究院 529 厂投入大量人力，突破了钻取采样装置、新型耐烧蚀材料、大功率高效专用电源、3D 打印技术等一系列关键技术，在大型载人密封舱制造、高强度高模量复合材料结构制造、航天器超精密加工与装配、航天器热控系统制备与检测等方面处于国内领先地位。

专栏 3 世界上最轻的固体——气凝胶——诞生记

气凝胶是一种被称为“冻结的烟雾”的新材料，不仅是“世界上最轻的固体”，还拥有极强的隔热、保温、吸附能力。这一新材料在国外的航天器上已经广泛应用，但是在国内宇航领域还属于空白。中国空间技术研究院 529 厂正是这种新材料的制造者。

中国空间技术研究院 529 厂复材产品事业部积极响应厂里加速推进“创新引领工程”的号召，积极开展气凝胶的相关研究。该部研究人员以项目为牵引，进行技术攻关。由于该厂自主引进的设备还没到位，他们便利用外协设备进行样品的试制。通过克服重重困难，已成功验证了前躯体制备、溶胶凝胶过程成型、疏水化处理以及超临界干燥等关键环节，样品主要技术指标满足型号需求。随着自主投入引进的超临界干燥设备验收完毕投入使用，该厂对气凝胶的研究和生产将进入行业领先水平。近年来，529 厂很多部门都开始在技术创新、市场创新、管理创新等方面进行实践和探索，不断为企业未来发展开辟新空间。

不断改革创新生产组织方式。生产组织方式决定着一个企业的质量和效益。各制造厂一直注重发挥生产车间、班组的作用，通过深化改革，强化企业管理，综合管理日臻规范，创新效益不断提升。例如，中国空间技术研究院 529 厂在面临日益增长的科研生产任务，形成了以“整体任务月计划、关键资源周协调、短线项目日调度”为基础模式的科研生产计划闭环管理体系，采取五级计划调度体系，提高生产效率，确保科研生产任务圆满完成。同时，通过多种手段确保 GJB 9001C-2017 质量管理体系持续有效运行。通过管理改革的深化，极大释放生产力，企业管理水平显著提升，实现了航天具体型号产品按质按时交付。

强化高技能人才带动发展。人才是企业发展的核心竞争力。各制造厂都很重视人才，不断加强人才队伍建设，特别是突出把高技能人才队伍建设作为重要抓手，纷纷建设技能大师工作室，培育大国工匠、技术能手，以此带动企业加快发展。例如，中国空间技术研究院529厂多年来一直重视培育人才，现有省部级专家、享受政府特殊津贴专家及航天贡献奖、航天基金奖、航天创新奖、航天奖、全国五一劳动奖章获得者31人，拥有国家级技能大师工作室3个，中华技能大奖3人、全国技术能手26人，正是这一批批技术人才队伍的带动，使529厂发展不断迈上新台阶。

航天科技集团总部及各院、所、厂在自主创新之路上各司其职、分工协作、系统集成的经验十分宝贵，值得总结和推广。一是分工有序。各层次、各单元按照既定的职责，站好位，用好劲，在具体航天型号产品创新上发挥各家所长，按照总体设计要求，互相密切配合，在创新之路上不断突破，取得成功。二是沟通顺畅。各单位之间在航天型号产品系列化研制中不断加强沟通，积极协调，把来自四海八荒的创新力量和创新智慧集合起来，拧成一股绳，形成合力，最终研制出一系列航天新产品。三是模式灵活。集团善于根据航天产品系统集成的特点，结合项目需求，采取项目制等多种多样的组织模式，打破集团、院、所、厂的分隔，形成了产品模块化研制、系统化集成的协同创新格局，有力支撑了中国航天事业蓬勃发展。

四、创新团队和个人：航天情怀、不懈追求

航天工程具有规模宏大、技术复杂、集成范围广、可靠性要求高等特点，每个型号项目都需要多部门多层级的紧密合作、大力协同。面对这种情况，航天科技集团在实践中探索形成了以预研团队、型号“两总”、班组和个人为特色的人员创新体系，确保重大技术持续创新，关键项目按时完成，产品质量可靠过关。

（一）预研团队：把准技术路线，打造先发优势

改革开放以来，航天科技集团培养出一大批经验丰富、远见卓识、具有创新活力、对研究节奏把控娴熟的预研团队。预研团队是基于“探索一代、预研一代、研制一代、生产一代”航天创新发展路线而组建的创新团队，是保障我国航天技术始终处于世界前沿、长期保持创新活力的关键环节。

预研团队的工作主要分为两类。一类是基础技术应用研究。包括为多种型号应用的专业技术研究，如遥测、气动、计量技术研究，同时也包括部分新技术新理论的探索研究，如优化设计理论等。另一类是以型号为背景的支撑性课题预研。主要包括关键技术课题，如通信卫星的波束天线研制、隐身技术研究等。

预研团队的工作具有较大“不确定性”。一是项目需求的不确定性。预研项目的目标最初只是一个大体概念，难以对细节考虑充分，研发过程本身也是学习过程，随着研究的深入，特别是技术可行性的深入，预研团队可能对项目需求，甚至是最终目标进行更正和修订。二是技术实现的不确定性。立项时，预研项目一般仅对技术架构和实现路径有初步的分析和设计，至于使用哪些具体技术工艺，这些工艺能否应用到具体新产品之中、是否具备大量生产能力、是否存在新的技术难关等均存在较大不确定性。三是进度计划的不确定性。由于项目需求和技术的不确定性，使得预研项目难以像产品开发一样，在立项之初就可以比较精确地制定出项目计划和进度，从而完成进度存在较大不确定性。

为确保预研工作的及时性和有效性，航天科技集团为预研团队构建了一整套制度体系。一是短中长期搭配的预研规划机制，除每年年初制定本年度的预研计划外，每五年还要制定预研工作的中长期规划甚至长远战略目标，从而确保预研工作形成清晰的技术发展路线图，实现长短结合、统筹兼顾、资源高效配置。二是多方把关的选题论证机制，建立了由研究室技术责任人和项目负责人共同对论证文件质量负责的责任落实制度，并借助首席专家和集团内外专家对重大预研选题进行论证把关，确保研究方向和路径的正确

性。三是科学合理的激励机制，针对预研工作周期长、见效慢、不确定因素多、收入相对低等问题，集团各单位纷纷想办法，通过建立重大项目预研事前激励、实施“特区”新政等方式，按照项目的复杂程度、难易程度、协同程度以及风险等级等，对参与预研的人员进行奖励激励，从而把优秀人才集中在研制生产的关键环节上。

预研团队确保了我国航天技术能够在较短时间内，缩短与航天强国之间的差距，并大大缩短了许多重大项目工程的完成周期，屡屡刷新各项世界纪录。例如，集团正是依托在“十二五”期间围绕 11 个重大领域数百项核心技术形成的预研技术储备，才能在“十三五”期间牵引实施了以空间飞行器在轨服务系统、天地一体化信息网络、“长征八号”运载火箭等为代表的一批重大型号工程和项目。依靠充分的前期预研技术储备，我国的中程火箭研制项目，从总体方案设计到第一次飞行试验成功，仅用了一年零九个月的时间。

专栏 4　钱学森空间技术实验室：不考虑 10 年之内的技术

钱学森空间技术实验室成立于 2011 年 12 月，是中国空间技术创新的试验“特区”。实验室瞄准原始创新，围绕空间科学的战略性、前瞻性、基础性问题开展探索研究，注重原始创新，提倡“先问新不新、再问成不成”、“自主研究为主，组织研究为辅”的创新理念，探索航天科技人才培养新模式。

实验室以“创意中心、研究中心、孵化中心”为业务发展定位。“创意中心”是构思、论证、设计基于未来 10 年之后的我国空间新系统；“研究中心”是与国际科学发展接轨，开展空间前沿技术应用基础研究；“孵化中心”是背靠中国航天，实现研究成果工程转化和空间应用。实验室开展体系发展战略研究、系统项目研究、应用基础与技术研究工作。

实验室积极构建以“催人向上、自我实现”为核心的管理制度，通过制度的竞争优势汇集人才。实验室倡导扁平化、人性化的管理，为科研人员提供科研经费、实验设施、职业发展等全方位支持，鼓励人员根据自己的职业兴趣独立开展工作，鼓励团队自由组合、自主管理，保障学术自由、学术平等、学术独立。

（二）型号“两总”：项目中枢核心，统筹调动资源

“两总”模式是在航天科技集团在型号工程研制过程中创新建立并不断完善的行政与技术两条指挥线的管理方式。两条指挥线，经历了认识、实践、再认识、再实践的不断深化过程。最初在型号研制上采用的是总设计师负责制，总指挥起条件保障、计划综合协调的作用，保证总设计师的技术决策得以实现。20 世纪 80 年代以来，开始实行总指挥负责制，总设计师在技术领域发挥领导作用，对总指挥负责。目前，以总指挥为主线的行政指挥系统和以总设计师为主线的技术指挥系统高度协调，并以“两总”开始，自上而下形成定岗位责任明确、各个环节可追溯的责任制度。该模式由于责任明确、管理精细、成效明显，不但在航天工程实践中沿用至今，同时还被造船、航空等许多行业所借鉴使用。

总指挥是主管型号的行政指挥系统的总负责人，负责型号的组织实施和指挥，以确保该型号科研生产任务在给定经费指标情况下，按时保质完成。总指挥是型号工程研制工作的行政组织者和指挥者，以各级科研生产管理机关作为办事机构。其主要任务是确定落实该型号工程研究、设计、试制、试验和协作配套科研生产单位及其研制任务分工，可不局限于行政建制的限制，进行跨建制、跨部门对型号科研生产计划实施组织协调和指挥。

总设计师是主管型号技术决策与指挥的总负责人，是技术工作的组织者和指挥者，对型号研制技术工作实施组织、协调、决策、指挥的统一领导。作为技术抓总和协调的负责人，总设计师的主要任务是负责与总体设计有关的技术问题，站在型号研制工作的顶层，从工程系统整体出发，以型号总体设计为中心，立足全局，抓好型号工程研制全面的技术组织和指挥。不仅要着眼于战术技术指标的满足和先进性，还要考虑分系统设计的现实性和可行

性。重点在总体与分系统的技术协调、匹配和相容性上，着重抓好技术接口关系的协调。

“两总”模式对于系统集成度高、跨部门涉及人员广、任务时间较紧迫的航天领域是非常适用且必要的。这种模式不但实现了分权化与集权化的有机结合，促进了管理中的横向与纵向联系，实现了优势资源的有效共享，提升了项目团队的工作效率和应变能力，在项目实施过程中，有效实现积“小革新”到“大创新”的目标。载人航天、探月工程、火星探测及“长征系列”运载火箭、“天宫一号”等众多重大工程和项目，均是在“两总”模式下成功开展的。

（三）班组：最小的活力单元，一线创新主体

班组是航天科技集团最基础的组织单元，也是最基层的一级组织。“上边千条线，下面一根针”，再大的集团，也是由一个个班组构成的。集团长期重视以班组建设为载体的创新管理工作，并根据科研生产发展的不同阶段和班组建设的创建水平，确定了不同时期班组建设的主题内容和目标要求，形成具有航天特色的班组文化。

航天科技集团为做强做优班组持续开展多种活动。近年来，每三年一个主题，先后举办“班组质量达标”、“班组工程”、“和谐班组创建”、“创新型班组建设”、“质量效益班组”等活动，通过主题竞赛、职工创新展示、技术革新攻关、交叉学习交流等方式，有效提高管理部门、研发部门和一线加工部门的技能和水平，并形成“发动千个班组、召开千人大会、投入千万资金”的“三个千”长效机制，以及成果评审、典型培育和表彰奖励机制，极大地增强了班组的凝聚力和战斗力，为实现高密度发射任务和大批量生产任务的圆满完成提供了有力保障。

班组在一线工作中的创新作用十分重要。作为生产第一线，班组既能按照设计路线和生产规划实现产品制造，又可以在现场操作过程，结合经验和钻研，在工艺改造、流程优化、解决难题、提高效率等方面进行创新。每个

班组的微创新汇在一起，就会形成一股重要力量，为集团持续创新提供动力来源。例如，航天推进技术研究院 7103 厂的“杨峰班组”，在大型液体火箭发动机阀门零部件精密加工的第一线，不断学习新知识，掌握新技能，钻研新技术，带领班组在生产中，攻克了斜孔、小孔、相交孔、特殊材料等加工难题，探索出一套精、巧、快、好的绝技，自制“双 V 型”斜孔夹具，使产品合格率由 45% 提高到 100%，优化了工艺流程，使加工效率提高 10 倍。

专栏 5　王连友班组：依托大师工作室建立人才培养的“N+1+M”模式

获得“中华技能大奖”、全国“五一劳动奖章”的王连友，是中国航天科技集团中国空间技术研究院 529 厂精密制造中心数控班班长，先后参与上百颗卫星和多艘飞船主结构研制生产、攻克多项技术难关。由他牵头的班组被命名为“王连友班组”，是全国“工人先锋号”。

30 多年前，王连友刚入厂时，对年轻人的培养还是依靠传统的“师带徒”模式，即一个师傅带一个徒弟。这种模式使得徒弟一般只能学到一门技术或一种操作系统。但随着精密制造机床设备的快速更新换代和复杂化、高端化，越来越要求操作者成为具有全面技能知识和极强适应能力的“全才”，传统的“一师一徒”培养模式，已无法适应新形势的要求。

针对这些问题，王连友创新推出“N+1+M”的技能人才快速培养模式。N 代表多位高技能人才师傅，1 代表一名接受培训的徒弟，M 代表徒弟要学习的多种操作技能。这种模式是一名新职工在进入工作岗位后，在不同阶段跟随不同的名师学习不同的设备和技能，这样既能使“一师一徒”变为“多师一徒”，徒弟能够在学习中博采众长学习多位名师的绝技绝招；又能使一人掌握多项技能，成为多能工，实现“一人多岗、一岗多人”，避免了生产中的不稳定风险。王连友大师工作室的技能大师们的“传、帮、带”作用，使受训员工的成才速度和质量大大提高，年轻技能人才呈现井喷式增长。近年来，王连友班组共有7人次获得国家级和集团级数控竞赛的前三名，还培养出3名特级技师、17名高级技师和17名全国技术能手。

（四）个人：传承工匠精神，成就出彩人生

人才是航天事业的第一资源，人才的高度就是航天事业的高度。多年来，航天科技集团始终将人力资源作为事业兴旺发达的核心要素，培养了一批具有爱国情怀和高度责任感的大国工匠，广揽了一批掌握前沿技术和加工技能的领军人才，聚集了一批心怀梦想、努力奋发的青年技术人员，从而培养造就了一支高素质、多层次、爱学习、善创新的人才队伍。

行走在“精”与“险”之间的大国工匠。工人的技能水平决定航天产品的质量，继而影响航天任务的成败，航天领域对于工匠技术的要求有时会达到非常苛刻的程度。面对工作中的难题，一大批航天工匠以爱国敬业、精益求精、追求卓越、淡泊名利的精神品质，在平凡的岗位上，做出了本领域最高水平的技艺，使得航天科技集团里大国工匠群星闪耀。既有以精湛技艺和过人胆识“雕刻”火药的徐立平，又有在火箭“心脏”进行焊接的高凤林，还有让“太空之吻”天衣无缝的王曙群……正是这样一批大国工匠，确保了航天工程的各种研发设计能够完美转化为现实产品，成为中国航天品质的代言人。大国工匠辈出，得益于集团长期以来对一线技能工人重视程度较高，形成了人才发现、引进、培养、成长、激励的较为完善的人才建设机制，加之代代相传的航天精神，使航天领域的技能工人能够快速学到技能、提升技能、展示技能、创新技能、传承技能。

专栏6　大国工匠徐立平：为铸“利剑”不畏险“雕刻”火药三十年

固体燃料发动机是航天型号装备的心脏。在上千道制造工序中，发动机固体燃料微整形是难度最大，也是最危险的工序之一，在全世界都是一个难

题，无法完全用机器代替。航天科技集团航天动力技术研究院 7416 厂工作的徐立平，在这个岗位上坚持了三十年，书写了一段以国为重、奉献航天的传奇。

徐立平自 1987 年入厂以来，一直为导弹固体燃料发动机的火药进行微整形。下刀的力道，完全要靠自己的判断，药面精度是否合格，直接决定导弹的精准射程。0.5 毫米是固体发动机药面精度所允许的最大误差，为了练就这样的本领，徐立平不断重复着铲火药这一个动作，练坏了 30 多把刀具，最终经他之手雕刻出的药面误差不超过 0.2 毫米，堪称完美，经过他整形的产品，保持了 100%的合格率。为了杜绝安全隐患，徐立平还自己设计发明了 20 多种药面整形刀具，有两种获得国家专利，一种还被命名为“立平刀”。

由于长年一个姿势雕刻火药，以及火药中毒后遗症，徐立平的身体变得向一边倾斜，头发也掉了大半。他被人们誉为“大国工匠”，还在冒着巨大的危险雕刻火药，不断创造着固体燃料发动机研制历史上危险边缘的传奇。

作为竞争力中坚力量的领军人才。在高精尖的航天领域，领军人才是航天企业核心竞争力的突出体现。航天科技集团十分重视高技能人才的培养，在重大航天工程实施中发现科技领军人才苗子，就委以重任，重学历但不唯学历，重资历但不唯资历。同时，广泛开展车间、厂级竞赛，积极参加各级国际国内技能竞赛，选派优秀技能人才到重点院校、知名企业、比赛培训基地等学习进修。与之相配套的是，不断完善激励机制，让薪酬向一线重要技能岗位和技能带头人倾斜，对成绩突出的高技能人才，实行政治待遇、荣誉奖励、举荐专家、培训学习、等级提升“五优先”。通过多年培养，集团已经形成了以中华高技能人才、时代楷模、中华技能大奖获得者、全国技术能手、航天技能大奖获得者等为代表的一大批高技能人才，成为推动技术创新和成果转化、提升航天制造能力、实现从航天大国向航天强国迈进不可缺少的中坚力量。

在传承精神中奋斗青春、放飞梦想的青年技术人员。青年是航天科技集团培养的重点对象，经过60多年的摸索，集团已经形成“师带徒”的培养模式，例如，郝春雨国家级技能大师工作室采取“四级育徒法”，将技能人才培育分为四个阶段。大师带徒的“团队育苗期”，各自分配师傅后的“成长期”，独立操作的“成熟期”以及能够独立参赛、独当一面的“成才期”。青年技术人员有机会在顶级大师的指导下学习成长，传承航天精神和工匠精神。在重点型号研制、重大科技攻关过程中，集团十分注重发掘有能力、有潜力的青年人才，敢于给青年人腾位置、压担子，让想干事的人有机会、让能干事的人有舞台、干成事的人有空间。

航天科技集团之所以能够形成预研团队、型号“两总”、班组和个人为代表的人才体系，成为集团持续创新的动力源泉，有着深层次的规律和原因。一是航天人有报国情怀。在企业文化和航天精神的传承熏陶下，航天人逐步形成了以国为重的爱国精神、无私奉献的敬业精神、严谨细致的科学精神和团结协作的友善精神，这些成为他们在不同岗位各尽其责、钻研创新的理念支撑和精神密码。二是组织方式较为灵活。组织形式完全服务于创新的需要，不论是预研团队还是型号“两总”，都是根据项目的需要进行人员搭配，这种人员选择可以是跨部门、跨层级、跨区域的，是以围绕更好地开展创新而形成的组织模式，对创新形成非常好的人员支持和团队支撑。三是技术民主催生创新。团队中虽有职务、职称、资历等方面的差距，但在学术讨论时，实行以平等、容错、坦诚为主要特点的技术民主，所有参与讨论的同志都可以自由发表观点，每个意见都受重视。这种制度不但容易形成创新观点和思路，还能够发现人才。四是“传帮带”推动人才成长。各类团队都根据自身工作特点，形成了形式多样但效果很好的“传帮带”模式，不但快速提升了青年人的技术水平，加速人才成长，还使得工匠大师、领军人才的技术和成果得以保留传承并扩大影响，营造出爱学习、善思考、肯钻研的创新风气和互相关心、互相尊重、互相帮助的和谐氛围，形成有利于创新的文化环境。

五、体制机制创新：破除束缚、动力保障

习近平总书记指出："实施创新驱动发展战略，最为紧迫的是加快科技体制改革步伐，破除一切束缚创新驱动发展的观念和体制机制障碍。"改革开放以来，航天科技集团在继承和发扬航天特色创新发展模式的同时，始终坚持深化改革，着力完善人才保障机制和创新投入机制，深入实施质量"双归零"持续改进机制，着力构建技术转移转化机制，最大限度地解放和激发了科技作为第一生产力所蕴藏的巨大潜能，极大地激发了创新活力。

（一）"四个一代"技术开发机制：创新不竭的源泉

航天科技集团的老专家们将"四个一代"创新发展看作我国航天事业发展的宝贵财富。"四个一代"是指"探索一代、预研一代、研制一代、生产一代"。老专家们把"探索一代"形象比喻成"要下地的种子"，"预研一代"是"地里种的庄稼"，"研制一代"是"锅里做的饭"，"生产一代"是"碗里吃的饭"；"没有探索一代的种子，就没有地里种的庄稼，就没有锅里做的饭，也就没有碗里吃的饭"。

"四个一代"的形成有个循序渐进的过程。这种模式起步于国内工业基础薄弱、面临重重封锁的年代，逐步形成于科学的组织科研生产和经营管理过程中，攻克了一个个技术瓶颈和难题。"四个一代"技术开发机制，充分调动了科研和生产的潜力，解决了科研生产线上的忙闲不均问题。同时，大大加快了各项航天工程的研制进程，保障了航天工程型号循序渐进和系列发展，是支撑航天科技集团乃至我国航天事业可持续发展的重要保障。

（二）"内联外协"的协同合作机制：创新引领的支撑

航天科技集团具有十分强大的动员能力。航天工程规模庞大，技术复杂，高度集成，涉及众多科技领域和工业部门，每一项航天工程，都需要上千家单位承担研制、建设、实验任务，凝聚了集团内外一大批参与人员的心

血，是成千上万人协同合作的结晶。航天科技集团组织全国大协作，集中全国优势资源，动员各个方面的力量，集智攻关，既是航天工程任务性质所决定，更是社会主义制度优越性的生动体现。

航天科技集团形成的协同合作机制主要表现为两个方面。一是集团内部各单位之间的协同，以重大工程或型号为牵引，在总设计师和总指挥“两总”的领导下，集团集中优势力量联合攻关，开展研究、设计、试制、生产、试验等，各参与单位和人员相互协作、互相支持、各负其责。二是集团与其他科研机构、高校、企业和社会团体的交流、沟通和协作。在国家航天政策指导下，各参与单位发挥各自优势，开展空间领域的交流与合作。

（三）“双归零”质量保障机制：追求卓越的保障

航天科技集团的“归零文化”是一套系统的质量管理方法论。其中，“双归零”被越来越广泛地应用于包括航天系统在内的各个军工技术领域，成为规范质量活动的一项共同的行为准则。所谓“双归零”，是指质量问题的“技术归零”和“管理归零”。“技术归零”是针对发生的质量问题，从技术上按“定位准确、机理清楚、问题复现、措施有效、举一反三”五条标准要求逐项落实，并形成归零报告或技术文件的活动。“管理归零”是从管理上按“过程清楚、责任明确、措施落实、严肃处理、完善规章”五条标准要求逐项落实，并形成管理归零报告和相关文件的活动。

ISO–18238“航天质量问题归零管理”是以“双归零”为基础形成的中国航天第一个国际标准。航天人认为，成功是差一点的失败，失败是差一点的成功，航天工程的安全性和可靠性是工程质量管理的核心。为确保航天工程的成功率，航天科技集团经过近 20 年的实践，主导制定出“航天质量问题归零管理”，于 2015 年正式成为航天领域的国际标准，并由国际标准化组织 ISO 正式发布。这是我国首次将具有中国特色的航天管理最佳实践推向国际，是在实现产品走出去的同时，探索向国际输出质量管理标准的重要成果，彰显了中国航天的软实力，提升了我国在国际航天领域的话语权。

（四）“刚柔并济”的人才保障机制：创新发展的根基

多层次的人才激励机制是激发创新活力的“灵丹妙药”。20 世纪 90 年代，航天科技集团实施高级技术人才、高级技术工人、高级管理人才“三高人才计划”，后来对贡献突出的科技骨干实行政治待遇、荣誉奖励、推举专家、培训深造、职称评聘“五优先”政策，近年来又设立了 100 万元的“航天功勋奖”、20 万元的“航天创新奖”和 30 万元的班组奖励，有力地激发了科研人员和一线技能工人的创新激情和创造动力。同时，多元化的人才发展通道成为留住“凤凰”的“梧桐树”。集团将科技人才按大类、中类、细类细分为型号设计，型号管理，预先研究，专业研究，工艺、技术基础及保障 6 支队伍，分别设计了由主管师、主任师、总师等 5 个层次 15 个等级构成的科技人才职业发展路径，鼓励科技人员在学术上发展、技术上进步、技能上先进。

青年人才培养机制是筑梦航天强国的“推进器”。航天科技集团对专业水平高、发展潜力大、创新能力强的优秀人才，会打破年龄和资历限制，及时把他们推举到型号总设计师、总指挥的岗位上担当重任，在实践锻炼中加速成长。同时，集团充分发挥老中青的传帮带作用，实施领飞、带飞、放飞计划，开展“科技练兵”“老带新”“督导师”等活动以及独特的培养模式，为青年人才的快速成长奠定坚实的基础，不少青年工作者受益成为科技创新的骨干力量。

（五）“广挖渠引活水”的多元投入机制：创新发展的催化剂

航天科技集团的创新投入方式逐渐从单一转向多元。多年来，我国航天工程坚持的是“不惜一切代价、一切为了成功”的工作理念，主要以国家投入为主。在航天系统科研人员思想中有一种根深蒂固的想法：“我们承担的是国家的政治任务，国家给钱，我们不惜一切代价把活干出来，还要把活干漂亮，这就是我们肩负的使命。”改革开放以来，随着航天体制改革不断深化，单一依靠国家投入的方式已不能适应航天事业发展的需要。

自主投入和对外融资投入成为创新发展的重要力量。在高效利用国家经费的同时，集团不断加大自主投入力度，完善形成结构化、持续性的自主投入机制。同时，还通过成立专门的资本运作平台——航天投资控股有限公司，为航天创新发展募集资金。目前，集团已经形成国家投入、自主投入与对外融资投入相结合的多元化投入模式，推动了创新任务由国家主导的“包揽包办”向集团主导与国家扶持相结合的“广挖渠引活水”转变，实现了由“要我做”向“我要做”转变。

（六）“多快好省”的技术转化机制：创新驱动的新引擎

航天科技集团率先建立专门的技术转移转化机构。早在2005年，集团就成立了知识产权中心，负责开展知识产权、科技成果等方面的对外交流与合作。党的十八大以来，在军民深度融合发展的战略背景下，在国家“寓军于民、军民融合”方针的指引下，集团于2017年将知识产权中心改造为知识产权与科技成果转化中心，建立了知识产权、运营管理、专家顾问和外部支持四支队伍，大力推动技术转移转化，为“养在深闺”的国防尖端技术找到理想的“婆家”，让“成果飞入寻常百姓家”，构筑了具有航天特色的“天上”“人间”互通的技术转移转化之路。

知识产权转化模式在实践中逐步形成。一是“内转内”，主要体现为“军转军”，兼顾“军转民”。对具有型号或预研背景、具备通用性的知识产权，在集团内部不同系列型号、不同产品、不同领域中转化。目前累计转化近2万项，节约了时间和经费，提高了投入产出效益。二是“内转外”，主要体现为“军转民”。其中，对技术优势明显、具有广阔市场前景的知识产权，通过许可或作价投资的形式，快速占领市场、取得竞争优势；对无型号背景且非密的非核心专利，采取转让方式快速实现其经济价值。

知识产权转化渠道主要有两个途径。在集团层面，坚持凝练集成，突出航天品牌优势，变各单位“单打独斗、各自为战”为“优势互补、整体出击”，组织遴选108项重点转化项目，编制了《知识产权转化应用项目名录》，作为对外宣传、招商、合作交流的重要媒介。在院所层面，加强与当地政府主管部门、行业协会和各类技术交易平台的联系，主动融入产业圈，与上下游进行项目对接，建立了长期、固定的合作关系，提高了转化工作成效。

综上所述，航天科技集团体制机制创新的成功经验可归纳为以下三点。一是坚持激发潜能、提高活力。集团通过创新科研组织模式、改革人才激励机制和拓展人才发展通道等，着力破除束缚创新潜能发挥和禁锢创新活力的思想观念和障碍，激发创新主体的创新潜能和活力。二是坚持动态调整、与时俱进。集团的任何一项改革都不是一成不变的，需要根据内外部环境的变化不断优化调整，经历一个从认识、实践到再认识的动态过程，从而确保各项改革能够与时俱进，有效避免制度陷阱和路径依赖。三是坚持综合协调、效能优先。体制机制创新是一个复杂的系统工程，涉及多部门和多方利益。集团多业态、多层级、多法人的治理结构，加大了体制机制创新的难度，这也促使集团在体制机制创新过程中，始终坚持全方位综合协调，把提高创新效能放在首位，有效放大了体制机制对创新的保障和促进作用。

小结

航天科技集团在西方发达国家遏制和封锁的国际环境下，走出一条中国特色的自主创新、跨越发展之路，实属不易。在看到显著成绩的同时，我们也要正视航天科技集团面临一些发展问题。譬如，民间和社会资本对航天人才的撬动力量越来越大，航天企业人才流失问题日益突出。航天工业母机制造能力偏弱，一些关键元器件仍然依靠进口。航天科技集团组织层级多，上下一般粗，给统一领导和管理造成一定困难。

随着经济社会的快速发展和国内外发展环境的变化，航天科技集团同时面临着一些新挑战。譬如，航天领域的国际竞争压力增大，除美、俄、欧、日等传统航天大国或组织外，印度、巴西、以色列等国发展航天的动力和步伐正在加快，对我形成一定的压力。民用商业航天门槛降低，地方和社会新成立的航天企业没有历史包袱，将对传统航天机构造成一定冲击。航天科技集团的央企身份特殊，容易引起他国警惕，在“走出去”的过程中也面临本国很多安全限制，专家国际交流难度较大，对提升国际竞争力会产生一定影响。

通过此次调研，我们也形成了一些理性思考。一是中国航天事业仍然任重道远。当前我国航天事业已经形成完整配套的航天工业体系和种类齐全的产品体系，部分领域跻身世界先进行列，是当仁不让的航天大国。但是，与美、俄等航天强国相比，总体上还存在一定的差距。在国际规则制定和产业发展方向引领等方面，尚未具备与第一梯队航天强国平等对话的实力。例如，在已发布的 244 项航天国际 ISO 标准中，我国只主导制定了 10 项。再如，美国已经完成对太阳系各大行星及其卫星的探测，构建起了独立的深空测控网，而我国正在实施月球探测工程并加速推进火星探测。我们还需客观评价和理性认识中国航天在国际上的地位和水平。二是航天企业责任更加艰巨。我国航天事业发展初期，航天企业所有研发和生产工作都围绕国家战略需求展开，企业自身也是伴随着国家战略方向的调整而不断发展壮大。随着市场化改革深入和现代企业制度的建立，航天企业不仅要服务国家战略，还需要服务社会、保值增值、做强做优做大。航天科技集团如何妥善处理国家战略方向与企业发展需求之间的关系，形成互为支撑、相互引导的良好格局，成为新时代的新命题。三是对待不同的航天技术路线需要更加包容。随着航天项目型号快速增加，需要研发团队不断创新，航天科研任务越来越繁重，同一项目可能会出现不同的技术路线。例如，弹道导弹固态燃料与液态燃料是两种技术路线，运载火箭的液氧液氢发动机与液氧煤油发动机也是两种技术路线。对此，需要我们采取更为包容的态度，给不同技术路线创造更多发展机会和空间，在体制机制设计上，综合考虑不同技术路线人员培养、产业发展的需要，进行统筹谋划，合理分配资源。

风举鲲鹏路万里，蓄势扶摇再腾飞。在中国特色社会主义进入新时代的背景下，航天科技集团遵照习近平总书记“探索浩瀚宇宙，发展航天事业，建设航天强国，是我们不懈追求的航天梦”的殷切希望和要求，不忘初心、牢记使命，将进一步深化体制机制改革创新，继承和发扬航天事业归零文化和集中优势力量的协同精神，着力推进军民融合深度发展，激发创新活力和动力，继续坚持走独具特色的自主创新之路，以北斗导航、登月行动、火星探测、国际空间站建设等为代表，在浩瀚太空中镌刻出更多属于中国人的荣光，为续航天梦、铸强军梦、圆中国梦做出更大的贡献！

中国石油：努力成为能源变革与创新的先行者贡献者

中国石油集团经济技术研究院

2018年5～7月，按照中宣部《关于组织开展庆祝改革开放40周年“百城百县百企”调研活动工作方案》和国家高端智库理事会《关于认真组织开展庆祝改革开放40周年“百企”调研活动的通知》要求，在中国石油天然气集团有限公司（以下简称“中石油”）党组的全力支持下，中国石油集团经济技术研究院（以下简称“经研院”）组织近50人的调研团队，对中石油政策研究室、党委组织部、质量安全环保部、科技管理部、改革与企管部、纪检监察部、思想政治工作部、直属党委等总部机关部门，天然气销售分公司、中石油管道有限责任公司、海外勘探开发公司等专业板块，大庆油田、长庆油田、西南油气田、新疆油田、大港石化等生产单位开展了专题调研，足迹涉及北京、上海、天津、黑龙江、新疆、四川、陕西、甘肃、宁夏9个省（区、市），访谈座谈公司国内外业务各级领导、专家及一线员工400多人，向中石油哈萨克斯坦公司、伊拉克公司、苏丹公司等18个海外单位广泛征集了各类素材，全面了解了中石油在改革开放大潮中成长进步的历史脉络和发展现状，深入总结了经验和启示，对进一步深化改革开放、落实新发展理念、实施供给侧结构性改革、推动高质量发展，提出了相关思考和建议。现将这次调研从中石油改革开放历程与成就、特色模式与典型做法、主要经验与启示、相关建议四个方面报告如下。

一、中石油改革开放历程与发展成就

中石油是在原石油工业部和中国石油天然气总公司基础上组建的国有独资特大型石油石化企业集团，是产炼运销储贸一体化的综合性国际能源公司，主要业务包括国内外油气勘探开发、炼油化工、油气销售、管道运输、国际贸易、工程技术服务、工程建设、装备制造、金融服务、新能源开发和社会服务等。40 年来，中石油的改革发展始终与国家同呼吸、共命运，是国家相关方针政策在央企落地实施乃至先行先试的鲜活案例，是国家改革开放光辉历程的典型缩影。

（一）改革开放历程

回顾 40 年的发展历程，在马列主义、毛泽东思想、邓小平理论、“三个代表”重要思想、科学发展观、习近平新时代中国特色社会主义思想的指引下，国家始终以市场为取向对石油工业管理体制和经营政策进行改革调整，中石油始终坚持党的领导，在探索建立中国特色社会主义市场经济体系和中国特色国有企业现代企业制度两个方面，持续深化改革、推进开放合作，大致经历了四个发展阶段。

第一，改革试点起步阶段（1978～1988 年）。党的十一届三中全会开启了我国改革开放的历史新征程，随着党和国家的工作重心迅速转移到以经济建设为中心上来，各个行业和领域的改革相继展开。扩权让利是这一时期改革的核心，激发企业的活力是改革的目的。1981 年国家对石油行业实行 1 亿吨原油产量包干政策，允许将超产和自用节约原油按国际市场价格出售，价差收入留作勘探开发基金及福利和奖励基金，引进国外先进勘探开发装备和技术，加快石油工业发展。在中国工业领域率先实行承包经营责任制，调动了行业和企业的积极性，促进了原油产量稳步增长。同时，对外开放率先起步，从海上合作勘探开发逐步推进到陆上南方 11 省区和北方 10 省区，并拓展到下游炼化领域。1988 年国家撤销石油工业部，中国石油天然气总公司正式组建，开始了从政府部门到经济实体的转变。

第二，新体制新机制探索实践阶段（1989～1997 年）。随着改革的持续推进，特别是以党的十四大确立社会主义市场经济体制目标为重大标志，企业改革发展进入一个新的时期。探索建立适应社会主义市场经济要求的新的体制机制，是这一时期改革的核心。按照中央关于发挥市场在资源配置中的基础性作用、企业是市场的主体、国有企业改革方向是建立现代企业制度等一系列方针和决策，中石油在完善油气田承包经营责任制的同时，试行和推广资产经营责任制，着力转换企业经营机制，逐步实现了向以市场为导向、以经济效益为中心的转变。塔里木油田实行“两新两高”（采用新工艺、新技术，力求打出高水平、高效益）体制、大港油田建立现代企业制度试点，以及部分油田解体“大而全”、“小而全”等，对国际通行的现代“油公司”体制进行了积极探索。同时，贯彻党中央的战略方针，在“引进来”的基础上，开始“走出去”，先后中标秘鲁、苏丹、委内瑞拉和哈萨克斯坦等一批油气合作项目，对外开放迈出了新步伐。

第三，建立现代企业制度阶段（1998～2012 年）。1998 年，按照党中央关于国有经济战略性调整的部署，石油、石化两大公司进行了战略性重组。与此同时，中石油大胆深化内部改革，加快建立现代企业制度。按照“油公司”体制开展重组改制，是这一时期改革的核心。在兄弟企业上市受阻的形势下，1999 年中石油分立油气核心业务成立中国石油天然气股份有限公司，并于 2000 年在香港和纽约成功上市，开创了央企在境外成功上市的先河，使中国特色社会主义市场经济体制有了新局面，2007 年回归中国内地 A 股市场在上海证券交易所上市。党的十六大以后，按照科学发展观的要求，认真总结改制上市时的经验教训，按照集约化、专业化、一体化的原则，深入推进持续重组，调整优化业务结构，理顺完善体制机制，创新管理制度，以及分离企业办社会等，促进了整体协调发展格局的进一步形成。加大对外开放力度，加快“走出去”步伐，逐步开创了油气资源勘探开发、工程技术服务和国际贸易三位一体的海外合作新局面。

第四，改革开放全面深化阶段（2013 年～至今）。党的十八大以来，我国改革开放进入了全面深化阶段。特别是十八届三中全会做出关于全面深化改革若干重大问题的决定后，国有企业改革开始涉及深层次的矛盾和问题，按照建立中国特色现代国有企业制度的方向，配套加速推进。顶层设计，推进公司治理体系和管控能力现代化国际化、构建世界一流综合性能源公司是这一时期改革的核心。中石油制定全面深化改革实施意见，陆续出台管理体制、市场化机制等一批专项改革方案，突出“稳”“准”原则，推动各领域改革向纵深发展。抓住“一带一路”倡议机遇，持续深化与沿线国家全方位油气合作，扩大合作领域，丰富合作方式，推动油气投资、技术服务、工程服务、油气贸易、炼化销售、管道储运等业务一体化发展，公司国际化经营能力和水平全面提升。

（二）改革开放的主要成就

改革开放以来，特别是十八大以来，中石油认真贯彻党中央、国务院一系列决策部署，按照建设世界一流综合性国际能源公司的奋斗目标，大力实施资源、市场、国际化和创新战略，通过不断深化改革、扩大开放合作，有效促进了发展方式转变和发展质量提升，取得了优异业绩。

第一，综合实力和国际竞争力大幅跃升。2017 年，中石油资产规模超过 4 万亿元，与 1998 年刚组建时相比增长了近 10 倍，约占央企资产总额的 7%；实现营业收入 2.34 万亿元，占央企的 1/11，同比增长 25%；实现税费 3230 亿元，连续八年超过 3000 亿元，超过央企的 1/7。《财富》杂志全球 500 强排名从 2001 年首次入榜的第 81 位上升到第 4 位；世界 50 家大石油公司综合排名从 1998 年首次入榜的第 11 位上升到第 3 位；BrandFinance“全球品牌价值 500 强”排名从 2009 年的第 209 位提升到第 35 位（全球石油企业第 2 位），2018 年品牌价值达到 312 亿美元。

第二，国内重要骨干企业作用充分发挥。40 年来，中石油国内油气勘探累计新增探明石油和天然气（含页岩气、煤层气）地质储量分别占全国的

60% 和 70% 以上，累计生产原油超过 40 亿吨、天然气近 1.5 万亿方，分别占全国的 60% 和 70% 以上。截至 2017 年底，先后建成大庆、华北、辽河、新疆、长庆 5 个千万吨级大油田，以及西南、塔里木、长庆 3 个百亿方级大气田，国内外油气产量较 1998 年翻了一番，2017 年贡献了国内 50% 的原油产量、70% 的天然气产量、28% 的成品油产量，满足国内约 1/3 的原油表观消费量、2/3 的天然气消费量和 1/3 的成品油消费量，在奥运会、世博会、APEC 会议、G20 峰会等党和国家重大活动举办及抗击重特大自然灾害期间，保障了油气稳定供应。作为我国油气管网的主要建设者和投资者，在改革开放前少数几条油气管道、总里程只有几千公里的基础上，截至 2017 年底已拥有包括天然气、原油和成品油的管道总长度达到 8.6 万公里，基本建成我国油气骨干管网。这些都为保障国家能源安全、服务人民群众做出了积极贡献，充分发挥了国有重要骨干企业主力军作用。

第三，国际化经营取得历史性突破。从 1993 年秘鲁项目起步，经过 20 多年探索实践和不懈努力，在海外已建成中亚俄罗斯、中东、非洲、美洲和亚太五大油气合作区，西北、东北、西南和海上四大油气战略通道，以及亚洲、欧洲、美洲三大油气运营中心。在全球 34 个国家（除中国外）管理运作着 96 个项目，2017 年实现油气权益产量当量 9000 万吨，约相当于两个“大庆”，占中国大陆海外油气权益总产量的 50% 以上；实现油气贸易量 4.7 亿吨，贸易额 1726 亿美元；油气管道总长度超过 1.6 万公里，年输油、输气能力分别达到 1 亿吨、670 亿方。海外油气投资业务累计投入 1300 亿美元，累计回收 1000 亿美元，带动了产业、服务和金融的走出去，“中国制造”、“中国标准”正加快进入非洲、中亚、中东和拉美等地区的油气资源国，投资与服务协调发展的海外业务格局基本形成。其中，与“一带一路”沿线 19 个国家进行 50 个项目合作，2017 年权益油气产量当量超过 7000 万吨，占中石油海外权益产量的 80% 以上。

第四，科技实力显著增强。近些年来，深化发展了冲断带深层天然气、深层古老碳酸盐岩成藏、砾岩油区成藏地质理论认识与勘探配套技术，推动了克深、安岳、玛湖等特大油气田的发现。大庆油田不断挑战采收率极限，三元复合驱技术使油田采收率达到55%的国际领先水平；长庆油田在渗透率小于一个毫达西的“磨刀石”主力储层上闹革命，大幅提高低渗－特低渗－致密油气藏单井产量，实现油气年产量突破5000万吨。地球物理勘探软件、成套测井装备、7000～7500米超深层钻井成套工艺装备和万米钻机等重大关键技术实现了国产化。高钢级大口径管道技术实现了从跟随模仿到国际领跑的跨越。千万吨级大型炼厂、百万吨级乙烯成套技术成功应用，摆脱了长期受制于人的局面；液体橡胶和碳纤维技术助力我国航天工程发展。研发掌握的60项核心关键技术确保了中国油气工业可持续发展。“十二五”以来30项重大标志性科技成果获得国家科技奖励，“十二五”科技进步贡献率达到60%。

第五，绿色发展水平持续提高。中石油作为国内最大的油气生产供应企业，是我国绿色清洁能源的提供者、贡献者和坚守者。大力发展天然气。通过国内生产和国外进口，40年来累计向国内供应天然气1.69万亿方，占国内供应量的70%以上，相当于替代标煤34.1亿吨，减少二氧化碳排放63.1亿吨、二氧化硫4300万吨、氮氧化物2400万吨、烟尘等颗粒物1250万吨，为进一步打好打赢“蓝天保卫战”奠定了基础。积极推进油品质量升级。按照国家规划部署，提早筹划升级方案，积极推动技术改造，全面按期完成历次车用油品质量升级任务。油品质量升级实现“三连跳”，仅用10年时间就走过了欧美国家近20年的油品升级道路。持续改善生产经营过程环境绩效并积极参与生态文明公益事业。近五年，累计实现节能543万吨标煤、节水9543万立方米、节地5972公顷，主要污染物排放量逐年下降，年均投入1.4亿元用于环保公益事业，在国内13个省（区、市）累计建设碳汇林超过3亿亩，连续七年当选“中国低碳榜样”企业，在“一带一路”沿线国家获得环保类奖项30多项。

第六，石油精神传承历久弥新。“我为祖国献石油”是石油人最质朴的信念。以“苦干实干”“三老四严”为核心的石油精神和一整套优良传统作风，是中石油乃至中国工业界的重要精神财富，多次获得习近平总书记的重要批示和指示。改革开放40年来，石油精神体系不断丰富完善，与时代主题同步，与企业发展同频，与群众感情共鸣。大庆会战时期培育形成的大庆精神，成为我们党和中华民族精神的重要组成部分，激励着一代又一代石油人为国分忧、为油奉献。长庆石油人凭借创业进取的“好汉坡精神”成就了西部大庆的壮举；塔里木石油人用青春写下“只有荒凉的沙漠，没有荒凉的人生”，开启了天然气“东输”的“西气”之源；大庆石油科技工作者以勇于“超越权威、超越前人、超越自我”的“三超精神”，为大庆油田持续高产稳产提供了有力的技术支撑；在国际化发展进程中，海外石油人发扬以“忠诚、创业、求实、奉献”为主要内涵的“海外创业精神”，在“一带一路”建设中彰显了良好精神风貌。石油精神集中体现了广大石油人的思想观念和价值追求，是中石油核心竞争力和独特文化优势的灵魂与根基。

第七，投身社会事业成效显著。在国内，近五年社会公益总投入保持年均10亿元规模，涉及定点扶贫、捐资助学、环境保护、赈灾救危等领域，惠及数亿人口。2006～2015年，在全国23个省（区、市）212个县（市）累计投入13.38亿元，开展了1474个扶贫项目。2017年，新疆、西藏、河南等7个省（区、市）13个县（区）建档立卡贫困户2万多人从公司实施的精准扶贫项目中直接受益。在海外，党的十八大以来累计社会公益投入超过3亿美元，带动当地就业超过10万人，惠及当地人口超过300万人，2017年海外投资业务本土化率超过90%，增进了与合作伙伴、东道国政府和社区居民等利益相关方的理解互信。

（三）新时代发展展望

今后一个时期，中石油将全面贯彻党中央、国务院的决策部署，以习近平新时代中国特色社会主义思想为指引，牢固树立和贯彻落实新发展理念，紧紧围绕建设世界一流综合性国际能源公司目标，坚持稳健发展方针，大力实施资源、市场、国际化和创新战略，着力做强做优主业，深化改革创新，扩大开放合作，加强企业党的领导，大力弘扬石油精神，持续推进形象建设，推动高质量发展，不断提升综合实力和国际竞争力。到2020年，世界一流综合性国际能源公司建设迈上新台阶，国内保持原油1亿吨有效稳产、天然气产量1200亿立方米以上，国内成品油市场份额稳定在40%左右，海外油气权益产量当量达到1亿吨以上；2035年全面建成世界一流综合性国际能源公司；21世纪中叶世界一流综合性国际能源公司的地位更加巩固。

未来，中石油将通过不断深化改革开放，努力在国家推进能源革命、实施"一带一路"等重大战略中发挥中坚作用，在国家深化供给侧结构性改革、推进国有企业在改革中发挥带动作用，在落实创新驱动战略、建设创新型国家中发挥示范作用，在落实中央全面从严治党要求、巩固党的执政基础中发挥表率作用，实现推进企业治理体系和管控能力现代化国际化的改革总体目标，建成中国特色现代国有企业制度，奋力建设成为具有全球竞争力的世界一流企业，成为在国际资源配置中占据主导地位的领军企业、引领全球行业发展的标杆企业、拥有产业充分话语权和影响力的代表企业，成为党和国家最可信赖的骨干力量。

二、特色模式与典型做法

改革开放40年是中石油始终沿着社会主义市场经济道路不断创新、持续深化的过程。40年来，特别是党的十八大以来，在以习近平同志为核心的党中央坚强领导下，中石油新一届党组团结带领全体员工，以提供清洁能源为目标，以党建为引领，以改革创新为动力，以石油精神为灵魂，坚持绿色发展和建设世界一流综合性国际能源公司，通过国际合作和"一带一路"建设践行人类命运共同体理念，在以下五个方面形成了特色模式和典型做法。

（一）加强党的领导和党的建设，确保企业正确发展方向

中石油历来重视党的领导和党的建设，党建工作水平一直走在央企前列，并且在思想建设、基层党建、企业文化、从严治党等方面积累了丰富经验，取得了积极成效。

一是坚持党的领导、弘扬石油精神，凝聚石油人干事创业精神力量。新中国的石油工业体系就是依靠党的政治优势和石油人的顽强拼搏精神建立起来的，中石油始终坚持党的领导的重大政治原则，坚持党建推动改革发展的独特优势，坚持石油战线的优良传统作风。党的十八大以来，公司新一届党组深刻吸取教训，旗帜鲜明地反腐倡廉，大力正风肃纪，切实清除政治雾霾，坚决肃清周永康、蒋洁敏、廖永远、王永春等人流毒影响，团结带领广大干部员工，坚决把党的政治建设摆在首位，确保石油队伍绝对忠诚可靠；强化党的思想建设，用习近平新时代中国特色社会主义思想武装头脑、指导实践、推动工作；大力弘扬石油精神，凝心聚力推动改革发展。

二是提升党建工作科学化水平，发挥国有大型企业独特政治优势。党的十八大以来，中石油把全面从严治党纳入公司“十三五”发展规划，把深化党建制度改革纳入企业改革“1+9”总体框架，推动建立系统完备、科学规范、运行有效的党建工作制度体系；将党建工作要求写入公司章程，把党组织内嵌到公司治理结构中，把党组织集体研究作为董事会和经理层决策前置程序。搭建起党建工作研究、交流、信息三大平台，瞄准理论问题、实践问题、现实问题开展党建研究，高质量完成国资委党委“加强国有企业境外单位党的建设研究”和全国党建研究会“工人党员数量与质量问题研究”等课题研究；推进党建信息化平台建设，初步实现“集团建网、党委用网、支部靠网、党员上网”的党建新格局，基层党组织、党务工作者、党员品尝到“互联网 + 党建”的甜头。

三是扎实推进基层党建工作，永葆企业发展活力。据统计，中石油百万石油员工中，党员占比 50% 以上。公司上下始终坚持抓基层党建、固本强基，从基本组织、基本队伍、基本制度抓起，建强支部班子，找准工作着力

点，以提升党建质量为重点，推动基层党组织全面进步、全面过硬。例如，“全国先进基层党组织”大庆油田修井107队党支部，始终把凝心聚力、保持斗志作为队伍建设的关键，在以苦、累、脏、险著称的修井岗位上，打造出一支作风顽强、技艺精湛、服务优良、堪当重任的铁军品牌；中石油不断探索完善海外单位党建工作模式，坚持“三同时”原则，开展“六个一”党支部创建活动，同步做好党的组织建设、制度建设、作风建设，做到党的活动标准不降、程序不缺、形式灵活，确保发挥基层党支部的战斗堡垒和党员的先锋模范作用。

四是加强文化建设提升软实力，探寻企业长盛不衰的基因密码。中石油历来重视文化建设，通过释放文化软实力的能量，强力推动企业稳健发展。特别是2015年以来，受公司个别领导人员违纪违法案件和重特大安全环保事故等影响，中石油的形象和声誉一度受到严重损害。新一届党组审时度势，果断做出“弘扬石油精神”“重塑良好形象”等重大决策部署，增强文化自信心，用先进文化抢占员工思想阵地，用优良传统唤起“我当个石油工人多荣耀”的自豪感。通过深入查找问题、分析原因、制定对策，影响企业形象的突出问题得到有效整治，社会各界对中石油理解、认同和支持的声音明显增多，石油良好形象正重回公众视野。

五是创新从严治党方式，努力构筑不想腐的堤坝，营造广大干部员工新时代新担当新作为的良好氛围。中石油深刻认识到全面从严治党的紧迫感和责任感，健全反腐倡廉制度体系，完善区域纪检监察中心建设，推进纪委书记专职化和巡视工作专业化；开展派驻纪检组试点，建立纪检监察与法律、审计、内控等联合监督机制，实现党内巡视全覆盖和党内监督全覆盖；紧密结合不同行业、领域实际，将巡视内容划分为不同模块，细化为要点，明确检查方式及评价办法，探索开展“模块化”“清单式”巡视巡察。在改革发展中，努力营造鼓励创新、宽容失误的良好氛围，让想干事、敢干事的干部卸下思想包袱，放开手脚干事创业。

（二）全面推进深化改革，推动企业做强做优做大

党的十八大以来，中石油认真贯彻中央关于深化国有企业改革、油气体制改革等决策部署，全面深化改革，转方式、调结构、增活力，在振兴实体经济的攻坚战中扛重担、打硬仗，稳准推进各项改革措施落地，迈出了油气行业改革重要步伐。

一是绘就改革“高清路线图”，搭建改革总体框架。中石油成立全面深化改革领导小组，制订出台全面深化改革实施意见和“十三五”改革专项规划，明确了改革的基本思路、总体目标、重点任务和保障措施；发布实施管理体制、市场化机制、人事劳动分配制度、科技体制机制、混合所有制、资产结构调整优化、矿区服务业务、党的建设制度等重点领域专项改革方案和指导意见，基本搭建形成“1+N”的改革顶层设计框架，绘就改革“路线图”“施工图”。

二是深入推进业务结构调整，稳步实施重组改制。落实国家供给侧结构性改革部署要求，积极调整投资、业务和产品结构，压减高成本产能，关停低效无效装置，资源配置和生产运行得到优化。完成工程建设、金融业务重组改制并成功上市；管道公司与天然气销售业务分开运行；与地方政府及各类资本合资合作项目超过 50 个，顺利完成中亚天然气管道合资合作。坚持问题导向，通过督导检查、资产处置、注资减债、资源配置等途径，积极推进“僵尸”及特困企业治理，2017 年 79 户企业同比减亏 31 亿元，亏损企业专项治理等三项专项治理工作实现了国资委下达的阶段性目标。

三是持续深化市场化改革，着力提升科学化管理水平。健全上下游一体化价格传导机制、市场化运营配套激励机制、内外部市场化衔接机制等，完善生产经营“一本账”管理，整体效益最大化的意识不断强化。扎实推进内部产品和服务价格市场化，完善内部市场化价格形成机制和传导机制，实现资源配置和生产运行最优化、整体效益最大化；加快实现经营机制市场化，引导鼓励油气主业与服务业务企业之间通过长期战略合作打造利益共同体，将终端市场压力传导到全产业链；主动参与油气管网运营市场化，吸纳多元

投资参与油气管道等基础设施建设和推进公平开放，巩固提高市场竞争力和话语权；积极适应油气勘探开发领域市场化，强化油气矿权管理，完善内部矿权流转机制；不断完善科研管理机制，构建统一的科技管理平台。

四是持续推进简政放权、瘦身健体，不断提高企业运营效率效益。按照“放管结合、上下联动”的原则，通过充分授权、配套政策支持、完善约束机制、加强监督考核、强化绩效考核等方式，对 8 家企业实施扩大经营自主权改革试点，对宝石机械、宝鸡钢管等 5 家装备制造企业推行自主经营、自负盈亏、自担风险、自我发展、自我约束的“五自”经营改革，分四批下放 95 项管理审批权限，有效激发了基层活力。按照市场化运行、社会化服务、企业化经营、可持续发展的总体要求，加速剥离企业办社会职能，坚持因地制宜、一企一策、优选接收方、“人随业务资产走”，截至 2017 年底已完成 36% 的供水业务、29% 的供电业务、77% 的供气业务、48% 的供暖业务分离移交，11 家医疗机构及 17 所幼儿园实现社会化，每年降低运行成本 5 亿元以上，石油矿区正向新业态转型。在上述措施推动下，中石油经营现金流由 2012 年底的 2657 亿元增加到 2017 年底的 4148 亿元，在油价暴跌、上游业务严重亏损的情况下，公司通过大力实施开源节流降本增效工程，超额完成国资委下达的年度经营指标。

（三）加快推进绿色发展，助力美丽中国和生态文明建设

多年来，中石油始终把绿色发展作为公司可持续发展的内在要求，坚持“以绿色的方式生产清洁能源”理念，加快构建全方位、全领域、全产业链的绿色能源发展体系，努力为社会提供更多更清洁的能源产品，让头顶的天更蓝、身边的水更清、脚下的地更绿。

一是切实加强环境保护和污染防治，坚持走以“低能耗、低污染、低排放”为特征的可持续发展之路。实施全产业链全过程环境管控，把企业的生态环境管理与社会的共同发展结合起来。在勘探开发领域，出台所属油气田企业绿色矿山创建实施方案并制定量化评分标准，2017 年实现钻井废弃物

资源化利用及无害化处理率100%、清洁作业应用率80%、土地复垦规划落实率100%；在炼化生产领域，云南石化项目环保投入超过21亿元（约占总投资的9%），建成了完善的污染预防和治理设施，做到了“油污不落地，油气不上天，超标不排放，噪声不扰民”。在工程建设领域，西气东输建设项目对环境敏感地区坚持“能绕就绕，不能绕就移”的施工原则，在穿越新疆阿尔金山–罗布泊野双峰驼保护区等自然保护区和文化遗存过程中，采取平移管道等避让措施，不惜增加成本、延长工期，最大限度地降低对沿线生态环境的影响，获得“国家环境友好工程”和“全国水土保持示范工程”称号。在污染治理方面，投入30多亿元全面建成三级污染防控体系，综合运用互联网+、大数据等先进技术手段，建成投用污染源在线监测系统，实现重点污染源全方位、智慧化管理和全面达标排放。2017年污染源在线监测数据传输有效率达到99.5%，高于全国平均水平。系统运行管理成效获得生态环境部、人力资源和社会保障部的高度肯定与认可。

二是增加绿色能源供应，助力生态文明建设。作为国内最大的天然气供应企业，中石油将天然气业务作为战略性、成长性、价值性工程，持续推进天然气产供销储贸体系建设。不断促进天然气上产增产。先后实施四川盆地、长庆油田、新疆地区等重大上产工程，40年来累计分别生产天然气4020亿立方米、3810亿立方米、3660亿立方米，贡献了中石油同期天然气产量的78%；页岩气、煤层气等非常规天然气勘探开发取得了长足发展。开展重大天然气储运工程建设。承担西气东输一二三线、陕京一二三四线、中亚ABC线、中缅天然气管道、中俄东线天然气管道等国家天然气干线管道建设任务，建成10座储气库群、3座LNG接收站，为国内天然气资源稳定供应和灵活调配提供了有力保障。不断优化国产气、进口管道气和进口LNG的多气源供气体系。建设西北、西南、东北、海上四大天然气进口通道，持续开拓天然气市场，大力推进我国天然气高效利用，天然气销售量占全国的70%，天然气供应范围已覆盖全国32个省、自治区、直辖市及特别行政区。

为适应国家应对大气污染、改善环境质量的要求，中石油还千方百计解决资金、技术及成本上涨等难题，坚定地在我国油品质量升级之路上跑步前进。一方面，有序推进油品质量升级。以优化原料、优化装置、优化组分、优化操作为主要抓手，投入数百亿元安排国Ⅴ汽柴油质量升级项目 57 项，所属 25 家炼化企业已全部完成国Ⅴ质量升级任务，13 家炼厂具备供应国Ⅵ标准油品能力。另一方面，全力保证清洁油品供应。结合城市分布、油品需求情况及炼厂、油库、管道、运输等条件，积极安排调整生产方案并组织生产和系统置换，确定重点供应企业，保证油品按期达标供应。

三是积极参与全球气候治理，做低碳转型的推动者。作为油气行业气候倡议组织（OGCI）在中国的唯一成员，中石油深度参与应对气候变化国际合作，主导国际标准化组织有关二氧化碳捕集、运输与地质封存标准（ISO/TC 265）制定工作，共同制定《OGCI-2040 年低碳排放路线图》《CCUS 商业化可持续发展方案》等，参与启动联合国主导下的全球甲烷排放研究项目，致力于提出切实可行的甲烷近零排放管控方案。联合出资成立的天津排放权交易所作为中国第一家综合性排放权交易机构，通过市场化手段和金融创新方式开发的节能减排项目实现节能 20 万吨标煤，对应减排二氧化碳 50 万吨以上。积极支持中国碳汇林建设，与原国家林业局共同发起成立中国绿色碳汇基金，在湖北、黑龙江、广东、甘肃、北京、河北等地累计建设碳汇林超过 3 亿亩，助力地方政府植树造林。

（四）大力推进科技创新，引领支撑转型升级

将“创新”作为公司四大战略之一，持续完善科技创新体系和攻关模式，持续加大科技投入，持续深化科技体制机制改革，自主创新能力显著提升。

一是持续推进科技资源优化配置，形成“一个整体、两个层次”的科技创新组织体系。总部层面科研机构主要承担重大基础理论、超前共性及关键技术（装备）攻关以及中长期发展战略研究，企业层面科研机构主要从事特色技术攻关、新产品开发、生产技术支持工作，目标定位清晰，层次分工明

确，有利于发挥系统整体作用。在总部层面，新组建了钻井工程、石油化工、安全环保等研究院，在海外建立了休斯敦研究中心，突出了重点业务需求，加大了开放力度。目前，中石油拥有8家直属院所、77家企业科研机构，从事科技活动人员3万多人，层次、规模更加合理。

二是强化顶层设计，突出目标，突出整体，打造“设计－组织－实施－目标”四个一体化科研攻关组织模式。中石油是上、中、下游一体化，长产业链的特大型企业，涉及多学科、多专业。根据企业特点，强化顶层设计，以国家科技重大专项为龙头、公司重大科技专项为核心、重大现场试验为抓手，强化基础、超前、共性技术攻关，近年来组织实施了50个重大科技项目。按照系统工程推行“基础研究－技术攻关－推广应用”一体化设计，地区公司与直属研究院所、重点实验室和试验基地、内外部优势力量一体化组织，国家专项、公司专项、重大现场试验和工程示范一体化实施，实现理论技术创新、生产应用实效、创新能力提升三大目标的一体化。新的科研攻关模式实现了科技资源的优化配置，加速了重大关键技术的攻关和应用，大大缩短了科技成果转化周期，成效显著。

三是加强重点实验室/试验基地建设，建成世界一流的科技创新平台。“十一五”、“十二五”期间共投资31.8亿元建成47个具有国际先进水平的重点实验室/试验基地。18个重点实验室/试验基地升级为国家重点（工程）实验室和研究中心，是拥有国家平台最多的央企之一，在国家石油科技创新体系中占主导地位。建成20台/套世界先进水平的重大标志性实验装备，创新了50项世界领先水平的方法，取得了一批重大理论与技术突破。有11名国际知名专家和650名实验/试验专家长期在平台从事前沿重大技术研究和工程试验。中石油34%的发明专利、70%的超前储备技术以及56%的产业化应用成果出自平台。

四是深化科技体制改革，激发全员创新活力。制订《深化科技改革、完善科技创新体系的实施方案》，不断完善科技配套政策，营造更加宽松的创新氛围。加强基础研究，设立专项基金，每年列支0.8亿～1亿元鼓励直属院所自由探索，进行基础研究和战略储备研究；增设基础研究奖，每年奖励不超过 10 项的重大理论认识或前沿技术储备技术突破。增设科技杰出成就奖，每年评选不超过 2 名科技创新的突出贡献者予以重奖。发布实施《科技成果转化创效奖励办法》，积极推进科技成果转化，已有 23 家单位的 81 项成果获得创效奖励。发布实施《科研单位建立专业技术岗位序列试点工作指导意见》，打通科技人员成长通道；推进“大众创业、万众创新”，营造以基层创新工作室为代表的全员创新氛围。形成了“超越权威、超越前人、超越自我”的科研“三超”精神，为公司科技创新提供了不竭的精神动力。

（五）大力实施国际化战略，坚持合作共赢原则，扎实有效推动“一带一路”建设走实走深

1993 年“走出去”以来，中石油海外业务摸索出了一套“全球化思维、差异化策略、项目化管理、一体化运作、人本化发展、社会化责任”的“六化”管理模式，实现了从无到有、从小到大、由弱到强的跨越式发展。

一是全球化思维，充分把握各种战略机遇优化全球业务布局，促进国际合作业务不断走向高端化。有效把握国际政治、经济、油气领域内金融与资本市场等带来的机遇，通过兼并收购和合资合作实现外延式发展。2013 年以来，中石油紧紧抓住国家“一带一路”倡议的战略机遇期，充分发挥在该地区形成的先发优势，相继与阿联酋、俄罗斯、哈萨克斯坦、伊朗、肯尼亚、巴西等国新签署一批重大合作项目，业务结构更加合理、区域布局更加平衡、资产结构更加优化、技术要求更加高端、发展质量更加提升。

二是差异化策略，充分利用技术优势不断开创国际合作成果规模化，促进东道国快速发展、社会进步、民生改善。一方面，实施差异化的市场策略，在国家“能源外交”的大力推动下，充分利用中石油在复杂油气盆地勘探开发的独特技术优势，选取非洲、拉美等经济发展相对落后、与我国外交关系较为紧密的国家，进入国际石油巨头尚未进入或进入未获得大发现大突破后又退出的油气市场，快速取得突破、体现优势、站稳脚跟，培育进一步

发展壮大的基础。另一方面，采用差异化的技术与商业组合模式，充分发挥中石油整体优势，构建“相对集中、层次分明、因地制宜”的完整方案、全产业链的实施策略，帮助苏丹、哈萨克斯坦、尼日尔、乍得等东道国建立了本国的石油工业体系，促进了发展中国家或贫穷落后国家的快速发展、社会进步、民生改善，以及与中国的团结友好合作。

三是项目化管理，充分按照国际惯例合规管理运营项目，促进企业的国际化运营水平不断提升。在项目日常运行上，采用国际通行的招投标制、第三方监理制等规范运作，确保项目质量，控制风险。注重抓好合规高效管理，有效避免内部恶性竞争和不规范现象，注重维护央企的国际品牌。坚持管理创新，注重加强与国际大油公司的合作，积极学习和应用国际惯例，建立和完善了一套符合国际规则的规范化管理体系，并按照“集约化、专业化、一体化”协调发展的工作思路，逐步形成了具有中国石油特色的海外管理模式和运作机制，不断提升企业国际化运营水平。

四是一体化运作，充分发挥中石油综合一体化优势实现项目高效建设运营，促进企业不断提高全球竞争力。以上下游、国内外、甲乙方一体化优势实现海外上游油气有效合作，推动大型油气项目快速高效建成运营，不仅有效实现了海外投资的按期回报，更能使其取得积极带动国内技术服务、工程服务和物资装备“走出去”的虹吸效果，也为中石油全产业链服务业务在国际市场上赢得了信誉和竞争力的不断提升。

五是人本化发展，充分构建完善的风险防控体系，促进企业负责任的形象不断提升。始终坚持“以人为本、安全第一”的 HSE 理念，建立并完善海外 HSE 和风险管理体系。在海外队伍中实施人身意外伤害险、健康体检、国际 SOS 紧急救援、心理咨询、HSE 和防恐培训“五个全覆盖”，为员工健康和安全提供保障。健全完善一套覆盖海外重点业务领域的内控与风险管理体系，建立高效的常态化安保防恐和应急响应机制，构建起涵盖中石油职能部门、专业公司、地区公司和项目公司“四位一体”的防恐应急组织体系，实施“24 小时、365 天”持续跟踪监控，使海外员工伤亡事故的发生率不断降低，促进了中石油负责任的国际化公司形象不断提升。

六是社会化责任，充分坚持共建共享的原则发展社会公益事业，促进企业国际化发展走实走深的基础不断巩固。在创造优良业绩的同时，积极培养本土人才就业，帮助当地居民做盖学校、铺铁路、建医院等社会公益事业，实现了石油资源带动当地经济和社会事业共同发展进步，体现了共建共享的使命，赢得了资源国和战略合作伙伴的信任和支持，促进了中石油国际化发展走实走深基础的不断巩固。

三、主要经验与启示

以中石油为样本，梳理国有大型能源央企的改革发展脉络，我们总结了七个方面的经验与启示。这些经验与启示是中石油改革开放 40 年来，特别是十八大以来深化改革开放成效的深入总结，也是我国国有企业新时代推进改革发展应该坚守的基本遵循。

（一）必须始终坚持加强党的领导和党的建设，确保企业正确发展方向和新时代新作为的实现

党的领导和党的建设，是国有企业独特的政治优势。中石油的发展实践证明，只有坚持党的领导，加强党的建设，弘扬石油精神，坚定正确的政治方向，才能不断战胜风险挑战，取得发展成就。

首先，清除政治雾霾、重塑企业良好形象，是国有企业强化党的领导、成为具有全球竞争力的世界一流企业的必修课，需要一以贯之。企业形象是企业战略与发展、产品与服务、贡献与责任、品牌与文化、队伍精神风貌等要素的综合反映，良好的形象是企业的重要无形资产，是企业核心竞争力的重要组成部分，也是增强队伍凝聚力和员工自豪感的重要基础。困境危局面前，中石油直面问题、相信群众，党的群众路线教育在新时代依然是攻坚克难的制胜法宝。党的十八大以来，在新一届党组的领导和部署下，“重塑良

好形象”大讨论活动取得了显著成效，“石油工人心向党，坚决听党话跟党走”的信念更加坚定，“让损害形象的行为不再发生”的理念不断强化，影响形象的突出问题得到有效整治，公司品牌美誉度和影响力进一步提升。

其次，以“苦干实干”“三老四严”为核心的石油精神，是百万石油人战胜困难实现新发展的强大精神动力，需要不断传承、弘扬和创新。在大庆会战时期形成的大庆人“苦干实干”“三老四严”的石油精神激励了几代石油人，成就了我国石油工业体系，也是我国工业界的一座丰碑。在任何时期，石油精神始终贯穿着“我为祖国献石油”的不变基因，都一脉相承地体现着“艰苦奋斗、独立自主、产业报国”的固有内核。石油精神这种强烈传承性的生命力根植于实践的沃土，在新时代中国特色社会主义建设时期，只有不断赋予石油精神新的时代内涵，才能始终引领广大石油员工持续创新、奋勇拼搏，继续成为新时代中国石油工业高质量发展的强大精神动力。

最后，自上而下的监督体系和“一把手”抓党建抓发展，不仅体现在党的领导与建设上，更重要的是在发展中及时解决“三个区分开来”，激励广大干部员工在新时代干事创业做出新贡献。党的十八大以来，中石油新一届党组探索推行党组纪检组派驻纪检监察机构试点，强化上级对下级的异体监督，充分运用好监督执纪的“四种形态”，有效解决了授权与用好权的关系；积极探索下属单位党政职务合二为一的用人机制，既突出领导班子“一把手”的党政同责责任，发挥头雁效应的作用，又强调“一把手”要敢抓敢管、勇于监督，及时解决“三个区分开来”，有效激发班子成员及下属干部员工干事创业的劲头；突出选、用、管三个环节，建设高素质专业化干部队伍，坚持严管厚爱结合、激励约束并重，为忠诚干净担当的好干部撑腰鼓劲。

（二）必须始终坚持解放思想、大胆创新，积极探索并不断完善中国特色央企改革之路

从改革历程上看，中石油创造了一部积极探索、不断完善的改革创新史。中石油 40 年的企业改革，从本质上讲，就是在国家改革要求下，解放

思想，大胆创新，寻找一条公有制与市场经济相结合的中国特色央企改革途径。党的十八大之前，中石油进行的一系列改革是在实践过程中发现问题、解决问题，即摸着石头过河：1亿吨原油产量包干开启了中国工业承包责任制的先河；塔里木油田“两新两高”创新举措，是中石油在构建现代企业制度过程中首次成为市场主体的探索；在央企中率先进入国际资本市场，成为标杆。十八大以来，针对改革中遇到的深层次问题，中石油围绕企业做强做优做大，成为具有全球竞争力的世界一流企业，不断进行新的尝试：大力推进混合所有制，引入社会资本，成立中油管道公司，为全方位培育具有全球竞争力的世界一流企业奠定了基础；大力推进重组改制资产证券化，中油资本、中油工程成功上市，促进央企供给侧结构性改革扎实有效推进；大力开创引入全球资源的海外合作新模式，在国际资源配置中占据主导地位的领军企业作用发挥上走在了央企的前列，发挥保障国家能源安全、服务人民群众的骨干作用进一步强化。

从改革路径上看，“先建渠、后放水”是传统能源央企改革成功的必由之路。由于中石油规模大、人员多、地域广，多处于欠发达地区，办社会职能多、负担重（中石化油田企业存在类似的问题），改革不可能一蹴而就，必须“先建渠、后放水”。近年来，中石油在做强做大主业、专业化重组、分离企业办社会职能等方面，先修渠后放水，探索出富余人员转岗分流的有效做法，既确保了改革的成功、主业的发展，又维护了员工的切身利益，实现了矿区和队伍稳定，这是一条适合历史包袱重的传统能源央企的改革之路。例如，大庆、长庆、新疆等老油田没有采取“一刀切”的方式剥离目前当地政府无法承接的办社会职能和简单“消灭”扭亏无望的业务及辅助业务，而是采取因地制宜、因企制宜的方式，先做强做大主营业务，然后将扭亏无望的业务、辅助业务及办社会职能业务的员工培训转岗，充实到主营业务一线，一方面使现有员工与企业同成长，另一方面优化了企业业务结构，使企业主营业务更集中、发展更健康，企业办社会职能逐步走向社会化服务、市场化运作、企业化经营。

从改革方式上看，产业结构优化升级是确保传统能源央企振兴发展的唯一选择。不同于一般工业企业产业结构优化升级的方式，中石油通过优化油气产品结构、增加油气储量产量，特别是天然气储量产量、改扩建炼厂、建立炼化一体化产业园，持续推进油品质量和化工产品升级，提供更绿色、更清洁、更高端的产品，解决不平衡不充分的发展问题，符合中央供给侧结构性改革、实现高质量发展的要求，实现了企业增效益、提高劳动生产率的目标。

从改革效果上看，改革开放有效激发了企业的动力和活力。中石油发展中的历次改革，均取得了积极成效，推动了油气产量和企业效益的大幅提升。例如，党的十八大以来，特别是新一届党组在“稳”、“准”原则指引下，深化改革精准发力、综合施策，使辽阳石化一举摘掉了长期亏损的帽子；中亚天然气管道公司按照中石油党组统一部署，在低油价下积极开展混合所有制改革，成功引入国新国际资本，实现股权高溢价出售，股权对价增值部分溢价率 8.18 倍，为中石油贡献利润 245 亿元，成为中石油有史以来最为成功的资本运作项目之一。

（三）必须始终坚持绿色发展理念，加快转型升级实现高质量发展

一方面，坚持绿色发展是企业落实“两山”理念、加快转型升级、实现高质量发展的内在动力，更是企业取得后发优势、占领发展制高点的根本保证。中石油在发展过程中，秉承“奉献能源、创造和谐”的宗旨，牢固树立“绿水青山就是金山银山”的理念，加快完善绿色低碳业务布局和产品结构，加快推进天然气产供储销体系建设，切实加强环境保护和污染防治，着力推动生产方式转变和资源节约利用，不仅破解了“企业能不能活”的难题，更成为解决企业“过得好不好”的一剂良药。例如，大港石化作为一个小规模老炼厂，在激烈的市场竞争中主动投资油品升级装置和环保装置，尽管牺牲了短期利益，但由于满足了环保要求和油品标准，使得开工率、产品销量及利润均维持较高水平。云南石化作为新型先进炼厂，密切与各方合作，实现

互利多赢、绿色共建，创造了良好的外部发展环境，周边居民对该企业的满意度高达 86.8%。

另一方面，清洁能源的开发利用，也是打好“三大攻坚战”的有力抓手。天然气的利用是缩小城乡差别，实施乡村振兴战略的首推工程。调研发现，中石油通过实施“气化南疆”工程，解决了新疆环塔里木盆地的 42 个县市、20 个团场共 400 多万城乡居民的用气问题，南疆各族人民逐渐告别了以煤炭、红柳等为生活燃料的历史；中石油助力河北省任丘市乡村开展“气化任丘”工程，推进农村天然气入户全覆盖，涉及 400 多个自然村、15 万住户，任丘村民将告别燃煤时代。推进天然气利用在促进乡村生态宜居、提高生活品质、农民安居乐业、维护民族团结稳定、治理大气污染方面起到了重大作用。

（四）必须始终坚持超前部署、自主创新，打造引领全球行业技术发展的领军企业

第一，重视科技创新对企业发展的重大支撑引领作用。中石油历来重视科技创新，坚持“主营业务战略驱动、发展目标导向、顶层设计”的科技发展理念，形成了依靠科技创新支撑和引领主营业务发展的优良传统。设立公司科技委员会，建立了“一把手”抓科技的管理决策机制，确保了科技工作与公司发展战略的一致性和快速有效实施，将科技投入强度纳入企业领导人业绩考核指标体系。“十二五”以来科技投入超过 2000 亿元。面对金融危机和低油价挑战，公司科技投入未受影响，有效保证了科研工作的连续性与科研团队的稳定性，有力保障了重大科技创新技术突破。

第二，坚持“应用一代、研发一代、储备一代”的科技发展战略。中石油始终坚持用超前眼光谋划科技发展。大庆油田 1960 年投入开发，早在 1965 年油田开发之初，就着手开展聚合物驱油提高采收率技术的室内研究，1987 年又开始超前研究三元复合驱技术，这些技术都成为油田开发中后期持续高产稳产的重要战略性接替技术。经过几代人的不懈努力，大庆油田建成了世界上最大的三次采油研发及生产基地，走出了一条老油田特高含水期

有效开发的新路子，实现大庆油田5000万吨连续高产稳产27年，4000万吨稳产12年，创造了世界油田开发史上的奇迹。

第三，开放创新、协同创新是实施创新驱动的关键。改革开放以来，中石油十分重视国内外先进技术的吸收融合，取得了很好的成绩。2006年以来，中石油通过公司重大科技专项，进一步把分散的科研机构联合起来，凝聚了“产学研用”近3万名科技人员，以项目的形式组成了若干个“没有围墙的研究院”。中石油注重对外科技交流与合作，与国内外著名科研机构、企业建立多种方式的合作关系，形成了开放式的科研合作格局，发挥了外部优势科技资源的作用。国际知名地球物理专家李向阳为“裂缝性油气藏地震检测技术”做出突出贡献，获2007年国家国际科技合作奖。

第四，尊重科学、宽容失败的氛围是实施创新驱动的保障。创新就是走前人没走过的路，要搞好自主创新，就必须“尊重科学，宽容失败”。大庆油田勘探开发研究院总工程师伍晓林，硕士毕业正赶上三元复合驱矿场试验，大胆提出自主研制核心产品，经过5600多次实验，终于完成了表面活性剂的开发。时任总经理王玉普的一句“我允许你失败，但不允许你们不知道为什么失败”，道出了石油人鼓励创新、宽容失败的宽广胸怀。特别是近几年来，中石油大力倡导鼓励创新、宽容失败的理念，完善相关政策和机制，创新创效的良好氛围进一步形成。

（五）必须始终坚持“五通”建设为引领，确保“一带一路”倡议行稳致远，实现人类命运共同体全球新治理体系的伟大使命

中石油是“一带一路”的先行者、践行者、贡献者、收获者。多年来，始终坚持共商共建共享的原则，紧紧抓住“五通”建设这个“牛鼻子”，取得了积极成效。一是依托油气合作，促进了政策沟通。先后与俄罗斯、土库曼斯坦、厄瓜多尔等国家签订了投资保护、避免双重征税、标准认定、油气合作等协议，创新形成了能源金融一体化、贷款换石油等合作模式。通过油气合作促进了经贸发展，进而增进了政治互信，疏通了制度化的政

策沟通渠道。二是依托油气通道，推动了设施联通。四大油气战略通道的构建，带动了沿线国家基础设施建设，促进过境国经济发展，比如，仅中亚天然气管道每年就可向哈萨克提供超过1亿美元的过境费；提升了资源国、过境国和消费国的能源安全水平，比如，中亚天然气管道的建成，使气源国土库曼斯坦实现了出口多元化，同时满足了过境国哈萨克斯坦近三分之一的天然气消费需求，中哈、中俄、中亚、中缅等油气管道的建成，使我国陆上油气进口比例分别提升至7%、50%，实现了我国油气进口通道多元化。三是依托油气投资，引领了贸易畅通。近三年来，中石油借助海外投资已带动1000多个工程技术服务队伍走向海外，工程技术服务队伍已经在“一带一路”区域内占有25%～33%的市场份额；在亚马尔项目中，中方投资81亿美元，直接带动国内企业获得了25亿美元的模块建造合同，以及其他设备的生产、设计和建造等工作。四是依托油气项目，带动了资金融通。中石油昆仑银行成功实现了人民币的国际结算，逐步推动并建立起“人民币－石油人民币－商品人民币”的雏形，同时与俄罗斯、委内瑞拉、巴西等国家持续推进“贷款换石油”国际合作新模式，油气投资和贸易成为国内金融机构走向国际的重要平台。五是依托社会责任履行，促进了民心相通。中石油通过油气合作宣传了中华文化，带动了资源国当地经济社会发展，夯实了“一带一路”和命运共同体建设的民意基础。帮助苏丹、尼日尔、乍得等资源国实现了上中下游一体化，建立了相对完整的石油产业链，带动苏丹经济增速曾连续多年保持8%以上。中石油先后获得哈萨克斯坦、苏丹、伊拉克、乍得、坦桑尼亚、阿曼等国家的11项社会责任的政府最高奖。

中石油积极“走出去”，通过扎实的“五通”建设实效充分证明，人类命运共同体理念下的“一带一路”建设呈现一派生机勃勃的景象，具有旺盛的生命力，同时彰显了中国全球治理的智慧及价值。但要真正实现人类命运共同体全球治理新体系，确保“一带一路”倡议行稳致远，必须牢牢把握好“五通”建设为引领，充分展示共商共建共享的成果效应，让全球人民有感受、能享受、去追求。央企是践行人类命运共同体理念、推动“一带一路”建设发展的重要力量，带动国内不同所有制企业共同参与，是下一步应坚持的方向。

（六）必须始终坚持能源央企的职责使命，不断增强国家能源安全保障能力

一要坚持利用“两种资源、两个市场”，构建清洁低碳、安全高效的能源体系。我国是有近 14 亿人口的能源消费大国，石油天然气资源禀赋相对匮乏且分布不均。经研院预测，油气仍将是未来较长一个时期的能源消费主体，且将继续刚性增长。经过多年的努力，我国虽已建立起世界上最大的能源生产供应体系，但油气供应缺口仍然较大，对外依存度持续提高，2017 年油气对外依存度分别接近 70% 和 40%。资源的相对匮乏和对外依存度的居高不下，决定了我国能源安全的保障，必须走“先规模、后质量”、“由量变到质变”的道路。因此，必须利用“两种资源、两个市场”，积极拓展国际油气合作空间，进一步增强海外资源掌控能力和国际化经营能力，继续完善四大油气战略通道，加快建设连接周边国家和地区的战略性管网，在这一基础上逐步建立清洁低碳、安全高效的能源体系，最终实现中国能源革命的目标。

二要坚持不懈进行地质理论探索，只有坚定信念、大胆实践，才能取得大规模资源的突破性发现。中国含油气盆地地质结构的复杂性和当前油气资源劣质化愈加突出，给大发现大突破带来了一定的困难。但“资源有限，科技无限”。在四川，西南油气田公司 1964 年在川中古隆起高部位发现威远气田后，历时 43 年钻井 21 口，久攻不克。2007 年以来，针对古老碳酸盐岩能否形成规模资源、是否发育规模储层等世界级难题，中石油坚持立项，企业持续探索，取得重大突破，获得了中国储量规模最大的单体气田安岳特大型气田的发现，探明天然气地质储量 6574 亿方。在新疆，新疆油田公司面临勘探领域越来越复杂的不利因素，勘探家们将目光聚焦到与断裂带相

邻、勘探程度更低的玛湖生烃凹陷，针对制约凹陷区砾岩勘探的四大难题，依托国家重大专项开展协同攻关，突破常规理论认识，发现了玛湖大油区，新增三级石油地质储量 12.4 亿吨。在陕甘宁，长庆油田公司按照国家“稳定东部，发展西部”的油气资源战略，自 2008 年以来依托国家和公司重大专项，持续探索 5000 万吨级特低渗透–致密油气田勘探开发与重大理论技术创新，创新发展了陆相三角洲油气成藏理论认识和勘探技术，指导发现了姬塬、志靖、镇北三个新增地质储量超 10 亿吨大油区和苏里格 3.5 万亿方大气区。

第三，天然气保供是能源央企社会责任的集中体现。长期以来，中石油坚决服从服务于国家经济社会发展，积极履行政治和社会责任，全力保障天然气稳定供应，充分发挥了央企的中流砥柱作用，为保障国家能源安全和社会和谐稳定做出了积极贡献。十八大以来，中石油积极响应国家大气污染防治行动计划，配合京津冀地区等国家“煤改气”重点工程实施。在冬季天然气保供中，中石油把保障民生需求作为第一任务第一责任，克服困难加大自产气增产上产、自用气压减，不计成本、不惜代价千方百计筹措进口气资源，切实保障民生用气，体现了央企是中央最可信赖的骨干力量。2017～2018 年冬季供气量达到 805 亿方，占全年供气总量的一半以上。

（七）必须始终坚持维护边疆安全稳定大局，实现企地融合协调发展

通过调研，我们深切体会到，国有大型骨干央企在履行政治、经济、社会责任和持续做强做优做大的过程中，已经成为维护边疆稳定大局、推动企地融合发展的重要力量。中石油新疆油田利用区位和综合一体化优势，以“稳疆”、“富疆”、“强企”为战略导向，全力处理好“五大关系”。一是处理好老与新的关系。通过解放思想、科技创新引领新疆油田跨越式发展，理论创新指导玛湖地区大发现，技术进步带来老油田的第二次飞跃。二是处理好自身发展与共同发展的关系。红山油田、克拉玛依石化、新疆销售等均通过

与当地政府或地方国企共同持股开展合资合作，通过混合所有制改革带动当地企业共同发展。三是处理好国内发展与支持带动“一带一路”发展的关系。利用特殊区位优势融入“一带一路”建设，积极参与“中巴经济走廊”的建设，与巴基斯坦瓜达尔港缔结为友好城市，为当地各类企业走出去提供了丰富经验，带动当地企业走出去。四是处理好自身发展与促进社会进步的关系。作为老石油城，新疆油田持续推进油公司体制改革，加快产业结构优化和转型升级，从独立矿区向综合型城市转型，为当地经济社会发展提供稳定支撑。五是处理好社会稳定与企业可持续发展的关系。新疆油田首创凝聚人心的“民族团结进步教育月”活动，创新性地开展增进民族团结的“红细胞”工程，强化了典型引领作用，维护边疆稳定的同时也实现了企业的可持续发展。新疆油田处理“五大关系”的成功实践证明，只要落实责任、帮扶到位，就能实现民族团结、边疆稳定、美丽发展。

四、相关建议

纵观以中石油为样本的能源央企改革发展之路，目前在企业利益分配、剥离企业办社会职能、天然气产业发展、保障国家能源安全、参与“一带一路”建设等方面，还存在一些深层次问题和矛盾，需要国家统筹研究，并给予政策支持。

（一）高度重视央企创造利益的合理分配，实现央企创造的经济社会价值最大化

我国油气资源权益分配制度具有其特殊性与复杂性。改革开放以来，随着我国经济体制改革的深入和地方政府自主权的扩大，目前中央与地方之间、石油企业与地方政府之间收益分配带来的矛盾越来越突出；地方政府非预算资金膨胀，依靠行政权侵占企业经营权益等现象，使企业发展的外部环境更趋复杂。调研发现，长庆、新疆油田等企地关系进一步紧张，地方政府

对央企提出更多支持本地经济发展和社会稳定的需求，并对本地央企的生产经营设置障碍，这在一定程度上制约了央企的持续稳定发展。

面对上述问题，建议国家综合考虑并有效平衡中央、地方、企业等各方利益，制定相关的财政、税收、金融、人才管理等相关配套政策并落实到位，为央企改革发展营造良好的社会环境，支持企业创造更大价值。一是完善石油天然气权益在不同主体的分配，适当增加地方政府作为社会管理者在国家税费征收中的分配比例，以增加地方财力和自我发展能力。二是探索油气勘探开发的投资主体多元化机制，允许地方政府作为投资者参与油气收益分配，建立利益共享、风险共担的机制。三是允许以土地使用权作为投入，使地方政府、集体土地所有者参与油气收益分配。四是加快石油和天然气立法，应尽快制定“石油法”、“天然气法”等法律，以法律形式保障油气资源的有序开发和合理权益。

通过以上工作，使央企的资源配置效率进一步提升，企地关系进一步和谐，央企创造的财富进一步显现，实现央企创造的经济社会价值最大化。

（二）给予国有老企业剥离办社会职能改革相应的政策保障，实现国有老企业改革深化推进和资源配置更集中高效

在特定历史时期，国有企业特别是一些国有老企业，因自身及经济社会发展需要，承担了大量办社会职能。随着我国社会主义市场经济体制的不断完善，剥离企业办社会职能成为国有企业建立现代企业制度的重要前提，也是国有企业改革顺利推进的重要保障。调研发现，目前在政策执行中，仍存在以下主要问题：因合适的接收方严重不足，国有企业办社会职能“分不开”；地方经济承载能力有限，地方政府“接不住”；相关配套政策不落地且缺乏长效机制，改革效果“易反复”。当前，分离企业办社会职能改革正处于关键时期，需要明确一套有效的解决办法，以不增加企业负担、不损害员工利益、实现共赢为原则，确保“分得开、接得住、办得好、不反复”。

对做出历史贡献的老国有企业在分离企业办社会职能改革中，建议国家

加大转移支付力度、突破接收方身份（国有企业）限制、提高政策针对性、可操作性、“一企一策”，及以增强分离职能造血机能为最终目标，建立长效支持政策，确保分离企业办社会职能工作，分得开、稳得住、运行好、可持续。

通过以上工作，真正把老国有企业的沉重“包袱”卸下来，使老国有企业的深化改革得以稳步推进，资源的配置更能集中于企业的主营业务，不会成为未来国有企业主营业务发展的新约束。

（三）坚定不移地将天然气打造成为清洁主体能源，实现人民群众用好清洁能源和蓝天工程

2017 年 6 月，国家发改委等十三部委联合发布《加快推进天然气利用的意见》，明确了天然气的主体能源地位，提出 2030 年天然气占一次能源消费的比例提高到 15% 左右。目前，我国天然气行业仍处在快速发展的初期，正处于基础设施建设高峰期、市场化改革加速期，在发展过程中出现一些短期的市场失灵的情况，如冬季天然气供应紧张问题等。

为解决上述问题，建议：一是坚定天然气主体能源地位，加大天然气支持力度。重点是：将国产气作为供应安全的最有效保障，加大国内各类天然气资源的勘探开发，加大非常规气开发补贴力度和税费优惠、持续推进矿权制度改革；进一步支持加快管网和储备基础设施建设；加强天然气外交，为企业进口天然气、开展海外天然气投资及合作构建基础平台。二是积极发挥政府作用，分步推进天然气价格改革。中国区域经济发展不平衡比较突出，决定了天然气价格市场化改革必须分步推进，且政府支持政策要体现用气方和资源提供方的利益平衡。重点是：持续完善价格机制，在目前定价机制的基础上逐步扩大浮动范围，逐步并最终放开门站价格管制；鼓励贸易商、储气库运营企业等更多供气主体进入天然气交易中心，稳步实现交易市场定价；用有效的价格信号调节市场供需，削峰填谷，从根本上解决气荒、保供等问题；坚持天然气价格由市场配置的大原则下，按照保障效率、兼顾公平

的原则，由政府对低收入人群、价格承受能力弱的用户、涉及民生的项目（如天然气采暖）直接进行补贴，保障民生用气价格可承受，确保与百姓美好生活息息相关的清洁天然气的利用，让中央放心、让百姓满意、让企业不亏损，使天然气真正成为中国主体清洁能源。

通过以上工作，把全国人民群众按国家规划用上天然气作为实现美好生活需要的组成部分，同时减少大气污染物排放，为蓝天工程做出贡献。

（四）多措并举毫不松懈保障国家能源安全，实现国家伟大复兴征程总体安全体系中的正能量作用

1. 建立国家油气勘探基金，支持保障国内油气增储上产

由于中国含油气盆地地质结构的复杂性和当前油气资源劣质化不断凸显，国内勘探领域不断向低渗透、深层、难动用等方向发展，新增储量主要体现为“低、深、难”，已开发油田整体处于高含水、高采出程度的“双高”阶段，油田增储上产难度不断增大，油气对外依存度持续走高。我国人口众多，是能源消费大国，保障能源安全必须坚持以我为基础的原则。

建议国家把保障国家油气安全上升到政治使命的高度，不论国际油价高低、不论供需是否宽松，绝不放松甚至忽视国内自产油气供应保障，着力提升安全保障能力和安全运行水平。加大技术创新投入，对页岩气、可燃冰及致密油等开采技术攻关给予政策支持，建立国家油气勘探基金，驰而不息地做深做好国内增储上产工作。

2. 建设强大现代化的海军，有力地保障油气进口通道安全

我国近 90% 的石油进口通过海路运输，其中 80% 经过印度洋 – 马六甲海峡 – 南海通道，随着美国能源独立及其全球战略调整，加之沿线与我国存在领土主权争端的国家较多，我国海上油气通道安全面临敌对势力封锁、海盗袭击、经济制裁等风险，存在重大隐患，安全保障面临严重挑战。

随着时代的进步和发展，新的国家安全战略和军事战略的视野，已经从关注和维护国家生存利益向关注和维护国家发展利益延伸，国家安全的边际

也从领土安全、领海安全、领空安全，拓展到海洋通道安全、太空安全等领域。建议国家大力加强海军军事力量建设，提高我军维护国家发展利益的战略能力，在我国油气对外依存度居高不下的情形下，重点保障好印度洋—马六甲海峡—南海通道等油气进口通道的安全。

3. 完善配套专项政策，建立风险基金，为海外业务发展提供政策支持

调研发现，企业在“走出去”发展海外业务时仍面临配套政策支持相对滞后、财税优惠政策类型单一且不稳定不连贯、国有企业考核和监管机制过分约束、外汇管制制度不够灵活等问题。

为此建议：一是加快落实相关配套政策，简化流程，提高效率，增进政企沟通，为中资企业开展合资合作、优化海外资产组合提供审批支持和便利条件，并协助中资企业争取资源国优惠政策。二是成立海外勘探开发风险基金，为海外能源项目收并购以及勘探开发提供融资、投资和担保支持，双方共享收益、共担风险。三是完善和优化财政税收支持制度，创新资产优化机制和考核激励机制。四是发挥政府间信贷和经济援助定向支持，以助力能源国际合作和保障国家能源安全。

通过以上工作，使国内油气能源有来源、能保障，有风险、能化解，有需求、能适应，使油气安全在国家整体安全体系中成为正能量，为国家伟大复兴做出新贡献。

（五）用“早谋划、高端化、规模化”来体现共商共建共享的高质量，实现“一带一路”建设行稳致远

自1993年中石油“走出去”已经25年了，25年来在国际化进程中有辛酸、有喜悦，有挫折、有成功，有损失、有收获，有教训、有经验，这些都是中石油、央企和国家在构建人类命运共同体理念大格局中“一带一路”建设行稳致远的宝贵财富。在新时代，关键是要用“早谋划、高端化、规模化”来体现共商共建共享的高质量，真正实现共享双方国家发展、社会进步、人民

幸福。

为此，建议国家坚持“国家主导、企业主体”的原则，有的放矢地引导帮助企业协调推进。一是早谋划，就是早研究、早规划、早设计。建议国家发改委、工信部、交通运输部、商务部、国家能源局等国家相关部委尽快组织，统一力量对“一带一路”沿线国家的发展战略、需求导向与我国介入方式、参与领域、牵头企业进行研究、规划、设计，避免竞争无序化、质量差异化、领域碎片化，确保“一带一路”建设基础扎实、成果积聚效果好。二是高端化，就是合作技术、合作项目、合作成果符合高质量发展要求。建议国家及相关政府部门按照高质量发展要求，瞄准国际标准，结合合作国的国情及发展阶段，坚持产业价值链中高端化为重点，一方面推动现有合作项目优化升级，另一方面在布局新项目时注重引导互联网、大数据、人工智能等新技术、新业态和相关产业的深度融合，推动区域合作迈向全球价值链中高端，建设高质量合作发展之路。三是规模化，就是产业集群规模化、产业带规模化、受众规模化。“一花独放不是春，百花齐放春满园。”建议国家能够支持能源、高铁、通信、电力，以及自由贸易区、高端产业园、联合实验室等基础性、长远性、战略性、辐射性、成长性的产业和项目优先落地发展，以点带线、以线扩面、以面促好，逐步形成星火燎原之势，实现区域共同繁荣。

通过以上工作，以持之以恒的精神追求，用共商共建共享的高质量，实现“一带一路”建设行稳致远、走实走深，共同迈向人类命运共同体的新时代。

三峡集团：铸造"国之重器"成就"国之重企"

国家开发银行研究院 – 中国经济信息社

引言

2018年4月24日，习近平总书记考察三峡工程并发表重要讲话。他指出：三峡工程是国之重器，是靠劳动者的辛勤劳动自力更生创造出来的，看了以后非常振奋。三峡工程的成功建成和运转，使多少代中国人开发和利用三峡资源的梦想变为现实，成为改革开放以来我国发展的重要标志。这是我国社会主义制度能够集中力量办大事优越性的典范，是中国人民富于智慧和创造性的典范，是中华民族日益走向繁荣强盛的典范。

三峡集团因三峡工程而生，乘改革开放东风而兴，从长江走向了海洋、从中国走向了世界。特别是党的十八大以来，在以习近平同志为核心的党中央坚强领导下，三峡集团始终把服从服务国家战略作为集团最大的战略和最重要的政治责任，始终把坚持党的领导、加强党的建设贯穿于集团改革发展全过程，始终把握高质量发展的根本要求，始终坚持改革开放，不断完善公司治理，始终坚持创新发展，取得了一系列历史性成就，成为中国最大的清洁能源集团、全球最大的水电开发集团。

截至2017年底，三峡集团国内可控装机规模超过7000万千瓦，占全国水电装机的16%；全球已建、在建和权益总装机规模达到1.24亿千瓦，相当于五个三峡电站；集团资产总额近 7000 亿元，其中净资产 3710 亿元，近两倍于三峡工程的投资。

回顾三峡工程百年梦圆成为“国之重器”，我们看到了中华民族伟大复兴再次走向强盛的辉煌历程的缩影；回顾三峡集团从单一工程公司快速发展成为全球领先的清洁能源集团，我们感到了改革开放成就“国之重企”实现赶超的强劲动力。

调研中，我们深切感受到，以三峡工程为代表的“国之重器”，是关系国运国脉、实现国家重大战略的强大支撑，而以三峡集团为代表的“国之重企”是打造“国之重器”、推进国家现代化的中坚力量。

一、不辱使命打造“世纪工程”，实现国运所系百年梦想

长江是孕育了华夏文明的母亲河，更是中国经济社会发展的重要命脉。1918 年，革命先驱孙中山在勾勒建国宏图时，就在《建国方略》中提出在长江三峡江段筑坝治水、通航发电的构想。新中国成立后，开国领袖毛泽东以诗篇描绘出“更立西江石壁，截断巫山云雨，高峡出平湖”的壮丽蓝图。改革开放的总设计师邓小平多次听取汇报，果断表态：“看准了就下决心，不要动摇！”

筑梦追梦一百年，勘察论证半世纪，建设运营廿五载，伴随着改革开放和民族复兴的历史进程，三峡工程已由梦想变为现实，成为全球最大的水利枢纽工程，其防洪能力、发电装机容量、内河大坝船闸通航能力均居全球第一，特别是其防洪、发电、航运、生态等综合效益更是举世无双，成为名副其实的“复兴工程”“世纪工程”，当之无愧的“国之重器”！

（一）筑坝为民，力保长江安澜无恙

“治国有常，而利民为本。”兴水利，除水害，历来被视为治国安邦的大事，防洪是三峡工程的首要任务。

千百年来，长江以她生生不息的律动，带给两岸无尽福泽与蓬勃生机，但桀骜不驯的江水也给两岸生灵带来一次次灾难深重的洪患梦魇。据统计，自汉初至清末的2000多年间（公元前185～1911年），长江曾发生大小洪灾214次，平均每10年一次。尤其是荆江河段行洪能力严重不足，几乎年年汛期如临大敌。1998年长江特大洪水，百万军民以血肉之躯在荆江大堤上严防死守，当年抗洪投入和经济损失达上千亿元。

长江安澜，国泰民安。三峡工程正处于长江上游来水进入中下游平原河道的“咽喉”，可以控制荆江河段95%的洪水来量，好比是控制进入荆江洪水大小的“总开关”。工程建成以来，已进行防洪调度44次、累计拦洪量1322亿立方米，尤其是在2010年7月和2012年7月，经历了两次超过每秒70000立方米的洪峰，均超过1998年最高洪峰，两次分别削峰30000和28200每秒立方米，大大减轻了下游的压力，有力保护了长江中下游150万公顷土地和1500万人口的安全。

（二）巨型电站，为发展提供澎湃动力

落差6000米的长江，是水力资源的“富矿”。三峡电站总装机容量2250万千瓦，位居世界之首。2017年，三峡电站发电976亿千瓦时，超过880亿千瓦时的设计能力，接近北京全年用电量。三峡电跨越千里输送到华中、华东、华南和川渝地区，受益人口超过全国人口的一半。

除了巨大的发电能力外，华中电网中部的地理位置也使其当仁不让地成为我国“西电东送”和“南北互供”的骨干电源点，为我国电网全国联网奠定了重要的基础。

截至2018年5月31日，三峡电站累计发电11195亿千瓦时，为国家支撑GDP超过12万亿元。

（三）通航兴业，黄金水道绽放异彩

长江货运量位居全球内河第一，素有“黄金水道”之称。但之前这条轮

船川流不息的“黄金水道”到宜昌便黯然失色，宜昌到重庆660公里的川江河段河道狭窄，滩险流急，舟楫难行。

三峡工程建成后，高峡出平湖，大大改善了川江通航条件，彻底结束了“自古川江不夜航”的历史。2011年过闸货运量首次突破亿吨，提前19年达到设计能力。2017年，全球最大的双向五级船闸过闸货船平均吨位4336吨，是建库前的6.3倍；年过闸货运量1.38亿吨，是建前最高年运量的7.66倍；宜昌至重庆航道通航能力大幅提升，相当于新建了6条铁路。

图1　三峡船闸年货运通过量

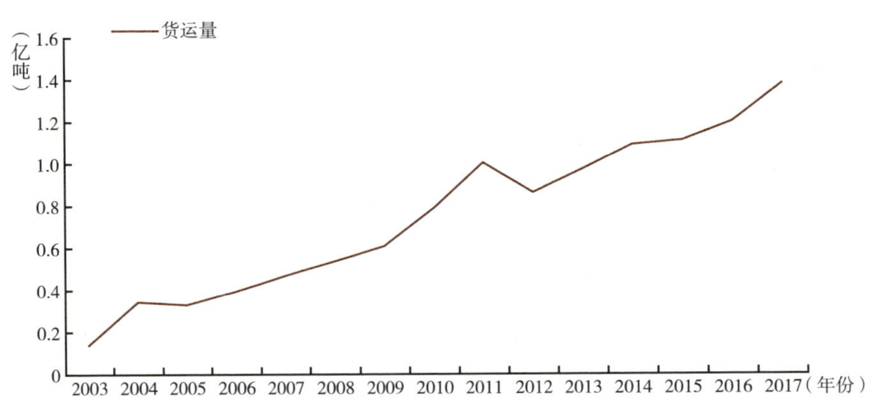

资料来源：三峡集团。

相比陆路和航运，水运具有无可比拟的价格优势，素有“水运按分，陆运按毛，空运按元”之说。三峡工程建成后，万吨船队可从上海直抵重庆，汉渝航行时间往返缩短61～112小时，出入重庆和四川的运输成本大幅降低，为深居内陆的重庆和四川提供了更好的发展条件，也为武汉和重庆两大长江航运中心拓展了更大的发展空间。

（四）生态屏障，与长江经济带发展休戚与共

三峡工程本质上是一项重大的生态工程，其防洪功能可有效避免洪水泛

滥引发的一系列社会、环境问题。而且，其拦洪拦沙功能减少了汛期分流入洞庭湖的洪水和泥沙，减缓了洞庭湖等湖泊的泥沙淤积速度以及水面面积和容积的萎缩速度。据监测，三峡工程建成后，上游来沙量大幅减少，水库蓄水前十年年均来沙3.6亿吨，之后十年降至2亿吨，最近四年年均只有0.41亿吨。

三峡电站所发水电生态效益巨大。2017年，三峡电站累计发电突破1万亿千瓦时大关。据测算，这1万亿千瓦时清洁能源相当于节约标准煤3.2亿吨，减排二氧化碳8.2亿吨，减排二氧化硫39万吨，减排效益等同于225万公顷阔叶林，相当于在国土上增加了三分之一个大兴安岭林区。

此外，三峡工程通过改善通航条件使川江航运油耗下降过半，成为“绿色航道”。据统计，三峡水库蓄水前川江船舶平均千吨公里油耗6.7公斤，现已下降到3公斤以下，按宜昌－重庆660公里和目前三峡船闸年过货量1.38亿测算，每年可节省柴油消耗至少34万吨。

三峡工程的成功建成和运行，已成为改革开放以来我国发展的重要标

图2　三峡发电生态效益

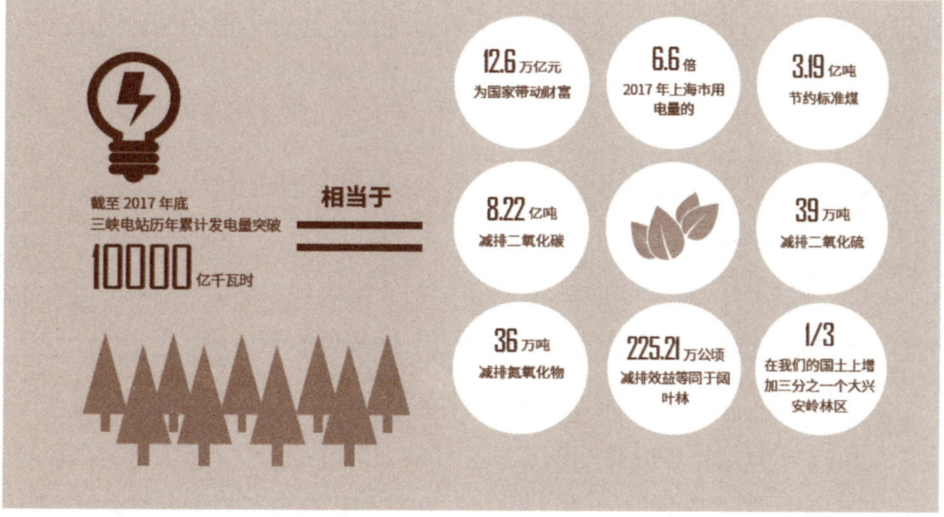

资料来源：三峡集团。

志，成为中华民族伟大复兴的重要缩影，其中凝聚着几代领导人的殷切厚望、数十万建设者的心血汗水、百万移民的无私奉献和全国人民的大力支援，也离不开三峡集团数万员工的使命担当和不懈努力。

在建设过程中，三峡集团始终坚持世界一流标准，打造精品世纪工程，使三峡工程被世界大坝委员会（WDC）列为全球水利水电工程的里程碑之作，在国际咨询工程师联合会（FIDIC）百年庆典大会上荣获“百年工程项目奖”。工程投产运行后，三峡集团不断完善精细化管理，提高科学调度水平，目前，防洪、航运、发电和生态等综合效益均已超过设计水平，发挥着越来越重要的保护人民生命财产安全、提供清洁电力、促进长江航运、保护长江生态的重大基础保障作用，使三峡工程无愧“国之重器”之称，功在当代，利在千秋。

二、砥砺奋进再造“新三峡”，打造更多绿色“国之重器”

党的十八大将建设生态文明提高到“关系人民福祉、关乎民族未来的长远大计”的高度，提出了包括生态文明在内的五大文明建设。2013 年，习近平总书记进一步指出：“走向生态文明新时代，建设美丽中国，是实现中华民族伟大复兴的中国梦的重要内容。”这为三峡集团的进一步发展指明了方向。

我国能源消费以煤炭为主，煤炭消费长期占我国能源消费总量的 70%，由此带来大量的空气污染和温室气体排放，给我国生态环境造成极大压力，成为我国发展不平衡、不协调、不可持续的突出表现。而能源结构的清洁化低碳化调整正是建设生态文明、保障我国可持续发展不可或缺的内容。

紧跟国家发展战略，秉承绿色低碳发展理念，三峡集团继三峡工程之后，又迈上了打造更多绿色“国之重器”的新征程。迄今，三峡集团国内可控装机规模已超过 7000 万千瓦，已建、在建和权益总装机规模达到 1.24 亿千瓦，其中可再生清洁能源装机占 96%。海外总装机容量已突破 1700 万千瓦，加上国内外在建和并购项目，集团可控装机规模相当于五个三峡电站。此外，为落实国家赋予的共抓长江大保护新使命新任务，三峡集团组建生态环保集团、发起设立长江绿色发展投资基金，为建设生态文明和美丽中国贡献力量。

（一）溯江而上，再造“两个三峡”

长江上游的金沙江段全长 3479 公里，天然落差达 5100 米，水电富集程度为世界之最。金沙江水电开发对国家构建低碳能源体系、带动地方经济发展意义重大。

如今三峡集团正在对金沙江水电进行梯级开发，建设四座世界级水电站。其中溪洛渡水电站和向家坝水电站已于 2014 年全面建成投产，两者合计装机容量为 2026 万千瓦，相当于一个“三峡电站”。乌东德水电站和白鹤滩水电站分别于 2015 年底和 2017 年 8 月全面开工建设，计划于 2020 年和 2021 年相继投产发电。两者合计装机容量 2620 万千瓦，相当于又一个“三峡电站”。

乌东德、白鹤滩电站建成后，世界上已建和在建的装机排名前 12 的水电站中有 5 座由三峡集团建设运营管理。全球 127 台 70 万千瓦以上水轮发电机组中有 86 台由三峡集团拥有管理，三峡集团还创造了全球人均管理水电机组装机容量的最高纪录。

金沙江下游梯级电站的建成，合计将形成防洪库容 205 亿立方米，将川江沿岸的宜宾、泸州、重庆等城市的防洪标准从 5～20 年一遇提高到 50～100 年一遇，并分担三峡水库的防洪任务，通过与三峡水库的联合调度，进一步提高荆江河段的防洪能力。

而且，金沙江梯级电站的建成可大幅缓解三峡工程最大的心病——泥沙淤积。金沙江是长江主要产沙区之一，约占三峡入库沙量的 1/2。利用金沙江输沙量高度集中在汛期的特性，合理调度可使三峡库区入库含沙量比天然状态减少 34% 以上，有利于三峡工程更好地发挥效益。

图 3　金沙江四座水电站

向家坝水电站全景　　溪洛渡水电站全景

白鹤滩水电站全景　　乌东德水电站全景

资料来源：三峡集团。

图 4　世界水电装机排名

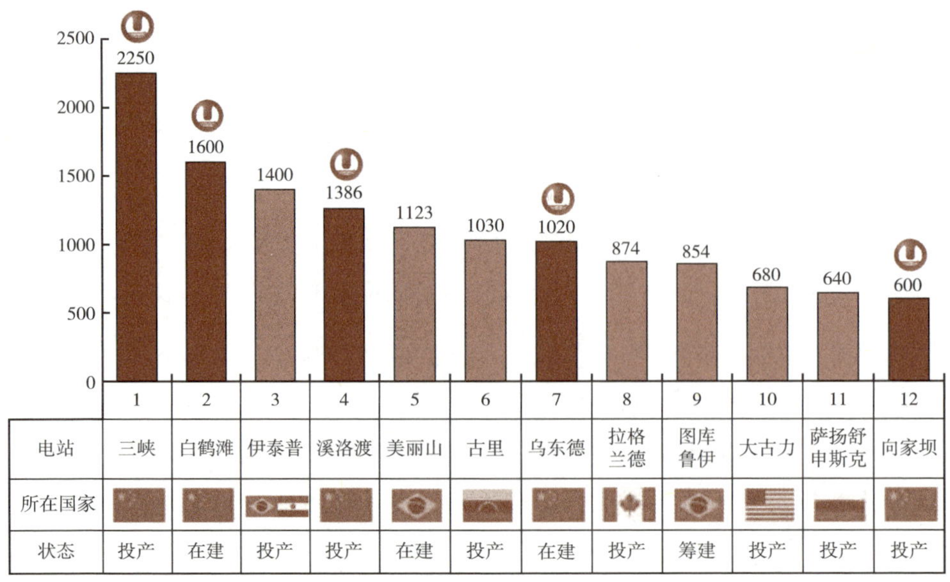

排名	1	2	3	4	5	6	7	8	9	10	11	12
装机	2250	1600	1400	1386	1123	1030	1020	874	854	680	640	600
电站	三峡	白鹤滩	伊泰普	溪洛渡	美丽山	古里	乌东德	拉格兰德	图库鲁伊	大古力	萨扬舒申斯克	向家坝
所在国家												
状态	投产	在建	投产	投产	在建	投产	在建	投产	筹建	投产	投产	投产

资料来源：三峡集团。

（二）东向入海，打造“海上三峡”

与陆上风电相比，海上风电具备资源禀赋好、风速大、运行时间长、距离负荷中心近等优势。我国海岸线广阔，海上风能资源丰富，开发空间巨大。三峡集团审时度势，及时向东南沿海地区布局，并志在成为海上风电开发的引领者。目前，集团已建成投产国内首个商业运行示范海上风电项目——江苏响水20.2万千瓦近海风电项目，已开工建设辽宁大连庄河、江苏大丰、广东阳江沙扒一期、福建福清兴化湾二期等一批海上风电项目，全面启动了福建漳浦、福建长乐、广东阳江等多个百万千瓦级海上风电项目的开发建设准备工作。

我国海上风电发展起步晚，技术装备相对落后，建设成本高昂，与传统能源相比缺乏竞争力。为此，三峡集团提出集中连片规模化开发的海上风电发展思路，打造福建三峡海上风电国际产业园，推动我国海上风电自主创新和装备制造水平提升。同时通过优化设计、增大单机容量、优化供应链、提升施工安装运维能力等方式，降低海上风电开发成本。目前，在从广东到辽宁的1.8万公里海岸线上，三峡集团已储备集中连片海上风电资源超过1000万千瓦，仅在福建海域的资源储备就超过500万千瓦，计划到2020年总规模达到2000万千瓦，在不远的未来造就我国海上风电“国之重器”。

为尽快提升海上风电开发水平，三峡集团紧盯国际前沿技术，积极跟踪并参与德国、英国、法国等海上风电项目开发。2016年，三峡集团成功收购德国最大的已投运的28.8万千瓦稳达海上风电项目80%的股权，这也是全球首个获得投资信用评级的海上风电项目，由此成功获得了一支具有海上风电设计、建设、运营、融资完整经营的专业团队，为学习借鉴国际一流海上风电先进经验提供了重要平台。

（三）全球布局，打造“海外三峡”

党的十八大以来，随着我国经济转型升级，企业“走出去”步伐也明显提速，尤其是习近平主席2013年提出建设“丝绸之路经济带”和“21世纪海上丝绸之路”的倡议，更是为“走出去”提供了前所未有的契机，“走出去”已经成为新一轮开放的重点。在国际能源合作方面，习近平主席于 2015 年 9 月在联合国发展峰会上倡议探讨构建全球能源互联网，推动以清洁和绿色方式满足全球电力需求，于 2016 年 1 月访问中东时又提出“打造能源合作共同体”。三峡集团作为中国最大的清洁能源集团，服务国家战略，顺应时代潮流，为建设清洁美丽的世界贡献“中国力量”。

近年来，三峡集团先后 17 次在习近平总书记和李克强总理的见证下签署海外清洁能源重大合作和投资协议。目前集团已初步形成了境外清洁能源领域的投资、建设、运营和咨询四大业务板块，形成了以巴基斯坦为代表的“一带一路”沿线国家市场、以葡萄牙为中心的欧美发达国家市场和水资源富集的南美、非洲等重点区域市场的国际业务布局，在 47 个国家和地区正在投资和承建的清洁能源项目逾百个，拥有海外可控发电装机和权益装机超过 1700 万千瓦，境外总资产超过 1100 亿元。

三峡集团大踏步“走出去”不仅体现在量的拓展上，背后更有质的提升。在业务类型上，实现从单环节业务向包含工程设计与建设、电站管理和咨询全产业链延伸，从工程承包到跨国并购和绿地投资双轮驱动的转变，从输出劳动力到输出资本、装备、技术、标准、品牌的转型升级，不断向价值链高端跃升。2017 年，集团实现境外营收 182 亿元，境外利润总额 49.80 亿元。在“走出去”形态上，从“单打独斗”到“编队出海”，在总承包马来西亚沐若水电站建设过程中，三峡集团联合国内水电施工建设、设备制造、设计咨询和关联产业的相关企业携手共进，避免无序竞争。几内亚的凯乐塔项目共有 30 多家中资企业深度参与，全面覆盖水电全产业链，带动中国机电设备和施工材料出口约 11 亿元。在市场开拓上，从直接开辟国际市场到“借船出海”，三峡集团抓住收购葡萄牙国家电力公司 23.27% 的股权成为其第一大股东的机遇，通过与葡电深化合作，借助葡电成熟资源，成功打破西方国家设置的市场壁垒，快速进入英国、波兰、意大利等欧洲国家清洁能源市场以及巴西、秘鲁等南美国家市场。在巴西，三峡集团成为该国第二大私营发电商，拥有17座水电站、11座风电场和1家电能交易公司，总装机容量超过820万千瓦。在战略格局上，三峡集团积极探索从单个项目建设到全流域规划梯级开发的高端切入，从流域规划、可研设计、梯级开发，到投资建设、运营管理，全过程参与一个国家的流域开发，目前正在吉拉姆流域开发建设卡洛特、科哈拉等水电站。在水资源蕴藏丰富的哈萨克斯坦，正在进行奇力克、图尔古松两条主要河流的全流域规划。

（四）绿色发展，闯出“长江大保护”新路

“长江春水绿堪染，莲叶出水大如钱”。然而，数十年来长江经济带的高速发展和过度开发也严重透支了长江的生态。习近平总书记痛心地形容：“长江病了，病得不轻了。”总书记强调，长江经济带建设要把长江生态修复放在首位，要共抓大保护、不搞大开发。2018年4月26日，在武汉主持召开深入推动长江经济带发展座谈会上，习近平总书记更是明确提出，三峡集团要发挥好应有作用，积极参与长江经济带生态修复和环境保护建设。

总书记的信任和重托，基于三峡集团在生态保护方面已经取得的成绩和经验。三峡集团在其25年的发展过程中始终践行“建好一座电站、带动一方经济、改善一片环境、造福一批移民”的原则，坚持在保护生态的基础上有序开发水电，结合自身特点，探索形成了独特的“全流域、全生命周期”的环保理念。

所谓“全流域”，就是全面协调金沙江下游及三峡电站等集团所属的六座梯级电站，跟踪研究流域梯级开发的流域性、累积性影响，并基于流域统筹理念，开展梯级水库联合防洪调度、生态调度和鱼类保护，统筹开展流域生态与环境保护工作。所谓“全生命周期”，就是在项目规划、设计、建设、运行的整个过程中，根据不同阶段的环境管理要求，全面落实环保措施，并加强监管、监测、研究、评价与改进，为此，集团已经建立了由14项制度和数十项实施细则、技术标准组成的环境保护制度体系。

在长江物种资源保护方面，三峡集团中华鲟研究所已成功实现中华鲟的

全人工繁殖，避免了这一恐龙时期的物种走向绝迹。在中华鲟研究所的大型控温养殖车间内，一尾尾中华鲟在养殖池里欢快嬉戏，有的体长近两米，游动时尾部搅动水面，溅起水花，发出响亮的声音。从2005年开始，中华鲟研究所连续十几年组织实施中华鲟等长江特有鱼类的大规模人工增殖放流，截至2017年底已开展59次人工增殖放流活动，累计放流中华鲟500余万尾，胭脂鱼165万尾，达氏鲟2.8万尾。

此外，根据“四大家鱼”自然繁殖需要“桃花汛”的特点，三峡集团已连续7年进行针对性的生态调度，通过3～7天向三峡下游增加下泄流量，人工创造四大家鱼繁殖所需的涨水过程，有效促进了四大家鱼产卵繁殖。在上游库区，三峡集团也多次实施经济鱼类的增殖放流，使库区浮游生物得到有效控制，既改善了库区水质，确保了生态安全，又增加了优质水产品供给，拓展了库区群众增收渠道。

如今，为贯彻落实习近平总书记在考察三峡工程和在深入推动长江经济带发展座谈会上的重要讲话精神，三峡集团正以此作为培育新动能的重大机遇，加快整合集团内外部生态环保业务和资源，着力打造生态环保业务板块，组建中国长江生态环保集团，牵头设立中国长江绿色发展基金，创建生态环保国家级工程研究中心，形成共抓长江大保护的专业力量和实施平台，努力把生态环保打造成三峡集团的核心竞争力。

按照总书记的要求和国家发展改革委的部署，三峡集团生态环保集团计划以城镇污水处理为切入点，通过厂网河湖岸一体化、泥水并重、建设养护全周期、资源循环利用等方式，总结提炼一批可持续、可复制、可推广的新模式新机制，逐步在长江沿线11省市开展水环境治理、水生态修复、水资源保护工作，兼顾开展固废垃圾处理、清洁能源替代以及绿色发展等工作。

5月29日，国家发展改革委在江西九江召开推进三峡集团开展长江经济带城镇污水处理试点工作现场会，打响了三峡集团全面参与长江大保护的第一枪。6月22日，三峡集团和宜昌市人民政府举行长江大保护宜昌示范区先导项目建设动员会，启动了三峡集团参与长江大保护的首个企地合作示范区，先导项目猇亭污水厂网改扩建工程和秭归污水厂网兴建工程将解决长江沿线城区水源供水、排水以及污水处理滞后等问题。三峡集团与湖北省及宜昌市、湖南省及岳阳市、江西省及九江市、安徽省芜湖市、重庆市签署了共抓长江大保护合作框架协议，积极推动示范项目落实落地，争取早日形成市场化运作、可持续发展的机制和模式，闯出一条长江经济带生态优先、绿色发展的新路子，为长江母亲河永葆生机活力、建设美丽长江、美丽中国再建新功。

三、经验启示：使命担当铸造三峡精神，改革创新成就“国之重企”

三峡集团成功建成三峡工程以及随后的持续滚动发展给我们带来了诸多启示。

（一）打造“国之重器”，当有“国之重企”

“国之重器”是国计民生的重要保障，是国家重大战略的重要支撑，是现代化强国的重要标志，是国运国力的重要基石，是党执政兴国的重要支柱。打造“国之重器”，必须要有“国之重企”。在实现中华民族伟大复兴、实现“两个一百年”奋斗目标的关键时期，急需更多三峡集团这样的“国之重企”来打造更多三峡工程这样的“国之重器”。这对加快深化国企改革提出了更加紧迫的要求。

国有企业乃至央企，并非天然的“国之重企”。三峡集团 25 年改革发展的经验表明，只有坚持党的领导，坚持改革开放，坚持创新驱动，建立现代企业制度，直面市场竞争，才能不断激发自身活力，才能不断做强做优做大国有资产，才能不断增强抗风险能力和对市场的影响力和控制力，才能不辱党和国家赋予的使命，成为真正的“国之重企”。

三峡经验也表明，在企业深化自身改革的同时，国家应该充分发挥集中力量办大事的社会主义制度优越性，在战略性国企发展的特殊困难时期（如三峡工程建设初期资金短缺），通过国家力量统筹调配资源，扶持其渡过难关，助其走上良性循环发展道路。

（二）“国之重企”动力之魂：使命担当，忠党报国

习近平总书记曾经指出：“人无精神则不立，国无精神则不强。”同样，企业无精神则不兴。三峡集团之所以成为“国之重企”，不断打造“国之重器”，离不开“三峡精神”的传承和发扬。

三峡集团诞生于承载民族梦想的三峡工程，但三峡工程建成后，并没有开庆功会，没有锣鼓鞭炮声。三峡建设者说：记功应记人民功，记利但记国家利。他们又默默地背起行装，奔赴金沙江，继续完成开发治理长江的宏图大业。三峡大坝下的三斗坪岸坡上，“为我中华，志建三峡”八个大字标牌至今仍赫然矗立，为国担当、为民造福的情怀已深深融入三峡人的血脉和基因。

三峡集团历届领导班子始终坚持“忠党报国”，将集团的发展与党的事业，与国家的进步，与民族的振兴，与人民的福祉紧密联系在一起，将党的利益、国家利益、人民利益作为三峡集团最大的利益，贯穿于大国重器的建设和运行管理全过程。集团在发展过程中始终不忘初心，把服务国家战略作为集团最大的战略和最重要的政治责任，站在党和国家事业发展全局的高度谋划推动公司的改革发展。

的确，从开发治理长江的三峡工程的建设，到配合国家能源结构战略调整的金沙江梯级电站和海上风电项目的建设，到响应国家“走出去”战略和“一带一路”倡议的海外清洁能源投资和建设，到投身长江大保护打造集团生态环保新的核心竞争力，三峡集团的每一步发展无不紧扣国家重大战略。

在此过程中，三峡集团的发展也不断迈上新台阶，集团资产总额、可控装机容量、年发电量、营业收入、利润总额持续快速增长，成为全国最大的清洁能源集团、国内市值最高的电力上市公司。三峡集团成为“国之重企”

并不断取得历史性成就的发展历程，生动诠释了习近平所说的“有多大担当才能干多大事业，尽多大责任才能有多大成就”。

党的十八大以来，党中央明确提出，要坚持党对一切工作的领导，确保党始终总揽全局，要坚持从严治党，以零容忍态度惩治腐败。三峡集团坚决贯彻习近平新时代中国特色社会主义思想，牢固树立“四个意识”，坚持工程大坝和廉洁大坝“两坝同筑”，把坚持党的领导、加强党的建设贯穿集团改革发展全过程，确保党的理论、路线方针政策和重大决策部署在三峡集团得到坚决贯彻落实，把党的领导的政治优势化为集团的竞争优势和发展优势。

如今，三峡集团已从长江走向中国，从中国走向世界，站在新时代的新起点上，面临新的发展环境和新的挑战，肩负党和国家赋予的新的历史使命，三峡集团将继续发扬光大、丰富拓展“三峡精神”，回应时代新命题，做好新答卷，再创新辉煌。

（三）“国之重企”活力之源：坚持改革，开放进取

2018 年 6 月，习近平总书记在山东烟台考察时强调指出：“谁说国企搞不好？要搞好就一定要改革，抱残守缺不行。改革能成功，就能变成现代企业。”

三峡集团诞生于我国从计划经济向市场经济转型之际，是典型的改革开放的产物。1993 年 9 月成立的三峡集团诞生伊始就承担着探索国家重大公共工程建设管理体制和投融资模式改革的使命。之前国家重大工程建设一直采用指挥部形式，行政首长作为领导。为建三峡工程，国务院成立中国长江三峡工程开发总公司（现更名为中国长江三峡集团有限公司）作为项目法人，实行与国际接轨的项目法人负责制、招标承包制、合同管理制、项目监理制的工程建设管理体制，在国务院三峡工程建设委员会的监督指导下，全面负责三峡工程的资金筹措、建设实施、生产经营、债务偿还以及资产保值增值等。

政府不再参与指挥工程建设，而将主要精力放在工程建设的监督、协调等公共职能上来，如国务院三峡建设委员会专设三峡移民局，对移民工作统一政策，统一管理。由政府以国家行为统筹三峡移民工作，不但大大减轻了工程建设管理者的责任，使之聚精会神搞建设，而且实现了百万三峡移民“搬得出，稳得住，逐步能致富”的目标。

在投融资模式改革上，三峡工程不再单纯依赖财政拨款，改由国家注入资本金作为“第一桶金”启动建设，企业通过自身发展在市场上争取信贷、发行债券、上市发行股票、吸引多方资本融资等方式获得“多桶金”。其中，国家以全国用电加价征收的“三峡建设基金”和葛洲坝电站发电收入作为国家资本金注入三峡集团，确保了三峡工程的启动资金，国家开发银行在早期市场资金处于观望期时为三峡集团独家提供300亿元贷款则是雪中送炭，保障了三峡工程一期建设急需的资金，对工程的后续融资产生了极其重要的“种子效应”。

三峡工程的建设开启了国家重大公共工程建设管理体制和融资体制改革的先河，理顺了政府统筹协调监管、企业按市场规则自主运营的关系，可以说先行先试了十八届三中全会提出的“使市场在资源配置中起决定性作用，更好发挥政府作用”的社会主义市场经济原则，为大型工程融资建设管理和国有企业改革闯出了一条成功道路。

在此后的发展过程中，三峡集团持续深化内部体制机制改革。尤其是党的十八大以来，三峡集团实施一系列重大改革，重组整合企业内部资源，优化业务布局和结构，继先期工程建设板块整合之后，又整合国际业务板块，组建三峡国际能源投资集团公司，进一步强化开拓海外市场的整体合力；整合资本运营板块，组建三峡资本控股公司，全力打造资本运作服务平台、财务性投资归口管理平台和新产业孵化平台；对中国三峡新能源公司进行公司制改造，积极推动新能源业务上市；组建三峡资产管理中心，实现对集团辅业资产的统一管理；整合基地服务板块，成立了基地发展有限公司；整合枢纽运行板块，设立流域梯级枢纽运行管理局；整合机电工程板块，成立了机电工程技术有限公司。目前，三峡集团已初步形成了业务突出、结构合理的八大业务板块，实现了集团公司业务板块化、板块专业化、专业市场化、市场国际化和管理集团化，初步形成了与社会主义市场经济体系相适应的具有中国特色的现代企业制度。

在改革过程中，企业活力不断释放，在国内国际市场中的竞争力、影响力和控制力不断增强，经济效益连年上台阶，人均利润、人均上缴利税、成本费用利润率、全员劳动生产率均在央企中名列前茅。

三峡集团的改革发展成果，有力印证了习近平总书记所说：国有企业一定要搞好也一定能搞好；搞好国企必须破除因循守旧，必须勇于改革；国企改革的方向是建立现代企业制度。可以说，改革开放是决定中国命运的关键一招，也是三峡集团不断做优做强做大、成为“国之重企”的活力之源。

（四）“国之重企”内力之本：创新，创新，再创新

“国家要强大、民族要复兴，必须靠我们自己砥砺奋进、不懈奋斗。核心技术、关键技术，化缘是化不来的。要通过自力更生，倒逼自主创新能力的提升。试想当年建设三峡工程，如果都是靠引进，靠别人给予，我们哪会有今天的引领能力呢！”习近平总书记在考察三峡工程时的讲话掷地有声。

大型水轮发电机组是水电站的核心设备，涉及众多复杂技术，长期以来，核心技术一直为少数发达国家垄断。在三峡工程之前，国内自主生产的水电机组最大单机容量只有 32 万千瓦，落后发达国家 30 年。为最大限度发挥发电效益，三峡工程决定大胆引进当时全球最大的 70 万千瓦水轮发电机组。当时这种巨型水电机组全球仅有 21 台，分别位于美国大古力水电站和巴西伊泰普水电站，而三峡工程计划安装 32 台。1996 年，先期开建的三峡左岸电厂 16 台机组国际招标，要求外方与中方联合设计，合作制造，其中 14 台以外商为主，中方参与制造；后两台以中方为主。三峡总公司按合同支付 1635 万美元的技术转让费。

三峡集团联合以哈尔滨电机厂、东方电机厂为主的国内相关企业开始对

70万千瓦机组进行技术转化。到2003年右岸电厂前12台机组国际招标时，我国已经通过引进消化吸收和再创新，掌握了70万千瓦机组的自主设计、制造和安装技术。三峡电站的建设使我国水电装备制造业用7年时间实现了近30年的跨越式发展。

在随后的四座金沙江梯级电站建设中，国产水电机组继续创新，单机装机容量再创新高，现已建成投产的溪洛渡、向家坝电站分别采用了全部国产制造的77万千瓦和80万千瓦机组，正在建设的乌东德水电站采用国产制造的85万千瓦机组，白鹤滩电站的16台机组的单机装机更是达到百万千瓦。原三峡集团董事长卢纯说："我国水电装备制造能力已整体超越国际水平，进入一个'无人区'。"

大坝是水利工程之根本，而国际坝工界素有"无坝不裂"之说，因为混凝土浇筑中水泥的化学反应会产生大量热量，冷却后常常留下裂缝。要减少水泥的热胀冷缩效应就需要放慢浇筑速度以减少热量的产生，这不但影响工期，还会带来更多其他技术问题。

三峡大坝建设也是引进世界最先进的快速浇筑设备和技术，在消化吸收

图5　水轮发电机组"三级跳"

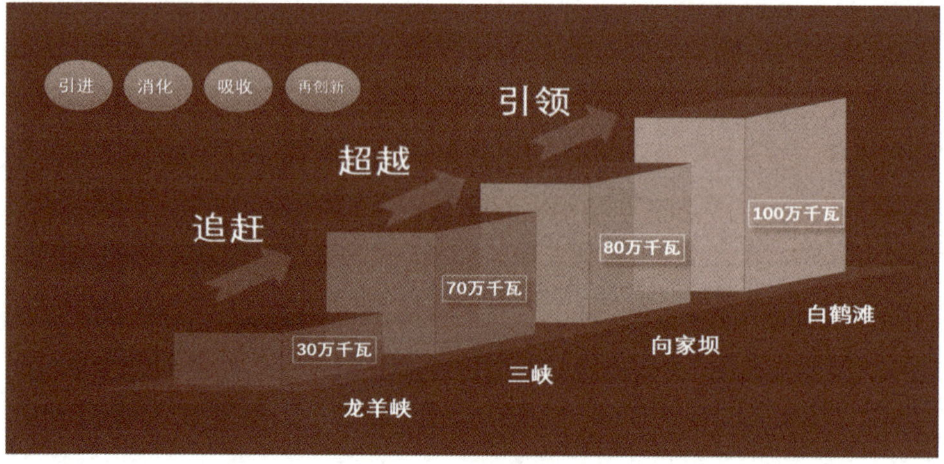

资料来源：三峡集团。

的基础上再创新，连续三年打破国际年浇筑量纪录，而且在三期工程400多万立方米混凝土的右岸大坝没有发现一条裂缝，创造了坝工史上的奇迹。

溪洛渡大坝更是首次创新使用智能化建设协同平台这一“大脑”，在坝身内埋藏约8000个监测原件、2.4万米测温光纤和2万根水管，好比“神经”和“血管”遍布坝体，各部位有什么“头疼脑热”，“大脑”都能感知、分析、控制，由此再创浇筑混凝土680万立方米未出现温度裂缝的世界纪录。继三峡工程荣获“菲迪克百年工程奖”之后，溪洛渡也于2016年获得这一有“国际工程界诺贝尔奖”之称的“菲迪克2016年工程项目杰出奖”。国际大坝委员会名誉主席刘·贝尔加（Lius Berga）评价溪洛渡说：“中国的创新理念与创新技术在大体积混凝土结构智能化建设上已居世界领先地位，成功解决了‘无坝不裂’的世界难题。”

在三峡工程和金沙江梯级电站等一系列世界级工程建设期间，三峡集团面临复杂地质条件、建设规模和技术难度超出现有规范、单机容量达到百万千瓦级、船闸施工等技术难题，复杂程度世界少有。针对这些难题，三峡集团通过引进消化吸收再创新、集成创新和原始创新，攻克了一系列关键技术难题，发挥牵头组织和系统集成的核心作用，带动全产业链在新技术、新材料、新工艺、新装备等方面升级换代，形成了全球领先的成套水电工程技术和装备制造技术，也带动了基础科学的发展和各学科的交叉融合。

精品工程需要精细管理。三峡集团始终推动管理创新，以安全管理、技术管理、设备管理为核心，通过建管结合无缝交接、诊断运行、状态检查、流域梯级调度、信息化应用等手段，精确调度，精益运行，精心维护，不懈追求全面卓越管理，不断提高设备可靠性，充分发挥梯级水利枢纽的综合效益。目前，三峡集团人均管理装机容量已居全球首位。

截至2017年9月，三峡集团已获得国家科技进步奖、省部级和行业奖励共98项，专利1248项，国家项目30项，形成国际标准、国家标准、行业标准、三峡标准共439项。

（五）“国之重企”实力之基：强大的盈利和融资能力

没有强大的盈利和融资能力，就没有承担国家使命的实力。三峡集团经过 25 年不断改革创新进取，在市场大潮中不断发展，滚动积累，不断做强做优做大国有资本，2017 年集团资产总额近 7000 亿元，其中净资产近 4000 亿元，近两倍于三峡工程的投资。公司营业收入和利润总额不断刷新纪录。

图 6　三峡集团近年营业收入和利润总额

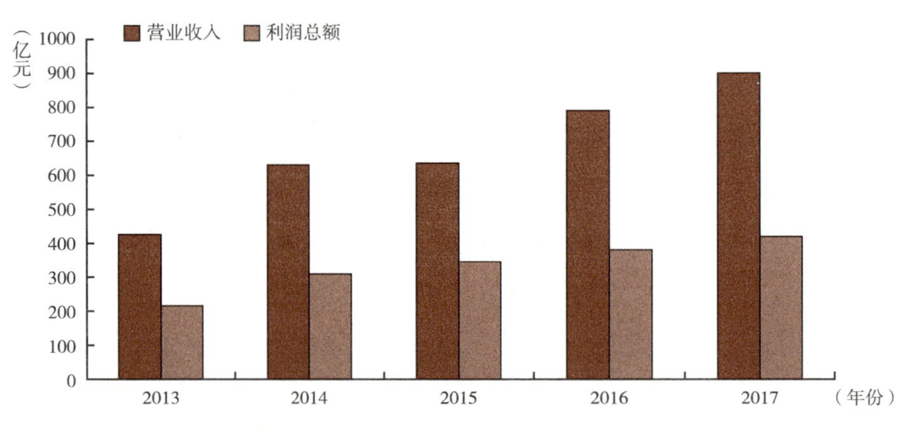

资料来源：三峡集团。

2003 年，三峡集团以葛洲坝电厂资产作为出资，联合其他几家机构共同发起设立的长江电力获准上市，通过发行新股募资近 100 亿元，开创了“投融资 + 滚动开发”模式，即上市平台通过公开发行股票募集资金，用所筹资金收购三峡集团已投产机组，把出售资产所获得的资金用于长江上游电站开发。如此滚动融资开发，直到 2009 年三峡集团将主营业务注入长江电力，实现整体上市。社会资本通过长江电力输送到长江水电开发前线，而滔滔江水通过长江电力转化为电流，再转化为现金流，给投资者带来丰厚回报。公开资料显示，长江电力自上市以来，已向投资者累计分红派息 793 亿元，并且，几乎历年现金分红金额占当期实现可供股东分配净利润的比例都超过了 65%。除了稳定的分红，长江电力股票市值增长也相当可观。

在公司良好信誉和高成长业绩的支撑下，债券成为三峡集团持续获取低成本滚动发展资金的另一重要来源。据三峡集团总会计师杨亚介绍，集团累计发行各类债券 106 期，融资额达到 4117 亿元。与同期限银行贷款相比，节约财务融资成本超过 260 亿元。累计兑付 2340 亿元，还本付息无一违约。2015 年，三峡集团获得穆迪、惠誉授予的主权级信用评级，成为我国唯一一家获得两大国际评级机构主权级评级的发电企业，累计在境外通过债券融资 40 亿美元、18.95 亿欧元和 4.2 亿雷亚尔。

目前三峡集团资产负债率仅为 46%，远低于央企 66% 的平均水平，也低于全国规模以上工业企业 56% 的水平，融资潜力巨大。

据介绍，三峡集团在金沙江开发梯级电站投资接近 5000 亿元，没要国家一分钱，都是企业滚动开发，自己出资，完全是在市场上打拼。三峡集团走出去开发海外清洁能源，也没有拿外汇出去投资并购，而是在全球资本市场获取资金，用于在全球获取资源，产品在全球市场上销售，利润回流中国，2017 年海外利润达 50 亿元。

今天的三峡集团已成为大国重器，有实力、有能力为国家做更多的贡献，承担更多的责任。2016 年以来，习近平总书记先后两次对三峡集团的工作做出重要批示指示。党的十九大后，国家发改委和国资委按照总书记指示精神和国务院专题会议的研究部署，明确了三峡集团在新时代的战略发展定位，要求三峡集团发挥“六大作用”，即在促进长江经济带发展中发挥基础保障作用，在共抓长江大保护中发挥骨干主力作用，在带领中国水电“走出去”中发挥引领作用，在促进清洁能源产业转型升级中发挥带动作用，在深化国有企业改革中发挥示范作用，在履行中央企业社会责任方面发挥表率作用。

四、有关建议

针对三峡集团发展过程中遇到的问题，以及调研过程中发现的情况，调研组进行了认真研究和思考，提出了初步建议。

（一）统筹规划形成合力，打造清洁能源国家名片

据了解，目前世界水电平均开发程度为25%，亚洲、非洲、南美洲水电仍有较大开发潜力，特别是“一带一路”沿线，如南亚、东南亚等国家都是水资源富集地区，电力需求旺盛，而电力基础设施薄弱，为我国水电“走出去”提供了广阔空间。

目前，以三峡集团为代表的中国水电已经形成了规划、设计、施工、制造、运行、管理等全产业链发展优势，水电工程技术和运行管理水平居世界先进水平，已在全球90多个国家建立了多种形式的水电开发合作，中国水电已成为继高铁、核电后的“第三张国家名片”。但近年全球贸易保护主义、逆全球化思潮抬头，各种“黑天鹅”“灰犀牛”事件不时出现，给三峡集团等水电企业“走出去”带来了一定的障碍和不确定性。一些国家和地区国内政治斗争复杂，“中国威胁论”升温，也加大了我国企业“走出去”的风险。

就国家层面而言，应进一步加强能源外交，利用多边、双边机制促进清洁能源产能合作，积极参与全球能源治理和规则制定，同时加强财税、金融等方面的配套政策支持，为企业“走出去”创造条件。在行业层面，应加强水电等清洁能源的标准“走出去”，使得中国清洁能源这张名片更好地发挥作用；此外，应加强清洁能源企业“走出去”的统筹协调，避免同类企业各自为战、相互拆台、恶性竞争。从企业自身来讲，应加强国别市场研究，尽量避开国家力量未能覆盖、“一带一路”倡议没有涉及的国家和地区，争取与国际组织机构的合作，按照国际规则和当地法规开展项目。

（二）主动提前谋篇布局，持续提升企业国际竞争力

我国经济发展进入新常态，电力消费增长速度放缓，局部地区甚至出现供大于求的情况，尤其是距离“西电东送”电源点较远的东部地区，接受西电成本较高，倾向于优先保障本省煤电机组发电，电力送受地区之间利益矛盾加剧。受到输送和消纳的制约，2017年全年弃水电量515亿千瓦时。近年来，四川、云南、广西等地区水电站“弃水”现象有所加剧。

目前，三峡集团售电暂时没有受到明显影响。但随着金沙江梯级电站等一批西部水电项目相继建成投产，电力送受地区的矛盾可能进一步加剧，尤其是随着国家电力体制深化改革，三峡电也将面临市场竞争，这将对三峡集团的营收和利润产生影响。

从国家层面看，西部与东部的送受电矛盾很大程度上是西部水电与东部煤电之争。在能源结构调整上，国家应加强统筹协调，加快煤电落后产能的淘汰，限制东部新上煤电项目，为西部水电腾出更大的消纳空间。从企业自身看，三峡集团等水电企业应对即将到来的市场竞争及早未雨绸缪，通过向配售电业务延伸等市场化手段，获得电力市场消纳空间。同时，水电企业应持续提升自身国际竞争力，跟随和服务国家战略，开展水电产能国际合作，积极拓展海外市场。

（三）提升三峡工程社会认知，塑造“一个标志、三个典范”形象

无争议，不工程。越是重大工程，越是“国之重器”，越会受到关注和争论。三峡工程从论证、决策到建设、运营，始终伴随着争议，这客观上促进了工程的不断修正和完善，也促进了我国重大工程决策的科学化和民主化。三峡工程建设者始终认为质疑者也是三峡工程的贡献者。但有些公众误解也会带来不必要的障碍，如三峡工程建设之初，国内外银行、证券等金融机构和社会资本因三峡工程争议过大等原因而驻足观望，工程融资困难，仅有国家开发银行独家提供 300 亿元的贷款支持，直至大坝合龙，建设初期的不确定性因素消除，商业银行等金融机构才开始为工程提供信贷等融资服务。

三峡工程是在中国共产党领导下建成的民族工程、圆梦工程，是我国实现历史性变革、取得历史性成就的一个生动缩影，事关党和政府形象，事关国家重大工程形象，要进一步加强宣传和科学普及，促进社会认知，塑造“一个标志、三个典范”形象，为“国之重器”的建设和“国之重企”的发展创造良好的社会舆论环境。

对三峡工程而言，还应注意避免下游地区对三峡工程防洪能力的过度依赖，让公众了解并非有了三峡工程就可从此高枕无忧。应继续强调长江防洪仍是以堤防为主，三峡工程拦洪错峰为辅，高度重视下游堤坝的安全可靠和分洪区建设的常抓不懈。目前下游一些地区堤防出现松懈苗头值得警惕，荆江分洪区人口增加，民房不断增多加高，道路等基础设施等级提升，甚至招商引资建设大型工业园区，这些设施在一旦发生特大洪水需要启用分洪区时将阻滞分洪效果。当然，防洪的需要与当地经济的发展之间的矛盾也需要妥善解决。

国家能源：能源创新转型和绿色清洁发展的引领者

中国石油集团经济技术研究院

按照中宣部《关于组织开展庆祝改革开放40周年“百城百县百企”调研活动工作方案》的要求，以及关于开展“百企”调研对象的批复精神，中国石油集团经济技术研究院负责承担对国家能源投资集团有限责任公司（以下简称“国家能源集团”）的调研任务。在过去两个月里，正值国家能源集团重组的关键时期，神华集团和国电集团的总部职能部门刚刚完成合并和“三定”，各方面工作十分繁忙。新集团领导对此次调研高度重视，相关部门和人员通力配合。调研组深入到宁夏宁东、内蒙古鄂尔多斯、四川大渡河、江苏泰州和如东等多个企业和项目调研，下矿井、进车间、登堤坝、跑野外，先后召开10多次座谈会，访谈近百位领导、专家及基层一线员工，深深感到无论是神华集团和国电集团，还是新组建的国家能源集团，都是在改革开放中诞生、成长、壮大的国有大型企业的典范，也是我国能源创新转型和绿色清洁发展的引领者。特别是近年来，他们积极响应习近平总书记关于“社会主义是干出来的”伟大号召，坚持以能源“四个革命、一个合作”战略为引领，解放思想、科学谋划，锐意进取、开拓创新，取得了一系列重大技术研发和项目建设突破，实现了“煤炭、火电、风电、煤化工”四个世界第一；在推动传统高碳能源低碳化转型和绿色清洁发展方面，思路清晰、方向明确、目标宏伟、成果丰硕，实现了超常规、跨越式发展。新组建的国家能源集团，舞台更加宽广，征程更加绚丽，使命更加光荣，前景更加辉煌，正全力打造“具有全球竞争力的世界一流能源集团”，必将为推进我国现代能源体系建设、保障国家能源安全做出新的更大贡献。

一、改革开放中诞生成长壮大的国家能源集团

国家能源集团，由神华集团和国电集团于 2017 年 11 月 28 日重组成立，是党的十九大后中央第一个批准设立的公司。这次跨行业、上下游产业链的整合，是新中国成立以来规模最大的一次央企重组，也是中国能源行业改革发展史上的一个重要里程碑。新成立的国家能源集团，拥有煤炭、火电、新能源、水电、运输、化工、科技环保、产业金融 8 大业务板块，是全球最大的煤炭生产、火力发电、风力发电和煤制油煤化工企业，年产能源当量位居全国第一，形成矿、电、路、港、航、油（化）一体化运作，产运销一体化经营，产融深度融合的综合商业模式。

2017 年底，国家能源集团的总资产超过 1.8 万亿元，员工 33 万人。2017 年实现营业收入 5128 亿元，利润总额 652 亿元，上缴税费 865 亿元；拥有生产煤矿 83 个，生产商品煤 5.1 亿吨，销售 6.6 亿吨；电力总装机规模 2.3 亿千瓦，年发电量 8880 亿千瓦时，其中，风电装机 3589 万千瓦，年发电量 570 亿千瓦时，占全国的 22%；煤制油化工项目 28 个，运营和在建煤制油产能 526 万吨，煤制烯烃产能 288 万吨；自有铁路 2155 公里、2.7 亿吨吞吐能力的港口和煤码头，自有船舶 62 艘，是一家超大型综合性能源集团。

在国家能源集团成立以前，神华集团、国电集团都属于中央重要骨干企业和能源行业翘楚，尽管各自的发展基础、背景、路径不尽相同，但都是在改革开放中诞生、成长和壮大，取得了丰硕成果、做出了历史贡献、形成了特色优势，得到了党中央、国务院的充分肯定和社会各界的广泛认可。

1985 年，国家启动神华工程，神华工程是党的十四大提出的长江三峡、南水北调等跨世纪特大工程之一，在此基础上筹建的神华集团从开发神府东

胜煤田起步，经过30多年的不懈奋斗、艰苦创业、跨越式发展，累计产煤53.4亿吨、发电2.7万亿千瓦时，同时资产总额增长88倍，利润总额领跑全行业，累计缴纳税费5548亿元，等于向国家上缴了50个神华，创造了世人瞩目的神华模式、神华奇迹。

2002年，在国家“厂网分开”电力体制改革中，国电集团应运而生，成为五大全国性发电集团之一。成立之初，面对机组老旧、资金匮乏等不利条件，以及煤电矛盾、金融危机、行业巨亏、市场化改革等一系列重大挑战，国电集团审势而行、谋定而动，以清洁高效火电和可再生能源的发展为引领，仅用15年的时间，发电装机容量就增长近6倍，达1.46亿千瓦，其中，清洁可再生能源装机占比达31%。同期资产总额增长11倍、净资产增长16倍，成为世界第二大发电企业、第一大风电企业，打造了我国乃至世界清洁、低碳、高效、智慧的电力行业转型发展样板。

国家能源集团的重组成立，使神华集团和国电集团强强联合、优势互补，形成了上下游产业的协同效应，缓解了煤、电行业存在的同质化发展、资源分散等突出问题，推动了企业在更高层次、更高水平上实现资源优化配置。特别是在改革创新发展进程中，孕育形成的“艰苦奋斗，开拓务实，争创一流”的神华精神和“永无止境、创造一流”的国电精神，融为一体、相得益彰，正迸发出无穷的生机和活力。2018年1～5月，国家能源集团各项生产经营指标全部超过合并前两家企业同期指标相加的总和，而且两家分别统计，各项指标也好于历史同期，重组整合的“1+1>2”效应逐步显现。

国家能源集团站在神华集团和国电集团两大巨人的肩上，成为新的超级能源巨人，传承着改革开放、创新发展的基因。他们作为改革开放的弄潮儿，始终挺立改革开放潮头，坚持与时代同频共振、奋楫向前，描绘了一幅战天斗地、奋发有为、波澜壮阔的精彩画卷。回顾总结他们的改革发展历程及取得的成绩，我们深深感到，国家能源集团从无到有、从小到大、从弱到强，在推动技术和管理创新、引领能源转型和绿色清洁能源发展、保障国家能源安全等方面扮演着重要角色，发挥着历史性作用。

一是成为保障国家能源供应的主力军。当年的神华集团、国电集团和今天的国家能源集团，都是应保障国家能源安全需要而生，受命于国家能源结构战略调整之时，肩负着为经济社会发展提供优质能源的重任。他们用二三十年的时间，建成了世界上最先进的千万吨级矿井群 25 个、亿吨级运输能力的西煤东运大通道、年运货量近亿吨的商业船队、亿吨吞吐大港，成为国内规模最大、现代化程度最高、影响力最强的煤炭生产供应商。目前，国家能源集团的煤炭产量和发电量均占到全国的 15%。为保障国家能源储备、国防安全，投入巨资发展煤制油和煤化工产业，建成了世界首套拥有自主知识产权的百万吨级煤直接液化项目，为“军事能源”提供了“特种油品”。

二是成为引领煤电行业发展和转型升级的标杆。创新的“煤、电、路、港、航、油（化）”一体化发展模式，有效降低了运营成本，使煤炭综合成本比国有重点煤矿低近 40%，发电综合成本比全国平均水平低 20%，煤制烯烃综合成本比石油化工制烯烃低 20% 以上；打造的百万吨级、千万吨级矿井群标杆，摆脱了过去“群众办矿、小规模开发、人海战术”的老路子；树起的全球煤矿安全生产标杆，打破了“煤矿生产不可能不死人”的魔咒，在过去 10 年内相当于避免了 2500 多人的死亡。世界首台百万千瓦超超临界二次再热燃煤发电机组，发电效率、发电煤耗、环境指标，均创下“世界之最”，成为全球火力发电领域的标杆。率先提出并推进的智慧企业建设，将云计算、大数据分析、人工智能等技术，与水电生产建设、经营管理等深度融合，初步建成了大渡河智慧型水电企业，水情、雨情日预报精度达到 95%，月、周预报精度达到 90%，年预报精度达到 85%，对滑坡体实施 24 小时不间断检测预警，避免了自然灾害可能造成的人身伤亡和财产损失。

三是成为推进清洁能源技术创新的主导者。在煤炭安全高效绿色开采、煤炭清洁高效发电、煤炭清洁转化、智能高效运输、风电设备及控制等领域，拥有 12 个国家级研发平台，其中 3 个为国家重点实验室，建成了首个“近零”排放机组，实现了“用煤和用气一样干净”，走出了一条煤炭清洁高效利用之路。有 3 项成果荣获国家科技进步一等奖、4 项成果荣获中国专利金奖、25 项成果荣获国家科技进步二等奖。特别是等离子体点火技术已成功进入韩国、俄罗斯、印度尼西亚、土耳其等国家的市场，应用机组总装机容量超过 3 亿千瓦，市场占有率 90%；拥有自主知识产权的自动控制系统（DCS）已推广到印度尼西亚、巴基斯坦、印度等国家；风力发电整机设备也已成功出口美国、南非等国家，且在海外并网核心技术领域取得了重大突破，达到世界先进水平。

四是成为带动可再生能源发展的领跑者。新能源和可再生能源装机总量达 5516 万千瓦，其中风电装机 3589 万千瓦，居世界第一。拥有风电全产业链关键技术，建成了国内首座最大超低速风力发电场、亚洲最大海上风电场、世界上海拔最高的风电项目、中国发电企业在海外的第一个风电项目；建成国内首个风电运营大数据中心，培育了世界领先的风机制造商。水电装机 1849 万千瓦，开发了大渡河流域大型梯级电站群；高标准、高起点发展氢能源利用与光伏技术，超前布局铜铟镓硒薄膜（CIGS）太阳能电池及建筑光伏一体化研发和产业化，牵头组建“中国氢能源及燃料电池产业创新战略联盟”，引进多名院士担任相关领域首席科学家。

五是成为国企深化改革和保值增值的楷模。多年来，坚持从体制机制上大力推进企业改革，神华集团成为第一家现代意义上的公司制央企、第一批在总部成立董事会的试点央企、第一批国有资本投资公司试点央企。神华也是中国上市企业的一面旗帜，在 2017 年全球矿业市值排名中位居第五，并始终保持较高的现金分红水平，上市以来共分红 2225 亿元，股东回报率达 205%，实现了上市公司与投资者的长期和谐共赢，表现出一个负责任的国有控股上市公司的良好风范，在国资委业绩考核中，累计获得了 13 个 A 级。国电集团则是资本运作的探索者，建立了多元化金融平台，打造了 7 家上市公司融资平台，资产总额从 258 亿元增长到 1164 亿元，实现利润年均增长 36%，在国资委业绩考核中，连续获得 14 个 A 级。

新成立的国家能源集团，按照国有资本投资公司的要求，创造性地提出“职能部门 + 产业平台 + 服务中心”的模式，设立综合管理、监督保障、专项管理 3 类 21 个职能部门，组建煤炭、火电等 8 个产业运营中心，以及生产指挥调度中心等 9 个服务支持中心，搭建起全新的治理模式和管控架构。集团坚持以世界一流上市公司为标准，进一步提升所属 9 家上市公司的运营质量和水平，加快完善具有中国特色的现代国有治理体系，致力于打造国有资本战略性重组的样板和国有企业建设现代企业制度的典范。

二、推动能源创新转型和绿色清洁发展的典型实践与亮点

国家能源集团牢固树立高碳产业低碳发展理念，积极响应“绿水青山就是金山银山”的号召，践行“奉献清洁能源、建设美丽中国”的企业使命，围绕煤炭开采利用清洁化、可再生能源开发规模化、未来能源超前谋划，依靠技术和管理创新“双轮”驱动，上下结合、整体推进、重点突破，形成了大量生动的实践、鲜活的案例。调研归来，所见所闻、亮点纷呈、历历在目。这些典型的实践和亮点，浓缩了国家能源集团推动能源创新转型和绿色清洁发展的辉煌成就，体现了“大国重器”的责任担当。

（一）颠覆传统煤矿开采方式，实现“采煤不见煤”

神东矿区是神华集团的发祥地，也是目前国家能源集团的主力矿区，位于陕蒙晋三省区交界处，气候干旱少雨，地下水资源缺乏，是全国水土流失重点监督治理区。从 1985 年开发建设之初，神东煤矿就坚持资源开发与环境保护并重，摒弃先开发、后治理的传统做法，树立“源头减少、过程控制、末端利用”的环保理念，依靠技术创新，自主研发形成了一整套安全高效、绿色智能的煤炭开发技术和工艺，总体处于国际领先水平。

围绕煤尘治理控制，矿区创新井下无岩巷布置技术，掘进产生的煤矸石充填废弃巷道，做到掘矸不升井；应用采掘工作面喷淋、巷道水幕降尘等措施，有效改善了井下作业环境；对地面原煤仓、皮带栈桥、产品仓、装车塔等实行全封闭装运，外运也采用表层固化处理，从源头控制煤尘，实现了

“采煤不见煤、运煤不见尘”。

树立“无人则安”的安全理念，大规模推广机械化、自动化开采，首创世界超大采高成套设备，最大采高已提高到 8.8 米，创造了世界第一的采煤能力和效益。覆盖全矿区的信息化系统实现了远程控制、检测和故障诊断，“点鼠标就能采煤”，在总部就可以实时与井下员工对话、监测井矿瓦斯浓度等；井下用工大幅减少，基本实现从劳动密集型向资金技术密集型、粗放型向高效型的转变；百万吨煤炭产量人员死亡率大幅度下降至 0.005，做到“煤矿能够不死人”。

坚持把矿山变成绿水青山，在煤矿开发的同时，大力治沙种树、造林绿化、整治荒漠，利用煤矿地下水库、矿区地表生态修复等多项独创的科技成果，建成了 35 座煤矿地下水库，储水总量相当于两个西湖水体容量，达到 3100 万立方米，最大限度地保护了环境和水资源，实现了“地面净水零入井、地下污水零升井”，植被覆盖率从开发初期的 10% 左右扩大到目前的 70% 以上，年均降水量从 360 毫米增加至 540 毫米，将一片黄沙变成了“塞外江南”，神东上湾、哈拉沟等 6 座煤矿还被命名为国家级“绿色矿山”。

（二）突破煤电排放极限，做到“用煤与用气一样干净”

江苏泰州电厂位于长江之滨、长三角核心地带，地区经济发达，电力需求增长较快，电力供应存在缺口，且泰州背靠大苏北，与苏南隔江相望，电厂肩负着区域电网“北电南送”、保障电网稳定运行的使命。同时，江南水乡安全环保要求高，必须把提高能源利用效率、减少污染物排放作为电力可持续发展的重中之重。

泰州电厂从一开始就将降低排放摆在首要位置，坚定不移地走清洁高效发展之路。他们积极探索发展大容量、高参数、清洁高效火电机组，在一期工程建成 2 台百万千瓦超超临界燃煤机组的基础上，又在国内率先建成二期 2 台百万千瓦超超临界二次再热燃煤发电机组，发电效率达到 48%、供电煤耗降至 266 克 / 千瓦时，均处于国际领先水平。与国内最好的一次再热机组相比，每年节约标准煤 73 万吨，减排温室气体 205 万吨。

采用自主研发的污染物近零排放改造技术、高效选择性催化还原法脱硝技术等，借助大型火电自动控制系统，进行排放气体综合控制和治理，使三种主要污染排放物——烟尘、二氧化硫和氮氧化物排放分别降至 2.7 毫克 / 立方米、2 毫克 / 立方米、19 毫克 / 立方米，全部优于天然气电厂的 5 毫克 / 立方米、35 毫克 / 立方米、50 毫克 / 立方米的排放标准，做到了“用煤和用气一样干净”，被国家能源局定为超低排放改造示范机组，成为世界煤炭协会案例工程。在亮相国家“十二五”科技创新成就展和哈萨克斯坦阿斯塔纳能源博览会期间，习近平总书记两次亲临展台，并做出“煤电是件大事，一定要搞好”的重要指示。

（三）掌握煤制油转化核心技术，意味着“用煤也能把火箭送进太空”

煤制油是以煤炭为原料，通过化学加工过程生产油品和石化产品的技术，分为煤直接液化和煤间接液化两种技术路线。早在 20 世纪初，国外就开始了煤制油的技术研发和工业示范，几经波折、时进时退，始终没能取得重大技术突破，而无法大规模工业化应用。国家能源集团从我国资源禀赋的实际和保障国家能源安全的需要出发，从 1997 年开始投身煤制油技术攻关，“十年磨一剑”，建成了鄂尔多斯百万吨级直接液化示范项目，成为目前世界上唯一的现代化煤炭直接液化工业企业。

鄂尔多斯煤炭直接液化技术，本质上是一场煤炭革命，也是对世界煤制油技术里程碑式的超越，更是增强我国科技创新能力和能源自我保障能力的历史性跨越。多年来，一批煤制油专业领域的精英经过艰辛探索，突破煤直接液化、煤直接液化催化剂制备和超大型煤制氢等关键技术难关，形成了独创的煤直接液化工艺路线，并持续开展工艺、设备技术改造和革新，取得了耐磨离心泵、煤气化炉烧嘴、高差压减压阀等一系列关键部件与设备的重大突破，打破了国外企业的技术封锁与垄断。2014 年 11 月，“一种煤炭直接液化的方法”在第八届国际发明展览会上荣获“发明创业奖 · 项目奖”金奖。

鄂尔多斯煤直接液化项目投产以来，装置一直安全稳定运行，每年可将约 350 万吨煤炭直接液化转化为 108 万吨清洁油品，实现“黑金”变“白金”。液化柴油产品能在 –60℃到 55℃全地域通用，在中国全境、南北极均可使用，实现了对现用 13 个石油基柴油牌号的一次性全替代，简化了油品供给保障体系。直接液化生产出的油品具有比重大、体积热值高、氧化安定性好等突出特点，煤基喷气燃料、航天煤油等特种燃料成为军用和航空航天领域的抢手货。2015 年 4 月，与中国航天科技集团共同研制的液氧煤基航天煤油的火箭发动机整机热试车获得圆满成功，这是世界首次实现“用煤也能把火箭送进太空”。

习近平总书记高度重视煤制油技术和项目的发展。早在 2009 年 8 月，他就曾强调指出：“煤制油作为国家的能源战略，对国家的经济发展和长治久安是一个重要的战略安排；煤炭作为我国能源结构的主要组成部分，把煤炭产业做大、做强、做好，具有深远的战略意义。”2016 年 7 月，他亲临国家能源集团宁东 400 万吨级煤间接液化工业示范项目现场考察，并在即兴讲话中发出了“社会主义是干出来的”伟大号召。当年 12 月，该项目顺利投产，他又做出重要指示，强调这一重大项目的建成投产，对我国增强能源自主保障能力、推动煤炭清洁高效利用、促进民族地区发展具有重大意义，是对能源安全高效清洁低碳发展方式的有益探索，是实施创新驱动发展战略的重要成果。并要求不断扩大我国在煤炭加工转化领域的技术和产业优势，加快推进能源生产和消费革命。

（四）领跑清洁能源产业发展，海上发电“迎风弄潮”

龙源电力是国内最早开发风电的专业化公司，现已成为拥有 300 多个风电场的世界第一大风电运营商，也是国家能源集团的风电主力。自 1993 年成立以来，历经三次创业，25 年发展，在低风速、海上风电，海外市场开发等领域具有明显的竞争优势，被誉为“中国新能源第一股”。

2007 年，龙源电力在国内率先进军海上风电，选址江苏如东，迈开了

“迎风弄潮”的第一步，建成了全球第一个海上潮间带风电场。如东位于江苏省东南部、长江三角洲北翼，东面和北面濒临南黄海，是开发海上风电的绝佳区域。但是该区域属于潮间带，滩涂地质松软，用脚在滩面上轻轻踩几下，本来“坚硬”的滩面就会液化成“浆糊状”，重型机械毫无立足之地，常规施工船舶在几米的浅水区也无法停泊，这给潮间带风电大规模建设带来了重大挑战，同时面临投资成本、环境保护等多方面压力。

为了解决施工难题，龙源电力与上海振华等施工单位联合打造专业海上风电施工船舶，特别是适用于近海风力发电的自升式平台，是国内第一艘齿轮齿条式海上风电安装船；他们确定了“涨潮移船、落潮施工”的方案，施工人员的工作时间“跟着月亮走”，根据潮位变化不断调整；他们探索出单桩为主、多桩及导管架为辅的海上施工工艺，研究出整风轮吊装及单叶片分体吊装方案，大大提高施工效率。目前，如东的基础单桩施工时间已从最初的 35 天 / 台减至 1 天 / 台，风机吊装施工时间从最初的 15 天 / 台减至 2 天 / 台，与陆上风电建设速度相当。海上风电场平均造价也降至 1.5 万元 / 千瓦，低于国外 2.2 万元 / 千瓦的水平。2014 年如东 15 万千瓦示范风电场项目被评为国家优质工程。

如东海上风电场所在区域地处东亚至澳大利亚候鸟迁徙路线的中间位置，是候鸟的重要“驿站”，每年吸引大量珍稀濒危鸟类在此停歇、越冬。从项目建设初期开始，他们就十分注重环境保护，在当地建设了海鸟试验场和海底生物观测站，对风机的叶片使用橙色与白色相间的警示色，使鸟类在飞行中能及时分辨安全路线，及时规避。实践证明，如东海上风电开发建设之后，不仅未对生态环境造成影响，而且海上可观测鸟类数量明显增多。观测站已经成为一个生态保护基地，每年吸引大批环境保护专业人士和游客前来参观。

（五）借力“两化”深度融合，建设“智慧大渡河、幸福平安大渡河”

四川大渡河干流水源丰富、地势落差明显，蕴涵着巨大的水电资源。

2000年，大渡河流域水电开发公司成立，负责对干流水电资源进行全流域系统开发和高效利用。目前，公司拥有水电资源约3000万千瓦，投运装机容量1162万千瓦，占四川省水电装机容量的27%，占国家能源集团水电投产装机的63%。2017年发电量381亿千瓦时，占四川省调发电量的四分之一，成为保障区域电力供应和西电东送的重要力量。

大渡河流域水流湍急、人烟稀少，两岸都是高山峻岭、悬崖峭壁，且滑坡和泥石流等地质灾害频发。在大渡河流域建设水电站，既有天然的资源优势，又面临着用工和管理的难度。大渡河公司，充分借助现代信息化手段，于2014年启动了智慧企业建设试点，致力于利用大数据、智能化、云平台等技术，把员工从艰苦、繁重、危险的作业环境中解放出来，实时监控自然灾害、工程建设、设备运行、流量调节等，用数据驱动企业决策、管控各类风险、科学运营业务，成为“两化”深度融合的典范。

大渡河公司的智慧企业建设，按照“一中枢、多中心、四单元”的顶层设计架构，成立了智慧企业研究发展中心，搭建了综合智能管控平台，开发了梯级电站群智慧化建设与运行关键技术，建立了流域水库群智能安全调度模型，在实时感知大渡河流域气象、水情和大坝、边坡安全监测信息的基础上，自动推演洪水调度过程，量化分析和自动预判流域洪水风险和水库大坝安全风险，为防洪防灾调度提供科学决策依据。

大渡河公司大力推进“四个智慧”模块建设。其中，“智慧工程”对工程进行全生命周期管理、全过程全天候的实时监控记录与评价分析；“智慧电厂”利用机器人巡检、智能安全帽等对电站群设备健康状态进行智能感知；“智慧调度”对流域梯级调度进行精准预测、智能调控、科学决策；“智慧检修”对设备故障早期预警，减少检修冗余。公司打造的数据“大感知”网络，采集了7000多个水轮发电机组状态监测量，收录了2000多条标准缺陷，建设了105个水情自动测报点，安装了1.9万多个电站大坝及周边山体自动化监测点，将设备监测、隐患排查、灾害预警、库坝安全感知等全面纳入智慧大渡河监控网络。

2016 年 4 月，大渡河公司根据智能库坝安全监测系统的自动预判，提前 4 小时成功预警大岗山库区郑家坪路边坡垮塌事件，提前 3 小时通报地方政府，有效避免了人员伤亡事故。2017 年 6 月，大渡河遭遇百年一遇洪水，公司利用智慧企业系统准确预判，提前两天进行瀑布沟水库预泄，削峰 40%，有效保障了下游沿江两岸的防洪安全，把"智慧大渡河"真正建成了"幸福大渡河""平安大渡河"。

（六）超前布局未来技术发展，打造中国清洁能源"贝尔实验室"

国家能源集团北京低碳清洁能源研究院（简称低碳所），是一个被称为中国清洁能源领域"贝尔实验室"的高新技术创新创业平台和高层次人才储备基地。这个位于北京未来科技城的国际先进技术研发机构，聘请了 20 多位国际能源化工领域顶尖科学家作为学术技术委员会成员，吸引了近 20 名国家"千人计划"专家，聚集了 600 多名具有博硕士学位的高端人才，并在美国、德国设有研发基地，国外员工占 30% 以上。

低碳所致力于在未来煤技术研发和应用、煤基功能材料技术研发、水处理技术、太阳能技术、分布式能源、氢能及储能技术等领域取得突破，占领未来能源技术制高点。目前，他们开展的煤分级炼制、煤制天然气、煤制烯烃产品综合利用等技术研发，有效支撑了国家能源集团的核心业务发展。他们研发的铜铟镓硒太阳能薄膜电池，实验室最高转换效率达 22.6%，属于国际领先水平，能够以多种方式嵌入屋顶和墙壁，是最具发展前景的光伏技术之一，为国家未来能源发展提供了超前储备技术。

低碳所作为科研管理体制机制改革的试验区，采取新体制新机制。实行所长负责制，赋予所长充分的决策自主权。按照职业经理人标准面向全球公开选聘所长，先后聘任过的三位所长，都曾担任过美国著名科研机构、国家实验室负责人和跨国公司高管。他们将世界一流科研机构的先进管理经验和做法直接应用于低碳所，营造了一个国际化的科研环境。低碳所授予专家充分的科研自主权。专家可以自主组建研发团队、决定合作方式、使用科研经费。建立市场化的人才管理和激励约束机制，实行人员能进能出、岗位能上能下、薪酬能增能减。利用混合所有制改革试点，对有突出贡献的科研人员进行股权激励，加速技术成果商业化转化。2015 年 10 月，利用“可熔加工交联聚乙烯”研发成果组建的一家新材料公司，就由核心研发团队成员共同出资，共同进行技术放大、市场开发和应用推广。

低碳所优秀的人才、国际化的模式、灵活的体制机制，保障了各项科研工作的高质量开展，在短短的几年时间里，就取得了一大批创新成果，申请国家发明专利 300 余项和国际 PCT 专利 16 项，成为国内乃至国际能源领域一支充满朝气的重要研发力量。

三、主要经验与启示

国家能源集团在长期艰苦卓绝的改革创新发展实践中，探索并积累了大量好做法、好经验，成为他们的成功之道和宝贵财富，对国有企业特别是能源企业的改革发展、转型升级也具有一定的借鉴价值。可以说，看懂了国家能源集团，就基本看懂了中国能源创新转型之路和绿色清洁发展方向。

（一）坚持党的领导，加强党的建设，是国有企业的“根”和“魂”

长期以来，国家能源集团始终态度坚决、立场坚定、旗帜鲜明地坚持党的全面领导，持之以恒地加强党的建设，为企业改革发展培“根”铸“魂”，确保在任何时候、在任何条件下，都听党话，跟党走，做忠诚党的事业的排头兵，在党和国家需要的时刻冲锋在前，在国家重大战略实施、重大部署落实中勇挑重担。他们以高度的政治责任感和历史使命感，坚决贯彻党和国家的大政方针，认真落实国家能源战略，自觉履行政治责任、经济责任和社会责任。确立了“把责任扛起来、把旗帜竖起来、把制度硬起来、把堡垒强起来、把考核实起来、把廉政严起来”的党建工作总体思路，并将党建工作要求写进了公司章程，彰显着党的坚强领导；他们全面落实党建工作责任制，构建了党建工作齐抓共管的责任机制和工作机制；他们创新党建工作方式，积极推进党建综合信息化平台建设，实现党员、领导干部、党组织、职能部门的数据、信息、评价、成果全共享；他们持续加强党的先进性和纯洁性建设，发挥好每个党员的先锋模范作用和基层党组织的战斗堡垒作用，探索出企业党建科学化的新路径、新方法，凝聚起强大的政治定力和精神合力，塑造了具有全球竞争力的世界一流企业的崭新形象。

习近平总书记指出，国有企业是中国特色社会主义的重要物质基础和政治基础。国有企业作为公有制经济的重要代表和国有经济的主要承载者，要发挥好“六个力量”的作用，更好地成为我们党执政兴国的重要支柱和依靠力量，必须做到无论管理体制如何变化、经营机制如何调整，都要坚持党的领导、加强党的建设，牢固树立“四个意识”，始终确保国有企业和国有资产牢牢掌握在党的手里，始终确保国有企业广大党员干部职工听党话、跟党走。在进一步加强新时代国有企业党的建设进程中，必须坚持好两个“一以贯之”，把加强党的领导和完善公司治理统一起来，加快建设中国特色现代企业制度；坚持党管干部、党管人才的原则不能变，树立正向激励的鲜明导向，加快建设高素质专业化国有企业领导人员队伍；坚持党对深化国有企业改革的领导，坚定支持国有企业发展壮大，加快推进国有企业高质量发展；坚持国有企业党风廉政建设和反腐败斗争没有特殊、没有例外，把纪律和规矩挺在前面，确保国有企业健康发展；坚持从基本组织、基本队伍、基本制度严起，把国有企业基层党组织建设成为坚强战斗堡垒，全面唱响企业做强做优做大主旋律。

（二）坚持解放思想、大胆探索，审时度势、与时俱进，是传统能源企业实现转型升级、绿色清洁发展的重要前提

从神华集团、国电集团到国家能源集团，无论是成立之初，还是发展过程之中，无不面对复杂的形势、严峻的挑战、艰巨的任务，特别是重大转折

关头，他们没有因循守旧、裹足不前，更没有“穿新鞋走老路”、徘徊徜徉，而是解放思想、与时俱进，坚持用新理念、新体制、新机制、新模式去开辟新事业、培育新动能、注入新活力、推进新发展。他们勇于探索高碳产业低碳发展的新路子，做到“采煤可以不见煤”、“煤矿可以不死人”、“燃煤发电可以接近零排放”等，彻底打破了传统的思维定式，为我国传统化石能源企业的低碳转型、清洁发展探索出了一条现实可行的道路；他们审时度势，果断转型，大规模进军可再生能源和新能源产业，迅速成为我国乃至全球清洁能源发展的一支重要力量，构筑起一道道靓丽的风景线；他们积极探索“矿、路、港、航、电、油（化）”一体化经营等新模式、新体制，创造了“神华奇迹”，曾被哈佛案例库收录。

习近平总书记多次强调，解放思想是解放和发展社会生产力，解放和增强社会活力的总开关。应对前进道路上各种新情况新问题、不断开创事业新局面，必须用好解放思想这一大法宝。没有解放思想就没有改革开放，不继续解放思想就很难实现全面振兴。特别是国企一定要改革，抱残守缺不行。当前，国有企业改革又进入了“爬坡过坎”的关键时期，改革的系统性、复杂性和不确定性等，使推进改革面临更加复杂的环境和困难，我们必须弘扬改革创新精神，推动思想再解放，改革再深入，凝聚起全面深化改革的强大力量，在新起点上实现新突破。

（三）坚持高起点、高标准，引入市场化倒逼机制，是实现国资国企高质量发展的必然选择

国家能源集团的基因源自国家跨世纪工程和重大能源战略调整，他们始终站在国家战略平台上谋划企业的改革创新发展，坚持打造高端产业链的定位，突出强调高起点、高技术、高质量、高效率、高效益，并引入市场化倒逼机制，带动企业实现了一次又一次战略性飞跃，成为全球最大的煤炭生产、火力发电、风力发电、煤制油煤化工企业和民族工业的闪亮明珠。他们在煤炭安全高效绿色开采、煤炭清洁高效发电等领域，坚持集团标准高于国

家标准和行业标准，通过高标准、严要求，将采掘机械化率提高至100%，资源回采率提高至80%以上，井下作业人员减少20%，创造了亿吨矿区生产效率124吨/工、煤矿百万吨死亡率降到全国平均水平的1/30、美国平均水平的1/3；建成了“近零”排放煤电机组，做到80%以上机组实现超低排放、100%机组实现脱硫脱硝、一半以上机组达到超临界和超超临界，闯出了一条高碳企业低碳清洁发展之路。

党的十九大明确提出，我国经济已由高速增长转向高质量发展阶段，正处在转变发展方式、优化经济结构、转换增长动力的攻关期。国资国企特别是大型传统能源企业，在这种转化过程中扮演着重要角色，必须继续坚持高起点、高标准、高效率的发展理念和要求，着力通过“五个转变”加快转型升级，实现高质量发展，即由规模扩张向质量效益型发展转变、由依靠投资拉动向创新驱动转变、由高耗能高排放向绿色低碳转变、由行政化管控向市场化运营转变、由主要依靠国内市场向提高全球竞争力转变，使国有大型企业不仅成为国民经济的脊梁、行业的标杆，也要成为能源转型、供给侧结构性改革、经济高质量发展的引领者。

（四）坚持自主创新，掌握关键核心技术，是建设具有全球竞争力的世界一流企业的必由之路

国家能源集团的发展史就是一部技术创新史。他们始终坚持以科技创新为引擎，以完善自主创新体系为主线，以提高自主创新能力为核心，以高端人才吸引与自身队伍建设协同推进为支撑，多层次推进科技攻关，研发掌握多项拥有自主知识产权的关键核心技术，实现企业跨越式发展。自主研发形成的大型火电机组自动控制系统，结束了国外技术商“一个鼠标要价一千美金”的讹诈时代，率先为国内重大发电装备装上了“中国脑”；自主研发的循环流化床、二次再热等清洁高效智能燃煤发电技术，被国际能源署认定为国际上的里程碑；煤直接液化技术“十年磨一剑”，打破德国、日本、美国等的技术垄断，成为全球第一个掌握百万吨级煤直接液化技术的国家。面对

全球能源清洁化的大趋势，国家能源集团已着手布局铜铟镓硒薄膜太阳能技术研发和项目平台建设，参与第四代行波堆核能技术研发，跻身氢能源和燃料电池产业等，抢占未来能源发展的技术制高点。

当今世界，传统能源巨头林立，国际市场竞争日趋激烈，且已从资源、资本为王向技术为王转变，谁掌握了核心技术，谁将赢得市场、赢得未来。应当看到，在前沿技术领域，国内的技术研发能力还远远落后于应用能力，许多像“芯片”那样的核心技术仍然掌握在别人手里，不得不受制于人，缺乏发展的主动权。中国大型能源企业要与国际巨头同台竞技，建成具有全球竞争力的世界一流企业，已具备了“大”的基础，必须在“强”和“优”上狠下功夫，其中重点是突出加强自主技术创新能力，瞄准世界科技前沿，推进重大技术研发和集中攻关，把更多的关键核心技术掌握在自己的手里，争取在更多领域实现从技术跟跑到并跑、领跑的转变，并以技术设备国产化带动中国制造升级，从根本上解决设备“卡脖子”难题。

（五）坚持实干兴邦、撸起袖子加油干，是国有企业攻坚克难、改革创新的根本途径

能源资源行业通常工作条件艰苦，要么荒漠开矿、滩涂建港，要么戈壁修路、深山建厂。一代代神华人、国电人，正是靠着艰苦创业、迎难而上、爱企如家、无私奉献的意志和精神，用忠诚、智慧和汗水谱写了“社会主义是干出来的”宏伟篇章。他们坚持产业报国“争气干”，以保障国家能源安全为己任，追求“‘煤’好未来、‘油’我创造”；敢为人先“创新干”，突破国外封锁，立志掌握关键核心技术；科学管理“精益干”，凡事讲科学、循规律，能干会干善干，创造出高质量、高效率、高效益；不惧困难“忘我干”，在荒漠、戈壁及人迹罕至的大山深处，建成了世纪工程。他们不断提振“干”的精神状态，面对问题和挑战，敢于“亮剑”。他们遵循“干”的实践路径，瞄准先进坐标，依靠实干抢抓新机遇、实现新突破、创造新业绩。他们构筑“干”的保障机制，形成崇尚“干”的用人导向，对作风扎实、埋头苦干、

业绩突出的干部大胆使用，引导广大党员干部真正把精力放到干事创业上。

习近平总书记多次指出："社会主义是干出来的，新时代也是干出来的。"实干是我们党的优良传统和宝贵财富，也是我们面向未来的最好态度。党的十九大明确了新时代的基本方略、奋斗目标、战略安排和工作布局，对国资国企的改革创新发展也提出了明确的要求，任务繁重、挑战严峻、时间紧迫，一分部署、九分落实，我们必须大力弘扬真抓实干的干事创业精神，实字当头、干字为先。既要有真抓的实劲、敢抓的狠劲，又要有善抓的巧劲、常抓的韧劲；既要"撸起袖子加油干"，也要树立"功成不必在我"但"功成必定有我"的责任担当，坚持"一张蓝图绘到底"，把国有企业改革发展的宏伟蓝图，变成充满生机和活力的干事创业实践。

四、主要问题和建议

刚刚完成重组的国家能源集团，正像一艘巨型能源航母驶向浩瀚海洋，充满美好前景，但也同样会遇到惊涛骇浪、险滩暗礁。面对新形势下出现的新情况、新矛盾、新挑战，既需要企业内部深化改革破解难题、创新驱动换挡升级，也需要国家进一步完善相关政策法规、出台配套措施，为进一步深化企业改革、推进能源创新转型和绿色清洁发展，提供更加有利的营商环境。

（一）问题与挑战

1. 全球能源格局发生深刻变化，传统能源企业转型压力越来越大

近年来，全球能源格局发生重大调整，能源供需宽松化、能源格局多极化、能源结构低碳化、能源竞争复杂化趋势明显。特别是随着全球经济增长放缓，能源消费增速下降，同时非化石能源快速发展，成为能源供应新的增长极。我国能源消费增长也换挡减速，保供压力明显缓解，能源发展进入新阶段。习近平总书记提出了能源"四个革命、一个合作"战略思想，中国政

府向国际社会做出了节能减排的郑重承诺，并明确把发展清洁低碳能源作为调整能源结构的主攻方向，逐步降低煤炭消费比重，提高天然气和非化石能源消费比重等。作为全球最大的煤炭集团和发电企业，国家能源集团将面临更加严峻的全球气候变化和低碳技术革命的挑战，也面临着调整能源结构、加快转型升级的压力，甚至在引入碳减排市场化机制之后，传统火电企业还可能要承担为可再生能源企业“买单”的经济负担。

2. 深化能源领域供给侧结构性改革，煤炭行业去产能仍面临不少难题

按照深化供给侧结构性改革的要求，国家明确把煤炭去产能作为“十三五”的重点，目标8亿吨，截至2017年底已完成5亿多吨，成效显著，但任务依然艰巨。在过去两年里，国家能源集团成为全国第一家完成去产能任务的煤炭企业，共退出煤矿11处、去煤炭产能1100多万吨，2018年还将退出5个煤矿、去产能340万吨。如果再考虑到国家电力市场化改革可能对煤电项目造成的影响，煤炭去产能压力会更大。随着关闭、退出大批落后煤矿，原煤生产逐步向资源条件好、竞争能力强的地区集中，区域供需矛盾日益凸显，煤炭铁路运输压力加大。由于煤矿所在区域普遍产业单一，社会吸纳剩余劳动能力较弱，关闭煤矿的职工安置、资产处置难度很大。多数企业债务为集团资产统借统贷，去产能关闭煤矿债务分割难、处置难的问题尚未得到解决。部分承担去产能任务的企业因债务得不到及时处理，资产负债率上升明显。

3. 中央有关政策在地方落实不到位，营商环境有待进一步改善

党的十八大以来，中央出台了一系列深化改革、扩大开放、促进创新、加快发展的政策措施，特别是针对搞活实体经济推出了不少有力度的支持政策，为国有大型能源企业转型升级、提质增效创造了有利的外部环境。但是，像国家能源集团这样的大型央企，下属机构和业务分布在全国31个省区市，一些地方视央企为“唐僧肉”，对央企落实政策不到位或理解政策有偏差，执行起来难度大。以海上风电项目建设为例，由于体制不顺、职责不

清、“多龙治水”、多头管理，审批部门多、流程长，一个项目跑下来过去需要盖40多个章，现在仍要盖20个章。另外，有的省份在可再生能源发电补贴到账平均滞后18个月的情况下，却按账面收入征收增值税并按季预缴所得税，使可再生能源发电企业不得不用自有资金垫付税款，直接加重了企业运营资金负担。

4. 国有企业改革进入深水区，各种深层次矛盾日益凸显，推动改革举步维艰

当前，国有企业改革已进入攻坚期，所涉及的都是深层次矛盾和问题，特别是在“三项制度”改革方面，无论是职业经理人公开选聘，还是拉开收入分配差距，以及瘦身健体、处僵治困、分离“三供一业”等，都遇到较大的阻力。一些基层企业的经营管理人员、生产技术人员缺乏积极性和创造性。加之国企普遍面临限薪约束，员工待遇难以与同行业的民营、外资企业相比，又造成骨干人才流失。在调研过程中，基层企业普遍反映，随着生产现代化水平的不断提高，急需的高素质员工进不来，大量富余人员出不去，部分一线操作员工年龄偏大，新老接替问题也比较突出。

5. 企业大规模重组后，文化融合面临许多挑战，需要一个漫长的过程

文化融合是企业重组整合的重要基础。一般认为，企业重组的成败，在很大程度上取决于文化的融合。神华与国电都是能源企业，业务相关性很强，有许多相同、相似之处，业务融合相对容易，但在公司宗旨、经营理念、运作模式、制度体系、行为规范等企业文化方面，也各有特点和差异，要实现“联合、整合、融合，合作、合力、合心”，从形式上的“一家人”发展成为真正的“一条心”，还需要用较长的时间去克服文化差异，相互学习、相互借鉴，增进价值、观念、行为认同。在这一过程中，难免会发生一些内部文化冲突，处理不好就可能陷入局部的摩擦和内耗。

（二）思考与建议

1. 重新认知煤炭的价值，切实依靠技术创新，把更多的煤炭转化为绿色清洁能源

在全球能源转型和绿色清洁发展的大潮中，煤炭常常被视为高碳化石能源而遭到“唾弃”，人们也容易把能源转型的重点集中到“减煤”、“去煤”上。我国的能源资源禀赋是“缺油少气富煤”，全国煤炭探明储量约 1.3 万亿吨，占化石能源储量的 96%。2017 年煤炭在一次能源生产和消费结构中的占比分别为 68.5% 和 60.4%。在今后一个时期，适当地降低煤炭比例有利于能源结构优化，但简单地“去煤化”并不可取，否则会给国家能源供给安全带来隐患。据中国石油经济技术研究院的预测，到 2030 年，煤炭在中国一次能源结构中的比重仍占 50% 左右，2050 年占 30% 以上。煤炭在相当长时间内依然是中国的主体能源。所以，推动能源革命和“煤炭革命”，绝不等于“革化石能源的命”“革煤炭的命”。

国家能源集团的实践表明，煤炭的清洁化开发利用是篇大文章，通过科技创新可以促进煤炭全生命周期、全产业链的清洁开采、清洁利用和清洁转化，煤炭完全能够成为清洁的化石能源。建议国家在界定清洁能源时，应依据实际排放指标，而不是资源本身。像煤炭，只要最终排放达到了清洁能源的标准，就可以被列为清洁能源范畴。国家的能源转型战略与政策，应充分体现传统化石能源清洁化利用与可再生能源、新能源规模化开发之间的协同发展关系，二者不可偏废。如果国内煤制油项目每年能够供应 1 亿吨左右的石油产品，就可以将我国的石油对外依存度降低近 20 个百分点。

2. 推动央企管理体制和管控模式改革，支持与地方的投资项目合作，争取有利于企业转型升级的营商环境

大型能源资源央企普遍区域分布广泛，与所在地的社会经济有着千丝万缕的联系。但是，由于前些年强调央企集中管控，各地分支机构基本成为项目运营中心，税收也集中到总部统一缴纳，无形中增加了企地矛盾，甚至恶化了营商环境。从国家能源集团与地方合资合作的几个项目来看，虽然地方

政府投资不大，但可以在当地注册法人企业，税收留在当地，企地关系较好，在推进项目建设和深化改革创新方面能够得到比较有利的支持。其他一些央企也在积极探索与地方政府的投资项目合作，同样取得了比较好的效果。

近年来，地方政府“对接央企”热情高涨，像当年对外“招商引资”那样吸引央企投资，纷纷与央企签订战略合作协议，希望借力央企推动当地产业结构调整、动能转换和经济振兴，这实际上也为央企自身的改革创新、转型升级提供了舞台、创造了条件。在这种情况下，建议对央企的管理体制进行差别化调整，优化集团总部高度集权式的管控模式，把部分自主权下放给专业板块、地区公司，做到责权利对等，使基层企业具有一定的改革创新动力和拓展空间，也便于争取有利的营商环境。

3. 进一步激发企业内部活力，调动广大干部员工干事创业的积极性和主动性，大力培育和保护国有企业家精神

增强国有企业活力、创造力和市场竞争力，是深化国有企业改革、搞好国有企业的本质要求。企业的主体是人，企业活力的源泉主要来自企业家、职业经理人、科技人员、生产人员等广大干部职工的积极性。从当前央企面临的实际情况来看，深化“三项制度”改革是关键，必须从根本上解决“能进能出、能上能下、能高能低”的问题。建立健全企业高端人才的柔性管理、灵活薪酬制度及多样化奖励措施，使企业能吸引人才、留住人才、用好人才，造就一批具有国际竞争力的优秀人才队伍。

国有企业家是中国经济崛起的中坚力量，企业家精神的核心是创新创造。应强化央企领导人员作为企业经营者或企业家的角色定位及其对素质修养、创新精神的要求，真正把那些德才兼备、善于经营、充满活力的优秀人才选拔到企业领导岗位上。对于竞争性或商业性央企，积极推进职业经理人制度，增加市场化招聘高级管理人员的比例。评价企业创新成败时，要立足长远、综合的，而不是短期、单项的效果，积极探索鼓励创新、宽容失败、允许试错、责任豁免等“容错”考核机制，并做到具体化、可操作，切实保

护好勇于改革、勇于创新的国有企业家的积极性。

4. 加强对国资国企的正面宣传，讲好央企改革创新和转型升级的故事，唱响主旋律、凝聚正能量

多年来，社会上一直存在着极少部分人对国资国企进行丑化、妖化的言论，别有用心地把国企（尤其是央企）与垄断、暴利、低效、腐败等负面词挂在一起，一些微媒体、自媒体、网站等更是推波助澜，借此吸引眼球和关注度，造成社会对国资国企认知的偏颇甚至误解。因此，建议各级宣传部门，应牢牢掌握新闻舆论引导的主动权，加强对国资国企改革创新生动实践和卓越成效的全方位、深层次、多视角宣传，讲好国企改革创新实践的真实、生动、鲜活故事，形成全社会支持国资国企改革创新的舆论场，为国资国企改革创新汇聚正能量。

鉴于央企大多处在关系国计民生的重要行业和关键领域，肩负着引领产业发展、促进技术进步、保障市场供给的使命和责任，与人民群众的日常生产生活密切相关，有责任和义务向社会普及产业技术发展知识、推广企业"开放日"，正确引导社会预期，积极回应社会关切，消除模糊认识，为企业改革创新营造良好的社会舆论环境。在这方面，能源央企应当积极发挥作用，比如，向社会讲清楚"煤炭造成污染"，这不是煤炭本身的问题，而是煤炭的粗放开采利用方式产生的后果。央企的实践证明，依靠技术创新，煤炭可以成为清洁的能源资源等。

中国移动：以科技创新引领移动通信产业跨越式发展

国务院发展研究中心企业研究所

中国移动通信集团有限公司（简称“中国移动”）是按照国家电信体制改革方案，于2000年组建成立的大型中央国有企业。在19年的发展历程中，中国移动认真贯彻落实国家决策部署，主动践行创新驱动发展战略，敏锐把握移动通信技术变革机遇，在全球产业竞争的大格局中，立足自身优势和特点，以打造创新型企业为目标，构筑科技创新体系，充分发挥运营企业的技术需求牵引、产业协同创新和资源集聚平台作用，推动3G自有技术TD-SCDMA的标准化、产业化和商用化，实现后续演进4G技术TD-LTE的国际化拓展，建成全球规模最大的网络基础设施，支撑我国互联网业务应用迭代创新，为我国移动通信产业由1G/2G跟随、3G突破、4G同步、5G引领的跨越式发展做出了突出贡献，在服务国计民生、建设网络强国和提升国家竞争优势等方面扮演了首屈一指的关键角色。

一、跟随创新阶段：推动企业整体上市，建立“一体两翼”创新体系，建设全球最大移动通信网络，助力增值服务大发展

随时随地自由沟通，是人类由来已久的梦想，移动通信科技的不断创新圆了这一梦想。1987年，我国改革开放前沿阵地广东省开通第一代模拟移

动通信系统，1995 年开通第二代 GSM 制式的数字移动通信系统，当时移动电话仍然是少数人享有的“豪华通信”，国内产业基础薄弱，与国际水平相距甚远，无论是标准研究、设备开发还是网络建设运营，几乎都处于空白状态，需要从零做起，搭建科技创新体系，做到“虚心学习、为我所用、主动提升”。

（一）逐步实现整体上市，引入现代企业制度，为创新发展提供制度保障

世纪之交，全球范围内移动通信开始加速发展，上升势头强劲，移动替代固定的浪潮正在袭来。当时，国内通信运营业基本上处于垄断状态，人们选择余地少，主要以固定电话为主。为了打破垄断、引入竞争，1999 年国家推进电信体制改革，对原中国电信按照业务板块实施纵向拆分，将其移动通信资产和业务剥离出来，筹建中国移动，负责经营移动通信业务，以期满足大众对移动通信日益旺盛的需求，同时又与固定通信方式形成替代竞争。

2000 年 4 月，中国移动通信集团公司正式成立，在香港上市的原中国电信（香港）有限公司随之也更名为中国移动（香港）有限公司。在此后四年时间内，中国移动按照“整体上市、分步实施”的思路，经过六次收购（含 2000 年前的 3 次），于 2004 年在国内电信企业中率先实现了 31 个省（自治区、直辖市）主营业务资产的整体上市。通过整体上市，中国移动引入了国际先进的管理思想和管理模式，严格按照资本市场要求，规范了公司治理结构，转换了经营机制，极大提升了中国移动的运营管理水平，也为中国移动的跨越式大发展提供了健全的制度保障。

（二）建立“一体两翼”科技创新体系，论证决策重大技术，积极参与国际标准化工作

通信行业是技术密集、创新活跃的行业。中国移动早在成立之初，就在集团层面建立了技术部门和研发部门，着力研究技术引入和技术应用中的各

类技术策略，制定各领域技术规范，解决业务运营中遇到的重大技术问题。2005 年集团又决定设置独立的研究院，聚焦网络创新发展，形成了以研究院为主，以网络运营条线和业务支撑条线为辅的“一体两翼”科技创新体系，逐步建立起一套涵盖项目管理、成果管理、专利、标准化、新技术试验等模块在内的较为完备的科研管理流程。

鉴于通信业要以技术相互兼容、网络互联互通、业务全球漫游为前提，为此，在重大技术选择方面，中国移动采取了“全国一盘棋”的模式，进行缜密的研究、论证和验证，保证决策的科学性和有效性。中国移动采取了“总部决策、充分沟通、统一执行”的管理体系，由集团、省公司各专业的专家组成技术咨询委员会，定期对技术发展方向进行评估、讨论和决策，遴选优选技术路线；各省市公司则按照总部决策统一执行，确保重大技术决策快速部署落实，实现集团自上而下，步调一致。在此过程中，形成了一套从技术方案理论分析，到实验室及外场试点验证，再到总结分析形成结论，最后进行现网部署的新技术攻关及引入流程，确保新技术的顺利部署。

通信标准定义着技术框架、产业体系和演进方向。中国移动对此高度重视，自企业成立之日起，就积极参与国际标准化组织工作，如定期参加国际电信联盟（ITU）、第三代合作伙伴计划（3GPP）、全球移动通信协会（GSMA）、开放移动联盟（OMA）等全球重要的通信行业组织会议，理解吸收技术标准，学习积累行业规则。刚开始，只是参加会议，之后参加研究和讨论，再到提交技术文稿，承担项目负责人等领导职务等，逐步实现了从“旁听”标准研讨到“参与”标准形成的转变。在制定企业内部各类技术规范过程中，也坚持充分吸收国际标准、各厂商的技术规格，并结合中国企业的具体需求进行定制，走出自己的新路。

（三）坚持科技创新与网络建设运营相结合，创新建设网管和业务支撑系统，支撑全球最大的精品移动网

在 2G 时代，由欧洲主导的 GSM 移动通信系统是全球移动通信的主流

技术，但在面对我国幅员辽阔、用户群庞大、全国联网同时分省运营、服务需求多样的场景时，在网络组织、网络管理、计费结算、服务支撑等方面均存在短板，中国移动在网络建设和运营过程中，在这些方面做出了大胆创新，开创性地确立了移动通信的网络架构，建成全球覆盖最广、用户数最多、质量最好的精品网络。

以网管系统和业务支撑系统为例，中国移动成立之初，网络管理和业务运营支撑系统相当薄弱，系统分散、水平参差不齐，全网的规范化和标准化程度都比较差，难以对多厂家的设备进行快速有效管理，经营管理人员难以快速、准确、有效地掌控企业的经营状况。为此，中国移动以实现网络和业务的“可视、可控、可分析、可溯源”为目标，自主创新建设了集中化、标准化的网络管理系统，完成了省级集中，实现了对全球规模最大、结构最复杂的通信网络的信息化、智能化管理。这一创新性成果“基于大型通信网络和多业务的综合网管技术与应用”，于 2009 年荣获国家科技进步奖二等奖。

同时，中国移动还对业务支撑系统进行集中化改造，创新性采用集团公司和省公司“两级体系”，并结合各地业务特点从西部向东部逐步推动，边验证规范，边积累经验，在确保上亿级客户服务体验不变的情况下，解决了庞大系统的改造升级难题，用 3 年时间完成了业务支撑系统的集中化改造，运用当时先进的信息技术，打造了全球规模最大、承载业务最多、服务用户最广的业务支撑系统。

（四）创新移动智能网，打造“移动梦网”，拯救互联网行业

为满足不同用户群体对移动通信业务的不同需求，中国移动基于国际上先进的通信协议，在原有通信网络上引入智能控制单元，将移动通信的交换与业务控制分离，于 2001 年建设了全球技术领先，规模最大的商用智能网，进而有力地支撑起“神州行”等预付费业务、亲情号码业务等新业务的大发展。在智能网建设过程中，国内厂商深度参与，首次打破了国外供应商对移

动通信系统设备的垄断局面，华为、中兴、东信北邮等企业基于在国内大规模建设和运营的宝贵实战经验，将网络设备销往亚洲、非洲、欧洲等 30 多个国家，为制造企业走向全球打下了良好基础。

丰富业务应用则是中国移动早期创新的另一个切入点。中国移动借鉴日本运营商 NTT DoCoMo 的“i-mode 模式”，于 2000 年 12 月推出早期的移动互联网业务品牌——“移动梦网”，囊括短信、彩信、手机上网（WAP）、百宝箱（手机游戏）等各种信息服务，极大地激发了 2G 时代广大用户的信息消费需求，也如同一场“及时雨”挽救了国内众多受网络泡沫破裂影响而濒临绝境的互联网公司，比如腾讯、新浪、搜狐等今日互联网巨头。在此过程中，中国移动还创新建设了全球首个针对增值业务的统一管理平台，顶峰时曾管理了全国超过 3200 家 SP（服务提供商），有效保障了用户合法权益，创新成果也获得国家科技进步奖二等奖。

总体上，在 2000 年成立到 2007 年这一时期，移动电话迅速成为人们工作生活中必不可少的通信工具。中国移动把握住这一移动变革机遇，快速崛起，创造了“五个之最”和“五项第一”，成为当时“在全球网络规模最大、客户规模最大、海外上市中国公司中市值最大、国内电信企业中上缴利税最多、提供通信服务的地域和人口最多”的电信运营商，还是“第一个在境外挂牌上市，第一个实现了主营业务资产整体上市，第一个建设移动智能网，推出预付费业务，第一个开展客户品牌塑造，第一个推出‘开放、合作、共赢’的产业价值链商业合作模式”的电信运营商。与当时的国际领先同行相比，中国移动在客户规模、收入规模、盈利能力以及客户满意度等十余项关键指标上，均已达到一流通信企业平均水平，成功迈入世界一流运营商行列。

二、追赶创新阶段：强化科技创新投入，逐渐发挥行业龙头的带动作用，成功实现自有 3G 标准的产业化突破和商用化发展

在我国 2G 快速发展的同时，3G 移动通信技术已开始在全球部署，

2007 年苹果手机的推出直接开启了移动互联网时代。当时，3G 技术标准主要是欧洲的 WCDMA(宽带码分多址技术) 标准和北美的 CDMA2000(码分多址技术) 标准，这两个国际标准起步早，市场主体参与者多，产业链比较成熟。而在同期，我国推出的 TD-SCDMA（时分同步码分多址技术）3G 标准尚是纸上标准，产业化面临较大困难，缺乏芯片、终端和仪表等关键环节，国际主流设备制造商从市场前景考虑，不愿意参与到相关芯片、器件或设备开发中来。国内产业链各方对 TD-SCDMA 技术的未来商用化缺乏预期，也不敢投入资源，如何实现产业化成为当时的突出难题。

2008 年 5 月，工业和信息化部、国家发展改革委、财政部联合下发《关于深化电信体制改革的通告》，明确提出改革目标是发放三张 3G 牌照，支持形成三家全业务竞争主体。这三家自主创新成果规模应用，后续技术不断发展，自主创新能力显著提升。2009 年 1 月，工业和信息化部发放 3G 牌照，将 TD-SCDMA、CDMA2000、WCDMA 三张 3G 牌照分别发放给中国移动、中国电信和中国联通，这意味着中国移动将担负起整个 TD-SCDMA 产业链的协同创新、产业化和商用化重任。中国移动履行央企使命，勇担重任，借鉴之前的测试验证、试商用经验等，开始带动国内产业链加速追赶国际先进水平。

（一）明确科技创新在公司战略中的重要地位，强化科技创新工作，从选择技术向引导技术转变

在肩负起 TD-SCDMA 发展重任后，中国移动明确了科技创新在公司战略中的重要地位，显著加大了对研发机构的投入力度。在 2007～2012 年五年间，中国移动研究院的人员数量从 200 多人增加到 700 多人，年均增长 30% 以上，研发预算年均增长 40% 以上。同时，在全球范围内积极引进高层次人才，引入国家“千人计划”专家 5 名，成为国内首批海外高层次人才创新创业基地。同时，召开全集团科技创新大会，提出大力推进科技创新战略，进一步明确了科技创新在公司战略中的重要地位，发布推进科技创新工

作的指导意见，这成为公司科技创新发展历程中的重要里程碑。

在专业化分工的产业环境中，运营商不可能也没有必要拥有所有技术，而是要在复杂多变的海量技术中选择最契合自己需要的技术。为此，中国移动牢牢坚持“确保开放”、“成为主流”、“创造竞争”和“开阔视野”的十六字方针：一是要确保开放，在竞争中选择最适合的技术或产品，而不是与某个封闭的企业绑在一起同生同死。二是成为主流，而不是封闭、区域和小众的，这样才能充分实现规模效益。三是创造竞争，创造合作伙伴竞争的平台，通过竞争选择强者实现最优。四是开阔视野，保持更宽广的视野，面向未来发展，支撑企业可持续发展。在这一原则指导下，中国移动不断寻找最适合的产品、技术、业务，以开放创新激励产业链壮大，形成良性竞争格局，降低成本，并规避专利风险。

万事开头难，面对 TD–SCDMA 网络无经验积累、无方案可循的挑战，中国移动依托丰富的运营经验和庞大的市场规模，一改过去“标准有什么、厂家给什么、自己就用什么”的局面，转向“自己要什么、厂家做什么”。究其原因是，相比于国外通信设备厂家，当时我国厂家还缺乏通信网络设备的大规模实施经验，对现网运营的详细需求理解还不够透彻，比如早期 TD–SCDMA 智能天线的体积大、重量重、线缆多，在基站实际建设中遇到大量实际的工程问题。实际上，为了加速产业链成熟，中国在 TD–SCDMA 全网商用前，就深入参与研究制定网络、设备和终端等技术规范和测试规范，提出大量设备改进、网络规划优化、工程实施、终端提升等方面的建议和要求，指导厂家开发生产出符合最终实际需求的产品，有力引领了产业化发展。

（二）创新提出 TD–SCDMA 与 2G 融合发展方案，同时创新时间同步技术，满足通信网络安全需求

作为全球第一张投入实际商用的 TD–SCDMA 网络，在商用初期，出现与 2G 协同困难、运维难度大、建网成本高等诸多新问题，这并不意外。中国移动背水一战，创新性地提出将 2G/3G 核心网设备融合，设计出全套的

2G/3G 融合组网策略和技术方案，提出了“不换卡、不登记、不换号”的用户转网技术解决方案，为 2G 用户群体提供最为便捷的转网渠道。尤其是创新提出 2G/3G 网络切换的快速重选技术，使用户从 TD-SCDMA 网络切换到 GSM 网络，再从 GSM 网络切换回 TD-SCDMA 网络的重选时延从 15 秒缩短到 1.5 秒，TD-SCDMA 网络数据业务接通率由 88.7% 提升到 99.4%，数据业务掉线率由 23.5% 下降到 0.31%，显著提升了用户使用感受。

除了解决与 2G 网络的融合协同外，还要解决另一个棘手的技术难题。与 2G 主流的 GSM 网络技术、3G 主流的 WCDMA 网络技术都采用频分复用系统不同，TD-SCDMA 网络是基于时分复用系统来实现上下行通信，这就要求各个基站之间必须保持严格的时间同步。传统的时间同步方式是每个基站安装 GPS 卫星天线，但存在需要专用天线、电缆长度受限等实际问题，也存在网络安全风险。为此，中国移动创新性地提出有线和无线结合的时间同步技术，通过地面光纤传递高精度时间信号，在各地建设高精度时间服务器，时间源采用 GPS 和北斗双模，又首创了 GPS/ 北斗光纤拉远技术，解决了单一时钟源的依赖问题，满足了通信网络的安全需要。

（三）解决 TD-SCDMA 移动通信终端瓶颈问题，形成端到端的完整产业链

通信业的产业链比较长，包括芯片和元器件厂商、网络系统设备厂商、网络运营商、终端设备商、业务和应用服务商等众多环节，要想实现端到端的通信，缺一环就寸步难行。特别是，随着移动互联网的蓬勃发展，手机类型丰富程度、性能高低、用户体验好坏等开始成为决定用户选择某家网络运营商的关键影响因素。对于中国移动来讲，除了与网络系统设备厂商共同努力来提升设备成熟度、优化网络性能之外，还需要立足全局，解决通信终端落后这一瓶颈性问题，扶持全产业发展。

在 TD-SCDMA 刚推出时，各厂家推出的终端与其他 3G 制式的终端相比差距明显。为此，中国移动多管齐下，支持 TD-SCDMA 终端尽快成熟。

一方面，在终端测试的重要国际标准组织如全球测试论坛（GCF）中，积极推进 TD-SCDMA 测试标准与其他 3G 标准同步；还成立 TD-SCDMA 终端测试中心，对现网终端进行多轮大批次测试，保证商用终端与技术标准的一致性。另一方面，公司投入 6.5 亿专门资金，支持 TD-SCDMA 芯片和手机研发，惠及几十个厂家的上百款产品，在较短时间内开发出几十款 TD-SCDMA/GSM 双模手机和数据类终端。同时，还进行集中采购，倒逼终端厂商提升产品性能，很快就使 TD-SCDMA 终端与全球最成熟和广泛应用的 WCDMA 终端实现了三同，即“同时上市、同等质量、同样价格”。

总的来看，中国移动科技创新体系经受住了 TD-SCDMA 产业化的重重历练，打造起涵盖系统、芯片、终端、仪表和关键元器件等的完整产业链，实现了从“无芯”到“有芯”的突破，首次构建起端到端的完整产业链；也发现了工程部署、组网、兼容性等方面的大量问题，在此过程中积累了大量系统性经验，并为国家培养了标准化方面的重要技术力量和人才队伍，这为我国后续演进技术 TD-LTE 的研发与产业化做足了准备。2013 年“TD-SCDMA 关键工程技术研究及产业化应用”项目荣获国家科技进步奖一等奖。

从市场发展来看，TD-SCDMA 科技创新经受了市场考验，得到了市场回馈。到 2013 年末，中国移动 TD-SCDMA 用户规模接近 2 亿，基站数达 45 万，TD-SCDMA 终端销量达到 1.5 亿部，引领了全球 TD-SCDMA 产业发展，巩固了市场领先地位，在《财富》500 强排名中上升至第 77 位，国际话语权与全球影响力显著增强。这一时期，中国移动在综合实力、电信服务、移动互联网和 IT 服务等领域的大部分关键发展指标也保持高于世界一流信息通信企业（含互联网企业）的水平。

三、并跑创新阶段：发挥龙头作用，推动 TD-LTE 技术实现了全球广泛部署，改变了移动通信技术和产业竞争国际格局

在推进 TD-SCDMA 产业化的同时，国际上又启动了 4G 研究，我国在

4G 时代能否争取一席之地，事关整个 TD–SCDMA 产业链能否升级和生死存亡。从技术上讲，4G 包括 FDD（频分双工）和 TDD（时分双工）两大技术路径，FDD 一直是移动通信的主流技术，而我国在 TD–SCDMA 技术路径上有多年积累，且 TDD 技术具有灵活使用频谱、频谱利用效率高的优势，因此我国选择 TDD 作为 4G 主攻方向。2013 年 12 月，工业和信息化部向三家基础电信企业发放了 TD–LTE 牌照，中国移动再次勇挑重担，肩负起牵引 TD–LTE 产业链突破创新和推动全球化部署的重任。

（一）建立“一体三环”科技创新体系，持续提升企业核心能力

为进一步提升产品研发及应用能力，将核心能力转为核心产品，构建市场竞争力，2014 年中国移动建立了苏州研发中心、杭州研发中心，分别进行云计算、互联网平台等关键技术的产品研发。之后，又陆续成立多家专业化公司，分别从数字化服务、互联网业务、政企业务、终端、物联网等多个领域进行专业化运营，孵化拓展新兴业务。

在此基础上，中国移动创新性地建立起“一体三环”的科技创新体系，即以面向技术创新的四家专业研发机构（中国移动研究院、苏州研发中心、杭州研发中心、设计院）为内环，侧重于核心与共性技术的研发及平台产品开发；以面向产品创新的十六家专业公司为中环，侧重应用产品开发，将核心能力转为核心产品，构建市场竞争力；以面向应用创新的三十一家省公司为外环，侧重一线技术研发、技术支撑，将技术和产品应用在一线网络和业务中。

“三环”互动协同，共同构成“一体三环”研发布局体系，强化了中国移动的研发布局，不同层级机构之间有机互补、协同推进，实现了科技创新前瞻性发展与业务需求的平衡。尤其是定位自主核心能力产品开发的苏研、杭研，以及面向数字化服务转型的多个专业公司的成立，大大增强了公司自主开发实力，持续提升了核心能力和创新成效。

（二）积极参加国际标准制定，全力推动 TD-LTE 走向国际舞台

中国移动一直高度重视国际标准化工作，积极参与 3GPP、GSMA、ITU、OMA 等全球重要的通信行业组织，培育起一支精干、高效、有拼搏精神的国际标准工作团队，深度参与了 ITU、3GPP、NGMN、IETF 等重要国际组织的标准化制定，有 30 多人在国际标准化组织中任职，其中高级领导人员占 30%，实现了国际标准化工作“跟随→参与→引领”的跨越，标准化影响力稳居国际运营商第一阵营。

为了做到现网运营一代、验证引入一代、超前布局一代，中国移动在推动 TD-SCDMA 商用化之前，就开始前瞻布局，明确支持我国主导的 4G 标准 TD-LTE，并在国际标准化组织中积极协调，推进形成了融合统一的 TD-LTE 国际标准。2008 年 12 月，标准化组织 3GPP 冻结了 LTE-FDD、TD-LTE 两大 4G 技术的第一版标准；2010 年 9 月，TD-LTE 增强标准与 FDD-LTE 共同被国际电信联盟接受为 4G 国际标准。

一项技术要成为真正的国际标准，不能仅仅停留在标准文件上，更要获得产业界的广泛支持，实现从文件走向产品，从实验室走向市场。为了推动全球产业界支持 TD-LTE 发展，中国移动联合日本软银、印度 Bharti 电信、英国沃达丰等国际企业于 2011 年发起成立了 TD-LTE 全球发展倡议论坛（GTI），共同推动 TD-LTE 产业成熟和全球部署，并组建涵盖频谱、终端、测试、关键技术、网络规划等多个专业领域的课题组，针对性解决 TD-LTE 商业部署中面临的关键问题。依托 GTI 论坛平台，中国移动在亚、欧、北美组织多次 TD-LTE 国际峰会，展示了 TD-LTE 的最新发展水平，全力推动 TD-LTE 的国际化拓展。

2013 年底，我国同时给三家电信运营企业发放 TD-LTE 牌照，推动 TD-LTE 的正式商用。全球 400 多家 WIMAX 运营企业也宣布全部转向采用 TD-LTE 标准。截至 2017 年底，全球已有 58 个国家开通 111 张 TD-LTE 商用网络，全球 TD-LTE 用户规模合计约 12.6 亿，约占全球 LTE 用户的 50%，全球 TD-LTE 基站数已达 296 万，与 FDD-LTE 全球规模基本相当。

（三）强化专利和知识产权管理

中国移动在建立和完善科技创新体系过程中，还非常注重和加强对知识产权的保护和运用，实现科技研发与专利管理的互相促进和共同提升。

一方面，注重专利申请和积累。在科技研发过程中，中国移动将专利作为重要产出成果，与科研项目并行推进，形成了较为完善的专利挖掘、专利评估、专利申请的管理流程。专利申请量从 2007 年的 500 多件增长到 2017 年的 2000 多件，年均增长率 15%，累计申请中国专利超过 14000 件，海外专利布局超过 10 个国家和地区，位居全球运营商第一阵营。而且，公司日益注重专利质量，拥有中国专利奖 14 项，是我国运营企业中专利金奖的唯一拥有者；发明专利占比和专利申请授权率分别为 82% 和 79%，比行业平均水平分别高 10 个百分点和 13 个百分点。

另一方面，开始强化专利运营。在 4G 发展过程中，中国移动除了推动 TD-LTE 和 LTE-FDD 的专利政策在全球费率统一，使 TD-LTE 专利成为 4G 核心专利外，还以“多边模式”和“双边模式”同步开展知识产权运营。目前，已实现向欧、美、日、我国台湾地区等 28 家境外企业的专利许可，是唯一一家系统向境外输出知识产权的央企。尤其需要指出的是，中国移动自觉履行企业责任，推动全球 4G 专利费从每部手机 6 美元降至 2 美元，特别为中国市场争取降至 1 美元，大大减轻了我国手机企业的专利费用负担，仅以 2017 年计，对我国通信行业的直接贡献超过 4 亿美元。

（四）充分发挥运营企业的需求牵引、协同创新及资源聚集能力，带动产业链协同创新

在技术和标准构建阶段，一方面，中国移动直接参与关键技术的评估和标准制定，提早释放需求。如在标准制定过程中，就斡旋于各产业阵营，推动 TDD 核心技术写入 4G 标准，推动 TDD、FDD 两大标准融合，成功整合移动物联网（NB-IoT）两大技术阵营，避免产业分化。再如利用世界通信大会、GTI 峰会等国际场合，提早对外发布 4G、网络功能虚拟化（NFV）/

软件定义网络（SDN）等市场需求、技术需求白皮书，向产业传递强烈的市场信号，拉动产业尽快投入。另一方面，为加速促进下一代网络转型，借助开源社区等新方式，实现 NFV/SDN 关键技术的自主掌控。在业界发起首个下一代网络智能编排与管理系统（ONAP）的开源社区，吸引全球 100 多家运营商、通信设备商和信息技术企业的广泛参与，目前 ONAP 已迅速发展为全球重要的网络领域开源项目。

在产业研发和试验阶段，一方面，通过技术要求、试验、攻关等多种手段拉动产业快速成熟。组织系统厂商、芯片厂商和仪表厂商，开展系统和终端设备互通测试、互操作测试、技术性能测试和外场组网测试等，快速攻克共性技术难关，系统推进 TD-LTE 技术、产品和组网的成熟。针对产业短板，成立专项推进组，聚集核心研发资源，引导产业发展，通过测试验证提出诸多设备改进、网络规划优化、工程实施、中段提升等方面的建议。另一方面，在开源社区领域实现从跟随到引领，提升业界影响力。基于 Openstack 和 Hadoop 等国际开源组织进行自主研发，发布了“大云 4.0”云计算和大数据系列产品，达到电信级超大规模云平台水平。

在商用运营阶段，投入巨大资源，打造全球最大规模精品网络，成为行业标杆。例如，以 4G 高清音视频通话（VoLTE）为例，组织 VoLTE 百日大会战，内部涉及 1.1 万余人，供应商伙伴投入 4000 余人，发现并解决问题 2000 余个，调整和优化核心网参数近 3 万个、无线网 930 万余个，用户感知明显提升，产业进一步成熟。

（五）构建创新生态体系，实现共赢发展

依托在网络资源和用户规模方面的显著优势，中国移动在产业链中的枢纽地位日益凸显，近年来着力打造网络能力开放平台，聚合上下游合作伙伴，加强政企合作、校企联动，深化与中小企业融通发展，形成“资源汇聚、协同创新、多方共赢”的创新生态。

主要做法和举措包括：一是强化顶层设计、建立制度体系，建立战略合

作相关管理制度，为促进企业间深度合作及产业融通发展奠定基础。二是打造能力开放平台、发布139合作计划，建立一张全新的物联网，成立5G联创中心、数字家庭联盟、物联网联盟三大产业联盟，打造包括统一认证、AndLink安全支付验证等在内的九大能力应用，能力调用累计超3300亿次，服务30万个企业。三是构建更加高效、全面的科研合作体系，成立“教育部－中国移动科研基金研发项目”，建立4个高校联合实验室，投资金额已达3亿元。四是全面开展孵化式创新，目前内部超过15万名员工参与，超过百个项目入驻和创空间，对外通过举办系列创客马拉松赛事，引入优质项目。五是打造多样投资模式，以资金为纽带推动“四轮驱动”的融合发展，同步实施优势巩固和短板改进。设立成立两大基金，规模53亿元；参与投资6只基金、3家基金管理公司，规模超过200亿元，打造具有中国移动特色的“创新孵化＋风险投资＋产业资源”三位一体的产业创投新模式，目前还在筹备5G基金，规模100亿元。

总体上，中国移动带领产业界推动TD-LTE成为4G主流标准之一，让中国主导的4G技术真正实现了全球广泛部署，探索出了一条“技术专利化、专利标准化、标准产业化、产业国际化”的新路子，相关科研成果也获得国家科技进步奖特等奖。到2017年，中国移动移动用户总数达8.87亿户，面向个人、家庭和物的连接总规模超过12亿户，稳居全球运营商的前三甲；连续十三年在国务院国资委中央企业负责人经营业绩考核中获得A级；国际地位也不断提升，2017年在《财富》世界500强中排名第47位，较2001年上榜以来提升了289位。

四、领跑创新阶段：积极抢占5G技术制高点，在多个领域已成为“领头羊”，助力我国移动通信跨越式发展

过去几年来，随着移动互联网、物联网、人工智能等新一代信息通信技术的蓬勃兴起，移动通信又进入新的技术跃迁期。从市场需求看，人的连接

趋于饱和，物的连接方兴未艾，各个行业也在加速数字化转型，5G技术开始成为主要发达国家抢夺未来产业国际竞争、塑造国家长期战略优势的制高点。我国也把5G定位于引领产业转型和融合创新的新动力，驱动经济持续增长的新引擎和实现中国制造2025、互联网+、网络强国等国家战略的重要载体。在国家5G战略引导下，中国移动在充分借鉴总结TD-LTE创新经验的基础上，提出以5G引领为目标，完善科研创新体系，指明5G愿景与需求，主导国际标准制定，突破5G关键技术，促进行业应用创新，在我国5G产业发展过程中又一次扮演了“领头羊”和“主力军”的关键角色。

（一）构建“一体三环三纵”科技创新体系，布局新兴领域产品研发

中国移动在“一体三环”研发布局体系基础上，进一步构建“三纵”研发创新模式，即“组织型”、“全员型”和“开放式”三大创新模式。三大创新模式，各有侧重，共同推动新技术的开发应用，为公司创新提供新动能。通过“组织型”创新，来保障重大科技创新的有序推进，确保在5G、蜂窝物联网等领域的领先优势，锻造家庭、人工智能、工业互联网、安全、IT和能力开放等领域的自主能力。通过“全员型”创新，全面激发全员创新活力。通过“开放式”创新联合内外部力量，共同构筑创新生态，如对外发布“和创计划”，开启了中国移动创新创业对外开放之旅，围绕能力开放平台、研发云平台，建设和创空间、5G联创中心、开放实验室、创新基地等双创基地，与社会各方携手，促进垂直行业的融合发展及新技术的创新升级，赋能产业创新。

自2017年以来，中国移动着眼于5G未来需求，全方位布局新兴领域产品研发。一方面，成立人工智能和智慧运营研发中心，布局人工智能技术及产品研发，助力提升关联领域的竞争力。筹建信息安全研发中心，全面提升安全研发水平和安全防护能力。另一方面，为了更好地支撑5G发展，面向垂直行业筹建成都、上海、雄安等产业研究院，未来还将投入7000名研发人员，提升在工业互联网、金融、交通、智慧城市、医疗、教育、农业等

各行业产品的研发及服务能力，助力各行业数字化转型升级。

（二）抢占5G先机制定5G愿景需求，提出关键能力指标需求

网络性能需求决定5G研发方向。作为我国IMT-2020（5G）推进组的需求组组长单位，中国移动联合业界于2014年发布了《5G愿景与需求》白皮书，提出5G需要满足未来超千倍的移动数据增长需求，为用户提供光纤般的接入速率，“零”时延的使用体验，千亿设备的连接能力。同时，还要为网络带来超百倍的能效提升和超百倍的比特成本降低，并最终实现“信息随心至，万物触手及”的5G愿景。《5G愿景与需求》白皮书的核心观点及“5G之花”关键能力体系被国际电信联盟（ITU）和标准化组织（3GPP）采纳。

同时，中国移动还承担了下一代移动通信网络联盟（NGMN）5G增强移动宽带（5G eMBB）场景的需求制定组织工作，以及3GPP无线侧首个5G研究项目《5G场景与需求》报告人职务，为整个5G空口技术的标准化奠定基础。在网络需求方面，中国移动担任3GPP研究报告TR 22.864的报告人，提出网络切片、转控分离（C/U分离）等需求，并将其确立为5G系统必须满足的需求。

（三）主导5G网络架构标准制定，占据标准组织关键领导位置

在5G国际标准化工作中，中国移动全力完善5G技术方案与标准，力保标准的技术竞争力和完整性，累计提交3GPP文稿1000余篇。在3GPP、ITU等组织中牵头10个关键项目。其中，在3GPP牵头完成了5G核心网架构与协议标准化的艰巨工作，主导完成5G系统架构，是中国公司第一次牵头制定移动通信的网络架构标准，提出的服务化架构（SBA）被3GPP采纳为5G新核心网基础架构。

中国移动在3GPP中的积极贡献得到了全球产业界的广泛认可，因此得以担任3GPP RAN全会副主席、RAN2工作组副主席、CT3工作组副主席等关键领导职位，以及“5G场景与需求”、“下一代网络架构（5G）研究”、

“3.5GHz 射频标准”、“5G 系统架构标准”、“5G 网络协议标准研究和制定”、“5G IMS 协议标准”、“5G 计费”、“网络切片性能管理”等报告人职务。

（四）引领 5G 核心标志性技术，贡献原创性优秀研究成果

中国移动从“新频段、新天线、新架构、新设计”四方面着手，在 5G 核心技术研发创新上取得了丰硕的成果：系统性提出包含“软件定义空口、用户为中心的网络、O-RAN”等理念的无线网络核心技术体系；基于 TDD 大规模网络的部署及运营经验，在业界首次提出 CU/DU 无线接入网架构等技术方案，保证 5G 大规模部署的网络性能和可靠性；与产业界一道，全面推动 5G 最核心的大规模天线技术（3D-MIMO），并将其率先应用于 4G；面向中国特色的高铁场景，推动产业一起设计更具鲁棒性的系统参数和参考信号，对抗强多普勒扩散效应。

此外，中国移动还在原创性学术研究方面取得优秀成果。在国际旗舰期刊和重要学术会议上发表了 100 多篇论文，影响因子达 200 以上，国际引用 2000 多次，SCI 引用 500 多次，有 5 篇为 ESI 高引用论文，其中大规模天线的研究论文获 IEEE 通信协会 2018 年度“Fred W. Ellersick Prize”最佳论文奖，这是我国产业界首获该奖。

（五）开展 5G 技术和产品测试，推进跨界应用创新

在 5G 从标准到技术、从技术到产品、从产品到商用的过程中，中国移动扮演着先行者、验证者和组织者等关键角色。最早与产业链合作完成新空口互通验证等演示，实现了 5G 首个完整标准发布后端到端独立组网的首次通信。

面向 5G 新能力、新需求和新商业模式，在全球首次成立“5G 联合创新中心”，加速了通信行业与工业、农业、教育、医疗等各垂直行业的跨界创新探索，开创了与垂直领域开展 5G 合作的先河，目前在全球建立了 14 个开放实验室，已经发展了 200 多家合作伙伴，其中垂直产业行业合作伙伴

130多家，在网联无人机、工业生产、智能停车、AR/VR等领域发布了一系列联合创新成果。

在这一阶段，中国移动在5G关键技术研发、国际标准制定、联合产业试验、行业应用创新等方面切实发挥了“主力军”作用，在国际组织中，拥有的领导职务数量排全球运营商第一位，牵头的5G标准项目数量排全球运营商第一位，联合国内企业5G创新贡献排全球第一，助力我国成为5G技术、标准的引领者，推动我国自主知识产权进入国际标准。

五、中国移动科技创新的关键经验与启示

回顾中国移动波澜壮阔的科技创新历程，公司在移动通信产业全球竞争的开放环境下，抓住稍纵即逝的技术变革契机，坚决落实国家决策部署，勇于扛起从TD-SCDMA到TD-LTE，再到5G的产业化、国际化和创新引领重任。公司围绕标准、技术、产业到商用等多方面难题，以“移动人”锐意进取、敢为人先的精神，发挥运营企业在需求牵引、技术验证、产业拉动、生态构筑等方面的关键作用，带领上下游企业，紧密配合，改写了移动通信产业竞争的国际格局。总结这段历程，中国移动之所以能够带领产业链实现跨越式发展，主要有以下几方面的关键经验与启示。

（一）高度重视标准、知识产权和国际化发展，坚持开放创新是赢得国际认可、提高国际话语权的关键着力点

第一，牢牢把握“产业发展、标准先行”的规律。通信业的一种重要规律就是梅特卡夫定律——网络的价值与网络节点规模的平方成正比，或者说，用户数量越多，网络价值就越大，规模经济也越显著。要遵循这一定律，就必须做到标准化，这不仅体现在产品的尺寸、规格等可视指标上，更体现在数据结构、通信协议、信道编码等大量看不见的隐性指标上。中国移动自成立以来，就全面参与到国际标准化工作中去，不断加强国际标准化的

技术研究、队伍建设，逐步提升国际话语权和协调能力，积极推进公司及中国拥有知识产权的技术转化为国际标准。而且深刻把握通信技术代际演进规律，做到早布局早谋划，在2G运营阶段就布局3G TD-SCDMA技术的验证和试验，并开始谋划4G技术的演进；在3G TD-SCDMA建设和运营期，就大力推进4G TD-LTE的标准化、产业化和国际化，并开展了5G的前瞻性研究，真正做到了现网运营一代，验证引入一代，超前布局一代。

第二，保持产业向国际开放的大局视野。在通信业，不仅技术标准是各方协商的，网络也是全球互联互通的，产业更是要实现国际化、取得全球认可才能成功。在2G时代，日本PHS（小灵通）技术之所以失败，就是因为没能放眼全球，结果偏于一隅，导致日本通信产业未能走向全球市场，独木难支，自然也就无法被国际市场所接受。我国在TD-SCDMA产业化阶段，虽然付出了大量努力，但终因起步晚、积累不足，未能实现国际化发展。但在TD-LTE国际标准化之初，中国移动就非常注重谋篇布局，将“标准化、产业化、国际化”作为TD-LTE发展的重要目标，充分利用国际组织的运作规则，借助ITU、NGMN、GSMA等国际组织的影响力，利用世界移动通信大会、世博会等国际性舞台，展现出对TD-LTE的坚定支持，提升全球业界对TD-LTE的信心，从而促进了融合统一的TD-LTE国际标准的形成，也正是TD-LTE在标准化、产业化和商用部署上与LTE FDD的同步发展，为TD-LTE共享全球产业和市场资源打下了关键基础。

第三，持续加强对知识产权保护和运用。运营商虽然不生产制造网络设备或产品，但专利工作同样非常重要。只有深入把握技术，才能在技术发展上有主动权；只有拥有关键核心专利，才能在设备选择中有更大余地。长远来看，以专利为代表的知识产权，是降低风险和成本，保护企业利益的重要手段。中国移动注重专利积累，强化对研发机构专利工作的引导，并向高价值专利倾斜，形成了从挖掘、申请、运用到奖励的全生命周期专利管理体系。建立了完善的专利奖励制度，专利奖励不占用下属各单位的人工成本总额，提高了各单位的专利申请积极性，强化了对广大科技工作者的激励，专利激励已成为吸引和保留重点骨干科技人才的手段。同时积极开展专利运营，发挥专利在交叉许可、授权许可中的作用，有效降低公司运营成本与风险，并将专利运用的收益回馈到专利奖励中，形成了闭环的专利管理体系。

（二）把握移动通信技术产业规律，强化战略引领、链条突破和营造生态是践行科技创新发展的一条主线

第一，遵循技术经济规律及时调整创新战略。基于对通信业“规模经济”和“范围经济”规律的深刻理解，对行业发展规律的深刻认识，中国移动在每一次发展转型中，都能集公司智慧，制定出与行业发展趋势相适应的战略方向，并为科技创新确立目标、指明方向。科技创新则紧密围绕战略部署，随之调整创新方向、创新能力、创新模式和创新政策。早期“双领先”战略推动公司初步建立规模优势，“新跨越”战略实现用户、收入、基站数、市场价值四个“翻一番”；“可持续发展”战略实现综合实力跨上新台阶；最近几年的“大连接”战略瞄准未来技术发展趋势，立足未来5G发展和物的连接，已成为加速新旧动能转化的有效驱动力。

第二，遵循产业化规律着力链条整体突破。科技创新的效果最终要通过市场的检验。中国移动的经验在于，通过拉动上下游企业紧密协作创新，来推进产业成熟和规模化发展，进而实现产业群体突破。首先，在技术和产业构建阶段，运营商一定要及早介入，打通自主创新和市场需求的通路，同时明确市场需求，争取更多全球主流产业资源投入。其次，打造同步、健壮的产业链尤为重要，标准、研发、产业化、商用化等应与技术研发同步推进，商用初期要重点关注产业链潜在的薄弱环节，比如在TD-SCDMA产业化过程中，集中攻关多模终端芯片等产业瓶颈环节的研发，最大化补齐终端环节短板。再次，要充分借助国际组织力量推动产业，提高产品规范化程度，如充分利用GCF国际组织开展终端测试认证，保障产品质量，共享运营经验，共同解决疑难问题。

第三，遵循创新规律打造开放创新生态。综观全球，科技创新已不再局限于基于单产业链的产品 / 应用的创新，而是逐步朝着多元化、平台化、生态化方向发展。首先，从单一创新到跨界创新，转变固有发展模式，突破通信技术单一领域，中国移动也开始跳出行业，深耕数字家庭、物联网、车联网、人工智能等创新领域；突破行业壁垒，促进信息产业与各行业的融通发展。其次，从产品创新到平台创新，在产品创新能力构建基础上，中国移动搭建线上线下一体化的能力开放平台，整合全球开发者资源，实现应用百花齐放。再次，从产业链创新到生态链创新，以开放、合作、跨界、融合等多种手段，促进高校、科研院所、中小微企业、创客等各类创新主体的协作融通，营造利益共享、合作共赢的创新生态。

（三）坚持市场需求导向，建设精品移动网络、丰富业务类型和提供优质服务是科技创新的落脚点

中国移动的科技创新工作，始终坚持“贴近网络、贴近业务、贴近客户”的指导思想，以市场、以应用、以价值为导向，使科技创新始终围绕企业发展和市场需要来展开。

第一，坚持质量是生命线，建设精品网络。优质的网络是中国移动生存和发展的根基。自 2004 年国资委确定中国移动主业为“电信和其他信息传输服务”以来，中国移动历年的固定资产投资均投向移动通信网络建设与业务运营方向，建成了覆盖全国 99% 的人口的先进网络基础设施。在运营过程中，针对深度覆盖、网络干扰、语音质量提升等现网技术难题，集中优势资源展开技术攻关，还针对不同的专题开展集团级“网络能力提升会战”，补强网络短板，使网络质量全球领先。此外，高度重视网络优化，从 2G 时期到 4G 时期，中国移动无线网络优化逐步实现了由厂家优化到核心自主优化，由分散式优化到集中式优化的转变；同时引入大数据、人工智能等技术，自主开发“中国移动网优大数据平台”。截至 2017 年，省优化中心及省会城市人员占比达到 50%，总部及 22 省已实现网优大数据平台部署上

线；网络平均故障历时下降45%，平均响应时长下降75%，大面积基站退服故障下降50%。

第二，大力拓展产品类型，提供高价值业务。如果说网络是运营商的基础，那么各类业务就是网络与用户之间的桥梁。早期移动通信提供的业务是语音通话，当时网络和业务可以说是一体的；随着数据业务和移动互联网的大发展，丰富多彩的业务和良好的业务体验开始成为电信企业保留和吸引用户、创造企业价值的重要手段。中国移动“一体三环”的科技创新体系，就是在网络领域技术创新基础上，一方面将核心能力内化为内部应用的产品，另一方面开发各类满足客户多样化需求的业务和产品。通过强化产品开发和专业化运营，目前，中国移动正在向数字化创新的领先运营商稳步迈进。

第三，以客户体验为中心，提供优质服务。贴近客户，就是秉承“客户为根、服务为本”的基本理念，全面满足客户的各类信息服务需求。如早在2G时期，中国移动就推出“全球通、动感地带、神州行”三大客户品牌，满足不同客户的归属和识别需求。同时，一直围绕客户核心诉求，持续塑造全国服务标杆，客户满意度持续保持行业领先。近年来连续下调流量单价和语音资费，推出优惠宽带产品，全面下调“一带一路”沿线国家和地区漫游资费，实施“速率倍增行动”，提供“用得上、用得起、用得好”的优质服务。截至2017年底，中国移动流量比2014年累计下降80%，惠及近28亿人次普通用户和超过100万家的企业客户，累计让利1110亿元，为显著降低通信成本，促进信息惠民做出了积极贡献。

（四）敢为人先、上下齐心的“移动人”精神是企业科技创新屡攀新高的核心要素

“移动人”精神是创新发展的核心动力。中国移动的“移动人”精神，构成了屡创新高不可或缺的核心要素。

第一，策略上锐意进取。在国家重大专项的总体部署下，中国移动联合

产业各方共同努力、攻坚克难，主导形成 TD-LTE 国际标准，并在核心技术上取得突破，实现了与 LTE FDD 的融合、同步发展，促成了全球统一的 4G（第四代移动通信）标准，在与美国主导的 WiMAX 竞争中胜出，首次成为全球主流国际标准，改变了国际通信产业格局。

第二，开拓上敢为人先。中国移动深知，构建全球市场不能仅凭一己之力。在 4G 发展上，发起成立了信息通信领域首个由我国主导的国际合作平台 GTI，克服了各种困难，开创性地开展各项工作，包括成立涵盖多领域的技术工作组，联合全球运营商和产业合作伙伴，共同解决 TD-LTE 商用部署中面临的关键问题；在欧、亚、美洲持续举办 TD-LTE 国际峰会，向全球不断推介 TD-LTE，中国移动也成为各国运营商发展 TD-LTE 的重要伙伴和智囊。经过不懈努力，让国际产业从不关注、不理解、不认同，到逐步认同、树立信心、积极部署，TD-LTE 在 58 个国家、111 张网络中得到商用，成就了今天 TD-LTE 的半壁江山。

第三，执行上众志成城。中国移动向来以"上下齐心"和"超强执行"而闻名业界。在 4G 的成功商用上，这一精神更是体现得淋漓尽致，50 万员工不畏艰苦，万众一心，工程建设实施上，不断突破各类技术难题，在短短 3 年时间内完成了 2G 时代 10 年的建设任务，建成了全球规模最大、场景最复杂的 4G 精品网络。在业务运营上，以市场为导向，技术做支撑，千方百计丰富终端款型，多举措引导客户换卡、换机，仅用 3 年时间，以最快的速度实现了近 6 亿客户向 4G 迁移。可以说，正是"移动人"的执着精神，让我国移动通信科技创新屡攀新高，走出了从技术、产业、应用到市场的全方位、跨越式发展之路。

东风汽车：车行路上，路在脚下

中国宏观经济研究院综合运输研究所

东风汽车集团有限公司（简称“东风公司”），前身为第二汽车制造厂（简称“二汽”），是我国主要的汽车集团之一，主营业务涵盖全系列商用车、乘用车、零部件、汽车装备等，是特大型国有骨干企业和国有经济的重要支柱企业。改革开放40年来东风公司的成长与发展历程，就是一部我国汽车工业由小到大、由大变强的发展史，也是40年来我国改革开放与社会主义建设事业的重要见证。2018年6月12～15日，中国宏观经济研究院综合运输研究所课题组赴湖北省武汉市、十堰市等地，对东风公司开展了深入调研，梳理东风公司在改革开放大潮中的成长与辉煌之路，总结东风公司改革奋进、开放发展的经验和启示，分析新形势下面临的挑战与机遇，对进一步深化改革开放、推动经济高质量发展提出思考与建议。

一、东风汽车的成长辉煌之路

投产于1975年的第二汽车制造厂是第一座由我国自主设计、自主建造的汽车制造厂，是国家意志的体现。建厂后3年，国家即迎来了改革开放的春天，而二汽则迎来了第一次严峻考验，当时效益一般的二汽被列入“停缓建”名单。二汽为顺应改革潮流，第一次做出重大决定，提出“量入为出，自筹资金，续建二汽”并得到国务院批准，赢得了生存和发展的机会。随后，二汽以自身为主体组建了跨部门、跨省区的东风汽车工业联营公司，从而打破了我国汽车品种单一、各自为战和“小而全”的格局，并开始了由二汽向东风公司蜕变的进程。到1986年，东风公司已形成10万辆商用车的年生产能力，超过当时的一汽。

东风公司在商用车领域一直是国内市场的翘楚，然而以轿车为主的乘用车却是东风公司的弱项。20世纪90年代初，东风公司与雪铁龙公司合资成立神龙公司，使东风公司具备了乘用车生产能力。虽然在投产后几年产销始终未达预期，给当时还未完全适应市场化融资的东风公司带来了沉重的债务负担，但是东风公司结合国家积极的财政政策支持，通过自身的体制机制改革化解了债务危机。进入21世纪，东风公司抓住与日韩车企的合作机会，实施全面合资的战略，使东风乘用车市场占有率快速提高，公司利润逐年攀升，为奠定东风公司今日的辉煌打下坚实基础。

我国合资汽车的核心目的是“市场换技术”，而东风公司自主品牌正是伴随着“引进消化吸收”的过程逐渐成长壮大的。东风公司分别于2002年、2003年、2007年、2008年独资或与内资合资成立东风风行、东风小康、东风风神、东风猛士等使用东风标识的乘用车和军车品牌，逐渐积累了自主品牌乘用车技术能力和市场份额，并成功打开了海外市场。

新时期以电动代替燃油的动力系统、以自动代替人工的驾驶方式已具备商业化条件，为在历史性机遇下实现“变道超车”，东风公司提出以轻量化、电动化、智能化、网联化、共享化“五化”领航，在公司架构上实行“主辅分离”，剥离城市基础建设与运营等历史遗留问题，更好地促进汽车主业领跑中国汽车工业发展。

（一）持之以恒，夺取国内商用车龙头地位

东风商用车是公司建厂的基础产品，一直居于行业领先地位。东风2.5吨卡车EQ240研发定型，在20世纪70年代被誉为国家建设的“功臣车”。

70 年代末，东风 5 吨载货车 EQ140 上市，研发初期就与国际知名品牌卡车进行分析对标。到 80 年代，东风卡车两度进行技术升级，占据当时国内公路运输三分之二的市场。80 年代末，东风卡车 8 吨平头柴油车 EQ153 上市，填补了中国汽车“缺重”的空白。90 年代起，公司逐渐覆盖客车，微、轻、中、重型卡车及专用车等全系列数千种商用车车型，以及底盘、发动机、变速箱等零部件。2017 年国内市场东风商用车销量排名第一，达到 59.3 万辆，尤其中重卡自 2005 年连续 12 年保持行业第一的龙头地位，占东风卡车销量的比重超过 65%。

东风商用车品牌主要有天龙旗舰、东风天龙、东风天锦三大系列。各系列经过与市场的磨合和技术升级，获得了较高的行业认可。其中，东风天龙作为商用车行业首个子品牌，荣获中国驰名商标；东风天锦 2010 年度荣获中国汽车工业科技进步奖一等奖；天龙旗舰是一款高效的长途重卡，自 2013 年上市以来，凭借可靠、经济、舒适的优点，被市场推崇，已成为高端重卡中的标杆产品。2017 年，天龙旗舰的销量为 5521 辆，占东风商用车公司中重卡销量的 3.2%。近五年东风公司商用车销量情况见表 1。

表 1　近五年东风公司商用车销量情况

（单位：万辆，%）

年度	东风商用车销量	全国商用车销量	占比
2013	63.34	405.52	15.62
2014	56.02	379.13	14.78
2015	45.1	345.12	13.07
2016	49.1	365.13	13.45
2017	59.3	416.06	14.25

资料来源：根据东风公司提供数据整理。

（二）自力更生，打造中国军车第一品牌

东风军车成名于 20 世纪 70 年代，在对越自卫反击战中有“功臣车”、

“英雄车”的美誉。90 年代末，东风军车获 2 万辆国家订单，成为当时帮助东风公司渡过债务危机的重要原因。军车板块曾是东风公司下属的事业部，2002 年东风与日产合资时，军车板块未进入东风日产的合资公司。被剥离后，独立组建的东风越野车有限公司坚持自力更生，走自主研发道路，独家生产具有东风完全自主知识产权的东风猛士系列高机动性军、民两用越野车。

东风猛士军车诞生于 2008 年，由最初的后勤运输保障车型，到 200 马力防护型平台，再到 300 马力 B 平台一线作战车型，实现了全面转型升级。目前东风猛士系列高机动性军、民两用越野车，在军车市场占有率位居第一。

东风猛士军车成功摘得“国家科技进步一等奖”，这是中国汽车行业首个摘得该奖项的产品。东风猛士是我国首次开发成功的系列化、多用途、高机动作战平台，坚持 100% 自主知识产权、100% 国产化，大到发动机，小到一颗螺丝钉，全部实现国产，并且所有零部件、配套设备、元器件、原材料在国内均有稳定可靠的供货来源。

猛士是我军第一种第三代高机动车轮式战术车辆，该系列车型的研制历时 6 年，成功研制出了配置两种动力总成、多种车身型式的 7 款车型，历经了高山、沙漠、严寒、酷热等极限环境下的试验考核，适应于全地域、全天候作战要求。东风猛士系我国首次开发成功，完全自主创新，通过 160 万公里测试。在全部 15 项战技指标中，承载能力、燃油、经济性、续驶里程、驻车制动坡度、操纵稳定性、耐久性等 12 项超过了美军“悍马”，其余 3 项相当，达到国际同类领先水平。自列装以来，东风猛士参与了 70 余项国家级重大活动。东风猛士在抗战胜利 70 周年大阅兵、“朱日和”纪念建军 90 周年大阅兵上亮相，占受阅装备的三分之一，此外还参加了奥运安保、抗震救灾、国际维和等重大行动。

（三）开放合作，壮大合资品牌乘用车

1992 年，东风公司顺应潮流对外开放，成立了第一家与外国车企的合资企业——与法国雪铁龙公司合资成立神龙汽车公司。第一辆合资轿车“富康”的投产，正式拉开了东风轿车开放发展的序幕。从 2002 年开始，东风实施全面开放的合资战略，先后与悦达起亚、日产、本田、裕隆、雷诺等车企合作，迅速壮大了东风旗下合资品牌乘用车的规模（见表 2），也使公司乘用车产量、销量、收入、利润等跨越几个数量级，总体实力大幅增强。

表 2　东风公司合资品牌乘用车

企业名称	成立时间	旗下轿车品牌
神龙公司	1992 年	CITROËN 东风雪铁龙　PEUGEOT 东风标致
东风悦达起亚	2002 年	KIA 东风悦达·起亚 The Power to Surprise™ 激情超越梦想
东风日产	2003 年	NISSAN Innovation that excites 技术日产 人·车·生活 东风日产　INFINITI. 英菲尼迪
东风本田	2003 年	东風 HONDA 信念 突破 远界
东风雷诺	2013 年	DFG　RENAULT

资料来源：课题组搜集整理。

其中，与日产合资是迄今为止中国汽车工业规模最大、产品最全、层次最深的合作项目。东风日产年产值从初建时的80亿元上升到2016年的产值过1200亿元，销量增长18倍，销售服务网点也从100家发展到1245家，已成为日产在全球增长潜力巨大、经营能力突出的企业之一。从2008年东风日产产销首次达到100万辆，到2015～2017年连续三年达成百万辆销量成绩，约占东风公司乘用车销量的1/3，东风日产一再创造汽车行业发展纪录（见表3）。

2017年，东风公司合资品牌销售268.1万辆。其中，东风日产销售111.16万辆；东风本田销量达到72.70万辆，同比增长22%，再次刷新销量纪录；东风雷诺品牌两款车型在2017年的累计销量达7.22万辆，完成了年初定下的“挑战7万辆”的销量目标，并且与2016年相比大幅增长140%；神龙公司全年销售汽车37.8万辆，实现去库存目标。

表3 近三年东风日产销量及占比情况

（单位：万辆，%）

年份	东风日产销量	东风乘用车销量	全国乘用车销量	日产在东风乘用车销量占比	东风日产市场占有率
2015	100.06	342.15	2114.63	29.2	4.73
2016	111.79	378.49	2437.69	29.5	4.59
2017	111.16	352.7	2471.03	31.8	4.54

资料来源：课题组搜集整理。

（四）砥砺前行，建设自主发展的自主品牌乘用车

东风自主品牌乘用车的发展是在“市场换技术”战略下促成的。正是基于合资合作，消化吸收合资车企的整车制造技术和先进管理经验，并结合自身发展特点，东风自主品牌乘用车形成了发展所需要的技术、人才和管理体系。

东风公司分别于2002年、2003年、2007年、2013年独资或与内资合资成立东风风行、东风小康、东风风神、东风风度等乘用车品牌。经过多年

发展，东风乘用车自主品牌形成了“4+2”模式，“4”代表东风风行、东风小康、东风风神、东风风度；“2”代表东风启辰和东风裕隆两个合资自主业务（见表4）。东风风神是东风乘用车公司最核心的乘用车板块，是在引进和吸收跨国车企的先进技术和产品的基础上发展起来的，目前已具备完全自主开发能力和健全的产业链体系。2009年，具有高度技术集成和国产化率的东风风神S30轿车诞生，标志着东风自主品牌乘用车真正走向市场的步伐又往前迈进了一步。

表4　东风公司自主品牌乘用车

企业名称	成立时间	乘用车品牌
东风柳汽公司	2002年	东风风行
东风渝安车辆有限公司	2003年	东风小康
东风乘用车公司	2007年	东风风神　东风风光
郑州日产汽车有限公司	2013年	东风风度
东风裕隆汽车有限公司	2010年	LUXGEN

续表

企业名称	成立时间	旗下轿车品牌
东风汽车有限公司东风启辰汽车公司	2017 年	

资料来源：课题组搜集整理。

东风启辰是 2017 年从东风日产乘用车公司中的东风日产启辰板块独立出来，成为东风旗下自主品牌的，与东风日产公司平级。目前，启辰品牌已覆盖两厢轿车、三厢轿车和 SUV 车型，是东风“大自主”品牌里发展势头最迅猛的品牌之一。

2017 年，东风公司自主品牌共出售新车 143.9 万辆，同比增长 4.5%。其中，东风小康销售 40.2 万辆，东风风光系列销售 27.1 万辆，东风启辰销量 14.3 万辆。近五年东风公司自主品牌乘用车销量情况见表 5。

表 5　近五年东风公司自主品牌乘用车销量情况

（单位：万辆，%）

年度	东风自主品牌乘用车销量	东风乘用车销量	占比
2013	65.56	290.15	23
2014	73.32	324.23	23
2015	78.12	342.15	23
2016	89.64	378.49	24
2017	85.92	352.7	24

资料来源：根据东风公司提供数据整理。

（五）开拓进取，全面推进新能源新技术汽车研发商用

进入21世纪，东风公司不仅将燃油车自主品牌，更已把电动技术、智能网联技术作为东风甚至中国汽车工业“变道超车”的关键。

从新能源车市场获得量来看，新能源车对自主品牌车的推动力是直接和显而易见的。东风陆续推出东风风神E70、AX7等新能源车型，率先抢占新能源市场。为了发展新能源车，东风“三电”（电池、电机、电控）布局已基本落地。2018年，东风航盛（武汉）汽车控制系统有限公司成立，是东风公司掌控新能源汽车关键技术和核心资源的第一个合资项目，也是东风电动车公司建设“动力总成平台”的第一个落地项目。公司主要开发及制造新能源汽车整车控制器、电池管理系统、电机控制器、发动机ECU、网关及其他产品，提供技术咨询服务等。

2018年4月，东风eπ 新能源高性能轿跑概念车亮相北京车展，让市场看到了未来东风新能源车的方向。在内饰方面，新车的主要亮点是科技配置。新车搭载了先进的WindLink 3.0人工智能车机系统，能实现强大的人机交互功能，方便用户即时出行。在动力总成方面，新车搭载一套插电混动系统，纯电续航可达500km，综合续航可达1000km，百公里加速在4s内。

从智能网联车来看，2018年东风自动驾驶2.0样车获得自动驾驶L3级别路测牌照，测试样车是一辆基于东风风神AX7平台开发的自动驾驶汽车。东风公司已成为国内首批获得自动驾驶路测牌照的车企。目前，东风自动驾驶汽车基于高速公路的无人驾驶系统具备15个场景和相关功能，目标是在2020年前后实现示范运营和量产。

东风自动驾驶2.0样车的核心总成——“智能驾驶控制器”，由东风技术中心联合国防科技大学自主研发，拥有完全自主知识产权。这套系统体积只有半个笔记本大小，相关性能处于国内领先水平，并计划搭载Mini Bus无人驾驶公交车型进行示范应用。

二、东风汽车的改革奋进之路

作为我国汽车工业基地之一，东风汽车在改革开放40年中发生了翻天覆地的变化，也是整个中国工业发展改革史上一个具有典型意义的国有企业。东风的实践表明，只有改革，才能发展；只有改革，才能创新；只有改革，才能建设一个永续发展的百年东风。

（一）我国自主设计和建造的第一座汽车制造厂

投产于1975年的第二汽车制造厂是我国自主设计和建造的第一座汽车制造厂。在20世纪60年代，我国汽车工业面临资金、设备、技术等重重困难，又处于欧美大国和苏联的双重封锁之中，迫切需要探索出一条适合国情的自主发展之路。

坚持“独立自主、自力更生”的发展方针。二汽建厂之初就明确了“要创中国式的汽车工业发展道路，使我国汽车工业的布局、品种、产量和技术水平大翻身”的指导思想，“产品必须从我国的实际情况和方便用户出发，总结我国汽车工业的经验，自行设计并建立自己的汽车系列，产品要好用、好造、好修、省油，做到技术先进，坚固耐用，成本低廉，保持世界第一流水平”的产品开发理念，“要赶超世界先进水平”的工厂、土建、工艺设计方向。在该方针的总体指导下，我国仅在6年时间里就完成了自主设计的二汽建设，国内自制设备占设备总数比例高达99.4%。

社会主义集中力量办大事的制度优势保证了二汽建设的高效推进。在国家的号召下，全国各行各业都通过“包建”和“聚宝”来支援二汽建设。“包建”是在汽车行业内挑选较为优秀的主机或零部件企业，由它们对二汽新建工厂设计、生产支援、培训人员和调试投产，其中一汽是包建二汽的主力。“聚宝”是把国内的科研和新技术成果移植到二汽建设项目中。据统计，全国140多个工厂、学校、科研单位为二汽提供了一批新技术、新工艺、新材料，600多个机床厂为二汽制造了近两万台设备。

（二）以“利润分成加贷款”自主改革应对“停缓建”

如果说二汽的建成是国家自主发展方针的成功，那么应对“停缓建”则是改革开放后二汽第一次自主做出的重大改革。1979 年，我国经济进入“调整、改革、整顿、提高”的转型期，当时效益不佳的二汽被列入“停缓建”名单。针对企业面临关停的危机，二汽迅速做出“要政策不要补贴”的决定，经国务院同意，以“量入为出，自筹资金”的方式续建二汽，利润由国家和企业对半分成，企业留下的利润继续建设，不足部分改为企业向银行贷款。

二汽变计划指令性为初步自主性的再生产方式，不仅求得了企业的生存，还赢得了企业的发展。至 1979 年底，二汽在国家原投资 16.7 亿元的基础上，通过自筹，增加国家固定资产 3.9 亿元，实现扩大再生产目标，顺利渡过“停缓建”难关。“利润分成加贷款”，这在当时几乎是首创的改革措施，也成为若干年后国家全面推行投资项目“拨改贷”、国有企业“利改税”的雏形。

（三）从生产联合到资产联合的集团化道路

改革开放后，我国开始进入“以计划经济为主、市场调节为辅”的阶段，国家取消了对地方汽车制造厂的指令性计划，地方政府也弱化了对国有企业的直接保护，导致很多达不到经济规模的“小而全”汽车厂效益很差。在这样的背景下，1981 年 4 月，二汽与 8 家地方汽车制造厂组建了跨省区、跨部门的东风汽车工业联营公司，其性质类似于行业组织，从组织生产协作开始，一些成员厂淘汰老产品，由二汽转让技术和提供零件，从而打破了我国汽车“品种单一”、“各自为战”和“小而全”的格局。随着经济联合程度的深化，联营公司逐渐从生产联合向经营联合再向资产联合演变。1992 年，东风汽车公司成立，成为我国汽车行业第一家企业集团。

东风公司的集团化与众所熟知的企业集团化演进路径不同，从形式上更类似于西方出现的“卡特尔 - 辛迪加 - 托拉斯”组织的演进路径，但不同的是西方民营企业往往通过这种路径形成了垄断组织，而东风公司在这个过程中非但没有形成垄断，相反汽车行业的市场竞争正是伴随着这些国有企业的壮大而日益增强，而且对于促进汽车工业崛起发挥了至关重要的作用。

（四）政企合作应对债务危机

进入20世纪90年代，轿车项目建设已经是中国汽车业无法绕过的门槛，为了长远发展，东风公司贷款100亿元，与法国合资兴建神龙汽车公司，每年高达13.3亿元的利息相当于当时东风所有职工的全年工资，还本付息压力巨大。再加上90年代后期，受亚洲金融危机影响，整体市场需求不旺，东风汽车产品也出现了滞销。

面对史无前例的困难，需要再次大刀阔斧的改革。在国家层面，为应对亚洲金融危机，开始实施积极的财政政策，具体惠及东风公司的有两大方面：一是通过“债转股”，将共约80亿元的债务划转资产管理公司，大大减轻了东风公司的债务负担；二是国家与东风公司签订总额为16亿元预付款的军车订单，打开了东风公司的产品销售渠道。

在企业自身层面，东风公司对内部管理体制进行重大改革，构建起决策主体层、生产经营主体层、经营基础单位层三个层次的公司体制，将原属的27个专业厂、10多家合资与控股子公司，重组为几个分公司、子公司和事业部，形成多渠道的融资体系，使东风公司彻底实现了从工厂型向公司型的转变，真正步入建立现代企业制度的轨道。在进入21世纪之前，一度遭遇重大困难和挫折的东风公司，以利润增幅大于收入增幅、收入增幅大于销量增幅、销量增幅大于产量增幅为标志，完成了扭亏解困的目标。

（五）“主辅分离”铸就专业汽车制造商

进入21世纪后，汽车行业逐渐进入完全市场竞争格局，东风公司也清醒地意识到，要遵循市场规律和企业发展规律，就必须逐步破除阻碍发展的体制机制障碍。当时东风公司与多数老国企类似，由于双轨制的存在，职工保障对国有企业形成较重负担；与很多国企不同的是，东风公司在十堰、襄阳城建过程中还承担了大量城市基础设施建设与运营职能，这些辅业更是东风公司的沉重负担。2002年后，在国家政策的引导下，东风公司开始了以“主辅分离”为主线、以“主业国际化、辅业市场化”为目标的体制改革。

主业国际化。在2003年先后完成与多家日韩车企的合资合作后，东风公司走上了稳定发展的道路，并确立了乘用车、商用车并重的格局。2005年，东风公司在香港成功上市，成为中国汽车行业最大的上市公司，这既完成了东风公司整体战略重组和改制融资的战略目标，也为“主辅分离”奠定了坚实的基础。

辅业市场化。在主业稳定后，东风公司开始了全面剥离辅业的改革。一是“三供一业”分离移交。东风十堰基地“三供一业”涉及企业5家、家属区7万多户。通过市场化方式，电力处、水务公司、物业管理等企业先后无偿移交其他专业化企业，分流职工1800余人。二是社会职能加快剥离。通过多种方式，先后完成十堰基地大学、中小学、公安、消防、居委会、城市道路、垃圾清运、医院等设施和职能的移交，并且实现了平稳过渡。三是非主业企业有序退出。通过引入优势资源，推进非主业企业混合所有制改革和市场化运行，先后完成燃气公司、房地产公司、电视网络业务的退出。四是厂办大集体改革基本完成。东风实业公司采用引入战略投资者和员工持股方式，顺利完成涉及的45家辅业单位改制，使职能部门减少40%，部门负责人减少60%。

三、东风汽车的开放发展之路

汽车工业是国家工业技术的缩影。如果说东风汽车的改革之路解决的是自身的问题，那么开放之路则是促进民族汽车工业崛起的历程。东风汽车的开放之路就是一条具有中国特色的“合资汽车”之路，只是在不同的背景下被赋予了不同的内涵和外延。

（一）从无到有，合资生产为我国轿车工业起好步

20 世纪 80 年代中期后，改革开放形成的红利使国内对轿车的需求开始兴起，但当时我国只能生产载重汽车，轿车基本需要依赖进口。1986 年，汽车工业被列为我国支柱产业，同时确定了轿车发展“高起点、大批量、专业化”的原则和目标。在当时的背景下，直接引进国外先进产品和技术是最好的选择，成立合资公司则成为最好的载体。北京吉普、上海大众等合资汽车企业陆续在 80 年代中后期成立，东风公司的第一家合资企业是 1992 年与法国雪铁龙公司合资的神龙汽车公司。当时的基本模式是，中外共同成立合资公司，中方提供土地、资金、劳动力等，外方提供图纸、品牌、资金、技术人员等，主要部件进口，由合资公司负责汽车组装、生产、销售。引进合资公司对于我国轿车工业起步发挥了决定性的作用，自 80 年代中期以来的 20 多年时间里，我国轿车工业规模迅速壮大，轿车产量和占比逐年上升，2002 年轿车产量占比超过载重汽车，成为第一大汽车生产种类（见图 1）。

图 1　1970～2004 年我国汽车产量及构成

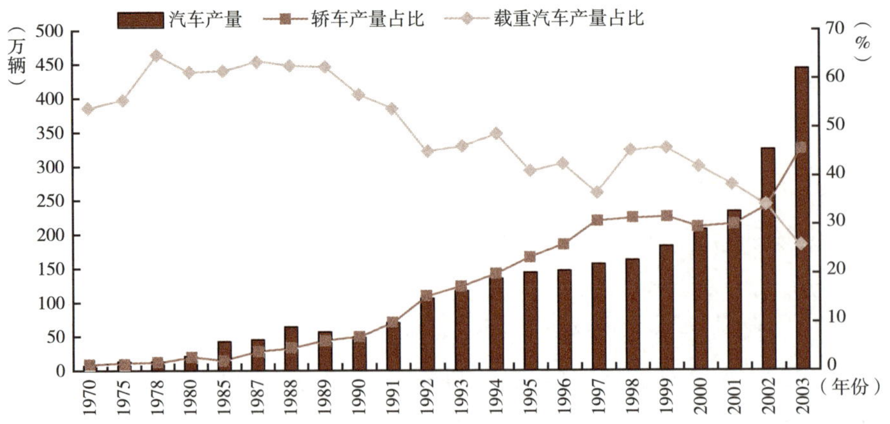

（二）从有到优，全面合资形成“东风模式”

21 世纪初，在渡过债务危机后，正是深刻意识到合资汽车是我国汽车工业难以逆转的趋势，东风公司才能把握住日韩汽车巨头尚未完全进入中国市场的开放合作机会，2002～2003 年先后与起亚、日产、本田成立合资企业，特别是东风日产公司注册资本达 163 亿元，是当时国内汽车业甚至是整个我国工业最大的合资企业。随后几年，日产、本田、起亚的车型凭借较高的性价比迅速打开了国内市场，成为东风公司的主要利润来源。加上后来与中国台湾裕隆、法国雷诺的合资，这些共同奠定了如今东风公司稳居国内汽车集团销量第二名的地位。

全面合资的丰富经验，使得东风公司能够在运营过程中不断导入外资企业的先进管理模式和方法，对完善组织架构、提升工作效率、促进技术进步起到了较强的作用。伴随着国际合作的深入展开，东风公司的整体装备水平、制造水平都有了显著提高，对拉动经济增长、满足消费需求、促进就业等也发挥了关键作用。合资面最广、规模最大、效益最好的“东风模式”开始写入行业发展史。

（三）“市场换技术”促使自主品牌崛起

实施“市场换技术”战略的主要目标是通过开放国内市场，引进外商直接投资，引导外资企业的技术转移，获取国外先进技术，并通过消化吸收，最终形成我国独立自主的研发能力，提高我国的技术创新水平。从 2000 年前后开始，国内传统国有汽车企业一批自主乘用车品牌相继问世，一些民营企业也开始涉足汽车制造，东风公司分别于 2002 年、2003 年、2007 年、2013 年独资或与内资合资成立东风风行、东风小康、东风风神、东风风度等乘用车品牌。经过多年经营和技术进步，除个别零部件外，已具备几乎整车的国产能力，我国自主品牌乘用车市场份额已从 21 世纪初的约 20% 提升到目前的 40% 以上，销量翻了近 60 倍（见图 2）。不仅在国内市场，以东风为代表的一批自主品牌也逐渐走出国门抢占国外市场。2003 年开始，东风公司国际业务板块完成市场化改革，成为独立法人，出口量开始逐年上升，远销70多个国家和地区。

但是，在“市场换技术”过程中过度关注国产化率而忽视了对技术本身的消化吸收再创新，导致国内车企无法做到对最新技术成果“知其然又知其所以然”。这样，虽在几代人的努力下，汽车国产化有了质的飞越，但发动机、变速箱、底盘和整车调校等核心零部件和关键技术仍与世界先进水平存在较大差距。

图2　2001～2017年自主品牌乘用车销量及市场份额

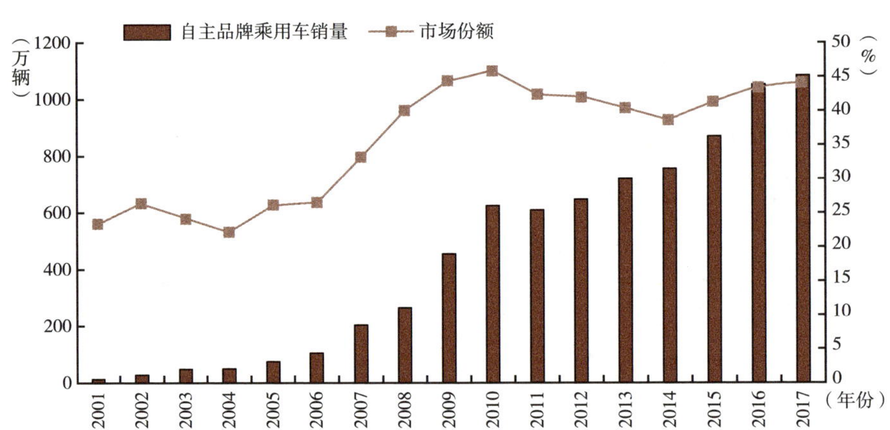

(四)“五化”领航形成自主创新成果

党的十八大以来，东风公司把握先机，不再谋求新建乘用车合资企业，而是进一步深化和创新开放合作的形式：与沃尔沃公司建立以资本为纽带的战略联盟，以期促进东风商用车技术进步；反向入股标致雪铁龙集团，开创我国车企国际化发展新模式；收购瑞典T公司，建立首个海外研发基地等。在内外技术合作和充分积累的基础上，东风公司提出轻量化、电动化、智能化、网联化、共享化“五化”领航（见专栏1），大力推进33项“跨越2020”的科技项目，推进无人驾驶技术研发，加强先行技术研究，与一汽、长安在前瞻共性技术创新的领域展开全方位合作，快速形成自主创新成果，显著提升核心竞争力，以期领跑新时代我国汽车工业发展。

专栏 1　东风汽车“五化”转型

（一）轻量化

明确通过广泛采用轻量化材料及先进制造技术，不断优化产品结构设计来实现轻量化目标的技术路线。在东风自主品牌乘用车上，轻量化材料单车应用比例超过 60%，高于行业 50% 的平均水平。

（二）电动化

制定以纯电动、插电式混合动力为重点的技术路线，研发出轮毂电机，同时围绕低碳化加速混合动力研发。成立新能源汽车公司，其中一款纯电动中级车综合续航已达 315 公里。

（三）智能化

东风的自动驾驶 L2～L3 自主开发处于国内领先水平。阿尔法巴自动驾驶客运巴士是全球首例在开放道路上进行无人驾驶，东风计划到 2020 年实现有条件的自动驾驶，2025 年实现情感化驾驶。

（四）网联化

围绕端、管、云模块，采用平台迭代方式，在风神系列车型上逐步落地智能互联系统。建立自主车联网品牌 WindLink，实现 9 大子系统共 29 项服务。

（五）共享化

进行新能源汽车商业模式创新，目前已上线“易微享”和“东风出行”两个共享汽车平台。

资料来源：根据东风公司提供数据整理。

四、东风汽车的发展启示

（一）面向市场塑造企业发展的生命力

市场在资源配置中起决定性作用，企业只有面向市场、适应市场、对接市场，才能在市场竞争中占有一席之地，才能保持企业发展的生命力。由于路径依赖和惯性，我国政府的宏观调控行政性色彩较浓，较为习惯将“控制微观来改善宏观”作为手段，试图以政府的眼光审视微观项目，市场机制难以充分发挥。早在改革开放之初，东风公司为应对“停缓建”提出的面向市场的改革方案就有力地证明，只有企业大胆开拓，才能探索出一条符合企业发展实际的改革路子，真正地解放生产力，为建立社会主义市场经济体制提供了宝贵经验借鉴。

（二）体制机制改革激发企业的创造力

受机构设置、干部制度、利益分配等多重体制机制的束缚，国有企业面向市场的能动性无法得到有效发挥，各级管理人员进行创造性生产管理工作的动力不足。改革开放以来，东风公司以敢为人先的创新精神，率先实行生产经营责任承包制、厂长负责制等早期国有企业管理方式改革试点，并于20 世纪末率先对体制机制进行脱胎换骨的改造，初步建立起层次清晰、责权分明的母子公司型体制框架，实现了投资决策、资产经营功能与生产经营功能的分离，建立起了适应社会主义市场经济的现代企业制度。近年来公司又着力优化集团管理体系，探索推行职业经理人制度，不断完善绩效薪酬体系，为我国全面深化国有企业改革提供了重要参考和借鉴。

（三）精益专注增强企业的行业竞争力

汽车市场是充分竞争的市场，质量和效率是汽车产品的核心竞争力。推行精益生产等先进的生产管理方式，能够通过系统结构、人员组织、运行方式和市场供求等方面的变革，形成更加切合客户需求的、优质的、高效的卓越生产方式。随着国际化进程的逐步加快，企业应当主动学习和引进精益生产方式，以达成最有效率的制造、最少的成本支出、最及时的产品交付、生产满足客户需求的高品质产品，促使企业高质量发展壮大。在与国际先进汽车企业进行合作的过程中，东风公司逐渐形成了精益的企业文化，每年坚持开展精益工厂评价和对标工作，并将精益管理方式提到发展战略的高度，提出在研发、采购、制造、营销生产经营的全过程贯彻精益思想，大幅提升东风公司制造水平和产品竞争力。

（四）开放合作成为企业赶超的推动力

由于历史进程的不同，近代世界几次科技革命和产业革命都首先发生在西方，发达国家在科学技术、发展理念、管理制度等方面拥有先进的经验。我国社会主义的工业化是建立在一穷二白的基础上的，人口多、底子薄，若闭关锁国，很难追赶上世界的发展步伐。而改革开放，正是为了更好地学习西方先进的技术和管理经验，使我国融入世界经济的发展潮流。就汽车行业而言，自 1886 年德国人本茨发明汽车以来，西方发达国家在汽车制造领域已经有了百余年的技术积累，与之进行合作，能够迅速将世界先进的汽车技术引进到中国。东风公司在国家战略的指导下，是主要的几家开展合资合作的汽车集团之一，自 20 世纪 80 年代中期率先从美国引进发动机技术起，与日产、标致雪铁龙、本田等世界著名汽车企业，与德尔福、康明斯、传世通等世界先进汽车零部件制造商纷纷成立合资公司，在短短十余年时间内，就极大地提升了我国汽车及零部件的国产化率，实现了我国汽车工业质的飞跃。我国的汽车技术和市场，正是在这些合资合作基础上发展起来的，包括民营车企在内，都受益于合资合作为中国汽车产业培养的技术、人才及零部件工业体系。

（五）自主创新打造企业未来的战斗力

要突破自身发展瓶颈、解决深层次矛盾和问题，根本出路就在于自主创新，特别是科技创新。谁牵住了科技创新这个牛鼻子，谁走好了科技创新这步先手棋，谁就能占领先机、赢得优势。习近平总书记十分重视自主创新，指出："核心技术是国之重器，最关键、最核心的技术要立足自主创新、自立自强。市场换不来核心技术，有钱也买不来核心技术，必须靠自己研发、自己发展。不能总是指望依赖他人的科技成果来提高自己的科技水平，更不能做其他国家的技术附庸，永远跟在别人的后面亦步亦趋。我们没有别的选择，非走自主创新道路不可。"只有把核心技术掌握在自己手中，才能真正掌握竞争和发展的主动权。回顾改革开放的艰难历程，东风人引以为豪的是，始终都坚持技术创新，坚定不移走自主研发之路。特别是东风商用车是公司建厂的基础产品，是举全国之力"聚宝建设"而成，始终坚持自主研发和自主发展，目前仍持续保持中国汽车行业居前的综合竞争力，并立志实现全球化发展，成为具有国际影响力的中国商用车品牌。

五、我国汽车产业面临的挑战与机遇

（一）世界竞争格局的变化要求我国汽车产业掌握主动权

大好的发展态势不能掩盖严峻的竞争形势，从总体上看，我国汽车产业的自主创新特别是原创力还不强，关键领域核心技术受制于人的格局没有从根本上改变。近期，中兴通讯被美国禁售芯片一事，再次警示我们，真正的核心技术是求不到、买不来的，立足点要放在自主创新上。综观世界经济产业竞争格局，汽车发达国家纷纷提出产业升级战略，加快推进产业创新和融合发展，发展中国家也在加紧布局，利用成本、市场等优势，积极承接国际产业和资本转移。经过四十年的努力，我国汽车产业已经越过了追赶期，传统比较优势陆续消失，如果我国还不能掌握汽车核心技术，掌握对国际产业链分工布局的控制力，我们就会丧失发展的主动权，当下仍为我国汽车工业做出巨大贡献的外资，将有可能转移至其他国家。

（二）经济高质量发展要求我国汽车产业实现变革

我国经济已由高速增长阶段转向高质量发展阶段，正处在转变发展方式、优化经济结构、转换增长动力的攻坚期。汽车工业产业链长、覆盖面广，汽车产业实现转型升级，能够显著带动国家整体制造业实力的提升。西方发达国家几乎都在汽车产业的一些关键领域占据重要位置。就我国汽车产业而言，随着小汽车进入家庭不断增加，汽车市场需求的增速开始放缓，同时，城市交通承载力的约束逐年增强，空气污染防治攻坚战已经打响，汽车产业也面临转型发展的迫切要求。要改变追求产销量的粗放发展模式，更多注重发展质量，围绕价值链部署创新链，围绕创新链配置资源链，完善政产学研用协同创新体系，特别是加强发动机、变速箱、汽车电子等核心产业的研发，强化产业链的协同和全球布局。面对信息化智能化等发展趋势，我国汽车产业也必须顺势而为，主动在产品形态和生产方式上谋求深度变革，加快向新能源、轻量化、智能和网联等方向发展，控总量、优环境、提品质、创品牌、促转型、增效益，推动汽车产业发展由规模速度型向质量效益型转变。

（三）新技术的涌现为我国汽车产业变道超车提供了机遇

虽然我国在传统燃油车的技术积累上仍与发达国家有不少差距，但随着能源革命和新材料、新一代信息技术的不断突破，我国新能源汽车和智能汽车有望成为抢占先机、赶超发展的突破口。当前，我国新能源汽车技术水平大幅提升，产业规模快速扩大，产业链日趋完善。支撑汽车智能化、网联化发展的信息技术产业实力不断增强，互联网产业在全球占有一定优势，信息通信领域技术和标准的国际话语权大幅提高，北斗卫星导航系统即将实现全球组网。这些新兴领域的技术优势，使得我国汽车产业面临变道超车的难得历史机遇。这就要求企业主动布局研发动力电池、电控系统、人工智能等新一代汽车技术，突破技术瓶颈，在技术、产品、服务、标准等多维度创新发展，增强产品开发能力，提升品牌影响力，积极抢占新兴领域发展先机。

六、思考与建议

（一）以市场化经营为方向不断深化国有企业改革

国有企业改革是一场广泛而深刻的变革。当前，国有企业的体制转换和结构调整进入攻坚阶段，一些深层次矛盾和问题集中暴露出来。由于传统体制的长期影响、历史形成的诸多问题、多年以来的重复建设以及市场环境的急剧变化，相当一部分国有企业还不适应市场经济的要求，经营机制不活，技术创新能力不强，债务和社会负担沉重，冗余人员过多，生产经营艰难，经济效益下降，一些职工生活困难。必须采取切实有效的措施解决这些问题。这不仅关系到国有企业改革的成败，也关系到整个经济体制改革的成败。国有企业改革要遵循市场经济规律和企业发展规律，坚持政企分开、政资分开、所有权与经营权分离，坚持权利、义务、责任相统一，坚持激励机制和约束机制相结合，促使国有企业真正成为依法自主经营、自负盈亏、自担风险、自我约束、自我发展的独立市场主体。

（二）确立企业在国家创新体系中的主体地位

创新驱动阶段的经济发展与经济赶超阶段不同，用赶超阶段的政府主导、集中决策和配置资源、进行经济性管制的办法，不能实现创新驱动的经济形态，必须真正确立企业为市场主体，在资源配置中发挥决定性作用。企业的创新是一种市场导向的、由企业家推进的、具有很大风险的、营利性的经济活动，企业家和创业者更贴近市场，具有敏锐发现技术的市场价值、认定可应用领域的本能，有快速捕捉市场机会的冲动，并可以将创新活动所必需的人才、资金和其他物质条件整合起来，组织和指导进行目标导向的创新实践。只有建立起企业家和创业者愿意以他们的睿智和财产倾注于创新活动的体制环境，才能使创新不是一个个偶然发生的现象。

（三）正确处理技术引进和自主研发的关系

改革开放后，国家提出“引进、消化、吸收、创新”的技术发展路线，这是一项非常重要的技术跨越战略。当技术差距很大的时候，引进技术是迅速提高技术水平的捷径。但是，当我们的企业发展威胁到对方竞争地位的时候，他们不仅不会转让技术，而且会封锁技术，这是市场竞争的规律。不跳出技术跟踪的局面，永远不能进入领先行列。引进技术的最终目的，是掌握开发这一技术的能力和举一反三的本领，进而有能力开发下一代技术。单靠一次引进，可能还做不到这一点，但必须设定明确的目标，尽最大的努力去实现。有关资料表明，日本引进汽车技术的时期，平均花一美元引进技术，要花约七美元进行消化吸收和创新。不可否认的是，我国过去在引进技术的同时，没有很好地进行消化吸收的努力。在合资之前就已经坚持自主研发的东风商用车无论是在关键技术还是自主品牌的影响力方面均领先于乘用车，就是很好的例证。曾任东风公司董事长的陈清泰先生在反思这一发展过程时也坦言：“在汽车行业，曾经被打入另册、没有引进和合资条件的，反而在聚集研发人才、自主创新、自主品牌等方面走到了前面。”

（四）实施面向未来的新能源汽车和智能汽车战略

面对世界各国纷纷将未来汽车的战略重点转向新能源汽车和自动驾驶汽车的紧迫现实，我国应尽快明确实施面向未来的新能源汽车和智能汽车战略。虽然国家层面已着手制定新能源汽车创新发展战略和智能汽车创新发展战略，但到目前为止，国家未来的战略尚不清晰，新能源汽车和智能汽车发展的战略地位还不明朗，产业化路径还不明晰，电力供应、充电、通信等基础设施保障前景还不清楚，相关政策法规、技术标准还不完善。面对百年的机遇，应抓紧对未来的能源结构、交通结构做出规划，实施有利于新能源汽车和智能汽车发展的政策，抓紧修改不适应产业创新应用的法律法规，积极推动相关关键技术研发取得突破。

（五）创造有利于技术创新的环境

在培育有效率市场的过程中，政府最重要的职责就是创造鼓励创新的大环境，充分调动人们创新的欲望，并使那些产生创新欲望的人有充分施展才华的条件，使成功的创新得到应有的回报，使创新失败的人有机会东山再起。可以通过适度从紧的生产要素条件给企业创新的压力，例如，从严的环境监管会倒逼企业提高燃油经济性、发展新能源汽车。要构建健康的市场环境，通过法治化手段保障充分、规范的市场竞争和每个企业公平的发展机会，要构建良好的产业化发展环境，通过产业规模、产业组织、产业配套能力以及服务商、科研和融资等支持性机构的合理组合，提高创新成功率，建立激励创新的政府采购制度，帮助企业克服技术突破之后面临的技术还不完善、生产尚未达到经济规模、配套设施和服务还跟不上、商业模式还不成熟、市场认同度还比较低等产业化难题。

BAOWU 中国宝武

中国宝武：国有企业做强做优做大的经验与启示

商务部国际贸易经济合作研究院

中国宝武钢铁集团有限公司（以下简称“中国宝武”）是 2016 年 12 月 1 日由武汉钢铁集团（以下简称“武钢集团”或“武钢”）和宝钢集团有限公司（以下简称“宝钢集团”或“宝钢”）两家企业联合重组而成，这两家企业都有着辉煌的历史，武钢是共和国钢铁工业长子，是中华人民共和国成立后兴建的第一个特大型钢铁联合企业，毛泽东主席参加了武钢一号高炉点火仪式。宝钢集团是我国改革开放后决策建设的第一个特大型项目，是改革开放的产物。联合重组后，中国宝武资产规模 7395 亿元，产能规模 7000 万吨，位居中国第一、全球第二。2017 年，中国宝武取得了中国钢铁行业最佳经营业绩，实现营业收入 4005 亿元，利润 142.7 亿元，比 2016 年增加一倍，在《财富》世界 500 强中位居第 204 位。

一、宝钢取得的巨大成功说明国有企业和国有经济完全能够搞好

迄今为止，社会上有些人仍然有一种偏见，就是认为国有企业是垄断的产物，效率低下，人浮于事，创新进取意识不强，对于这种偏见，2007 年 4 月 24 日，时任上海市委书记的习近平同志在宝钢集团调研时指出，宝钢取得的巨大成功，说明国有企业和国有经济完全能够搞好。事实胜于雄辩，回

顾宝钢发展历程，更让我们体会到这一高瞻远瞩的论断可谓“不畏浮云遮望眼，自缘身在最高层”。

在我国钢铁工业“起点低”、“底子薄”、“经验少”的背景下，宝钢作为一个系统引进的国有工业项目，已经从一厂到多厂，从一业到多业，从本地到跨地、跨国，从工厂化管理到公司化管理，宝钢的成功故事是一个在国内外激烈市场竞争中不断改革创新、一路摔打成长的故事，宝钢的成功加快了我国钢铁工业现代化进程，为我国工业现代化道路探索和发展积累了一笔宝贵财富，为我国改革开放的正确性提供了经得起时代考验的历史证明，使那些攻击国有企业“低效”、“垄断”的论调不攻自破，坚定了有中国特色的工业现代化道路自信。

（一）改革伊始、国门初开，不辱使命不负重托

钢铁工业是整个工业的基础性产业，号称“工业之母”，早在20世纪50年代，毛泽东主席在参加武钢一号高炉点火仪式时就指出：“一个粮食，一个钢铁，有了这两个东西就什么都好办了。”

十一届三中全会前后，落后的钢铁工业成为制约我国经济社会建设的关键瓶颈因素。1978年，我国钢产量3178万吨，人均0.03吨，而日本人均1吨，美国人均0.5吨。我国钢产量不仅总量少，而且技术落后，当时国内高炉都是几百立方米，而日本大型高炉已达到5000立方米，人均劳动生产率是我国的10倍以上，单位能耗是我们的一半，产品质量更是远远超过我们。与日本相比，我国钢铁工业至少落后20年。在百废待兴，钢铁供给缺口巨大的国情下，如何尽快提高我国钢铁工业水平，尽快满足各行各业发展面临的钢铁需求缺口，成为在改革伊始、国门初开时期摆在党和国家领导人面前的一道重要难题。

面对困难，中央下定决心排除万难批准了宝钢项目。当时我国外汇和资金缺口巨大，而上马宝钢项目需要耗费大量资金、动用大额度外汇，许多人担心国力不堪重负，面临着今天难以想象的困难。但中央从国家战略全局出

发，考虑到国民经济建设对钢材的刚性需求，于1978年8月正式批准了宝钢计划任务书，并成为当时我国搞四个现代化的象征。

全国人民也对宝钢项目给予厚望。为支援宝钢建设，1984年3月，江苏省泰县寺巷中心小学三（1）班同学，将拾废旧品积攒下来的19.87元邮寄给宝钢。他们在信中写道："现在我们人虽小，但也要为振兴中华添砖加瓦。同学们决定拾废旧支援国家重点工程，为祖国献上一颗火热的心。"

对于赋予宝钢项目的重任，黎明[①]有一个很精辟的总结：国家建设宝钢不是为了生产"大路货"，生产"大路货"不要投资300亿元。宝钢人追求的不是与国内企业对标，而是向世界上最优秀的钢铁企业看齐。宝钢必须生产国家急需的，国内企业难以生产的，可以替代进口并可供出口的，能与世界先进企业产品媲美的高难度、高附加值产品。

今天回头来看，实践证明宝钢不忘初心，始终牢记中央赋予自己的使命，以引领中国钢铁工业发展为己任，体现了一个国有企业应有的担当，成为我国经济社会发展的脊梁。

——经过一、二、三期工程建设，宝钢成为国内第一家具有千万吨级产能的钢企，跻身于世界特大型现代化钢铁企业行列。

——1998年，以宝钢为主实施与上海地区钢铁企业联合重组，规划建设普碳钢、不锈钢、特钢三大制造基地，打造汽车用钢、管线钢、不锈钢、电工钢、石油管、高等级建筑用钢等钢材精品。

——2003年，宝钢成为中国竞争性行业和制造业中首批跻身世界500强的企业。

——2007年，宝钢重组新疆八一钢铁。

——2009年重组宁波钢铁。

---

① 中共十二届中央候补委员、中央委员（1985年9月中共全国代表会议增选）、中共十三届中央候补委员，中共十四届中央候补委员。1982～1985年8月兼任上海宝钢工程总指挥。1983年9月～1994年6月兼任上海宝山钢铁总厂厂长、宝钢集团公司总经理。1994年7月任上海宝钢集团公司董事长。1998年11月离休。

——2012年控股韶关钢铁。

经过不断发展，宝钢实现了从精品到“精品＋规模”的战略转变，基本建成了钢铁精品基地和钢铁工业新工艺、新技术、新材料研发基地，综合竞争力位居世界同行前列。

（二）系统引进高起点建设，持续消化吸收再创新

1978年12月22日，党的十一届三中全会胜利闭幕，我国改革开放的大潮正式拉开序幕。翌日上午，东海之滨，吴淞口，宝钢一期工程打下了第一根桩，开启了我国钢铁工业现代化的新征程。

中央在改革开放决策的第一个特大型建设项目系统引进式发展方式是否正确？庞大的进口设备是否运转良好？宝钢是否具有持续创新发展能力？——宝钢兴建之时的质疑声不断，对于这些问题，现在历史已经给出了答案。

宝钢系统引进项目建设成功的关键是我们把握了自主创新是开放环境下的创新这一规律，既没有关起门来搞建设，又没有简单照搬照抄，而是具体分析，放出眼光，自己来拿。在决心通过系统引进国外先进技术建设宝钢的基础上，没有选择全面依赖国外，也没有因循守旧按部就班发展，而是在依靠自身力量的基础上，走出了一条引进、消化、吸收、再创新的发展之路，以尽可能短的时间实现了钢铁工业的现代化。

第一阶段：全套引进国外先进设备和技术。在建设初期，由于对当代冶金设备、工艺了解不够，没有设计制造和生产能力，只能够老老实实引进。除了引进先进技术和设备，更重要的是引进了以新日铁为代表的先进的现场管理经验、管理理念和管理方法，斥巨资引进了新日铁的生产、技术、设备、物资、能源、运输和组织七项管理方式，在投产后，将引进的先进管理经验进行消化吸收，逐步形成了具有宝钢特色的现代化管理模式，即“集中一贯式”管理方式，纵向生产集中管理、上下工序一贯制衔接。

第二阶段：实现部分引进技术的国产化，成功消化吸收国外技术。二期

工程冷轧是中外合作制造，热轧、连铸依托中外合作设计和合作制造，高炉、烧结、焦炉基本立足国内设计、制造，设备国产化率由一期工程的12%提高到61%。

第三阶段：逐步形成自主集成创新机制阶段。在三期工程建设中，工程设备以国内设计和制造为主，对国外技术不是照单全收，而是采取“拿来主义”，将设备国产化率进一步提升到80%以上，从而达到了“以我为主、兼容全球先进技术”的工程建设模式。

宝钢一期的投产，使我国不失时机地移植了当时世界钢铁工业的重要文明成果，把钢铁工业的装备水平、技术水平与世界先进水平差距缩短了20年左右，跟上了世界钢铁工业的发展步伐。中共中央、国务院当年在贺电中指出这是我国社会主义现代化建设取得的又一重大成就。这对提高我国钢铁工业的生产技术水平和管理水平，对促进国民经济的发展，加快我国社会主义现代化建设具有重要的意义。

宝钢虽然是成套引进的项目，但宝钢人的工作从来没有满足在引进上，而是坚决贯彻邓小平“要善于学习、更要善于创新”的要求。宝钢在引进技术的高起点上，制定了引进、消化、开发、创新的科技指导方针，制定了中长期和年度规划，确定攻关的重点，依靠社会协作力量，充分发挥本企业工作人员的积极性，在工程建设、生产技术、企业管理、思想政治工作等各个方面都创造和形成了一套先进的制度和方法，取得了一大批创新成果。

（三）聚焦关键领域发力，围绕核心技术寻求突破

习近平总书记指出，“实践反复告诉我们，关键核心技术是要不来、买不来、讨不来的”。曾几何时，我国在高端钢铁产品受制于人的程度丝毫不亚于今天的芯片等高科技产品进口，甚至离开进口钢材连一枚硬币都生产不出来，高端钢铁产品进口价格居高不下。宝钢坚持不管是装备还是工艺，必须要有自己的东西，要有长远眼光，要有远虑，只有有了自己的东西，说话才硬气。宝钢勇于创新，生产了很多国家急需、替代进口的精品钢材，在这

方面的例子不胜枚举。

1980年，中国人民银行计划发行我国第一套1元硬币，但找遍国内钢厂也找不到合适的造币钢，看似简单的一枚硬币，却把我国所有大钢厂都难住了，只得从国外进口。1991年6月，宝钢二期工程建成后有了自己的冷轧厂，立刻开始攻关，经过一系列实验，国产造币钢终于研制成功。1992年6月，中国人民银行用宝钢造币钢发行了真正意义上的中国第一套1元硬币。随着宝钢造币钢的冶炼、轧制技术日趋成熟，中国人民银行决定1元硬币所需的造币钢由宝钢独家生产。

20世纪80年代国内钢材市场有一句顺口溜——桑车遍地跑，浑身进口料；海尔满商场，没有国产钢。为支撑汽车工业发展，黎明说："如果大众所需的高等级钢板都需要进口，那么建设宝钢意义在哪里？所以当时我们将目光投向汽车板国产化，并以此为突破口，带动企业产量、质量和管理上一个新台阶。"宝钢克服重重困难，1990年6月8日，中国第一块高档汽车面板O5板在宝钢问世，拥有了当时只有几个少数发达国家才能生产的能力。今天，宝钢汽车板在国内市场的占有率已经超过半壁江山，每两辆车就有一辆是用的宝钢钢材，为我国汽车工业的发展奠定了基础。

我国管线钢长期以来依赖进口，1990年宝钢成立了以陈玉珊为首的攻关小组，经过不断的实验，1991年10月，宝钢管线钢经过对比实验，管线钢力学综合性能与日本、德国的水平相当，1994年12月在塔里木油田油气输送管线中使用了8万吨，1996年在陕西－北京管线工程中赢得了该工程50%的份额，并使国外厂家报价下降一半，后续更是显著降低了我国"西气东输"的工程成本，并改变了国际管线钢市场格局。

2008年之前，由于国际市场上只有少数几家先进钢铁企业能够生产取向钢，我国长期面临着技术封锁，为摘取这颗"钢铁皇冠上的明珠"，宝钢调集精兵强将，投入巨资建设硅钢实验室，十年磨一剑，2008年5月15日，宝钢取向钢第一卷成品下线，又不断攻坚克难生产出高磁感取向钢和激光刻痕产品，高端取向钢接近或达到国外同类产品水平，并通过全球最大变压器制造商 ABB 的认证，打破了国际上对我国的垄断，不仅满足了三峡工程等国内大型水、火、核电工程和特高压输电工程建设需要，而且走出国门，在品种、质量、数量上已经位居世界前列。

为改变在重大战略产业和重大工程项目所需的特殊关键材料受制于国外的情况，宝钢成功研发生产出高温合金、钛及钛合金、高强钢、镀锌极薄板等产品，在我国长征系列运载火箭、神舟系列飞船、嫦娥探月卫星、核电站、冶金装备等国家重大事业中突破了国外的技术限制。成绩的取得，与宝钢在长期创新发展中形成的优秀科研团队有关。宝钢集团有研发人员 1300 多人和中国工程院院士 2 人、拥有汽车用钢国家重点实验室和国家硅钢工程技术研究中心 2 个国家级研发平台、3 个国家级企业技术中心，全球首发钢铁新产品 30 多项，拥有有效专利 1.4 万件，2000 年以来共获得国家特等奖 1 项、一等奖 5 项、二等奖 17 项。

（四）遵循市场经济规则，打造市场金字招牌

许多宝钢员工都是来自老钢铁企业，习惯于按计划组织生产和供货的经营方式，开始时对市场竞争不太熟悉，客户观念、合同观念相对淡薄。在计划经济向市场经济转轨的过程中，宝钢鲜明地提出了“计划经济是为计划生产，市场经济是为用户生产”，在市场上获得了很高的声誉，提升了宝钢的品牌价值。

1992 年，党的十四大报告明确了建设社会主义市场经济体制的目标，这一年发生了一件让宝钢人记忆深刻的2.7 亿元买信誉的故事。1992 年年底，国家规定不再执行钢材价格双轨制，这出乎宝钢及其用户的意料。那么，用户以计划调拨价向宝钢订的货，是否也可以调高价格呢？按照当时的国家政策，宝钢可以把 20 万吨已订购热轧板的。价格每吨调高 1000 多元，这至少可以多收货款 2.7 亿元。但宝钢果断决定，凡 1992 年与宝钢签订的合同都按计划调拨价报价不变，价格一分钱不提，并且确保优先供应。宝钢虽然少赚了 2.7 亿元，但收获了用户给予的信誉，从此以后，“要好钢，找宝钢”

的良好形象在用户中更加广泛广播。金融机构、施工单位、设备制造企业等都乐意与宝钢合作。

宝钢把用户视为上帝的精神还体现在具体的细节上。1998 年 3 月，江苏张家港海陆锅炉厂向宝钢钢管分公司提出只订一根高压锅炉管，用于首次研制替代进口的水管式余热锅炉，分公司的人员了解情况后，没有丝毫犹豫，直奔成品库，仔细挑选后回签、标签、包装、开码单，联系出厂中心，当天送出，宝钢用最好的服务赢得了客户忠诚，之后该厂成了宝钢的长期用户。

20 世纪 90 年代初，在国内企业沉浸于钢材供不应求赚快钱之际，宝钢已开始着手为用户提供贴身服务。1993 年，宝钢与日本三井物产株式会社合资建立了国内第一家中外合资剪切加工配送中心——上海申井，之后始终坚定地进行剪切加工配送中心的全国和全球布点工作，形成了覆盖全国、辐射全球的网络体系。今天中国宝武在全国 51 个大中城市共设立营销网点 137 家，基本形成了对重要用户的贴身服务全覆盖，有效支撑了战略用户的多基地发展布局。中国宝武的海外营销服务网络遍及全球各大区域，在 21 个国家和地区设立了 36 个服务网点。优良的服务保证了用户忠诚度，在 2008 年国际金融危机席卷全球之时，海尔集团对宝钢产品的采购比例不降反增，其关键是宝钢在海尔工厂周边的剪切加工中心降低了其采购成本，缩短了采购周期，增强了应对危机的能力。

（五）顺应数字经济趋势，进军新模式新业态

宝钢顺应数字经济发展趋势，着力在培育新增长点形成新动能上下功夫，根据长期以来在信息化方面投入形成的发展优势，2015 年 2 月成立了欧冶云商，企业名字来自我国古代铸剑大师欧冶子，业务定位于第三方钢铁服务平台。欧冶云商把互联网、大数据、人工智能与钢铁流通深度融合，重塑钢铁流通领域新秩序。成立四年多来，欧冶云商已经在许多方面做了积极的探索，成绩喜人。

首先，聚焦物流和加工服务，全面构建与提升线下服务能力。我国长期

以来物流成本居高不下，针对这一痛点，欧冶云商努力构建线上、线下统一融合的多层次的物流基础设施网络，打造闭环生态服务体系，有效支撑了线上流量的快速增长。欧冶云商构建形成了覆盖全国的仓储网络，并为仓库赋能，构建仓帮服务站点，帮助仓库提升服务能力，实现转型升级。截至2017 年 8 月底，欧冶运帮第四方运能交易平台整合社会承运商资源，聚集了超过 2.5 万辆车辆，帮助委托用户降低物流成本。在加工服务上，欧冶加工平台实现加盟加工中心 251 家，通过整合社会加工中心，并为加工中心赋能，提升对终端中小微用户的增值服务能力。

其次，创新现代供应链服务，产品实现行业领先。从电商交易到绿融服务再到加工服务，从仓储到运输再到监管，欧冶云商实现了钢铁全供应链服务产品布局。截至 2017 年 8 月底，欧冶云商实现 GMV 交易量 4032 万吨，同比增长 62%，继续保持行业领先水平。绿融产品实现供应链资金规模近 40 亿元，服务用户达到 1020 家，具备“小额、分散、高频”特征；欧冶运帮交易量达到 1471 万吨，加工服务交易量达到 423 万吨，有效提升了中小微用户的黏性；大力构建线上、线下相结合的风控体系，依托物联网、区块链等创新技术，提升监管服务效率，努力为钢铁生态圈用户提供信用增值服务。

截至 2017 年 8 月底，欧冶电商平台注册用户超过 6 万，其中合作钢厂超过 180 家，钢厂一手资源交易量占比超过 80%。相比其他社会电商平台，欧冶云商在对接钢厂和服务中小微用户等方面具备明显的领先优势，引领了钢铁电商的发展。通过“平台 + 生态圈”的模式，欧冶云商大力为生态圈用户和合作伙伴创造共享价值，有效助推了钢铁行业供给侧结构性改革，推动了贸易流通商的转型发展，同时促进了终端中小微用户的消费升级。

（六）放眼全球谋发展，对标国际提升竞争力

作为一家系统引进国外技术，主要通过进口铁矿石满足冶炼需求的钢铁企业来说，宝钢自成立之日起就把对标国际最领先钢企作为自己的奋斗目

标，立足于全球优化资源配置，围绕钢铁产业链做到了“买全球、卖全球”，主动参与国际竞争提升核心能力。

第一，锁定铁矿石资源保障供应来源。宝钢在项目上马的时候，就有人提出疑问，海外的铁矿石是否能够有保障？俗话说人无远虑，必有近忧，宝钢提前就思考了如何确保铁矿石来源，立足全球视野科学决策，保障以合理价格获取优质铁矿石。首先，在铁矿石供过于求、矿价低迷的情况下，宝钢就预见到在不久的未来，资源争夺战不可避免，铁矿石弄不好会受制于人。为此，宝钢下了一个先手棋，毅然决定在海外开矿。2001 年，宝钢与巴西淡水河谷签订合资协议，拥有每年 600 万吨铁矿石资源。2002 年，宝钢与澳大利亚哈默司利公司签订合资协议，拥有每年 1000 万吨铁矿石资源。此后铁矿石价格飞涨，2008 年比 2003 年上涨了 3 倍多，宝钢由于立足全球视野富有远见的决策，保障了铁矿石资源供应，避免了受制于人。

第二，建设马迹山港降低物流成本。作为我国第一个立足进口铁矿石的钢铁企业，港口的规模、停靠货轮的吨位、进港的等待时间等都对生产成本有巨大的影响，针对宁波北仑港在铁矿石中转方面有许多制约因素，宝钢做出了建设宝钢专用的铁矿石中转深水港马迹山港的决策，目前该港是亚洲最大的铁矿石中转基地，总吞吐量达到了 5000 万吨以上。

第三，探索我国钢铁工业国际化经营之路。自 20 世纪 90 年代初起，为了提供产品质量，在当时钢材国内价格高于国际价格的情况下，宝钢果断决策，坚持每年拿出 10% 左右的产品出口，经受国外最挑剔用户的检验，听取用户的意见，查找自身的不足和问题，努力改进，使产品具有国际竞争力。

第四，实施“从中国到全球”的国际化经营战略。进入 21 世纪，宝钢在国内同行中超前一步，建立靠近用户的钢材剪切加工配送中心，进一步完善遍布全球的钢材海外营销服务体系。宝钢还加大多元产业海外业务的开拓力度，不断提升多元产业的国际化能力。

经过连续多年的参与国际竞争，宝钢产品已具有较高的国际市场竞争力和影响力，已经与当年的“师傅”同台竞争，成为国际上令人尊敬的企业。

二、宝钢的创业发展见证了中国工人的卓越智慧和力量

宝钢的创业发展，始终坚持党的领导，注重政治教育，多年来塑造了优秀的职工队伍，他们始终与宝钢在一起，为宝钢的发展做出了卓越贡献。2007 年 4 月 24 日，当时担任上海市委书记的习近平同志在宝钢集团调研时指出："宝钢的创业发展，见证了中国工人阶级的卓越智慧和力量。我们必须始终坚持全心全意依靠工人阶级的方针，始终坚持发挥工人阶级主力军作用，始终坚持工人阶级的主人翁地位。"党的十八大以来，宝钢始终以钢铁报国为己任，通过思想政治工作使广大员工牢记企业使命，并将其转化为全体员工的一致行动和努力方向，取得了企业改革发展的丰硕成果。

（一）政治站位较高，政治能力建设较强

宝钢重视通过干部培训和员工政治轮训开展思想政治工作具有优良的传统。1982 年成立宝钢党校，开展党员干部轮训，宣传马克思主义、党的路线方针政策，紧扣公司生产经营建设、改革发展稳定的中心任务，形成了入党积极分子、党员、党支部书记和党委书记的分类分层培训体系。1982 年宝钢党委提出建设"思想好，技术精，作风正，纪律严"职工队伍的目标，并组织青工进行政治轮训。同时，向员工灌输现代化大生产的纪律意识，向各级干部灌输现代化企业的管理意识。1989 年初正式成立宝钢职工政治学校，开始在全体职工中开展政治轮训，轮训内容为基本国情、基本路线和基本厂情教育。宝钢党委规定，宝钢每一位员工，必须参加全员政治轮训，这是一条铁的纪律，任何人不得缺席，并将政治轮训制度化，纳入宝钢人力资源管理体系。

宝钢把政治学习与业务工作深入融合，实现了相互促进。对应于"世界一流"的企业目标，宝钢党委向全体党员发出"思想政治觉悟高于群众、操作业务技能高于群众、生产工作业绩高于群众，培育一流党员队伍"的号召，在党员中持续开展"三高一流"活动。如 2004 年宝钢开展保持共产党员先

进性教育活动，结合“三高一流”活动，公司党委大力推行“三结合三促进”，即将先进性教育活动与现代企业管理结合，促进党员队伍综合素质不断提高；将先进性教育活动与凝聚力工程结合，促进企业党群干群关系不断改善；将先进性教育活动与深化“三高一流”工作机制结合，促进企业党建工作水平不断提高。2006年，宝钢党委以“保持先进性，党员再登高”为目标，全面推出并实施党员“登高计划”，即以党员为主体，以岗位登高为切入点，以党员责任区为平台将目标具体设定为“标准 + α”。其中，标准是统一的、共性的，即《党章》规定的党员标准和党员先进性标准；“α”是个性化的目标，即结合党员自身和岗位实际设定的持续登高目标。党员每年对“登高计划”完成情况进行系统回顾和自我总结，形成“登高心得”，并提出下阶段登高目标，从而实现滚动式改进和提高。党员“登高计划”一直持续至今，为深化党员“三高一流”、永葆党员先进性，注入了新的活力。

宝钢思想政治工作在推进企业现代化管理中发挥着不可替代的作用，助推企业实现了一个又一个观念创新。如破除“人多好办事”观念，率先实行“精干主体，分离辅助”；破除“干部能上不能下，工人能进不能出”观念，实施竞争上岗、精简定员；破除“平均主义”观念，取消八级工资制实行岗效薪级工资制，员工收入与企业效益挂钩、与岗位贡献挂钩；坚持从严治厂，强调工序服从等。

（二）坚定依靠职工队伍，不断实现攻坚克难

在国门初开的岁月，中央决策国家投资300亿元建设宝钢，消息传出后，来自全国29个省、自治区、直辖市的5万多人组成的设计、施工和生产大军，从祖国的四面八方，浩浩荡荡陆续奔赴上海宝山建设工地。在各级党组织的带领下，宝钢工人战胜一个又一个困难，夺取一个又一个胜利。打下宝钢第一桩的关登甲就是其中的优秀代表。

众所周知，宝钢项目是建设在由泥沙冲积而成的江滩上，10多平方公里的钢城犹如安坐在一个巨大无比的“钢床”上。但当时我国连钢管桩都没

有见过，更别说现代化打桩机了。为此国家紧急从全国抽调了一部分吊车司机改行学习打桩，来自河北太行上的28岁小伙子关登甲就是其中一位。尽管只有初中文化，但他铆足了劲，听不懂就看表情、看手势，然后查资料和图纸。下了课主动询问日本教员，弄清每一个操作要领。在模拟操作考试中，关登甲名列第一，不仅领到了日本专家签发的合格证，还被推荐为宝钢第一桩的操作手。1978年11月7日上午，关登甲打下了宝钢第一桩，这不仅是宝钢工人第一次正式操纵现代化施工设备打下的第一桩，也是中国工人为现代化建设的第一个特大型项目打下的第一根钢管。正是有许多像关登甲这样的宝钢工人，不仅确保了一期工程如期投产，而且该工程还获得了国家金质奖。在生产准备阶段，党委组织开展了确保"85·9"投产万无一失的教育和群众性的标准化作业、自主管理活动，取得了1985年9月宝钢一期工程在一周内按系列一次连续投产的成功。

投产以后，面对一次又一次重大挑战，党委在全厂范围内开展了"85·9"精神教育，通过思想政治工作组织动员全体员工迎接挑战。1986年特大寒潮袭击上海，最低气温达到零下9℃，使刚建成的宝钢大批水管冻裂、仪表失灵、机器停运；1987年宝钢原料码头引桥被外轮撞断，铁矿石等生产原料无法正常输送进厂;1988年上海地区甲肝流行，宝钢职工近2000人病倒住院，致使生产岗位严重缺员；2000年宝钢炼钢厂发生火灾，造成一炼钢系统停产等，面对这一个个突发事件，各级党组织和企业行政紧紧依靠职工群众，聚集各方智慧，克服了一个又一个难以想象的困难，保障了生产经营的正常运行。

（三）鼓励蓝领创新，弘扬工匠精神

宝钢还积极倡导蓝领创新，号召员工弘扬工匠精神。马育智就是宝钢早期蓝领创新的优秀代表。

马育智，一名普通工人，在1959年全民大炼钢铁的热潮中走进上钢三厂，当过加热炉副炉长，能用双眼判断出千度以上的炉温，又当过单独排除热轧机马达测温仪表故障的仪表工，无论是使用钢镐、铁铲，还是摆弄电烙

铁、万用表，他都得心应手。在上钢三厂工作20年之后踏进了宝钢，5年之后又被派去日本学习，为全面掌握自动化仪表设备知识，白天，他用带着问号的眼睛，仔细研究设备，晚上，他孜孜不倦地学习理论知识和国外资料。到日本后，他勤问勤记，在书本和实践之间反复摸索。写结业论文时，他根据宝钢项目建设需要，勇于挑战自我，选了一个难度极高的题目——怎样当好点检员。从原理到观点、从制度到方法、从理论到操作，马育智在论文中都做了分析和阐述。回国后，马育智的点检操作方法令人刮目相看，不久就传开了，因为该成果对国外的先进管理方法能进行领会，并结合自己的实践加以深化，做到了洋为中用，在宝钢得到推广。之后在实践中得到检验，使原烧结作业区设备故障率逐年下降，不但在宝钢开花结果，还在其他大型企业得到广泛应用。

宝钢率先提出的管理人员和技术人员"双通道"发展模式，为生产一线的员工设置技能专家和首席操作岗位，鼓励一线蓝领成为自主创新的员工。建立了"产学研用"一体化的机制和平台，用有效的评估和激励手段来催化企业蓝领创新活力。从小到10元的"合理化建议提出奖"，到高达100万元的"技术创新重大成果奖"，从"十佳合理化建议"、"十佳个人"的评选，到"曾乐创新奖"的创立，宝钢每年开展创新奖项评选，涌现出孔利明、王军等蓝领创新领军人物、大国工匠，大批立足岗位的创新能手以及以工人名字命名的先进操作法、创新工作室。其中，王军先后两次获得了国家科技进步奖的荣誉。

（四）上下同欲者胜，团结度过行业"寒冬"

2015年全国粗钢产量34年首次负增长，出现历史上最大钢企亏损潮，很多钢企到了为生存而战的临界点。一方面，企业盈利能力下降，需要提升人事效率、提高工作负荷；另一方面，员工收入下降、面临转岗转型，员工心态与企业蓬勃发展期大不相同，出现诸如丧失信心、士气不振、抱怨增加、心态失衡、职业安全感降低、对企业和管理层信任度下降、忠诚度和敬业度下降等情况。

如何紧紧依靠职工实现度过钢铁行业“寒冬”，成为摆在宝钢面前的一个新的挑战。为此，宝钢集团公司领导班子成员身体力行，深入一线、深入实际，倾听职工群众心声，掌握“原生态”情况，以利于破难题、抓落实、推工作。2015 年，仅集团公司领导班子成员就到 150 多家基层单位，开展各类调研活动 250 次。宝钢党委开展“管理者问卷调查”，围绕员工思想动态和舆情，整理汇总成内参报告，供决策参考。通过走进基层，走进群众，了解了员工的思想状况，找准了员工的关注点、利益点、需求点，从而准确地做到了上情下达、下情上传。

为有针对性地加强典型案例宣传引导，改善工作环境，激发员工干事创业的精神状态。2015 年宝钢以投产 30 周年、湛江钢铁一号高炉点火为契机，围绕“创业 · 创造 · 创新”主题，上下结合开展了系列活动，大力宣传弘扬“85 · 9”精神和宝钢文化，发现每一个员工的闪光点。公司以钢铁寒冬“冬日绽放”为主题，举办了宝钢年度人物颁奖典礼，评选表彰“最美宝钢人”，为一线员工拍摄风采宣传片，使员工深受鼓舞。

三、成立中国宝武面向新时代推进供给侧结构性改革

推进供给侧结构性改革，是以习近平同志为核心的党中央综合研判世界经济形势、着眼我国经济发展全局做出的重大战略决策，是适应和引领经济发展新常态的重大创新，是推动经济持续健康发展的必然要求。2016 年 12 月，宝钢与武钢通过联合重组成立中国宝武，并被确定为国有资本投资公司试点企业，成为推进钢铁行业供给侧结构性改革的关键举措和里程碑事件。一年多来，取得了许多可圈可点的工作亮点。

（一）发挥国企表率作用，提前完成去产能重任

在钢铁需求增长快的时期，钢铁企业更愿意做大做强，地方政府出于税

收等原因也乐意提供一定的扶持，容易导致产能过剩。2015 年，我国钢铁行业的发展步入了低潮期，全国重点钢铁企业亏损 600 多亿元，武钢亏损额居首，宝钢利润大幅下滑。在钢铁行业陷入“冰河期”时，钢铁行业重组的压力接踵而至，市场化减量重组的时间窗口就打开了。

在此背景下，武钢这一共和国钢铁工业长子，与宝钢这一改革开放产物进行了联姻，重组为中国宝武，被时代赋予加快推进供给侧结构性改革的历史重任。

经过一年多的实践，中国宝武作为我国钢铁行业的“领头羊”和国有资本投资公司试点企业，积极响应国家战略部署，主动压缩钢铁产能，交出了一份靓丽的答卷。

——主动压缩产能。根据国家钢铁产业政策，站在履行央企责任的高度，主动化解过剩产能。例如，原武钢集团关停炼铁厂一座高炉，二炼钢一座转炉，并关停或限产上下游配套相关产业单位。

——优化产业布局。统筹湛江和防城港基地建设，调整工作思路，实现布局结构优化；关停八一钢铁南疆钢厂产能；重组宝钢特钢和韶钢长材，打造高端特钢长材基地。

——融合城市发展。结合上海市城市总体规划改善城市区域环境面貌，调减地处中心城区的上海不锈钢产能，仅保留少部分的冶炼产能用作异地置换发展高端产品；关闭江苏南通钢厂全部产线。

2016 年中国宝武化解过剩产能 997 万吨，超额完成国家下达的年度任务，占全国去除过剩产能总量的 15%；到 2017 年就提前一年超额完成国家下达的三年化解目标，2016 年、2017 年两年成功压缩钢铁产能 1550 万吨，在推进供给侧结构性改革中发挥了央企带头作用。

（二）凝聚各方力量，实现产业与员工双转型

部分产能的去除，产业的转型，不可避免地给一些员工带来了人生的阵痛。中国宝武在化解过剩产能的过程中，坚持“转岗不下岗、转业不失业”

基本原则，多渠道解决员工出路问题，保证了员工的平稳过渡和经济社会大局稳定。

——充分依靠现有员工，投入支撑战略新产业的发展。

——搭建员工转型平台，打通内、外部发展渠道，助力员工成功转型上岗。

——加强与政府、专业机构及企事业单位的沟通协调，通过增量岗位帮助员工转业发展。

例如，集团公司通过优秀员工转型，投入支撑产城、产融、产网结合战略业务发展；武钢集团开辟了10多种不同的人员安置渠道，确保人员安置渠道的灵活性和多样性，输送员工支援地方业务需要；八一钢铁通过工业服务平台承揽社会业务，促进1861名员工转型满足外部业务需求；在上海市委、市政府的大力支持下，上海不锈钢实现182名员工向上海市各区的居民区党支部书记、社区工作者成功转型发展。

2016年，在产业转型升级同步开展的员工转型发展各项工作中，通过丰富内、外部渠道，集团共有5352名员工成功实现了职业转型。在员工转型工作推进中，中国宝武高度关注员工需求，及时关心和响应员工关切，在人力资源优化工作中完善员工分流安置政策，切实依法保障员工权益，确保基本生活保障。公司为每一位愿意工作的员工提供工作机会，并建立培训费用支持政策、培训期间待遇保障来助推员工转型；为符合条件愿意退出的员工健全离岗退养保障政策；积极响应“大众创业、万众创新”战略，配套支持员工创业的劳动关系、资金激励制度，提供政策保障。

中国宝武认识到员工最广泛的参与是助推改革成功的关键因素，立足于探索创新有效的激励、支持、保障机制，激发管理者和员工自主开展人力资源优化的主观能动性，聚焦难点问题实现突破。为此，集团公司从对单位、对员工两个维度持续完善多样化的激励保障政策。建立工资总额核定与效率提升正向挂钩的机制，为效率提升后的员工收入增长创造条件；针对为效率提升做出贡献的骨干人员，制定专项激励制度；对效率提升达标的单位，给予专项费用支持，分担各单位因开展人力资源优化发生的费用；鼓励各单位积极对外拓展业务，创造就业岗位，给予人员接收单位过渡期人工成本支持。

（三）加速主业整合，激发协同融合效应

世界上的企业联合重组或合并案例，失败的比重很高，失败的一个重要原因就是没有办法完成资本整合后的业务整合、文化整合，宝武集团成立后也面临同样的问题。

中国宝武成立后，同步开展了宝钢股份通过资本市场吸收合并武钢股份工作，加快推进钢铁主业整合融合成为各项工作的重中之重。2016 年 12 月 19 日，宝钢股份下发《关于成立宝钢股份、武钢股份整合专项工作组的通知》。2017 年 2 月 14 日，宝钢股份召开整合百日计划工作启动会。2 月 27 日，宝钢股份复牌上市，上市公司合并工作圆满完成。4 月初，整合工作全面开展。

宝钢股份将整合工作列为 2017 年度商业计划和深化改革计划中的首要任务。充分发挥党组织的领导核心和政治核心作用，通过加强宣传教育等多种方式迅速统一公司上下对整合工作的认识，在全公司范围内形成了认同、支持、投身整合工作的氛围。武汉钢铁（集团）公司在整合初期对整合工作心存疑虑，公司党政领导班子通过召开系列员工座谈会宣传整合融合的重大意义，积极倾听职工心声，回应职工关切，面对面答疑解惑，消除疑虑。全体干部员工转变了观念，以坐不住的紧迫感、等不起的责任感、慢不得的危机感求新求变，积极投入整合工作中来，期待重整后的青山基地能涅槃重生。宝钢股份还连续组织两期青山基地管理人员专题实战研修，青山基地学员通过对标学习，深受触动，全身心地投入了后续聚焦差距、制订改革方案的行动学习之中。

宝钢股份在整合计划的策划中，特别关注协同效益的获取，在整合之初，就明确提出 2017 年度实现 10 亿元协同效益的目标，并以快赢项目的落

地为载体，确保整合协同效益获取。公司还提出通过体系的覆盖达到管理和文化融合的整合路径，从原点思考、以终为始策划业务对接和覆盖方案。武汉钢铁（集团）公司积极协同股份层面重点抓好“两个整合、三个集中统一、两个对接、两个协同支撑”。全面参与宝山基地进口矿、远洋运输整合，推进煤炭、合金、资材类部分品种统谈分签及协同采购；实施营销渠道划转切换和库存划转；成立中央研究院武汉分院；对接财务和信息化，成立 13 个信息化专业小组和推进工作领导小组，明确 26 项信息系统覆盖及移植时间节点，104 项任务均按时间节点达到预期目标；开展冷轧电镀锌协同和规划协同等。

为确保整合顺利进行，宝钢按时间节点制订了一个“百日计划”，从执行情况看，宝钢股份遵循“整合要产生效益，整合要提高效率，整合要保持服务水平不变”的指导思想，坚持以共同责任为原则，砥砺前行，经过短短几个月的奋力推进，基本按节点完成，其间，宝钢股份共实施项目 449 项，完成 441 项，完成率达 98%；设置项目里程碑 120 项，完成 119 项，完成率 99%；推进快赢项目 40 个，实现协同效益 3.28 亿元，其中 10 项公司级项目实现效益占比达 71%；各专项工作组和职能条线基本完成预定目标。

在圆满完成整合百日计划之后，宝钢股份正全力推进后续协同项目的实施，并加快形成多制造基地管理模式，打造上海宝山、武汉青山、湛江东山、梅钢梅山四个生产基地，并全方位推动文化融合工作。

（四）举旗定向，为供给侧结构性改革保驾护航

中国宝武坚持以习近平新时代中国特色社会主义思想为指导，不断推动企业思想政治工作围绕中心工作起成效，为公司推进供给侧结构性改革和转型发展保驾护航。

中国宝武把学习贯彻习近平新时代中国特色社会主义思想和党的十九大精神作为首要的政治任务。加强理论武装，深入学习贯彻习近平新时代中国特色社会主义思想和党的十九大精神。传承优良学风，扎实推进“两学一做”

学习教育常态化制度化和党委理论学习中心组学习制度化规范化。公司制定《推进“两学一做”学习教育常态化制度化实施意见》，从基层党委、党支部、党员三个层面推进；督促各级党员领导人员严格执行双重组织生活制度；督促基层党支部落实“三会一课”制度，推进党组织书记、党员干部讲党课。坚持党管意识形态，扎实推进落实党委意识形态工作责任制。公司制定了《党委意识形态工作责任制实施办法》和《意识形态阵地管理办法》，把意识形态工作纳入党建工作责任制和领导班子、领导干部目标管理，与生产经营和党建工作同部署、同落实、同检查、同考核，形成责任落实的闭环效应。

习近平总书记指出：“坚持党的领导、加强党的建设，是我国国有企业的独特优势。”中国宝武充分利用“独特优势”，推动中心工作取得实效。以提高企业效益、增强竞争实力、为国有资产保值增值保驾护航作为思想政治工作的出发点和落脚点，以改革成果检验党组织的战斗力，推进思想政治工作与中心工作深度融合，助力供给侧结构性改革推进。落实新发展理念，把握重组整合历史机遇，引导各钢铁单元权衡利弊，客观分析形势，上下形成共识，成功压缩钢铁产能1550万吨（2016～2017年两年）。为促进宝武整合融合，公司搭建协同工作平台，深挖协同效应，丰富协同体验，引导员工在思想上认同，在行动上支持整合融合工作，有效集中了研发优势和渠道优势，降低了人工成本和财务成本。

中国宝武注重思想政治工作自身的不断创新，形成了一系列具有自身特色的思想政治工作方法，主要有：一是思想政治工作要带着感情去做，要进行“换位思考”；二是思想政治工作的基础是加强沟通，要搭准职工的思想脉搏；三是思想政治工作要相信职工、依靠职工，切实加强职工民主管理；四是思想政治工作要贯穿于调整和改革的全过程，作用于调整和改革的每一个环节；五是思想政治工作要过细，用细节体现针对性、体现工作深度、体现工作特色；六是思想政治工作要运用适合新情况的新方法，因地制宜、因时制宜、因人制宜；七是思想政治工作要与解决实际问题紧密结合，以解决实际问题为前提；八是思想政治工作要齐抓共管，形成合力，党组织要发挥主导作用，各级领导班子和经营管理人员以及工会、共青团组织都要做；九是思想政治工作要发挥领导人员和党员的表率作用，用人格力量取信于广大职工；十是思想政治工作要善于及时总结，不断提高工作水平。

中远海运：劈波斩浪，“走出去、引进来”的前锋

上海社会科学院

2016 年 2 月 18 日，中国远洋海运集团有限公司在上海正式挂牌成立。中国远洋运输（集团）总公司（简称“中远集团”）与中国海运（集团）总公司（简称“中海集团”）两个大集团战略性重组，一个世界级航运企业诞生了。这是党中央、国务院顺应国内外经济环境复杂变化做出的战略决策，是中国国有航运企业更好地参与国际合作与竞争、深化改革的重要举措。

2008 年国际金融危机爆发以来，世界经贸格局深度调整，全球经济增长放缓，航运企业竞争日趋激烈。作为全球贸易大国、投资大国，中国坚持全方位扩大对外开放，积极融入全球产业链价值链分工，主动推进“一带一路”建设，加快从贸易大国向贸易强国迈进，这些都需要有自己的世界级航运企业支撑。中国远洋海运集团有限公司应运而生，这既是深化国有企业改革的客观要求，是中国企业加快走出去提升国际竞争力的必然选择，也是中国进一步深化改革、扩大开放的重要举措。

开放倒逼改革，改革推动创新，创新驱动发展。中国远洋海运集团有限公司作为世界最大的航运企业集团，始终是服务国家对外经济贸易交流合作的主力军，是国有企业改革的排头兵，她的发展改革历程是中国改革开放历史的一个缩影。

一、开放发展：经济国际化的先行者

走向海洋、拓展中外经济交往，从来都是中国远洋海运集团的使命、职责。在中国改革开放的任何时期，中远海运都牢牢把握服务国家对外开放战略，把准改革开放大势大局，不断增强企业综合实力和核心竞争力。

（一）第一阶段（1979～1991 年）

20 世纪 80 年代之前，中远集团“走出去”的主要方式是向海外派驻航运代表，为船队的全球航运提供保障服务。1979 年 8 月，国务院提出“出国办企业”后，中远集团大力开拓远洋运输业务，开展集装箱运输，开辟重要国际航线定期班轮服务，扩大船队规模，增设驻外机构，经过十多年的扎实工作，海外产业取得了迅速发展。

1. 作为改革开放的先锋队，实现中美通航的创举

1979 年，中美正式建交，中远集团和莱克斯兄弟轮船公司达成了港口挂靠协议。1979 年 3 月，“柳林海”轮由上海起航，于 4 月 18 日抵达美国西雅图港，标志着中美海上航线正式开通；1980 年，中国香港至菲律宾航线开通；1981 年，中日航线开通；1982 年，中国至美国东海岸、波斯湾、西非和西北欧的航线开通；1983 年，中国至地中海航线开通。

经过多年努力，截至 1983 年底，中远集团先后开辟了中澳、中美、中日、中欧、中国内地至香港的集装箱班轮航线，以及中国至波斯湾、西非、西北欧的半集装箱班轮航线共 16 条，初步形成了以中国为中心，联通全球主要港口的集装箱运输网络。

2. 恢复台湾海峡正式通航，实现两岸直航的梦想

1979 年，中美关系正常化后，台湾海峡局势日趋缓和，正式恢复台湾海峡正常通航被提上议事日程。1979 年 5 月 27 日，经过中远集团内部精心筹备，“眉山”轮从广州黄埔港启航北上，安全通过了台湾海峡。5 月 30 日“江城”轮，6 月 7 日“富春江”轮，6 月 12 日“天门”轮相继进行通行台湾海

峡的试航，均获得成功。1979 年 7 月，交通部颁发了《关于我商船通行台湾海峡的暂行规定》，标志着台湾海峡恢复正常通航。

台湾海峡恢复正常通航，为实现大陆与台湾直接通航创造了条件。1980 年 5 月 23 日，“欢庆”轮首航台湾基隆港，这是新中国成立以来首次由台湾装货直航大陆的船舶。

（二）第二阶段（1992～1999 年）

1992 年，党的十四大报告中明确提出“积极扩大我国企业的对外投资和国际化经营”，改革开放的目标也确立为建设社会主义市场经济。在这一阶段，中远集团抓住机遇，通过在一些重要国家和地区建立经营实体，整合优化海外资源，成立了中国香港、美洲、欧洲、东南亚、西亚、非洲、日本、韩国、澳洲等九大区域公司，逐步形成了海外自主经营和开拓能力，规范了海外区域管控模式，推动了海外产业发展。中海集团也于 1997 年成立。

1. 中远集团国际化经营不断深入

随着国际化经营的不断深入，中远集团认识到，要真正发展壮大海外产业，不仅要完善海外网络布局，还必须利用好国际资本市场，在加强国际合作等方面有所突破。1993 年 10 月 5 日，中远投资（新加坡）有限公司在新加坡成功上市，吹响了中远集团全面进军海外资本市场的号角，同时也成为第一家进入海外资本市场的中国国有企业。

在完成中远投资在新加坡上市的基础上，中远集团将企业核心产业引入资本市场：在香港联交所相继成立了中远太平洋、中远国际和中国远洋三家上市公司，将全球集装箱运输、物流、码头、船舶服务等核心产业引入资本市场，取得了显著成效。

2. 中海集团由五家企业组建成立

1997 年 7 月 1 日，中海集团在上海海运（集团）公司、广州海运（集团）有限公司、大连海运（集团）公司、中国海员对外技术服务公司和中交船业公司等五家交通部直属企业的基础上组建成立，总部设在上海。在成立后的一年半时间内，中海集团先后组建了集运、船务、油运、货运、客运、国贸、货代、工业、投资等专业化公司，基本完成了专业化重组，形成了以效益为中心，结构合理、优势互补的经营管理格局。

（三）第三阶段（2000～2016 年）

2000 年，党中央在“十五”计划的建议中，首次提出了“走出去”的战略。在这一阶段，中远集团和中海集团通过坚持“走出去”战略，在海外产业规模上不断取得突破。

1. 中远集团建设欧洲枢纽“比雷埃夫斯港”

在大力打造全球航运网络的基础上，中远集团以中远太平洋和境外区域公司为平台，积极推进全球范围内的码头布局。2008 年，中远集团以中远太平洋为平台投资希腊比雷埃夫斯港 2 号、3 号集装箱码头。

比雷埃夫斯港是希腊最大的港口，被称为“欧洲的南大门”，是中国企业在西方国家投资的最具备区域枢纽功能的港口。2014 年 6 月 20 日，国务院总理李克强与时任希腊总理萨马拉斯共同考察比雷埃夫斯集装箱码头，对码头发展取得的卓越成绩给予了高度评价。投资海外码头资源，不仅为中远集团打造全球航运网络提供了强有力的支持，也为后续集团践行国家“一带一路”倡议提供了良好的保障。

2. 中海集团打造全球首家“绿色环保码头”

2012 年 2 月 16 日，时任国家副主席习近平参观考察了中海洛杉矶码头。中海洛杉矶码头自 2004 年 6 月 1 日起，成为洛杉矶港，也是全球首个到港船舶使用岸基供电的码头，被誉为世界上第一个“绿色环保码头”。习主席高度评价了中海洛杉矶码头在促进中美经贸合作和增加当地就业方面发挥的积极作用。他表示，“中海运洛杉矶码头建成以来，港口经济飞速发展，年均集装箱吞吐量已达到 150 万标箱，占整个洛杉矶港集装箱吞吐量的 1/10。10 年来，中海运洛杉矶码头共为美国联邦政府和地方政府贡献了 1 亿美元的直接税收，为当地创造了很多就业机会。同时，这里所有设备都使用丙烷作为燃料，是充分利用清洁能源的成功典范。中海运在洛杉矶的成功，再次印证了中美经贸合作互利双赢的本质，展现了双方在能源领域的合作潜力，也说明中美双方只要抓住机遇、相向而行，就一定能创造更多新的合作亮点”。

二、重组改革：深挖制度创新红利

中国远洋海运集团有限公司的改革之路一直贯穿着集团的创新发展，改革为集团创新发展提供了动力，创新发展为集团改革指明了方向。中远海运的改革之路把握住了时代的背景、国家的方向、民族的期许。改革既是集团自身发展的助推剂，也是超大型央企创新发展的表征。

中远集团和中海集团的重组整合是中央企业改革发展历史上具有重要意义的新标记，在中国航运界乃至全球航运界具有深远影响。

（一）时代要求：世界级航运企业应运而生

习近平总书记指出："现在我国改革已经进入攻坚期和深水区，国有企业改革我们必须以更大的政治勇气和智慧，不失时机深化重要领域改革"，"实践发展永无止境，解放思想永无止境，改革开放也永无止境，停顿和倒退没有出路"。

1. 国家战略发展的要求

国企改革是一个"摸着石头过河"的"试错"过程，是中央推动与地方实践上下结合的产物，本质上是生产力与生产关系的相互作用，符合建设社会主义市场经济的客观需要。传统国有企业在体制、机制以及管理制度等方面为适应社会主义市场经济体制而进行的改革，中心环节和核心内容是建立现代企业制度，增强国有企业活力，提高国有企业的经济效益。

中远集团和中海集团的战略重组是落实党中央国务院重大战略部署的积极表现。

2. 国际环境变化的要求

从国际金融危机爆发至今，国际航运市场依然没有走出史上持续时间最久、程度最深的低谷。全球范围内，航运企业业绩恶化、资产缩水、负债增加，船厂订单稀少，多个国际港口集装箱吞吐量同比连续出现负增长。受后危机时代的影响，当前的航运市场仍处在低谷状态，运力仍然相对过剩。“合作共赢、抱团取暖”成为航运企业应对这种不利局面的必然选择。组建联盟，可以降低运营成本，减少投资风险，增加利润额，提升总体的效益。

国际并购重组的密集发生使世界航运业进入“大船时代”，对中远和中海集团的发展提出了新要求。

3. 自身业务调整的要求

改革是机遇，更是挑战。原中远、中海两大集团业务板块众多、体量巨大、历史包袱重、外部挑战严峻，且均在海内外有广泛的业务分支网络，业务重叠度高。重组使中远海运得以整合同类型企业、处置“僵尸”企业和低效无效资产，将优化业务结构与压减工作结合起来。

第一，可以降低企业经营成本。由于单船载运能力越大，单位成本越低，所以航运企业组建联盟可以在降低企业单一投入时的运营成本的同时一并提高航线舱位利用率。面对全球运输需求的持续低迷，相互合作才能获得共赢。第二，可以开拓新的市场。通过合作，集团内的企业可以进入彼此所熟悉的传统领域，在扩展经营领域的同时增加企业的市场份额，满足更多元化的运输需求。第三，可以降低企业运营风险。通过企业合作，可以打破单个企业经营时进入和退出的壁垒，可以以实力与规模抵御强敌，从容地面对全球经济的波动，从而使得航运企业获得规模经济效益并降低运营风险。第四，可以实现资源共享，提高运输服务质量。通过集团合作，可以使航运企业整合各个企业的资源，实现资源共享和优势资源的互补，并提高运输服务质量。第五，可以避免过度竞争，降低独自经营的盲目性，并带来直接的经济效益。集团企业经营协调，使得各方的优势互补，避免盲目单干以及过度竞争，实现规模经济，降低成本，各个航运企业直接受益。

（二）成效显著：中国特色现代企业制度的典范

1. 党的领导和方针政策为中远海运指明新方向、新目标

改革重组促进了集团的开放发展，也为集团的开放发展释放了制度红利。2015年8月《中共中央、国务院关于深化国有企业改革的指导意见》指出，到2020年，在国有企业改革重要领域和关键环节取得决定性成果，形成更加符合我国基本经济制度和社会主义市场经济发展要求的国有资产管理体制、现代企业制度、市场化经营机制，国有资本布局结构更趋合理，造就一大批德才兼备、善于经营、充满活力的优秀企业家，培育一大批具有创新能力和国际竞争力的国有骨干企业，国有经济活力、控制力、影响力、抗风险能力明显增强。

中国远洋海运集团无疑是践行国企改革的先行者和完善中国特色现代企业制度的排头兵。

2. 中国特色现代企业制度为中远海运增添新活力、新业绩

自2016年重组以来，集团在完善现代企业制度的基础上，进一步开拓进取，取得了新的成绩。

新集团依照“规模增长、盈利能力、抗周期性和全球公司”4个战略维度，确定了包括航运、物流、航运金融、装备制造、航运服务、社会化服务以及“互联网+”在内的“6+1”产业集群，并将优先发展全球集装箱运输、码头业务、航运金融和全球综合物流。

集团董事长许立荣表示：“本次重组整合打破了过去侧重于航运段运输的经营逻辑，着力打造供应链综合服务能力，从根本上提高了企业的抗周期能力。”

三、深耕海外：服务国家“一带一路”

作为我国最早走出去、国际化经营程度最高的央企之一，中远海运集团始终把开拓海外业务、深耕国际市场作为主攻方向。“一带一路”建设是我

国新时期扩大对外开放的重大举措，中远海运集团积极响应国家号召，主动承担央企“一带一路”建设主力军和先锋队的责任和使命，以“一带一路”为主轴进行全球布局，构建畅通全球的交通运输网络，为“一带一路”沿线国家及地区间的贸易畅通、设施联通等提供全方位的综合物流供应链服务。

（一）以区域为支撑，构筑“一带一路”建设前沿阵地

集团充分发挥海外区域公司的区位优势、先发优势、信息优势，积极参与“一带一路”建设，海外区域公司正在成为开拓“一带一路”沿线业务的前沿阵地。随着全球化业务的不断拓展，集团海外区域公司服务“一带一路”建设的网络日臻完善，服务能力显著加强，为沿线各国经贸发展做出了积极的贡献。

与此同时，集团还积极围绕“一带一路”沿线国家和地区，加强海外关键物流、仓储等基础设施的投资和建设，先后投资了希腊比雷埃夫斯港、哈萨克斯坦“霍尔果斯－东门”经济特区无水港项目，在埃及苏伊士运河经济区投资筹建 13 万平方米的保税物流园区，在阿联酋阿布扎比开工建设了 27 万平方米集装箱拆装箱场站，在新加坡收购了高升控股（COGENT）物流公司，在阿联酋迪拜开发了龙城仓储项目。这些海外关键物流节点和区域公司的投资运营，不仅为集团的全球化布局奠定了坚实基础，同时也为集团参与“一带一路”建设提供了有力支撑。

（二）以码头为支点，强化“一带一路”沿线港口布局

码头业务是中远海运集团的核心资源，是集团全球网络布局的基础和战略支撑点，与集团的航运业务及产业链上下游相关业务形成了相互促进、协同发展的良好格局。特别是 2016 年以后，集团以“一带一路”为主线，以码头为支点，优先布局一批区位优势突出、支撑作用明显、保障海上运输大通道安全畅通的海外关键枢纽港，为中国企业参与各国基础设施建设、特色园区打造、产业结构调整，实现优质产能输出，提供海外发展支点。

截至2017年底，集团在“一带一路”沿线投资额达到170亿元，其中码头项目股权及配套固定资产投资逾140亿元。截至2018年7月底，集团在全球投资经营码头共55个，其中，集装箱码头50个，在“一带一路”沿线国家和地区投资码头17个。

目前，中远海运集团的码头组合遍布中国大陆的五大港口群以及中国香港、中国台湾、东南亚、欧洲、地中海、黑海等地区。通过在“一带一路”沿线海外关键枢纽港的投资布局，集团为服务国家“一带一路”战略做出了积极贡献，获得了党中央、国务院的高度关注和认可。以比雷埃夫斯港为例，2016年7月5日，习近平总书记与希腊齐普拉斯总理会晤时强调，“将比雷埃夫斯港建设为地中海最大的集装箱转运港、海陆联运的桥头堡，成为‘一带一路’合作的重要支点”。

（三）以航线为纽带，优化“海上丝路”航线网络布局

中远海运集团以“21世纪海上丝绸之路”为主线，不断优化全球航线布局，相继开通了远东至欧洲、远东至地中海、远东至黑海、远东至中东、远东至红海等多条集装箱班轮航线。2016～2017年，中远海运特种运输船舶累计完成11艘次北极航道航行，开启了“冰上丝绸之路”。2016年以来，集团还为南极科考站建设提供物流服务，开创了中国商船航行南极的先例。2016年4月，集团联合达飞轮船、长荣海运、东方海外组建了全球最大的集装箱班轮联盟——“海洋联盟”（总运力655万标准箱），为“一带一路”沿线地区提供优质高效稳定的班轮服务，进一步提升了市场地位和影响力。

截至2018年7月底，中远海运集团在“一带一路”沿线布局班轮航线195条，投入约260艘集装箱船舶、170万标准箱运力，占集装箱运输运力总规模的61%。同时，集团特种运输船队也为我国超长、超大、超重的大型设备、基建材料进出口提供远洋综合运输服务，助力中国装备走出去，推动“一带一路”建设。

（四）以物流为延伸，连接“海上丝路”与“陆上丝路”

中远海运集团正在着力解决货物运输在“一带一路”沿线的陆路运输短板问题，以综合物流为延伸，构建高效立体的运输解决方案，提升全球供应链综合服务能力。在国际海铁联运建设方面，集团依托“一带一路”建设，积极推进“中欧陆海快线”建设和哈萨克斯坦“霍尔果斯 – 东门”经济特区无水港项目，进一步创新海铁联运模式，实现海上丝绸之路与陆上丝绸之路的有效连接。此外，集团加大了对亚欧海铁联运、亚欧国际班列业务的投入，先后开通了渝深班列、蓉深班列、连云港 – 哈萨克斯坦 – 欧洲班列、印尼 – 深圳 – 赣州海铁联运通道、“西藏号”班列等近 10 条班列；支持中新互联互通南向通道建设，增加以广西钦州港为始发港或经停港的远洋航线，为广大客户及合作伙伴提供更加优质的全程物流供应链服务。

在欧洲地区，集团依托希腊比雷埃夫斯港作为“一带一路”陆海交汇点的优势地位，大力开展“中欧陆海快线”建设。中欧陆海快线将比港作为枢纽港，开通远东经海运至比港，再由比港铁路至欧洲内陆的海铁联运路径，打造远东通往欧洲的第三条贸易大通道。中欧陆海快线兼顾时效性和经济性，比全海运方式减少交货期 11 天，比全铁路货运方式成本大幅削减，拉近了中国与东、南欧的距离。目前，集团已经成立中欧陆海快线平台公司，通过收购沿线场站和获取铁路运营资质，进一步增强中欧陆海快线的竞争力，努力拓宽、延伸“中欧第三条通道”。

在亚洲地区，集团投资哈萨克斯坦“霍尔果斯 – 东门”经济特区无水港项目，连通中哈亚欧跨境运输。集团充分发挥海上集装箱运输网络能力和陆上海铁联运综合服务的优势，使之成为我国“一带一路”倡议与哈国“光明之路”新经济政策实现战略对接的重要物流通道节点，并进一步打造成中欧、中亚路桥服务的重要枢纽，为全球客户提供更高品质的全程供应链服务解决方案。

（五）以比港为样板，打造“一带一路”国际合作典范

比雷埃夫斯港是连接东欧、地中海、巴尔干及黑海地区的海上门户，年集装箱吞吐量约占希腊全国箱量的70%～80%。

作为“一带一路”国际合作的典范，中远海运集团在比雷埃夫斯港取得的一系列成果，有力地推动了希腊经济和社会的发展。据统计，自2009年至2017年底，中远海运为当地直接创造工作岗位2600个，间接创造岗位8000多个；直接经济贡献7亿欧元，被希腊总统帕夫洛普洛斯誉为“双方和谐相处、互利共赢的一个典范”。

四、创新发展：航运企业的排头兵

创新是引领发展的第一动力。中央企业作为国民经济发展的重要支柱，是践行创新发展新理念、实施国家重大科技创新部署的骨干力量和国家队。当前，中远海运集团在重组整合工作逐步完美收官、企业发展核心动能从重组整合逐步向体制机制创新、科技创新转变之际，前瞻布局、主动作为、大胆实践，走出了一条颇具特色的创新发展之路。

（一）加快体制机制创新，为实现行业领军提供内生动力

如果说，通过实施重组整合，中远海运集团实现了“1+1>2”的规模效应、协同效益，具备了参与全球市场竞争、实现行业领军的物质基础和前提条件；那么，加快体制机制创新，就是要发挥乘数效应，通过在内部治理改革、供给侧结构性改革、混合所有制改革等一系列体制机制要素的优化重塑、创新变革，为实现行业领军提供不竭的内生动力。

1. 规范直属单位董事会建设

按照“战略统筹、分类管理、额度控制、权责统一、防范风险”的原则，集团制定了《中远海运集团有限公司直属公司董事会运作管理办法》。集团先后下发了中远海运控股、中远海运集运、中远海运物流、中远海运北美、

中远海运欧洲等30家公司的董事会及董事长授权清单，按照“一企一策”的方式明确了直属单位的投资授权内容及额度，在确保建立授权项目风险防控体系的前提下，对各单位进行充分授权，规范建设董事会工作全面展开。

2. 推进供给侧结构性改革

按照中央“三去一降一补”的总体要求和国资委的具体部署，中远海运集团积极推进供给侧结构性改革，重点推进企业资源向核心产业、重点产业集中；坚决压减落后修造船、海工装备产能；加速淘汰低效老旧船舶，及时调整优化船队结构。与2013年“拆旧造新”政策实施之初相比，集团的平均船龄由13年下降了约5年，船队年龄结构、船舶适货性和运营经济性都得到了优化。

3. 试点混合所有制改革和员工持股

2016年8月17日，国务院国资委等三部委联合印发了《关于国有控股混合所有制企业开展员工持股试点的意见》，决定从各央企所属三级及以下企业中遴选10家作为首批员工持股试点企业。经积极争取，2016年11月，国资委批准中远海运集团所属泛亚航运作为首批10家企业之一，开展混合所有制企业员工持股试点。

集团董事长许立荣与时任总经理万敏高度重视混改试点工作，挂帅牵头制订了《混改和员工持股试点方案》，完成了《混改增资方案》。2017年6月29日，泛亚航运办理了增资后的工商变更登记，完成了混合所有制和员工持股试点改革，成功实现了国资、民资与员工出资的紧密结合。

（二）高度重视科技创新，推进“智慧航运”和“智能制造”

作为国内唯一一家拥有多个国家级科研平台和专业科技研发机构的中央航运企业，中远海运集团认真落实创新驱动发展战略，科技创新工作紧紧围绕“编制一部规划、搭建一个平台、组建一支队伍、制定一套机制和落实一批项目”的工作思路，努力推进集团“智慧航运”建设和“智能制造”发展。

1. 聚焦自主研发，提高企业关键核心技术自主创新能力

近年来，中远海运集团自觉发挥关键核心技术自主创新的顶梁柱作用，依托集团的自主研发能力，牵头开展“智能船舶顶层设计”、“超大型船舶结构安全”、“深水半潜平台”等 7 项国家级关键核心技术研发项目。其中，“智能船舶顶层设计”揭开了我国船舶智能化、自动化、自主化研究的序幕；“超大型船舶结构安全”通过对超大型船舶在航行时船体结构受波浪力的影响机理的研究和监测，有效解决和降低超大型船舶航行安全风险，为船舶设计和建造提供支撑；“深水半潜平台”专项是集团首个牵头承担的研发专项，研发总经费 4.83 亿，平台振动噪音、人员应急逃生和电力系统等多项关键技术对标国际同类产品，最终将建成具有国际先进水平的深水半潜支持平台。

2. 搭建首个航运科技创新平台，实现产学研一体化发展

中远海运集团坚持以科技创新为引领，以业务需求为导向，通过联合开发、合作创新，建立自主研发创新体系，加强航运物流、装备制造、服务金融等产业链上下游的技术协同和创新联盟，形成“为我所用”的科技资源支撑体系，搭建“协同、开放、共享、互赢”的科技创新平台。2018 年 2 月，为体现集团对建设科技强国、交通强国、海洋强国和数字中国的支撑力量，以科技创新助力航运产业转型升级，中远海运集团以上海船研所、中远海运科技为基础打造的国内首家航运科技与信息化平台正式启航，通过整合集团内外部科研力量和资源，以科技创新引领集团发展方式转变，推进中远海运集团“智慧航运”和“智能制造”发展目标的实现。

3. 以“智能制造”为抓手，推进船舶制造领域转型升级

中远海运集团围绕推动“互联网 +”战略，以“全面数字化 + 核心智能化”为目标，放大南通中远海运川崎的示范引领作用，补齐短板，增强企业整体优势，制定中远海运集团“中国制造 2025”顶层设计，推进经营、设计、生产、管理四大环节和服务信息的数字化集成应用，创建涵盖产品全生命周期的企业大数据管理平台，实现智能制造在车间、工厂、产业链三个层面的应用，保持在国内船舶智能制造领域的领先优势，促进制造板块转型升级。

2015年，集团所属中远海运重工的“船舶制造智能车间”被工信部认定为全国船舶行业唯一的智能制造试点示范项目，入选2017年“中国智能制造十大科技进展”，其“基于两化深度融合的智能船厂建设解决方案”入选国家“2017年制造业与互联网融合试点示范名单”，4家骨干船厂荣获工信部两化融合管理体系贯标试点企业称号。

4. 加大科技创新投入，重大科研基础设施实验能力跻身世界前列

中远海运集团围绕技术进步和科技创新，持续加大科研基础条件投入，每年科技研发投入均保持在10亿元左右。为培育具有国际竞争力的世界一流企业，加快技术突破助推航运产业转型升级，集团投资近10亿元，在上海长兴岛海洋装备产业园区开展“航运技术与安全国家重点实验室”重大科研基础设施建设，包括：一个主尺度最大（237×45×6米）、造波能力最强（最大波高1.0米）的航海安全水池，一个规模世界第二的大型空泡水洞（工作段尺度13.5×3.0×2.0米）和一个综合试验能力居世界前列的深水拖曳水池（438×18×9.4米）。建成后，重点实验室的综合试验能力将跻身世界前列，多项指标达国际领先水平，将极大增强我国航运科技领域的科研环境和研发实力，为促进航运业和船舶与海洋工程建造业的科技成果转化、研究和制定行业标准、聚集和培养优秀人才、引领和带动行业技术进步做出更加积极的贡献。

5. 科技创新成果不断涌现，多项创新成果实现技术应用

经过连续多年的不懈努力，中远海运集团科技创新成果不断涌现，为集团的长远发展奠定了坚实的科技基础。

例如，2017年初为英国DANA石油公司设计建造的“希望6号”，是国内首个圆筒型浮式生产储卸油平台(FPSO)总包项目，多项技术创新填补了国内海工空白，达到了世界领先水平，标志着我国海工装备制造业从海工中端产品设计建造向高端产品设计建造里程碑式的重大跨越。

集团自主设计研发的“超万箱级集装箱船设计与制造关键技术”应用成果，不仅获得中国航海学会科技进步一等奖，更是为新交付的21000箱超大

型集装箱船设计建造奠定了技术基础，刷新了我国完工交付最大箱位集装箱船纪录，同时也标志着集团在超大型集装箱船设计和建造领域，持续保持在世界第一方阵。

五、结语

奋斗才有成就，改革铸造辉煌。强强联手、改革重组后的中远海运集团站上了一个新的历史起点。远洋航线覆盖全球 160 多个国家和地区的 1500 多个港口，在欧洲、美洲、亚洲、非洲设立了 10 大区域公司，在 50 多个国家和地区设立了 691 家海外公司，有 8 家境外上市公司，境外总资产 3788.28 亿元。

重组改革 2 年来，中远海运实现了综合运力、干散货船队、油轮船队、杂货特种船队、集装箱码头运营、船员管理等“六个世界第一”，以及集装箱船队、集装箱租赁、集装箱制造、燃油供应、船舶代理、海工制造等“六个世界前列”，全球行业地位和话语权明显提升，国际影响力不断增加，引发带动了国际航运企业新一轮兼并重组，深刻改变了全球航运业的合作竞争格局。

改革创新再启航，新时代中的中国远洋海运集团有限公司将再一次扬帆破浪，续写改革开放新的绚丽篇章。

中粮：忠于国计、良于民生，建设国际一流大粮商

国务院发展研究中心企业研究所

中粮集团有限公司（简称“中粮”）的历史可追溯至1949年，历经近70年的发展与变革，它从一家政策性的传统国有企业转变成为高度市场化、国际化的现代公司。通过立足中国、布局全球，中粮掌控了主要产粮国的一手粮源和关键物流节点，形成了连接六大洲的贸易渠道，与ABCD四大国际粮商巨头比肩，在国际粮食市场话语权日益增强；在全球最大的粮食原产地和拥有全球最大粮食需求增量的亚洲新兴市场建立了稳定的粮食走廊，打通了全球粮食产地到我国消费者的粮食通道，建立了超过我国进口粮食贸易量一倍的全球贸易能力，为全球接近四分之一的人口提供品种丰富、品质优良的粮油食品，保障了国家粮食安全和民众饮食安全，不仅将“中国人的饭碗牢牢端在自己手里”，而且要让“中国人的平均寿命增加一岁”。

经过几代中粮人继往开来的努力奋斗，与共和国同龄的中粮不忘初心，传承红色基因、坚持“忠良”文化，成长为我国最大的粮油食品集团企业，是优质产品生产者和优质品牌创造者、农业金融服务创新者、卓越生活空间建设者，成为社会主义市场经济大潮中企业发展的样板、国企改革的旗帜，昂首迈入世界500强前列。

一、从政策性、外贸型的“政府企业”到市场化、实业型的“国际大粮商”

在改革开放前的特殊历史时期，中粮从小胡同起步，努力开拓新中国粮油食品的对外贸易：克服了西方国家“封锁禁运”和中苏交恶等事件对国内粮食供应的影响，执行“对苏新贸易”和“米胶协定”，与社会主义和周边友好国家开展政府间易货贸易；“出口是为了进口，进口是为了社会主义的工业化”，平衡了外汇收支、保障了社会主义工业化基础建设；“三趟快车”保证了港澳地区鲜活冷冻食品供应；支援古巴、朝鲜、阿尔巴尼亚等国。在当时高度集中的外贸体制下，中粮承担着专业化经营和行业性管理的双重职责，实际上是全国粮食进出口行业的协调者和管理者。这段时期，中粮忠实地执行国家政策、履行国际主义义务，实现了从进口为主到进口出口兼营。

改革开放后，中粮重新定位但始终保持红色基因、坚持“忠良”本色，开展转型与改革但始终不忘初心，步入更为波澜壮阔的新发展历程，在拥有最大市场和发展潜力的中国市场上占据领先优势，业务遍及全球 140 多个国家和地区。中粮改革开放后的发展，大致可分为以下四个阶段。

第一阶段（贸易积累期，1978～1987 年）：中国改革开放扩大对外贸易交流的窗口之一。改革开放初期，为了调整粮食征购政策，让农民休养生息，中国政府决定增加粮食进口，中粮粮食进口业务得到快速发展，同时在国家对外开放的大潮中，专营粮油食品进出口“政府公司”的色彩逐渐弱化。这段时间中粮工作聚焦于出口创汇、保障内地及港澳的粮油供给、保障和推动国家经济发展：建立了粮油食品专业化经营和高度集中管理的体制；“贸易配合外交”推动中国与西欧、美日等国家关系发展，促进经济交流与友好往来；在改革开放大背景下扩大业务规模、丰富经营方式，“筑起中国葡萄酒的‘长城’”、掀起“炒菜锅里的食用油‘革命’”及引进可口可乐、洋酒等商品，满足国内民众饮食多样化需求；以粮食出口促进农业生产发展，推进调整粮食种植和品种结构，丰富国内市场、增加农民收入。在此阶段，中粮经营的商品由几十种发展到两三千种；贸易对象由苏联和东欧、亚洲等十几个国家和地区扩大到世界五大洲 120 多个国家和地区；往来客户由几十家发展到 3000 多家；进出口总额累计 880 亿美元，占全国外贸进出口总额的 14.87%。

第二阶段（脱钩重组期，1988～2004 年）：转型为市场化、实业化、国际化的大型企业集团。在国家外贸体制改革步伐加快的背景下，1988 年起，中粮总公司结束了主营政策性贸易的“政府公司”阶段，开始了脱钩与重组，向市场化、实业化、国际化的方向转型，顺利完成了从管理型企业到经营型企业的转型，主要实现手段是实业化。脱钩之初，中粮总公司本部留在账面上的资产总额仅为 25.26 亿元，净资产为 6625 万元，其中流动资金只剩下 183 万元，职工仅有 438 人，30 多亿美元的出口业务划归地方。面对这一困境，中粮调整组织机构和经营机制，开展自营进出口，陆续将原来主要承担管理职能的业务处室“翻牌”改组为以经营为主的子公司，实施独立核算、自负盈亏，很快走出了“脱钩”困境，自营进出口业务快速成长，继续保持国家粮食进出口主渠道的地位。1993 年，中粮以买壳形式，在香港拥有了两家上市公司，开始了资本运营之路，成为最早涉足境外资本市场的央企之一。1995 年底，中粮明确了“实业化、国际化、集团化、综合化”经营战略，并把实业化放在首要地位，逐步形成了粮油加工、酒饮料生产等八大业务系列。到 1999 年末，中粮形成了境内、境外资产各占 50% 的格局。2000 年 3 月国务院批准中粮进行整体重组，将政策性业务资产与非政策性业务资产分开，政策性业务及不适合上市的资产保留在境内，其他资产注入境外的中粮香港；将所有划转到中粮香港的业务资产视市场情况实现分步上市。到 2004 年，中粮总资产增长到 466 亿元，比脱钩时增长 17.4 倍；净资产增长到 203 亿元，增长 305 倍；员工增长到 2.82 万人，增长 63.4 倍。实力大大增强，国有资产大幅增值。

第三阶段（快速发展期，2005～2015 年）：建设全产业链的国际大粮商。自 2005 年起，中粮在国企攻坚脱困奠定的基础上，在中国加入 WTO 后的经济景气周期中，在企业家精神引领下，实现了跨越式发展，尤其在粮油食品全产业链建设方面成就斐然。2009 年，中粮提出“全产业链粮油食品企业”战略，在这一阶段重组、并购、入股了中土畜、中谷、华粮、华孚、新疆屯河和蒙牛等公司，通过并购重组丰富业务组合，提升业务规模，国内布局基本形成。从 2013 年起，中粮响应中央号召，执行国家战略，开始向国际大粮商迈进，先后并购尼德拉和来宝农业，打破了国际粮油市场被西方国家垄断话语权的局面，初步形成了国际大粮商的全球布局。同时，中粮还实施了系列改革举措，成为国企改革中的样板企业。这一阶段，中粮营业收入增长到 4054 亿元，利润总额增长到 34 亿元，总资产增长到 4590 亿元，净资产增长到 1349 亿元，分别比 2004 年增长 8.1 倍、1.1 倍、8.9 倍和 5.7 倍。

第四阶段（转型改革期，2016年至今）：成为保障国家粮食安全的国有资本投资公司，向国际一流大粮商奋进。中粮在快速发展后也面临着更高层次的挑战。在新的发展阶段，中粮瞄准世界一流企业，弘扬“忠于国计，良于民生”的战略使命、“严实廉”的工作作风、“品牌、品质、品格”的企业经营理念，聚焦事关国家粮食安全、食品安全的粮油食品领域，开始了打造国际一流大粮商的新征程。2016 年至今，改革成效凸显：2017 年中粮资产总额 5444 亿元，营业收入 4709 亿元，利润总额 118 亿元，分别比 2015 年增长 17.4%、12.7% 和 247%；ROE 为 4.6%，比 2015 年增长 411%。

目前，中粮年经营总量近 1.6 亿吨，全球仓储能力 3100 万吨，年加工能力 9000 万吨，年港口中转能力 6500 万吨。

——在中国，中粮综合加工能力超过 6000 万吨，是中国最大的农产品加工企业，涵盖了中国人日常消费的主要农产品品类，形成了各环节全覆盖的上下游一体化网络，搭建起“北粮南运”的大动脉，为维护中国粮油市场稳定发挥了重要支撑作用。

——在全球，中粮集团形成了覆盖全球主要粮油产区、销区的布局，拥有全球生产采购平台和贸易网络，在南美、黑海等全球粮食主产区和亚洲新兴市场间建立起稳定的粮食走廊，集团 50% 以上营业收入来自海外业务。

为统筹利用国际国内两种资源、两个市场，稳定中国市场供应、保障粮食安全打下了坚实基础。

——在做强做优做大粮油糖棉核心主业的同时，中粮集团重构了食品、金融和地产三大主营业务。在食品领域，中粮是优质产品的生产者和优质品牌的创造者，拥有福临门、蒙牛、长城等具有影响力的品牌，230 万家终端销售点遍布中国 952 个大中城市、十几万个县乡村，将世界 1/4 以上人口的餐桌与全世界的农场紧密地联系在一起；金融业务创造性地为农业发展提供服务，形成信托、期货交易代理、保险、风险管理咨询、银行、基金等金融业务链；在地产领域，以“卓越生活空间的建设者”为愿景，涉足商业地产、住宅地产、旅游地产、酒店以及区域综合开发。

——利用国有资本投资公司改革试点契机，中粮积极推进企业体制机制改革，构建中国农粮食品领域的国有资本投资平台、资源整合平台和海外投资平台，聚焦核心主业、推进专业化经营，集团总部实现从“管资产”到“管资本”的转变，业务层面形成了“十八路军”——十八家专业化公司。

——作为投资控股企业，中粮旗下拥有 13 家上市公司，包括中国食品等 9 家香港上市公司及中粮糖业、中粮地产等 4 家内地公司。这些公司表现优异，得到投资者喜爱和社会广泛认可。

在此基础上，中粮围绕主业优化产业布局，坚决落实国家产业政策和重点产业布局调整的总体要求，重构“大粮油、高食品、全金融、强地产”四大业务板块，明确到 2020 年实现“321155”经营目标（即 3000 万吨玉米、2000 万吨大豆、1000 万吨水稻、1000 万吨小麦、500 万吨食糖、5000 万吨海外一手粮源掌控能力），实现以量担当调控任务的意图，主导国内需求，引领市场价格。同时，以国有资本投资公司改革为抓手，通过顶层设计和机制创新，创造了国企改革的“中粮方案”。

与 ABCD 四大国际粮商对标，中粮总资产第一、营收第二、利润第三，基本具备比肩国际大粮商的运营实力。经历了大规模扩张、多元化拓展、高速度成长后，中粮到了一个新的重要关头，需要突破和转型，改革 2.0 版已

图 1　中粮集团发展历程与主要成就

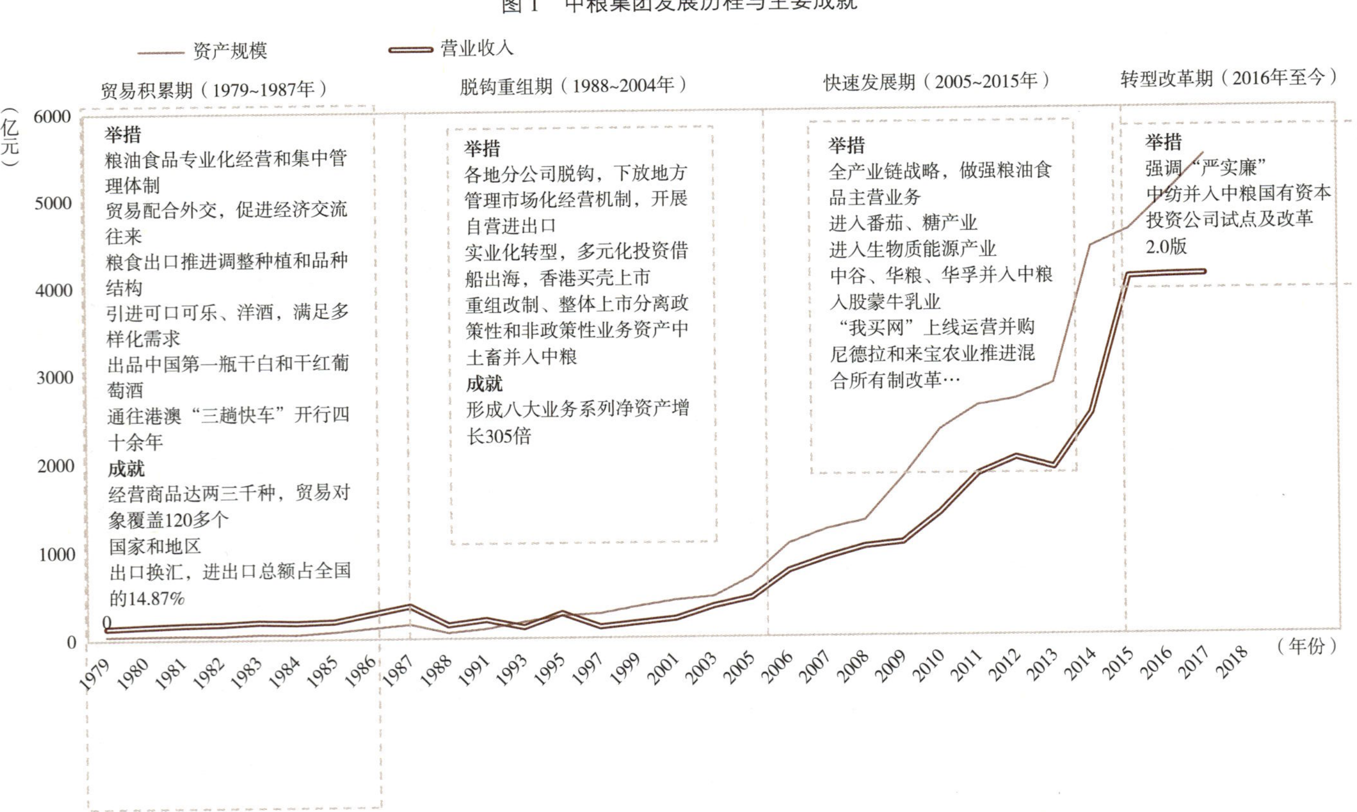

经启动。下一步，中粮集团将通过主业、资本、品牌三大拉动实现四个转型，从恢复性增长转变为聚焦主业的常态发展、从传统国有企业经营模式转变为投资公司的专业化经营模式、从国内政策市经营转变为完全市场化的国际国内两个市场经营、从传统农贸企业转变为新型生产服务经营主体。中粮正在努力构建现代化的国际一流大粮商，向具有全球竞争力的世界一流企业奋进！

二、打造立足中国、布局全球、全产业链运营、现代化的国际一流大粮商

中粮与共和国同龄，经历过中华人民共和国刚成立时勒紧裤腰带、省吃俭用出口粮食换取外汇的困难时期，也经历过改革开放初期引进可口可乐、生产第一瓶干红葡萄酒的创业时期，还经历过 21 世纪收购尼德拉、来宝农业等国际粮商的扩张时期，无论现实环境怎样变化，有一条主线始终贯穿中粮的发展历程——服务中国人民的饮食需求，服务国家的粮食安全战略。民以饮食为天、国以民生为本，从保障最基本的口粮到提供丰富的食品饮料，再到掌握粮源与国际定价权，中粮用自己的实践——集团公司多元化扩张、业务单元专业化经营，实业化转型、产业化发展、资本化运作、国际化道路和科技化支撑——不仅把中国人的饭碗牢牢端在自己手里，对“谁来养活中国”给出了中粮答案，并将进一步通过自己的努力，实现“让中国人平均寿命增长一岁”。

（一）集团公司多元化扩张，业务单元专业化经营

中粮的业务战略大体经历了两次大的调整：一是在从贸易企业向实业公司转型期，实施了多元化发展；二是在 2005 年之后开始战略转型，中粮业务战略开始归核化，从多元化向有限相关多元化聚焦与调整。当时，中粮明确集团战略是集团有限相关多元化，业务单元专业化。在这一思路指引下，

集团公司在多元化扩张后转变为有限相关多元促进核心主业，开始对“大而全”的发展方式调整优化，着力解决过去大规模扩张、多元化拓展带来的“主业不稳、专业不精”等隐患。业务单元则始终坚持专业化经营、服务国家粮食安全战略。

贸易企业转型为集贸易、加工、物流、地产、酒店为一体的多元化集团公司。在 1988 年总分公司脱钩之后，原有经营格局不复存在，公司贸易随之萎缩，中粮适时转型、拓展渠道，开始多元化发展。从 20 世纪 80 年代开始，公司与可口可乐合资、开展洋酒寄售业务，合资成立南海油脂公司，进军零售行业、食品加工业等，涉足金融、服务、信息、航运、期货等领域，1996 年，中粮提出“四三三”（贸易占 40%，实业占 30%，金融、期货、服务等占 30%）的新经营格局，多元化发展的实业已经成为公司经营新格局的重要组成部分。

多元化向有限相关多元化的聚焦与调整。2005 年，中粮梳理了在转型和发展等方面的许多关键性问题。提出了“有限相关多元”的业务战略转型。所谓“有限”，就是中粮今后不搞过度多元化，新进任何行业都要慎之又慎，集团的第一要务是发展好主营业务。所谓“相关多元”，就是中粮的业务虽然有分类和多元，但行业之间要具备相关、协同性，要有逻辑关系，能互相支持，形成合力。在完成多元化配置的基础上、在新的业务战略指导下，中粮开始战略转型与业务调整，聚焦核心主业配置资源。发展金融和地产等业务，实际上也是围绕粮油糖棉核心业务，支持核心主业发展或反哺核心主业。以金融为例，中粮发展金融，主要是利用农业金融和产业基金的相关多元化模式助力核心主业发展。中粮金融业务担负着“产融结合、服务主业”的使命，探索农业金融产业链、构建供应链金融体系等农业金融模式，较好地支持了核心主业发展。

在业务单元层面，中粮以服务国家粮食安全战略为主线，坚持专业化经营。中粮始终重视业务单元的专业化经营。以粮油糖棉核心主业为例，不论是在中华人民共和国成立初期突破“封锁禁运”、配合国家“以进养出”战略，还是改革开放时期落实中央"借鉴国际大粮商做法，掌控粮源与定价权"的指示，中粮始终将国家战略与企业发展相结合，一方面按照国家安排，通过粮油专业化经营，充分利用两个市场、两种资源，调剂国内粮食余缺，满足人民生活需要；另一方面，围绕核心主业完善全球布局，保障国家"适度进口"战略，着力完善全球粮源布局，实现"买全球，卖全球"。2005 年战略转型后，中粮明确现阶段必须走专业化的发展经营模式。首先，在企业内部实施专业化重组。重组后的每个业务单元的主营业务和经营范围都更加清晰、明确。其次，在国务院国资委的主导和支持下，中粮重组整合其他 5 家央企，按照专业化发展的原则推动同类业务整合。实施专业化重组实现了"1+1>2"的发展效果，也带动了行业转型升级、保障了国家粮食安全：中粮完善了产业链，做强了产品线，改善了经营业绩，增强了竞争力，提升了行业地位；参与重组的中国土畜、中谷、华粮、华孚和中纺，资产盘活、效率提升；国家加强市场调控、保障粮食安全等方面有了更坚实的支撑。

（二）实业化转型，主动适应市场经济体制改革

在发展初期，中粮兴办实业只是为了取得出口货源，更好地完成出口任务。随着外贸体制改革不断深化和市场经济体制迅速发展，中粮逐渐有意识地将实业化作为公司转型的目标。特别是 1988 年外贸体制改革后，总公司与各地方分公司脱钩，失去了各地货源基础，中粮更加重视实业化发展，开始了从行政化贸易公司向市场化实业公司的转型。

从 1988 年起，中粮陆续将原来以管理为主的"业务处"改组为以经营为主的子公司，先后成立了粮油饲料、畜禽肉食等 13 家子公司，逐步由原来的管理型企业向经营型企业转变。

1990 年中粮提出了"以贸易为龙头，实业为基础，充分利用国内、国际两种资源、两个市场，求得新的发展"的指导方针后，在新成立的实业管理本部的基础上，中粮在三个层面进行了实业化发展：巩固、新建一批稳定、可靠、优质出口商品货源基地和进口商品加工企业；巩固、新建一批以

国内市场为主，具有国际先进水平的、在国内同行业中占有领先地位的大型、高附加值加工项目；在境内外兴建一批中长线、大型项目。

在兴办实业初期，中粮自身实力有限，经验不足，只能参股、搭车，借船出海。当时中粮在兴办实业的过程中多采取与外商合资的方式，选择国际上知名大企业作为合作对象，以引进先进的生产技术和管理经验、提高实业化水平。随着实力的提升和经验的积累，公司扩大了投资领域、增加了投资力度、扩大了投资规模，越来越多地采用控股或者独资方式，实现了从“借船出海”到“造船出海”。

中粮实业化转型有两个主要特点：一是高起点、高品质，以利于开拓市场、树立公司品牌形象；二是突出重点、形成系列，从自己熟悉的粮油食品出发，不断向供应链上下游延伸，形成销售网络与系列，这不仅在实业化初期少走了很多弯路，还为之后的全产业链建设打下了基础。

（三）产业化发展，提升粮油棉糖主业核心竞争力

随着消费升级和民众对食品安全的日益关注，以及为了平缓业务波动，在 2009 年底，中粮按照业务逻辑，重新梳理了粮油食品业务的价值链，提出了“全产业链”构想。2010 年正式明确提出打造“全产业链粮油食品企业”的战略新目标，开始了新的战略转型。

中粮的“全产业链”以客户和消费者需求为导向，涵盖从田间到餐桌多个环节，通过对全产业链的系统管理和关键环节的有效掌控，以及各产业链之间的有机协同，形成整体核心竞争力，实现集团全面协调可持续发展。中粮在产业链上游按照市场、客户和消费者需求组织生产，推动农业向产业化方向发展；全球化配置资源，掌控国际粮源，建立稳定的原料供应渠道。在产业链中游形成合理布局的加工和物流设施，建立低成本、高效率的供应链系统。在产业链下游形成有机统一的品牌、渠道和研发体系，为消费者提供高附加值的新产品。

图 2 “中粮全产业链”建设

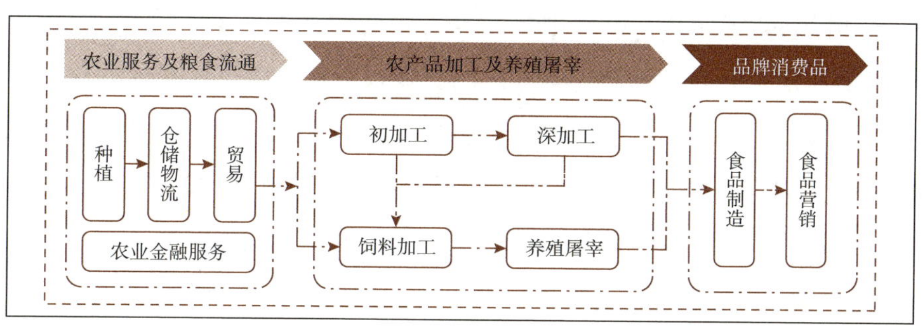

中粮打造全产业链，目的是助力农业现代化和粮油食品产业转型升级，增强自身掌控粮源与定价权的能力。通过全产业链运营提升了企业对上下游的影响力、带动力。中粮发挥体系优势，探索创新农业产业化模式，为提高农业生产力、提升农业产业化水平和破解当前农业供给侧存在的诸多矛盾问题，履行了央企责任。如中粮打造了粮食作物“农业综合服务平台”，推进粮食生产由“生产导向”向“消费导向”转变；发展了糖料作物“一站式服务订单农业”，促进农民持续增收和农村经济全面发展；创新了奶牛养殖“循环经济”，实现企业增效、农民受益、环境改良；推进了农业科技园“智慧农业”，以模式示范和技术支撑带动区域发展。“十三五”时期，中粮持续深化农业产业化实践创新，实施农产品结构优化工程、粮油食品产业链工程、农业科技示范园工程、现代物流体系工程、“优质、安全、绿色”食品工程、全球贸易网络工程六大工程，服务和维护我国粮食安全、质量安全、生态安全、产业安全，引领农业供给侧结构性改革。

此外，配合“全产业链”建设，以强化核心业务、提升核心竞争力为目标，中粮对资产、业务、机构和人员进行了全面重组，按照上中下游相结合、产供销相结合、国内市场与国际市场相结合、主业与辅业相结合、商品经营与资本经营相结合的原则，进一步完善产业化经营体系。

（四）资本化运营，助力实业发展

20 世纪 90 年代初，虽然中粮在世界各地设立了众多的境外分支机构，但海外资本运营一直是个空白，国内的实业投资也需要大量资金。为此，中粮开始筹划如何利用香港资本市场，以迈出跨国经营中至关重要的一步。1993 年，中粮通过香港鹏利成功收购了两家香港上市公司，买壳进入境外资本市场不仅使香港鹏利的发展跨上了一个新台阶，也为中粮正大力开展的实业投资提供了宝贵的资金。成功收购两家上市公司，增强了中粮在国际资本市场上的融资能力。中粮利用两个上市公司平台，实施资本扩张，投资粮油食品加工、地产、酒店等行业，把实业投资推向新高度。同时，中粮也在经营两个上市公司的过程中，积累了经验，培养和锻炼了一批人才，为后来发展金融服务业务打下基础。

在 20 世纪末，中粮启动了重组改制、整体上市计划，不仅意图彻底解决公司境内与境外资产之间长期存在的管理“两张皮”问题，以形成整体优势，还要构筑和提升中粮的核心竞争力，在公司内部建立全球视野的资源配置体系、管理架构和运行机制。

为此，中粮上市采取了“整体上市、分步实施”的方式。即将中粮集团除粮油糖政策性业务以外的所有资产，一揽子一次性并入集团在香港的子公司——中粮香港有限公司，再分批分类注入集团在香港的两个上市公司“中粮国际”和“鹏利国际”，由两个上市公司按业务类别，统一经营管理集团境内外资产及相关业务。与此同时，对两家上市公司的股权结构进行了调整——原来是由“鹏利国际”控股“中粮国际”，现在调整为都由中粮香港直接控股。调整后，两家上市公司的主营业务更为突出。

中粮的整体上市战略不仅拓宽了公司融资渠道、放大了国有资本功能，使相关投资战略得以落地，更重要的是通过资本运营完善了公司治理体系，按资本市场的运行规则要求提升公司治理水平，按资本市场的信息披露要求提高企业透明度等。中粮也通过在资本市场的经营，提升了管资本能力，为后来争取国有资本投资公司改革试点奠定了基础、创造了条件。

（五）国际化道路，成为国际农业合作的重要引擎

在改革开放以前，建立在产品经济基础上的对外贸易，受限制非常严重，业务人员素质、信息交流便捷性、贸易交流形式都有待提升。

对外开放后，中粮国际化水平稳步提升，贸易方式从一般贸易和易货贸易扩展到转口贸易、对销贸易、多角贸易、期货贸易等，经营领域从国际贸易扩展到国际金融、国际航运、国际投资与国际酒店等。1979 年中粮加入了在日本的我国第一家外贸专业总公司联合代表处，1980 年在纽约成立了首家全资海外企业，1981 年在香港成立鹏利有限公司开展粮油糖等大宗商品国际贸易业务，1988 年前后，先后在欧洲、美洲、非洲等地成立 12 家全资子公司和 4 个代表处，之后又成立了多家合资企业和财务公司、金融资本公司，收购了 2 家香港上市公司。外贸积累期的这些国际化举措在锻炼人才队伍、实现经营本地化的同时，扩展了经营渠道和融资途径，提升了中粮的国际影响力，为后期的“走出去”与全产业链建设打下了坚实的基础。

进入 21 世纪后，中粮在全产业链布局的基础上，有意识地进行海外布局，实施农业“走出去”战略服务“全产业链”，以“整合全球资源，满足中国市场需求为主，开拓国际市场为辅”为基本原则，立足国内市场，进行全球配置资源，提升国际化水平。

海外业务方面，建立了稳定的原料、进口食品选择和采购渠道，掌控物流通路，维护海外供应关系、巩固海外销售渠道，精选全球优质食品，满足国内消费升级的需求；同时，积极开拓国际市场，促进中粮产品的海外销售；推进国际合作，引进先进技术和设备、人才和经营管理经验；搜集行业、标杆企业和竞争对手信息，把握农产品原料贸易国际市场行情。

海外并购方面，中粮在近年来加快了产业链上游环节的境外布局步伐，设立海外分支机构，参股收购境外企业，将国外先进的种植、加工技术引进国内，提升国际化经营水平。

同时，中粮积极响应国家“一带一路”倡议，制定了“一带一路”行动

规划，致力于在“一带一路”沿线国家发挥国家粮油产业投资主体作用，完善在全球主要粮源产地的供应链资产布局，提升经营效益，促进国内外贸易。一是明确了“1315”的业务规划，二是打造“两通道四基地”。此外，近年来，中粮与沿线国家从贸易往来深入共建共荣，以建设者的姿态融入海外，带动了“一带一路”沿线国家的经济发展和人民生活水平的提高。

作为践行“走出去”战略的排头兵，中粮海外资产占比已达50%以上，境外员工总数约1.4万人。通过全球一体化网络布局，中粮在全球粮食产区与销区之间建立了完善的物流体系，构建了集收储、加工、物流、销售贸易、分销于一体的综合性全产业链企业，以整体协同优势实现高效运营和系统低成本，将农产品源源不断运往世界各地，成为全球的粮食“搬运工”，真正实现了“把巴西的豆油卖到印度，把阿根廷的豆粕卖到印度尼西亚，把捷克的小麦卖到英国，把黑海地区的粮食卖到亚洲”的构想。通过国际化，中粮由原来的中国第一大粮油食品企业、世界第五大粮商成为全球农粮行业具有一定话语权的国际大粮商，通过市场化、商业化方式，改变了世界粮食市场的格局。

（六）科技化支撑，提升产品品质与技术能力

随着中国的消费升级，中粮越来越意识到通过创新来提升产品品质的重要性。同时也为了贯彻落实中央建设创新型国家的战略部署，中粮于2011年投资32亿元建立了中粮营养健康研究院。中粮人“帮助中国人平均寿命增加一岁”的愿望，具有了技术保障的载体。

研究院是国内首家以企业为主体的、针对中国人营养需求和代谢机制进行系统性研究，以实现国人健康诉求的研发中心，是商业氛围浓、市场意识强的企业化研究院。研究院定位为“引领中国人的饮食生活方式，促进全民健康，提高中国人的寿命”，使命是“立足生命科学、致力营养健康，服务产业链、研发好产品，提升人们的生活品质”。树立了“研发好的产品，带来新服务、新体验，为公众提供饮食健康生活方式的新选择”的发

展愿景。

研究院面向集团、行业、国家需求，重点发展以检测技术服务为核心的食品安全、服务核心主业的提质增效和转型升级、以“双创基地”为核心的创新服务等六大主导业务。研究院成立时间不久，但已经开始发挥科技支撑作用。如中粮屯河为进入百盛集团的番茄酱供应商行列，在产品开发初始阶段，产品感官特性始终无法达到客户的需求。通过中粮营养健康研究院感官平台的帮助，确定了这类产品的关键属性指标，并且提出改进意见，进行配方优化、验证实验，目标产品的感官特性和原有产品保持一致，成功通过客户测评，最后于 2014 年实现了向肯德基直接供货。再如 2015 年，研究院生物技术中心实现了 42 万美元的燃料乙醇成套技术对外输出。

通过整合科技资源、加强科技创新体系和平台建设、加快科技人才队伍建设、增加科技投入等一系列举措，中粮研究院打造了一个集聚粮油食品创新资源的开放式国家级研发创新平台，形成了一支学历层次高、学科交叉互补、年轻有活力、文化多元的粮油食品领域创新团队，成为国家粮油食品行业科技战略的执行主体，2013 年被外专局授予“国家引进国外智力示范单位”。

研究院使中粮的研发开始了“从有到强”的转变，成为中粮全产业链建设中关注消费者需求、发展优质农业和高端产品的重要一环，通过经营“创业企业”、市场化改革和公司制改革，提升科研人员这一核心生产力的创新积极性，实施“双创 + 科创，科创引领双创、双创支持科创”，较好地落实了“服务核心主业创新”和“科技赋能”的任务。通过打造集聚全球粮油食品科技资源的创新高地，“中粮”进一步提升了影响粮油食品行业竞争格局的能力。

三、主动改革的新国企标兵

2014 年，中粮被确定为国有资本投资公司首批试点企业，这是对中粮过去持续不断而又行之有效的改革的肯定，同时也为企业改革发展带来了新机遇、新挑战。中粮以强大的自我调整内驱力和主动改革的魄力，明确“要由大变强，由外延式增长转变为内涵式发展，必须改革”，秉承自我革新的传统，以逢山开路、遇水架桥的精神，向顽瘴痼疾开刀，突破利益固化藩篱，主动、持续地全面深化改革，为中国经济“深水区”改革攻坚提供“中粮方案”，成为新国企改革的标杆。

（一）以混合所有制改革激发企业内生动力，促进企业转变经营机制

中粮把混合所有制改革作为深化国有资本投资公司改革的重要突破口，有力有序加以推进，认为混合所有制改革看似是资本调整，实质是机制转变和职能调整，力求通过混改把国企改造成为能够按市场机制、市场规律高效运行、配置资源、自负盈亏的市场竞争主体。

1. 在二级公司层面广泛开展混合所有制改革

中粮在推进混合所有制改革实践中，贯彻中央和国务院国资委关于混改的总体要求和目标原则；在具体操作中实事求是，坚持混改“三因三宜三不”原则，针对各板块战略目标、业务特点、经营模式差异，合理确定不同企业股权比例和融资模式；坚持以我为主、为我所需，既固守国资保值增值的原则底线又不人为限制方案灵活性，不搞全覆盖和“一刀切”，在实践中探索混改的不同路径。

更关键的是，中粮按照“完善治理、强化激励、突出主业、提高效率”原则，除承担保障国家粮食安全任务的核心主业外，其他业务不强求绝对控股。对于各类专业平台，中粮分类分层地推进混合所有制与股权多元化。除粮油糖棉核心主业上市，保持 51% 的控股权以外，其他非主业都可以把股权降到 50% 以下。

在农粮业务上，保持中粮绝对控股地位，在现有股东基础上，积极引入国内外各类资本，中粮通过层层控股的形式，充分放大国有资本功能。2014 年，中粮按照国际规则，引入国际顶级投资者厚朴基金、世界银行下属的国

际金融公司、淡马锡、渣打私募投资和中投公司，合资组建了“中粮国际”。“中粮国际”以服务粮食安全战略为使命，搭建国际化投资平台，发展以国资为主导的混合所有制，完成了对荷兰粮食贸易商尼德拉、香港来宝农业两宗境外并购，这是我国粮油行业有史以来规模最大的境外并购。

在食品业务上，保持中粮相对控股或仅保留第一大股东地位，积极引入各类资本。如中茶公司坚持战略投资者引入和员工持股两条线同步推进，全面优化资本结构及竞争力，既实现了国有资产保值增值，又在最大范围内将企业利益和员工利益捆绑，激发团队战斗力和经营活力。中茶员工感受到“能和公司共同分享发展成果，建立荣辱与共的归属感，是一次从‘打工者’到‘主人翁’的角色升华”。再如中粮联合厚朴基金等入股蒙牛乳业后，探索出一条国有资本进入民营企业的“逆向混改”道路，在优化股权结构的基础上完善公司治理结构，注重维护蒙牛的市场化机制，避免一些不适宜的传统国企机制的“感染”和干扰。混改后，注重将国有资本的资源、规范等优势与民营资本机制灵活、高效等优势相结合，调动各方资源进行协同。

在金融业务上，通过产融结合提高服务主业的能力。如“我买网”作为国内首家食品类 B2C 电子商务网站，在混改过程中着眼市场竞争力，围绕战略需求遴选投资者，先后实施三轮融资，引入赛富、IDG 投资基金、泰康人寿等外部投资者的品牌、资本和业务优势，促进优势互补、互利共赢。并在投资者推动下，董事会设立了科学的考核体系，向市场选聘职业经理人，先后从零售业、互联网龙头企业引进一批总监级人才，搭建起市场经验丰富的专业团队。

在地产业务上，主要是通过混合所有制改革优化资本结构提升盈利水平服务主业发展。

截至目前，通过审慎选择外部投资者，以及合理确定不同企业股权比例和融资模式，中粮共有 14 家专业化公司完成混改或实现股权多元化，中粮国际、蒙牛乳业、中粮肉食、我买网、中粮包装、中粮工科、中粮期货、中粮信托均引入了战略投资者，计划 2018 年底实现 18 家专业化公司混改全部完成。

2. 稳步推进员工持股，建立利益共享、风险分担机制

员工持股是混改中的难点，也是激发人才密集型科技类企业活力的重要手段，中粮于 2015 年选取中粮工科作为员工持股的试点单位，开展先行探索，有效释放了人才这个“生产力第一要素”的积极性。从 2015 年至今，集团在中粮包装、中粮工科、中国茶叶、中粮酒业等专业化公司实施员工持股计划，通过增资扩股等方式，向管理人员和核心骨干授予一定比例的股权，把员工利益和企业发展结合起来，打造命运共同体，激发了团队活力，充分调动了广大员工推动公司改革和发展的积极性，出现了与过去不一样的责任心和竞争力，全员关心发展，多年想解决的机构臃肿、效率低下等问题得到了解决，过去为外界诟病的国企用人“岗位能上不能下，薪酬能高不能低，员工能进不能出，身份能内不能外”的老大难问题基本不复存在。用员工的话讲，“过去早九晚五，现在早五晚九；以前革命年代是拎着脑袋上战场，现在是拎着家当上市场，拼的劲头很足”。

中粮包装于 2016 年完成管理层和骨干员工持股，实现了公司利益与员工利益的紧密捆绑。改制后的中粮包装团队将“点点滴滴节约，厘厘毫毫增收”的降本增效意识深深植入了血液，处处把“不起眼”做成了“不得了”。如成都一工厂在前期设备安装调试阶段，租赁 5 只集装箱改造成过渡期间的食堂，既降低了成本，又保障了食品卫生安全。

（二）国有资本投资公司改革试点

2016 年 7 月，中粮发布国有资本投资公司改革方案，旨在通过改革解决发展定位、资本与资产的关系、放权和监督的关系、机制不活及激励不到位、资本系统优化五大关键问题，为国企改革提供“中粮方案”。经过不断的业务逻辑梳理、优化和调整，中粮集团目前已基本形成以粮油食品为核心主业的投资公司型组织架构，具备了国有资本投资公司的雏形。2018 年推

出“国有资本投资公司改革2.0版”，对“中粮方案”进行升级，以“管资本”为核心进一步深化改革，聚焦搭建集团总部“投资、融资、整合”的资本运作体系、实现优质资产证券化、推动18家专业化公司完成混改三大主题，着力打造资本运营平台。

推进总部组织结构和管理架构改革，建立三级管理架构，实现“小总部、大业务”。中粮通过分离资本运作与资产经营，探索构建定位清晰且职责明确的“集团总部资本层－专业化公司资产层－生产单位执行层”三级架构，实现政企分开、投资和经营分开、所有权和经营权分开。集团总部是资本运营中心，承担保障国家粮油食品安全的战略功能，主要负责国有资本的调配和监管，管理集团战略与资源配置、投资与评价，强化资产布局及资本运营能力。18家专业化公司是集团直接管理的资产运营主体，以资产、经营、管理专业化为核心，聚焦产业发展中的专业化经营。确定竞争战略，负责资产的调度、配置和生产运作，对资产运营的盈利回报负责，接受集团的预算和考核。生产单位是执行层，负责业务的具体生产运营，包括原料采购、产品生产、销售、成本管理等。包括粮库、工厂、码头、产业园、区域分公司等。同时，中粮按照精简高效的原则，压缩集团总部和专业化公司总部职能部门数量和人员，实现“小总部、大产业”。集团总部实行大部制，截至2017年底，职能部门个数从13个压缩到8个，人员由610人压缩为212人，减幅65%。专业化公司总部人员由1988人调整至1141人，减幅43%。

搭建集团总部“投资、融资、整合”的资本运作体系。中粮集团总部根据国务院国资委授权，搭建“投资、融资、整合”的资本运作体系，履行出资人职责，依法理顺国资委监管、集团总部资本运营、专业化公司资产经营之间的权利义务关系，明确专业化公司经营管理的责权利，切实下放生产经营权，集团总部把“资本”经营起来。通过将国务院国资委授权经营的资本进一步市场化、证券化，建立“投、融、整”资本运作体系。作为承担国有资本在农粮食品领域投资、融资、整合功能的资本运营平台，中粮通过股权管理、市值管理、投后管理等多种资本运作方式提升投资回报率，以资本支持实业发展。

重组 18 家专业化公司，形成人财物、产供销、责权利一体化的专业化商业模式。中粮既有大市场、大品牌、大资源优势，也不缺经营人才，而且中粮的一线企业无论是技术标准、管理水平或是产品质量，都处于行业领先地位，但有一段时间，却出现了“B2C 业务却难言乐观、红酒死气沉沉、小包装油徘徊不前”的不利局面。2016 年，中粮对这种现状展开了反思问诊，最后发现症结在于商业模式设计的欠缺导致“产供销割裂、上下游对立，生产企业和销售企业两层皮，生产企业不了解市场，营销企业不知道生产”。这个症结犹如中粮的“阿喀琉斯之踵”。为解决这个问题，中粮成立了以产品线为核心的 18 个专业化公司，通过实施资产重整和构建人财物、产供销、责权利一体化的专业化商业模式，专业化体制设计在实践中初见成效，威胁中粮的“死亡模式”得到缓解。

对上受权、对下授权，放权搞活、科学监管。在国有资本投资公司改革试点过程中，中粮坚持权责相统一、放与管相配套，放权但不能放任，通过创新监督体系，推动由人监管转变为制度监管、从行政监管转变为资本监管，破解国有企业“一放就乱、一管就死”的管理怪圈。2016 年，中粮细化落实国务院国资委对中粮集团董事会的 18 项授权，下放用人权、资产配置权、生产研发权、考核评价权、薪酬分配权五大类关键权力，授权专业化公司董事会全权负责生产经营和管理。2018 年，中粮改革 2.0 版进一步向下放权，明确投资管理职责划分。下放授权的同时，中粮建立“纪检专设、审计直管、财务清晰、董事专职”四条监督线，对下属专业化公司进行监督，构建了全覆盖、垂直化、多功能的“大监督”体系，避免了重复监督、减少了监督盲区、节约了监督成本、提升了监督效能。中粮的“放管结合”，为向下属企业充分授权、激发市场主体活力打下了基础。

推动核心业务整体上市，实现优质资产证券化，退出无效低效资产。中粮改革 2.0 版核心是“资本”。推动粮油糖核心业务整体上市、实现优质资产证券化、确保国有资产保值增值，是“资本”改革的题中之义。中粮建立“投融整”资本运作体系，将国务院国资委授权经营的资本进一步市场化、证券化。以经营资本为核心，进行战略性选择，优良资产整合、不良资产清理。推动优质资产证券化，退出无效低效资产，优化现有资产配置和资本结构，激活集团品牌及专利等无形资产。最终目标是实现整体上市，剑指世界最大农粮企业。在优先发展主业的同时，中粮明确提出“战略决定进退、市场决定生死”，坚决淘汰退出非主业不良资产，2016 年集团通过转让、关闭、破产、重组、出售等方式，累计退出非主业低效资产近 75.2 亿元，累计净减少法人 225 户，压缩 2 级法人层级。

（三）注重释放人的积极性，促进改革与发展工作落到实处

在制度层面上，完善激励约束机制，科学预算、刚性考核。中粮按照产业投资方向，以行业和标杆为参照，对专业化公司经营目标提出要求，集团党组审核各专业化公司年度预算，年中根据内外部行业变化，对预算进行调整。同时，集团党组统一批准各专业化公司考核类别、具体指标和权重，实行统一的考核指标框架，以统一标准衡量业绩；根据岗位制定考核标准、按照业绩核定奖金，不吃“大锅饭”。对专业化公司严格按预算目标进行刚性考核，干得好多拿奖金，干不好不但拿不到奖金，甚至岗位也可能被调整。GPS 奖励、百战奖、再读奖和“黄牌警告、红牌警告”，奖惩分明调动了企业提质增效发展的积极性，实现了国家得大头、企业可持续、团队有动力的多方共赢格局。

在公司层面上，与混改相结合，引入有内生动力的积极股东。中粮把混合所有制改革作为突破口，2017 年，6 家专业化公司通过混改融资 270 亿元，目前已有 14 家专业化公司完成混改或实现股权多样化。中粮混改，紧紧抓住机制转变、职能转型本质，各专业化公司治理和运营机制全面优化；不仅要实现“1+1>2”的协同效应，还探索形成“2+3>1”的中粮模式（中粮以外的第二大股东和第三大股东股份之和超过第一大股东中粮集团，防

止“一股独大”）。力求通过混改引入新理念、新机制、新模式，促进传统国企转变机制。引入的战略投资者，实现了“引资、引智、引制”并举。更重要的是，这些战略投资者是天然的积极股东，在完善公司治理、提升公司管理、带进优势资源和先进理念等方面，发挥了难以替代的作用。混改激发的内生动力，成为中粮逆势增长的关键。

在带头人层面上，发挥企业家精神，做改革的实干家。在中粮发展史上，企业家们发挥了重要的引领作用。改革开放以来，中粮历任舵手都有改革基因，通过不断的改革和实干，造就了今日的中粮。20 世纪 90 年代，执掌中粮的周明臣实施了一系列主动变革，使中粮由单一的外贸代理公司向综合化经营的跨国公司转型，以跨越式发展为后来的进一步提升奠定了坚实基础。接替周明臣的宁高宁，于 2005 年提出了“全产业链”业务逻辑，并于 2009 年正式提出“从田间到餐桌”的全产业链战略，借力资本，对中粮进行全产业链的整合改造，彻底改变了中粮的产业结构和资本结构。可以说周明臣时代重造了中粮，宁高宁时期重构了中粮。现在的中粮，已跻身世界主要粮商行列，具备了和 ABCD 四大粮商竞争的实力。

在经理人层面上，推行市场化选聘经营管理者，探索职业经理人制度。中粮坚持党管干部与市场化选人相结合，将经理人分为组织任命的经理人和市场化选聘的职业经理人。2018 年，中粮集团旗下 18 个专业化公司将全部完成股权多元化，推进职业经理人社会聘用改革。落实市场化考核、完善市场化薪酬分配、市场化激励约束机制，全面推进契约化管理，增强活力，传导压力，激发动力，为改革试点提供人才和制度保障。中粮“我买网”混改后，在投资者推动下，积极在市场选聘职业经理人。2017 年，中粮又启动了 3 家混改企业总经理的社会竞聘。通过更广范围的社会“海选”人才，“让听得到枪响的人指挥战斗”。未来中粮将继续在符合条件的专业化公司推行职业经理人制度。

在员工层面上，携手员工共进，体现企业社会责任。中粮坚持平等雇佣、多元融合的用人原则，为不同性别、民族、教育背景的优秀人才提供平等的就业机会，共同推动企业发展。在关爱普通员工方面，中粮一是致力于打造阳光透明的企业文化，构建科学化市场化的薪酬体系，让每一位员工收获价值、回报和个人发展。二是关注员工权益，为员工提供多项福利保障，保障离退休职工合法权益的同时丰富其晚年生活。三是关注员工发展，积极开展员工培训，提高员工能力。四是关注员工职业健康和文化生活，创造健康向上的工作氛围。关注普通员工，和员工共同发展和进步，激发了更广大员工的积极性和热情。2016 年，中粮荣获“中国年度最具社会责任雇主”奖。

四、经验与启示

（一）坚持市场化、实业化、国际化的发展方向

放眼走过的改革历程，始终坚持市场化、实业化、国际化的方向，是中粮一直贯彻的发展主线。早在社会主义市场经济发展的初期，中粮总公司一直把兴办实业、加强公司的实业化基础作为一项战略任务。中粮总公司从 20 世纪 80 年代初期开始进行市场化转型和实业化投资，在实业投资实践的基础上，确立了实业在企业发展中的基础地位，制定了实业发展战略和实业项目投资与管理条例，对实业发展与管理进行总体规划，把实业发展纳入规范化的轨道。同时，因为中国食品是一个完全没有任何垄断、充分市场竞争的环境，中粮必须积极投身市场化竞争。

在开展实业化、市场化的基础上，集团积极开展国际化业务。2014 年，中粮完成了对荷兰尼德拉集团和香港来宝农业的并购，跻身世界五大粮商。目前，中粮资产覆盖全球 50 多个国家和地区，2013 年末总资产达 610 亿美元，在国际化大粮商中排名第二。并购整合完成之后，中粮在全球最大的粮食产地南美、黑海等国家及地区和拥有全球最大粮食需求增量的亚洲新兴市场间建立起稳定的粮食走廊，给世界粮食市场注入新的活力。中粮也依托具有增长潜力的消费市场，提高了我国农业在国际市场上的话语权。

坚持实业化、市场化、国际化的方向，但中粮的实业化、市场化、国际化是为了企业更好发展的顺势而为。不管是实业化、市场化，还是国际化，中粮都深刻地把握了时代发展的脉络和主线，将企业发展同国家战略、行业现状相结合。

以市场化为例，中粮在特定历史时期一直承担“国家主导型”贸易的政策性任务，承担着专业化经营和行业性管理的双重职责，在外贸体制改革和市场化改革的背景下，中粮从以前的政策性导向逐渐转变为市场化导向。1992 年，中粮因为“官商作风”问题受到国家领导人的点名批评后，中粮用 3 个月时间开展了一场“整风运动”。主要内容就是彻底摈弃在计划经济体制下长期垄断经营中形成的“官商作风”，认清市场竞争的新形势，加快转变观念，增强危机感和紧迫感，牢固树立经营意识、竞争意识和服务意识。此后，中粮又明确提出要练好“两功”、提倡“两种精神”：练“腰功”和“腿功”就是摈弃“官商作风”，要弯得下腰，放得下架子；要多跑动、勤联系，变“坐商”为“行商”，变等客上门为服务上门；“钉子精神”就是要不怕困难，坚忍不拔，要像“钉子”那样，有股钻劲、挤劲。“孙子精神”就是要有服务意识，要甘当“孙子”而不是当“大爷”。“两功”和“两种精神”以一种朴素的形式为中粮人补上了市场经济的第一课。

（二）顺应时代发展，主动改革调整

中粮开创之初，主做粮油食品贸易加工，承担更多的是行政管理职能；随着改革开放的进程以及国内市场的变化，1988 年开始，集团开始向市场化和实业化发展。1992 年，中粮开始由一家传统外贸代理企业向实业型多元化公司转型。进入 21 世纪以后，中粮面临发展环境变动、企业经营管理已不适应市场经济发展要求时，中粮决策层决定对经营策略、管理方式、产业链等方面进行一场“伤筋动骨”的大改造，提出了“全产业链”战略，迈出转型的重要一步。十八大以来，中粮把握国际国内的形势变化，解决了企业功能定位问题，聚焦粮油糖棉四大核心主业，开始大力推进专业化经营，

并建立起了与之匹配的组织架构和相适应的法人治理结构。可以说，从发展之初到现在，中粮都展现了良好的自我调整能力，企业发展战略适应环境变化，组织结构适应发展战略，主动改革的基因和寻求突破的理念渗透企业的每一个发展阶段。

（三）塑造和践行责任担当的企业文化

企业文化是企业的灵魂和精神支柱，是不可复制的核心竞争力。中粮从2004年开始有计划、有步骤、系统地开展企业文化建设工作。首先明确了企业文化建设目标，确定了企业文化建设的方向，在此基础上，提炼总结出“忠良”企业文化核心和内涵，并借助内刊《企业忠良》、企业大学——忠良书院、中粮司徽和中粮司歌等传播载体让员工体验、感悟中粮文化，实现文化的植入，使员工自觉地将这种文化融入自身的思想、行为中，从而达到文化对人引导的目的，而员工自身行为表现反过来又强化了中粮的文化，实现了企业文化的升华和固化。

近年来，中粮战略驱动与文化引领并驾齐驱，制度管理与文化管理相辅相成，产业发展与思想建设齐头并进，结合企业实际，将社会主义核心价值观念有效转化为“忠于国计，良于民生”的企业精神和“高境界做人、专业化做事”的文化理念，营造了独具特色的文化氛围，展示了新国企人的精神风貌，促进了队伍建设和团队融合，推动了公司商业模式的创新和转型，提升了中粮的社会声誉。

十八大以后，中粮落实中央部署，承担服务国家粮食安全和促进国家食品安全的职能，进一步加深了员工的历史使命感和“忠于国计，良于民生”的企业价值观。2017年，在集团改革发展实践和作风建设积淀的基础上，中粮把中央要求、央企使命、行业特点与自身特色有机统一，凝练提出“忠于国计，良于民生”的央企责任、“严实廉”的工作作风、“品牌、品质、品格”的经营理念，并引导干部员工大力弘扬和践行，形成鲜明价值导向。

中粮对企业文化的建设和塑造，在企业家精神引领下，企业使命感和价值观被员工广泛认可、接受和内化。企业文化发挥了“对内凝聚合力、对外减少阻力”的作用，对于保持企业长久竞争力、引领健康可持续发展是至关重要的。

中國建築
CHINA STATE CONSTRUCTION

中国建筑：植根沃土守初心，志在天际树担当

中国宏观经济研究院投资研究所

改革开放40年来，中国建筑集团有限公司（以下简称“中国建筑”或“中建”）从房屋建设到基础设施建设再到建筑全产业链发展，从建筑科技创新到水务环保再到商务金融多元化运营，在服务国家战略中壮大竞争优势，在重大任务中勇于担当，在传承创新中打造品牌，在新时代再出发，在推动投资建设事业发展中始终发挥着国家队和主力军的作用。

一、砥砺前行，在服务国家战略中做大做强做优

2017年，中国建筑新签合同额近2.5万亿元，营业收入超万亿元，利润总额600多亿元，营业收入、利润总额在国资委管理的中央企业中分别位列第4位、第6位，在2017年度《财富》“世界500强”排第24位，ENR（《工程新闻记录》）“全球承包商250强”排名第1位，“中国企业500强”排名第5位，“全球品牌价值500强”排名第44位。中国建筑从一家房建企业成长为国际性投资建设集团，在今天国际建筑领域居于龙头地位，原因在于改革开放以来紧密结合国家战略推进转型升级，在投身国家经济建设中争创新优势，在投资建设领域不断做大做强。

（一）做中国最大的建筑企业集团

聚焦高、大、精、尖、特、重项目，做最大建筑企业集团。1982 年 6 月，国家按照政企分开的原则，撤销国家建工总局，将国家建工总局直属的第一至第六工程局，东北、西北、西南建筑设计院等，与专门从事对外承包业务的中国建筑工程公司合并，组建成立了中国建筑工程总公司。当时国家实行以“计划经济为主、市场调节为辅”的经济政策，新成立的中国建筑显然属于“市场调节”领域，庞大的建筑施工队伍需要到市场上承接工程项目。此时，国门刚刚打开，经济特区开始建设，建筑行业合资企业、独资企业已经出现，国内建设市场初步形成多元竞争格局，中国建筑不得不面对部属建筑企业、地方建筑企业、境外同行等的竞争。为避开部门保护和地域保护，中国建筑审时度势，提出“市场、盈利、竞争”的发展理念，明确错位竞争的市场战略，将经营目标锁定在高、大、精、尖、特、重项目上，提出做“中国最大的建筑企业集团”。1984 年，中国建筑在“华夏第一楼”的深圳国贸大厦工程创造的三天施工一个结构层的“深圳速度”震惊全国。经媒体广为传播，“深圳速度”成为改革开放的代名词之一。1982 年中国建筑组建当年，新签合同额 11.4 亿元，营业收入 12.8 亿元，利润总额 1.2 亿元；到 1997 年，公司新签合同额 507.5 亿元，营业收入 372.4 亿元，利润总额 11.3 亿元，15 年间新签合同额、营业收入和利润总额年均分别增长 28.8%、25.2% 和 16.1%。

中国建筑成为我国外经领域和企业“走出去”的标杆。改革开放伊始，我国外汇资金短缺，为了开辟境外市场，为国家赚取外汇，1979 年 2 月，重组后的中国建筑工程公司（中国建筑集团有限公司的前身）由当时的国家基本建设委员会领导，成为我国第一家获得对外经营权的企业。当年，中国建筑工程公司进入中国香港和伊拉克市场，并在伊拉克签订了我国第一份劳务输出合同。同年 6 月，中国海外建筑工程有限公司在中国香港注册成立。从此，中国建筑开始了拓展海外市场的艰辛历程，在境外签订了我国第一份工程承包合同、第一份项目总承包合同，成为我国外经领域和企业“走出去”

的标杆。1984 年，中建位列 ENR（《工程新闻纪录》）“全球承包商 225 强”承包商的第 21 位，是我国第一家进入该榜单前 25 名的企业。这一时期，中国建筑的海外业务在原经援业务基础上，迅速扩展到中东、北非、东南亚及我国香港、澳门等国家和地区，并成功开辟了美国、新加坡等发达经济体的市场。1992 年 8 月 4 日至 7 日，中国海外集团有限公司下属的中国海外发展有限公司在中国香港上市，发售 8.2 亿新股，发售价每股 1.03 港元，共集资 8.45 亿港元。

（二）做中国最大的建筑房地产集团

服务房地产改革，做中国最大的建筑房地产集团。1998 年 7 月，国家开始深化城镇住房制度改革，全面停止实物分房，房地产市场发展开启崭新的一页。考虑房地产市场需求，为了发挥公司在勘察、设计和施工等领域的技术优势以及中海集团在香港近 20 年的房地产开发经验，中国建筑拓宽主营业务板块，将发展目标扩展为做“中国最大的建筑房地产集团”。

为了服务和推动房地产改革，满足居民对住房的市场化需求，中国建筑加大对中海集团旗下的中海地产扩大内地业务的支持力度。2002 年 12 月，中国建筑提出“一最两跨”国际化战略目标——将中国建筑建设成“最具国际竞争力的中国建筑企业集团，在 2010 年前全球经营跨入世界 500 强、海外经营跨入国际著名承包商前 10 强”。到 2007 年，中国建筑新签合同额 3030 亿元、利润总额 114 亿元，分别是 10 年前（1997 年）的 6 倍、10 倍。

2012 年，中国建筑地产业务实现销售额近千亿元，此后长期保留在千亿级销售规模上。中海地产连续多年获评“中国房地产行业领导公司品牌”“中国蓝筹地产榜首企业”，进入香港主流开发商年度开发前五名。2013 年，中国建筑将总部直营地产业务全部注入中海地产，以促进集团土地、人力、资金等资源的优化。2016 年下半年，中海地产以交易对价 310 亿元完成对中信地产住宅业务的整合，进一步壮大了公司的地产业务规模。2017 年，公司地产业务销售额接近 2300 亿元，销售面积接近 1600 万平方米，运营面积超过 300 万平方米，位列中国房地产上市公司竞争力百强第一名，并蝉联中国地产行业品牌价值第一名。

（三）做中国最大的建筑房地产市政集团

服务国家基础设施领域补短板政策，进军基础设施领域。2008 年世界金融危机爆发，我国外需大幅下降，沿海加工业企业倒闭，大批农民工返乡，稳增长稳就业面临很大压力。为了应对严峻的经济形势，国家采取积极的财政政策和适度宽松的货币政策，基础设施建设市场快速增长。中国建筑紧跟国家政策导向，投身于补齐基础设施短板，从市场战略上再次拓宽主营业务板块，将发展目标扩展为做“中国最大的建筑房地产市政集团”。

早在 2006 年，中国建筑就开始谋划向基础设施业务拓展，建设了我国第二条能源运输通道——太中银铁路，获得了进入铁路市场的“门票”，增强了转型发展的信心。2007 年 8 月，公司凭借自身技术优势和综合实力，将世界高寒地区的第一条时速 350 千米的无碴轨道高速铁路——哈大高铁二标段揽于囊中。这是中国建筑首次承建高铁领域的百亿元项目。2013 年公司启动“新蓝海战略”，基建业务强劲增长，当年基建业务新签合同额达到 2280 亿元，同比增长 50%。2017 年公司基础设施业务新签合约额 7340 亿元，占比达 30%，完成营业收入 2279 亿元，占比升至 22%。进入基础设施建设领域后，中国建筑先后参建了包括哈大、沪杭、石武等 52 个高铁项目，线路建设里程 1700 千米，打造了高铁武汉站、南京南站、天津滨海站交通枢纽等一批现代化高铁站房，基础设施板块对主营业务收入的贡献已升至第二位，铁路和高铁已经成为公司成长最快的产业板块之一。

响应国家“一带一路”倡议，海外经营再上新台阶。“一带一路”倡议是我国改革开放的一个新的里程碑。中国建筑在国家“一带一路”倡议的引领下，抢抓政策机遇，巩固、加强和拓展海外业务，不断提升国际化水平，增强国际核心竞争力，积极推进“中国建造技术 + 中国建造标准 + 中国装备”的全链条“走出去”，将相关技术应用到“一带一路”沿线国家，促进沿线地区经济发展。2013 年，中国建筑建设了美国普拉斯基高架桥改造工程等。2014 年，签约 26 亿元的吉布提港，实现了公司在海外港航水工市场的突破。2015 年，签署巴基斯坦 PKM 项目、埃及新首都建设项目等重点项目。2016 年，中国建筑海外营业收入首次突破百亿美元。2017 年建设了被当地誉为“梦想之路”的刚果（布）国家一号公路、中巴经济走廊的旗舰项目和最大的交通基础设施项目——巴基斯坦 PKM 项目、中国企业在埃及签订的最大金额项目——埃及新首都项目等一大批增进当地民生福祉的重点项目，海外经营再上新台阶。从 2013 年“一带一路”倡议提出至 2017 年，中国建筑境外累计签约 800 多亿美元，完成营业收入 420 多亿美元，分别占公司组建 35 年以来整体指标的 52% 和 45%，成效显著。

（四）做中国最大的投资建设房地产集团

建立资本运作平台。2007 年，中国建筑完成了整体重组改制工作，联合中国石油、中国中化、宝钢集团共同组建了中国建筑股份有限公司（股票名称为“中国建筑”）。2009 年 7 月 29 日，随着上海证交所的一声锣响，当年全球最大的 IPO——中国建筑正式登陆 A 股市场，一个升级版的中国建筑由此启航。除中国建筑外，公司在境内外资本市场上还有中国海外发展、中国建筑国际、中国海外宏洋集团有限公司、远东环球集团有限公司、新疆西部建设股份有限公司 5 家上市公司，在中国内地与香港形成了“1（中国建筑）+5（5 家上市公司）、2（2 家内地上市公司）+4（4 家香港上市公司）”的宽广的资本运作大平台。香港国际金融中心的特殊地位，为中国建筑打开了通过在港上市子公司直接对接国际资本的窗口。在登陆 A 股市场前，中国建筑主营业务板块的三次扩容基本上是在做“建筑 +”。第四次变化不仅告别了“建筑 +”模式，而且以“投资”取代“建筑”的引领位置。如果说此前的三次调整是不断拓展主营业务领域的“集腋成裘”，那么第四次调整带来的变化则是“化蛹成蝶”，中国建筑已经成长为“中国最大的投资建设房地产集团”。

利用资本市场拓展基础设施业务链条。2013 年十八届三中全会通过的《中共中央关于全面深化改革若干重大问题的决定》明确提出，要“健全多层次资本市场体系，多渠道推动股权融资，发展并规范债券市场，提高直接融资比重”，此后中央多次强调要显著提高直接融资比重。中国建筑充分利用我国资本市场改革发展的历史机遇，2015 年 3 月成功发行 150 亿元优先股，成为中央企业发行优先股的第一单。优先股较低的融资成本为公司业务拓展提供了有力的资金保障。同年，中国建筑先后成立了中建资本、中建基金、中建资本（香港）三个金融平台，并依托中建基金搭建产业基金合作框架，已成功对接系统内多个投资项目。此外，中国建筑与甘肃省合作发起设立规模 1000 亿元的丝路交通发展基金，参与设立首都水环境治理技术创新及产业发展基金。通过高端对接、资本运作、融资助力，中国建筑基础设施业务快速发展，2015 年新签合同额首次突破 3000 亿元，2016 年基础设施业务新签合约额达到 5547 亿元，同比增长 76.7%。

政府和社会资本合作业务快速发展。2014 年国务院先后颁布《国务院关于加强地方政府性债务管理的意见》（国发〔2014〕43 号）和《国务院关于创新重点领域投融资机制鼓励社会投资的指导意见》（国发〔2014〕60 号），推广使用政府和社会资本合作模式。此后国家发改委、财政部以及其他部门陆续发布关于政府和社会资本合作的规范性文件，政府和社会资本合作模式进入一个新阶段。长期以来，中国建筑在海外业务中都在积极探索多种投资建设模式，在政府和社会资本合作领域走在了行业前列。例如，上海市青浦区重固镇新型城镇化 PPP 项目，是公司在新型城镇化领域实施 PPP 项目运营模式的重要探索；贵州正安至习水高速公路项目是中国建筑公路项目合同额“冠军”，是公司在基础设施建设领域进行 PPP 项目运营的大胆尝试；总投资 30 亿元的六盘水城市地下综合管廊 PPP 项目，是中国建筑投资建设的首个地下综合管廊项目；济青高速铁路项目是山东省有史以来投资规模最大的重点项目，是中国建筑第一条以 PPP 模式 + 中国建筑“四位一体”（基础设施、城市综合开发、房地产开发、勘察设计）联动的方式获取的高铁项目。此外，中国建筑还以桥梁业务为突破口，积极探索和实践 PPP 商业模式，仅 2016 年就取得了 135 个 PPP 项目，计划总投资额达到 5214 亿元。2017 年，中国建筑新取得 PPP 项目 181 个，计划总投资额 6504 亿元，带动施工合约额 3922 亿元。

（五）做新业务新速度新价值的先行者

试水装配式建筑再创奇迹。2016 年 9 月 27 日国务院出台《关于大力发展装配式建筑的指导意见》，要求因地制宜发展装配式混凝土结构、钢结构和现代木结构等装配式建筑，力争用 10 年左右的时间，使装配式建筑占新建建筑面积的比例达到 30%。中国建筑在文件出台前即已积极布局，成立中建科技，在安徽等地投资建设了现代化的装配式混凝土构件生产线，致力于发展装配式建筑、建筑节能、绿色建筑、智慧建筑等业务领域。2015 年 11 月 29 日至 2016 年 7 月 31 日，中建科技用 7 天时间完成项目勘察，42 天完成方案设计到土建施工图的全部图纸，58 天完成全部装饰、舞台机械灯光、景观、泛光照明等各专业详细施工图纸，40 天完成 15 万平方米石材铺贴，25 天完成 84 万平方米沥青面层，104 天完成全部工程的钢结构主体施工，短短 8 个月，在守望丝路千年的敦煌大戈壁上，“组装”成型占地 25.72 万平方米的汉唐古风建筑群。这是中国建筑继在超高层领域不断创造、刷新“深圳速度”后，在装配式建筑领域创造的又一建筑奇迹。2017 年，中建科技带动全系统获取装配式建筑合同额 323 亿元，面积达到 433 万平方米，中标全国最大的装配式综合管廊（绵阳科技城综合管廊 PPP 项目，81 亿元）、全国最大规模的装配式房建项目（深圳长圳公共住房及其附属工程项目，44 亿元）、全国单体最大线路最长的全预制装配式高架快速路（呼和浩特市快速路工程，62 亿元）。

通过“互联网 +”深度改变管理运营模式。2015 年 7 月 4 日，国务院印发《关于积极推进“互联网 +”行动的指导意见》，提出包括创业创新、协同制造、现代农业、智慧能源等在内的 11 项重点行动。同年，中建电子商务有限责任公司成立。公司以云筑网为核心品牌，旗下拥有云筑电商、云筑劳务、云筑金服、云筑数据和云筑科技5个子品牌，业务覆盖电子商务、劳务管理、供应链金融、普惠金融、大数据和智慧工地。2016年，中建物资集中采购率达92.6%，总体采购成本降低2.56%。2017年，云筑电商全年累计实现交易额约4800亿元，云筑劳务第一次实现了建筑工人工作、生活、党建等全职业生涯周期管理在全国范围内的信息共享，云筑金服在线供应链累计融资20.24亿元。

积极开拓“大环保”业务。党的十八大把生态文明建设纳入“五位一体”总体布局，提出“建设美丽中国”的目标。2015年，中共中央、国务院印发了《中共中央国务院关于加快推进生态文明建设的意见》《生态文明体制改革总体方案》，搭建了生态文明制度体系的顶层设计，描绘了改革路线图。十九大报告把坚持人与自然和谐共生作为基本方略，要求推进绿色发展，强化节能减排，持续实施好大气、水、土壤污染防治行动计划，加强重要生态系统保护和修复。2015年10月国务院办公厅印发《国务院办公厅关于推进海绵城市建设的指导意见》（国办发〔2015〕75号），部署推进海绵城市建设工作。中国建筑按照国家生态文明建设的战略要求，成立中建水务，重点聚焦水环境综合治理、海绵城市建设、建筑垃圾资源化利用、土壤修复等“大环保”业务。在深圳坪山河干流综合整治中，中建水务集成了无干扰精准清淤、多功能人工湿地等一整套先进治水模式，首次提出以交接断面水质达标优于地表Ⅳ类（适用于一般工业保护区及人体非直接接触的娱乐用水区）为交付条件，2018年底项目完工后，当地河道防洪标准将达到百年一遇。在南京南部新城，中国建筑在国内首次实施“代建制+EPC”海绵城市建设；在北京丰台建筑垃圾资源化利用PPP项目中，率先应用我国在该领域最领先的科研成果。2017年，中国建筑水务环保业务规模继续扩大，全年新签合约额近千亿元。

二、不辱使命，在承担重大任务中诠释“中建担当”

国家复兴征程任重道远，中国建筑揽责于胸，不负党和人民重托，砥砺前行，顽强拼搏，担当建设事业中流砥柱，服务国家重大政治任务，勇于承担社会责任，把中建梦融入“中国梦”，为建设富强民主文明和谐美丽的社会主义现代化强国而忠实地践行着“中建担当”。从20世纪50年代的对外经援开始，到改革开放和“走出去”战略，再到今天的“一带一路”倡议，中国建筑始终以敢为天下先的勇气和魄力，成为推动国家战略的“马前卒”。

（一）筑实国之基石，铸就建设事业中流砥柱

中国建筑建造了中国楼、中国路、中国桥、中国港、中国核电等系列奇迹般的工程，从三天到两天半再到两天一个楼层，不断突破建设速度，投资建设了我国90%以上300米以上的摩天大楼、3/4的重点机场、3/4的卫星发射基地、1/3的城市综合管廊、1/2的核电站，每25个中国人就有一人居住在中国建筑建造的房子里。全球300米以上的超高层建筑，一半出自中国建筑之手。长期以来，中国建筑在全球推动中国建造，输出中国技术，推广中国标准，出色地诠释工程担当、技术担当和事业担当。

1. 敢打敢拼，稳居超高层建筑全球第一

以中国第一、亚洲第一、世界第一奠定超高层建筑领域的冠军地位。1982年11月，中国建筑中标高160.5米、时称“华夏第一楼”的深圳国贸大厦工程。1994年，在高383.95米、时为亚洲第一、世界第四高楼的深圳地王大厦的施工过程中，再创“深圳速度”，将一个结构层的施工时间缩短到两天半。21世纪初，中国建筑建设当年全球第一高楼、主体建筑设计高度492米的上海环球金融中心。2008年，在广州西塔工程中，中国建筑以自主研发的“低位三支点长行程顶升钢平台可变模架体系”综合施工技术，攻克数项世界级难题，创造了“两天一层楼”的施工速度，领先世界水平。多个驰誉全国的项目奠定了中国建筑在超高层建筑领域里的冠军地位。

在超高层领域关键技术一流。中国建筑不断勾勒出新的城市天际线，2012年，中国建筑在各省市建设了46座300米以上的地标性建筑；2013年，中国建筑新承建300米以上超高层建筑20座；2014年，中国建筑包揽了国内全部300米以上新开工项目；2015年、2016年，中国建筑建设300米以上超高层建筑分别为8座和14座。一座座象征祖国繁荣富强的纪念碑次第高耸：广州周大福金融中心，位于广州市珠江新城J区，地上111层，高539.2米，建成后珠江隔岸两侧的东西塔构成"双子星塔"；天津高银金融117大厦，地上117层，地下4层，高597米，刷新津城新高，建成后承接世界级博览会议，打造天津会展经济新亮点；武汉绿地中心大厦，位于武昌滨江商务区核心区，地上125层，地下6层，高636米。中国投入使用的最高写字楼——深圳平安国际金融中心（地上118层，高600米），创造了15项世界和中国建造之最，荣获30项国家专利、2项国家级工法，进一步夯实了中国建筑在超高层建筑领域的优势地位，其中有世界最大直径8米的人工挖孔桩，7道374吨世界最重桁架横向环抱大楼，400吨世界最大质量主动调谐式阻尼器，33米深中国一次性开挖最深基坑，中国最密集高空群塔作业，中国最大吊重塔吊，535米中国最高空中悬挑观光台，中国超高层最小施工场地，最年轻超高层工程项目团队。

工厂化造楼大幅提高施工效率。中国建筑从80年代开拓性地使用爬模体系，到如今智能平台不断改良创新，已经发展出第四代产品和技术，高效性、适应性、安全性和智能化实现了飞跃式提升。中国建筑自主研发的"超高层建筑智能化施工装备集成平台"，是世界房建施工领域中面积最大、承载力最高的平台。以北京"中国尊"项目顶部的红色巨型"金刚罩"为例。这个智能顶升钢平台被架在楼宇上方，建造者们可同时进行多工种、四层楼作业，随着它的向上移动，超级建筑会快速向上生长。通过塔机与模架一体化安装爬升，有效地解决了塔吊爬升与模架顶升相互影响、爬升占用时间长、爬升措施投入大等制约超高层建筑施工的问题，该项技术实现的创新与突破，领先于世界水平，被比喻为"在工厂里造摩天大楼"。

突破千米级摩天大楼科研。面对成绩，中国建筑没有止步不前，而是继续勇攀高峰，加强千米级摩天大楼建造技术研究，并取得了一系列技术创新和研究成果，成功完成世界首次高强混凝土泵送至千米高空的试验。目前，中国建筑已具备了1000米级的超高层建筑的建造能力和技术。

培育出“制高点”上的先锋榜样。中国建筑的超高层塔吊工王华是无限接近危险的人。他的职业比消防员还危险，每天都要跨越两次“鬼门关”。他是名副其实的“高大上”，每天操控世界上最大的塔吊，把国内最大的钢构件吊上600米高空，微小的气候变化对他来说是无法预知的威胁。他是业内的绝顶高手，看不见吊钩也能精准“盲吊”。他是最能挑战生理极限的人，每天连续8个小时不能去厕所，攀爬铁臂健步如飞。著名作家梁晓声称王华为“工人英雄”。

携超高层领域的领先技术走出国门。中国建筑承建了高420米的欧洲第一高楼——俄罗斯联邦大厦，高300米的非洲第一高楼——肯尼亚内罗毕哈斯塔，高638米的东南亚第一高楼——印度尼西亚雅加达标志塔，高423米的马来西亚吉隆坡标志塔。业内人士普遍认为，超高层建筑已成为继高铁、核电之后的第三张中国名片。

2. 攻坚克难，奋力打造国门工程

在机场建设领域的王者地位不仅是中国建筑实力的象征，更是其与国家开放发展同频共振的见证。改革开放历史壮阔，史书恢宏，中国建筑不仅是记录者，更是参与者、创造者。从北京首都国际机场1号航站楼开始，中国建筑就与国门工程结下深厚渊源。中建人用妙手匠心，创造了璀璨国门，擦亮了国家名片，让世界领略了中国风采。

在机场建设中展现中建风采。武汉天河机场T3航站楼是华中最大航空枢纽，吞吐量高达3500万人次/年，是国内交通换乘一体化程度最高的交通中心之一，施工难度在城建史上极为罕见，而工期却被机场原有运营设施拆迁延误了17个月。面对重重困难，中建人精心组织，科学调度，施工高峰期开展“万人大会战”，连续10个月单月施工产值过亿元，最终圆满完成施工任务，创造了又好又快的“天河速度”。河南新郑机场T2航站楼是继上海虹桥机场之后，全国第二个集城际铁路、高速公路、高速铁路等多种交通方式无缝连接的机场和现代综合交通枢纽。中国建筑作为总包方，破解高难度施工难题，与38家分包单位协同拼搏，在中原大地再扬铁军威名。在深圳机场T3航站楼主楼施工中，中国建筑提出“深圳T3、创建鲁班、争当标杆”的响亮口号，加强计划管理，优化施工方案，仅8个月就高质量完成29.2万平方米主体结构施工任务。随着京津冀一体化进程的加快和千年大计雄安新区建设的推进，北京新机场项目作为国家战略的一环，地位举足轻重。在北京T1~T3航站楼建设中建立卓越功勋的中国建筑，此次再擂战鼓，由中国建筑承建的北京新机场停车楼及综合服务楼项目，将为完善新机场服务功能、扮美新国门再立奇功。

3. 重塑古迹，石砌史书承载文化繁荣

文化是一个国家、一个民族的灵魂。中国建筑以承载文化繁荣为己任，将青花瓷、大唐风、冰雪缘等在中国千年的历史中熠熠生辉的惊绝造化，以建筑的形式重新凝结在祖国大地上。

古都西安系列项目重现大唐盛境。中国建筑西北院张锦秋院士运用天人合一、多元并举等具有中华特色的建筑创作文化理念，将古代建筑的精髓用现代的形式和技法表现出来，所建的大唐芙蓉园亭台楼阁错落有致，廊桥道径巧妙勾连，将大唐盛境梦幻般地重现于今世。中建人在昔日的唐都长安，离大雁塔300米处，建设西部地区建筑规模最大的完整仿唐建筑——陕西大剧院项目，外观全部使用仿唐古建筑设计风格，仿唐建筑几乎精确到毫米级，再现了唐朝的飞檐飘逸、灵动，浓缩了大唐的盛世气象。

新疆大剧院再现丝路文明。新疆大剧院外观形似金色天山雪莲，拥有目前国内最高的穹顶和最大的室内舞台，以鲜明的民族文化特征再现丝路文明，展示新疆文化。在建设过程中，中国建筑的技术团队大胆创新，陆续攻克了钢结构施工、三维曲面GRG装饰、曲面外壳装饰板、模块式钢结构框架组装及吊装等几十项技术难关，并在新疆首次运用BIM技术，充分呈现

大剧院的建筑美、艺术美。

南昌万达茂主题乐园独特演绎江西瓷文化。全球最大、国内首个青花瓷建筑——南昌万达茂主题乐园的开业，使得三年前还只是一望无边的红土山（南昌九龙湖畔）梦幻般变为全球瞩目的世界级文化旅游胜地。方圆 83 公顷的土地上，次第耸立起 26 座造型各异、美轮美奂的青花瓷瓶，组成全世界最大的巨型瓷群建筑，向世人优雅展示瓷都风范，彰显华夏悠久的瓷文化。

（二）服务大国外交，出色完成重大政治工程

中国建筑带着将工程做出政治高度的信念，用一座座精妙恢宏的建筑，烘托了中国在国际舞台上的大国风范。作为国内最早“走出去”的投资建设企业，中国建筑在全世界 120 个国家和地区投资或承建了 6000 个项目，输出中国技术，展现中国品质，履行中国责任，做出中国贡献，传递中国名片，谱写中外友谊乐章，成为服务国家“走出去”战略和助力大国外交的一支重要力量。

1. 服务峰会，见证历史

“一带一路”峰会、APEC 峰会、G20 峰会、金砖国家领导人厦门会议等场馆，政治意义重大，工期标准苛刻，质量要求严格，中国建筑克服困难，勇于拼搏，为国家主场外交做出了贡献，把中国推向世界建筑舞台的中央。

打造长安街上的“世界名片”、全球最大国际贸易中心——中国国际贸易建筑群。在中建一局的品质 · 先锋展馆里，曾参与国贸项目、后担任水立方总工程师的全国劳模陈蕾讲述了中国建筑从 1985 年国贸一期建设开始，到 2017 年国贸三期 B 最后一座建筑投入使用过程中，创作长安街“建筑史诗”的 3 部历史：1985 年建设国贸一期时，总承包商是法国 SAE，中建一局只是工程主分包，按当时的资格要求，包括中国建筑在内的我国施工企业还没有总承包资格；1996 年建设国贸二期时，中建一局也仅是工程主承包商；到 2006 年建设国贸三期时，中建一局已成为工程总承包商。30 多年来，

中国国际贸易建筑群不断建设和发展壮大的过程，既是我国改革开放和经济发展成就的历史缩影，也是我国建筑业从跟跑到并跑再到领跑国际同行的历史见证。

造就意蕴深远、历久弥新的传世之作——APEC 雁栖湖会议中心。在北京雁栖湖畔，一座外形宛若天坛祈年殿倒影的建筑，是 APEC 峰会中国建筑勇担重任的力作。在这座造型古典的建筑中，中国建筑进行了多项前卫的革新：应用景泰蓝双面掐丝点釉技术，完美破解景泰蓝平面变形这道悬了 600 年的难题；一次性铺设单张 6 吨重、创吉尼斯世界纪录的大地毯；逐块测量、制作、安装、校正飞檐下的上千块装饰铜板，将精益求精的匠人精神发挥到极致。

7 个月“零疏漏”完成国内最大、世界第二的 G20 杭州峰会会场改造。2016 年在杭州召开的 G20 峰会是近年中国主办的级别最高、规模最大的国际性会议。作为会场前身杭州国际博览中心的工程总包方，中国建筑凭借成功的资本运作和出色的履约能力，让业主将杭博项目升级为 G20 峰会主会场的改造工程也交由中国建筑实施。面对重重挑战，中建人凭借对工程设计理念的深入领悟和精湛的施工技艺，完美地诠释了大国风范、江南特色、杭州元素，留给多国元首惊艳而美妙的回忆。

以俄罗斯古建修复第一速度完成中共六大会址修复工作。中共六大会址常设展览馆是我国在海外唯一的关于中国共产党党史的常设展览馆，2015 年 9 月中建一局受国家重托，不远万里来到莫斯科开展修复工作，中建人不畏室外零下 30 多摄氏度的极寒，顽强拼搏 293 天，比计划工期提前 10 天完成任务，创造了俄罗斯古建修复领域的第一速度。竣工之日，莫斯科文物局局长感叹地说：“像这样复杂的修复工程，在俄罗斯至少需要两到三年的时间才能顺利竣工，而中国人却在不到一年的时间内就完成了。”中共六大会址修复项目获得莫斯科市“古建修复项目奖”“古建修复组织奖”，并在 20 万莫斯科市民参与投票的评选中获得“最佳印象奖”，成为在俄罗斯彰显中国速度、中国标准、中国品质的“一带一路”明珠。

2. 植根香港，在商言政

1979年，中国海外建筑工程有限公司（简称“中海海外”）在香港注册成立，从此开始了赶海香江、弄潮市场的旅程。忆往昔，岁月峥嵘，创业维艰，以宿玉璞、顾天训等为代表的中海早期创业者，面对艰苦环境和条件，始终把为党工作的赤子情怀同中海海外的生存发展紧密结合起来，以诚结人，以信谋事，胼手胝足，筚路蓝缕，最终打开了局面，站稳了脚跟，奠定了中海海外发展的根基。

汇聚蓝色力量，维护香港稳定。在植根香港、融入香港、建设香港的过程中，中海海外积极践行“在商言商、在商言政”的双排头兵职责，在社会参与、保障民生、促进就业、关怀员工、回馈社会、促进人心回归等方面，做出了不懈努力，为特区政府的依法施政和香港社会的繁荣稳定，为“一国两制”在香港的行稳致远，发挥了央企应有的作用。1997年亚洲金融危机，面对香港市场上的破产风潮，中海海外虽然焦急万分，但出于国有企业的责任感和使命感，不违约，不裁员，不减薪，出色地体现了危急关头国有企业的责任担当。

3. 坚守阿国，树友谊丰碑

中国建筑1982年进入阿尔及利亚市场，创业初期，面对强大的欧洲同行业竞争对手，中国建筑凭借建筑质量和施工速度，迅速打开市场，站稳脚跟。1990年阿尔及利亚第一次多党选举中，伊斯兰原教旨主义政党伊斯兰救世阵线取得胜利，遭到军方强烈反对，由此引发阿尔及利亚近十年的内乱和动荡，被称为“黑色十年”。

1991年至1996年，阿尔及利亚恐怖活动猖獗，社会形势严峻，绝大多数外国公司先后撤出阿国市场，面对复杂的社会环境和随时可能出现的危险，中国建筑被迫停止实际经营活动，但始终坚持留守在阿尔及利亚市场，也正因此，才有了之后的转折和跨越，才有了中国建筑阿尔及利亚今天的成就和辉煌。1997年，阿尔及利亚政府为承办两年后在阿尔及利亚召开的第三十五届非洲统一组织首脑会议，亟须建造一座五星级酒店。彼时阿尔及利亚局势虽有所好转，但仍不稳定，恐怖活动时发，欧洲建筑商仍视阿尔及利亚为极端恐怖地区，不敢进入。这种情况下，中国建筑临危受命，克服工期紧、要求高、建筑材料短缺等严重困难，渡过了在警察荷枪实弹保护下、在铁丝网包围下施工的艰难岁月，仅用18个月时间，就圆满完成了松树喜来登酒店这个当时颇具政治意义的项目，保证了非统会的顺利召开，打了一场转折期漂亮的翻身仗，树立起中国建筑高效优质的一流建筑承包商形象。

岁寒知松柏，患难见真情。在风雨飘摇的日子里，中国建筑与阿尔及利亚政府和人民共克时艰，用诚意和信誉赢得了阿尔及利亚政府和人民的信任，为公司后续发展，实现由坚守到跨越的转折，奠定了良好基础。阿尔及利亚多次通过议标方式将很多重大工程交由中国建筑承建，尤其是大清真寺这样的宗教圣地、千年工程都由中国建筑来建设，足以说明阿尔及利亚政府对中国建筑和中国的信任。特别值得一提的是，2003年阿尔及利亚发生了6.8级大地震，中国建筑所承建的所有住房，包括位于震中心已交付20多年的房子无一倒塌，被当地人称为“震不垮的丰碑”，彰显了中国建筑的品质与信誉。在阿尔及利亚，中国建筑承建的特莱姆森酒店完工后，阿尔及利亚总统亲自发感谢信说：“你们干的工程，是镶嵌在特莱姆森皇冠上的珍珠！”

中国建筑在世界各地矗立起一座座建筑，更在世界人民心中树立起了中外友谊丰碑。开罗国际会议中心被誉为“埃中友谊大厦”，泰国拉玛八世皇大桥被印在泰国货币上，迪拜人造棕榈岛创造了“世界第八大奇迹”，埃塞俄比亚非盟会议中心成为“新时期中非友谊的象征”，刚果（布）国家一号公路被萨苏总统称为“通向未来之路”，印尼111标志塔项目将成为东南亚最高楼，中国标准施工的吉布提港多哈雷码头工程成为“一带一路”的关键节点，援柬埔寨体育场项目是迄今我国援外规模最大、等级最高的体育场。这一座座地标性建筑，将中建人、中国人的智慧和实力永久地铭刻在当地人民和世界人民的心中。

（三）铁肩担道义，勇于承担国家重任

一项项重大工程无不体现着中国建筑的家国情怀与责任担当。利比亚战乱，展开万人万里安全大撤离。汶川、玉树、九寨沟、雅安发生强震，积极投身灾区重建。中国建筑通过项目建设为 150 万农民工提供就业机会，相当于带动约 500 万农村人口奔小康。

1. 遭遇战乱，万人万里安全大撤离

热播电影《战狼 2》中海外撤侨场景感动很多人，而真实原型利比亚撤离比电影更震撼。这当中，中国建筑直面危险，勇担大任，经历种种磨难与艰辛，成功完成万人万里安全大撤离，这是中华人民共和国成立以来规模最大、情况最复杂的我海外人员撤离行动。

2011 年 2 月初，中东局势风云突变，利比亚硝烟四起，中资企业受到冲击、抢劫、围攻，造成了巨大的财产损失，并有人员被劫持和击伤，包含中建利比亚分公司 10227 名员工在内的 3.5 万名在利比亚中国公民陡然面临生死考验。危急时刻，党中央国务院下达了撤侨令，中国建筑坚决执行中央指示，迅速开展撤离行动，确保每位员工的生命安全，千方百计维护国有财产。从 2 月 23 日到 3 月 4 日，历时十天十夜，克服通信不畅、交通不便、外界形势不明、当地政府瘫痪、抢房运动频发、工地枪声大作的危险和困难，成功组织安排了撤离船只进港停泊、人员登船离境、由陆路向利埃边界撤离等手续和行动，打通海陆空特殊生命线，中国建筑将 10227 名中国员工、723 名孟加拉籍员工、233 名越南籍员工全部撤离回国，还协助其他中资公司撤出 3700 人，合计撤离人数占我国全部撤离人员的 1/3。

2. 驰援灾区，展现敢打敢拼的硬作风

2008 年 5 月 12 日，汶川发生地震。中建二局第一时间投入救援，挺进汶川、什邡、德阳、陇南等深度震区，抢险、救援、援建、捐款捐物，与灾区人民共渡难关。火速搭建过渡板房，紧急建设教室，用于高考和中考，迅速营建汶川住房安置小区三期工程、什邡物华西苑廉租房小区二期、德阳市人民医院等约 30 项援建工程，累计为四川、甘肃等地援建临时安置型住房

110 万平方米，居全国之最。

中国建筑勇当玉树灾后重建排头兵。根据国家和青海省统筹部署，中国建筑承担了玉树州结古镇城北片区和安冲乡的居民住房、公共服务设施、基础设施、生态修复、特色产业和服务业、和谐家园等方面的恢复重建，总建筑面积约 80 万平方米，项目 150 多个，总投资约 35 亿元。援建期间，中国建筑精心组织、科学管理、忘我苦干，克服高原缺氧、环境恶劣、沟通不畅、资源匮乏、点多面广、前期手续杂、风貌打造繁、意愿锁定难、征地拆迁慢、施工周期短等诸多困难，坚守“缺氧不缺精神，海拔高追求更高”“艰苦不怕吃苦，风雨强斗志更强、团队更强、作风更强”的铮铮誓言，以只争朝夕和百米冲刺的精神状态，以超常规的付出、超常规的效率，抢建住房、医院、学校等民生项目，全面完成了三年基本完成重建任务的总体目标。

3. 关爱弱势，开展农民工暖心工程

在中国建筑，每年有 120 万名农民工参与工程建设，做好他们的工作，事关党的执政基础，事关社会和谐稳定。为团结好这支产业大军，中国建筑党组下发《加强农民工党建工作的指导意见》，开发建设“全国建筑工人信息管理 + 党建平台”。各级党组织把农民工当成一家人，与正式职工享有同要求、同检查、同考核、同评比、同奖励的“五同”待遇，通过技能培训、岗位练兵、农民工夜校等，帮助他们提升职业技能。带动农民工党员参加“两学一做”学习教育，让他们感受组织的关爱和尊重。连续多年开展员工幸福指数调查，切实满足农民工生活诉求，创新开展农民工集体婚礼、农民工带孩子上班日、农民工子女夏令营、工友村、工友报、农民工夫妻房等“幸福相伴”主题活动，让他们安心扎根中国建筑，与中国建筑携手拓展幸福空间。

在基层项目开展“暖心工程”、“融合工程”和“共享工程”三大工程，促进农民工实现“四个转变”：逐步由流动的农民工向企业长期稳定合作的建设者转变；由无组织的农民工向树立了“四有”新风尚的企业合作者转变；由进城“一无所有”的农民工向知识技术型的新时代工人转变，由亦工亦农

的农民工向城市新市民转变。通过一系列活动，全面提升员工综合素质，培养了一批优秀农民工代表。

三、传承创新，在市场竞争中锻造“中建品牌”

品牌是国家的名片，是国家软实力的重要体现。党和国家领导人向来高度关注品牌发展，将打造民族品牌提高到国家战略高度。中央企业是国家参与国际竞争的代表，中国的国家形象与央企的品牌形象密不可分。正是认识到了这一点，中国建筑在市场竞争中一贯高度重视品牌建设，将塑造“中建品牌”作为不可推卸的时代责任。

（一）开拓海外市场，打造“中国名片”

万山磅礴，必有主峰；龙衮九章，但挈一领。塑造国际知名品牌往往能够产生巨大的榜样力量，不仅有助于增强民族自豪感、自信心，同时也能增强国家在全球经济体系中的话语权。中国建筑在开拓海外市场的过程中，一直秉承着这样的理念：必须展现出中国创造的卓越品质，以传世之作塑造“中建品牌”“中国品牌”“全球品牌”。

中国建筑始终紧跟国家战略与投资导向，抱着勇于开拓的精神，一步一个脚印地开拓境外业务。组建伊始，中国建筑的业务重点就是援非、援蒙，这些援外项目在促进受援国经济发展、提高我国国际地位、创造和平稳定的国际环境等方面发挥了重要作用。1979 年重组后，中国建筑被党和国家授予了进入国际市场竞争的重要使命，成为我国第一家获得对外经营权的企业。经过艰难创业，中国海外建筑工程有限公司（中海集团的前身）在中国香港的所有承建商中长期名列前茅。进入国际市场，中国建筑积极开拓，在欧洲、美洲、非洲、亚洲以及“一带一路”沿线国家等都留下了自己的足迹。欧洲第一高楼、全球最高钢筋混凝土结构建筑——俄罗斯联邦大厦，圣彼得堡标志性建筑——为中国赢回第一座境外工程鲁班奖的圣彼得堡涅瓦商业中心，“一带一路”的展览中心、交易中心和信息中心——莫斯科中国贸易中心……一座座巍峨的建筑从地平线上拔地而起，不仅向世界展示了中国建筑的魅力，也无言地诉说着中国企业的崛起。

成功背后凝结的是中建人艰苦卓绝的努力，在多年海外开拓的过程中，中国建筑牢固地坚守着“大海外”战略。一方面，坚持区域化发展道路，以建筑为基础，不断提升中国企业在海外的影响力；另一方面，持续提高属地化管理水平，通过劳务资源属地化、员工队伍属地化、管理方式属地化和资源配置属地化，让中国建筑与海外市场深度融合，让中国品牌逐步获得了海外市场的认可。中国建筑品牌近5年连续入选世界品牌实验室编制的“世界品牌500强”榜单，在国际五大品牌价值评估权威机构——Brand Finance“2016年全球品牌价值500强”排名中位列第44位，同时，还荣获国务院国资委首届“品牌建设优秀企业”称号。2017年，中国建筑承建的莫斯科中国贸易中心项目作为唯一一家被莫斯科国家建筑监督委员会推荐的中国项目，在1000多个项目中脱颖而出，荣获莫斯科建筑行业质量最高奖——“2017年度莫斯科市优质工程奖”第一名，中国建筑也成为荣获该奖项的第一家中国企业。

从埃及国家会议中心到约旦皇家宫殿、从伊拉克两河流域大型农田水利工程到泰国的几百座桥梁、从新加坡大学校园到埃塞俄比亚非盟会议中心，凭借着这一张张闪亮的“中国名片”，中国建筑赢得了党和国家领导人“你们不仅代表企业，更代表了中国”的高度赞誉，也让世界看到，中国不仅能“引进来”，也能依靠技术能力“走出去”。

（二）秉承工匠精神，专注“中国质量”

沧海横流，方显英雄本色。随着我国市场化程度的提高，一些企业在追求“快”的同时却忽视了“质”的提升。而中国建筑不忘初心，秉承工匠精神，以赤子之心坚守着对“中国质量”的承诺。2005年，台湾地区亲民党主席宋楚瑜感慨道：“我走在长安街上，看到很多中国建筑承建项目整齐划一地写着‘服务跨越五洲，质量重于泰山’，这是多么先进的理念，多么豪迈的雄心！”

君子敏于行而讷于言。中国建筑深知，坚强的实力和诚信履约是品牌之基。早在改革开放之初，中国建筑就在时为“华夏第一高楼”的深圳国贸大厦施工中，创造了不到三天一个结构层的“深圳速度”，开创了中国建筑行业赶超世界先进水平的先河，一度成为我国改革开放和高速发展的代名词，为人们所津津乐道。时至今日，中国建筑依然在不断创造世界和中国的新跨度。2008 年，中国建筑承建的世界最大的游泳馆、最大膜结构工程、世界第一高多面体空间钢架结构建筑——国家游泳中心（水立方）竣工，为中国建筑史乃至世界建筑史添上了浓墨重彩的一笔。在这场旷日持久的攻坚战中，中建人恪守着工匠精神，克服了一个又一个前所未见的难题，涌现出陈蕾等全国劳动模范，践行了自己对“中国质量”的庄严承诺。

中国建筑对质量的高度追求也延伸到了海外市场。中建南洋公司经过不断摸索和总结，建立起了具有自身特点的一系列项目管理制度，在质量创优、打造品牌工程方面，取得了耀眼的成绩，不仅屡次刷新建设局评分纪录，更是在素有新加坡“建筑业奥斯卡”之称的建设局常年颁奖典礼上累计斩获 113 个奖项，彰显了其在新加坡建筑领域的领军地位。2016 年，中建南洋公司获得当地最具价值奖，也是建筑业的最高奖——“建筑业领袖奖”，让世界对“中国质量”刮目相看。

（三）传承红色基因，树立“中国自信”

信仰是力量之源。习近平总书记指出，要不断增强意识形态领域的主导权和话语权，发展社会主义先进文化，构筑中国精神、中国价值、中国力量，为人民提供精神指引。坚持党的领导，加强党的建设，是国有企业的“根”和“魂”。中国建筑把社会主义核心价值观转化为企业文化理念，转化为企业员工的行为规范，将红色基因注入企业的每一个细胞。

党的十八大以来，中国建筑将党对国有企业的领导作为重大政治原则，融入公司治理每个环节。具体表现在：推进党委书记与董事长“一肩挑”领导机制在二级单位实现全覆盖；发布“112”制度体系，严格落实各项配套工作措施，打造标准有力、层级清晰的党建网络体系；以党建系列成果支撑中国建筑向世界投资建设领域领军企业的转型升级。中国建筑企业文化在党建的引领下，将思想教育、党性教育和文化深植结合，同全面落实“两学一做”学习教育常态化制度化、同打通项目党建“最后一公里”、同解决一线员工实际问题、同深化与分包分供合作共赢、同助力企业践行“一带一路”倡议建设具有全球竞争力的世界一流企业的领导团队和一流人才队伍相结合，通过中心组学习、“书香中建”大讲堂、三会一课等，学理论、议大事、出思路、促发展，把理论学习成果转化为抢抓“一带一路”机遇的发展成果，将习近平总书记系列重要讲话精神转化为广大党员干部的思想自觉和行动自觉。

2012年，时值公司组建30周年之际，中国建筑正式发布了“中建信条”，此后又颁布了行为规范手册“十典九章”。这些举措标志着中国建筑以“拓展幸福空间”为使命，以“品质保障、价值创造”为理念，以“诚信、创新、超越、共赢”为精神内核的品牌文化体系正式确立。“中建信条”“十典九章”成为公司的行为规范，积极履责、工匠精神成为集团上下的普遍追求和自觉行动。自2012年以来，中国建筑连续推出大姐书记陈超英、工程院院士张锦秋、央企楷模“中国高度的创造者”陆建新、中央企业优秀共产党员“岩土特工”周予启、大国工匠翟筛红、时代先锋“高空之眼”王华等一批国家级“中建榜样”群像，通过构建“中建榜样”金字塔，引领公司价值观，培养全体中建人共同的行为准则。

中国建筑的发展历程证明，传承“红色基因”的企业文化是中国建筑永葆基业长青的“发动机”。六十六年薪火传承，三十六年砥砺奋进，中国建筑从“红色基因”中汲取先进文化，坚持创造性转化、创新性发展，为企业文化赋予党的优良传统和鲜明的时代特征，走出了一条听党指挥、勇当先锋、引领行业、走向世界的品牌文化之路。

（四）凝聚蓝色力量，传递“中国文化”

习近平总书记指出，“文化是一个国家、一个民族的灵魂……文化兴国运兴，文化强民族强。没有高度的文化自信，没有文化的繁荣兴盛，就没有中华民族伟大复兴。”国家如此，企业也是如此。企业若没有高度的文化自信，就没有高度的市场自信。中国建筑深刻认识到，一个企业的文化与品牌共生一体，互为表里，一流的国际化企业，必然具有享誉全球的品牌与极具影响力、感召力的企业文化。

1991 年 2 月 4 日，中国建筑将企业的标志、徽章的衬底确定为蓝色。大海一样深邃的蓝色，展示中国建筑宽广的胸怀，描绘出充满希望与活力的美好未来。自此，这一片片“中建蓝”分布在世界各地，汇成了澎湃不息的“蓝海”大潮。中国建筑以文化为重要依托，高起点、高水准地设计品牌工作体系和工作计划，重点做好品牌体系搭建、品牌影响与文化内涵互通、品牌推广与文化宣传一体等关键事项。

大国崛起不仅体现为政治领域和经济领域的话语权，更体现为文化输出所获得的尊重和认同。伴随着中国史无前例改革开放的疾风暴雨洗礼，中国建筑在传承中创新，在竞争中突破，文化建设也经历了由自发到自觉、由摸着石头过河到顶层设计的过程。中国建筑始终高度重视文化建设，夯实了企业发展的精神根基，向世界传递了悠久灿烂的中国文化。

四、再接再厉，在新时代再创辉煌

纵观中国建筑业务转型历程，在多元化经营上，中国建筑没有盲目地进行扩展，而是始终紧紧结合国家战略来拓展公司业务。站在新的历史方位，中国建筑的发展必须紧紧围绕国家战略，克服困难，顽强拼搏，不断增强公司创新力和竞争力，推动公司转型发展再上一个新台阶。

（一）周期性困难凸显

中国建筑主业集中在建筑、房地产和基础设施建设等周期性行业，受经济周期和国家宏观调控政策影响大。近期在金融防风险、地方政府债务管理和去杠杆等政策影响下，公司保持业务持续稳定发展面临较大压力，从长期看，建筑业也将由高速增长转为温和增长。公司规模大，法人层级多，运营管理能力有待进一步提升。各工程局业务重合度较高，亟待形成有效的分工协作格局。公司负债规模较大，资产负债率高达 77.8%，接近 80% 的监管红线；应收账款和存货（俗称“两金”）占比高，风险防控水平有待提升。公司 PPP 项目投资规模大，仅 2016 年和 2017 年公司 PPP 项目计划投资就高达 11718 亿元，超过国资委《关于加强中央企业 PPP 业务风险管控的通知》规定的集团净资产 50% 的红线。PPP 项目融资压力较大，截至 2017 年末，公司已签约的 206 个 PPP 项目中，23% 的项目未实现入库，项目融资落地率较低（30%）。

（二）新机遇与新挑战

党的十八大以来，以习近平同志为核心的党中央驾驭全局，引领经济社会事业取得历史性成就、发生历史性变革，形成了习近平新时代中国特色社会主义经济思想。由高速增长转向高质量发展，不但是我国经济新时代的主要特征，更是今后一个时期必须贯穿全国经济工作的根本要求。对中国建筑而言，压力和希望同在，机遇与挑战并存。从机遇的角度讲，虽然国家弱化了对经济增速的要求，但在经济新增长点正在成长、增长动能正在转换的现阶段，投资仍然是推动经济发展的重要力量，需要在优化供给结构中发挥关键性作用，中国建筑的市场空间依然广阔。从挑战角度讲，“防风险”位列“三大攻坚战”之首，以控制杠杆率为核心的防控金融风险是防风险的重中之重，金融监管全面从严，资金成本趋于抬升，企业或将面临现金流入量与资产负债率的双重压力。房建市场虽总量庞大但接近饱和，基建投资高位运行，资本回报与运营挑战日渐显现。

（三）转型发展再启程

面对困难和挑战，中国建筑以供给侧结构性改革为主线，不断深入推进国企改革，制定“两金”压降、“瘦身健体”三年行动计划，着力补短板，提质增效，持续增强公司内生活力和发展动力；着力防风险，持续强化公司风险防控体系建设，加强风险监督，开展各类风险隐患的防范治理，实现风险管理工作与日常经营管理的有序融合，为公司健康发展筑牢防线；着力抓改革添动力，打造创新变革新引擎，践行“大海外”战略，强化业务板块联动与产业链条延伸，推动房建业务稳中向好，提升基建领域核心竞争力，确保地产业务稳健发展，推动投资业务结构调整，强化产融结合服务主业，深化品牌建设，确保基础设施、城镇化、投资开发协调发展的转型升级，保持公司整体和谐稳定。

站在新的历史方位，中国建筑按照新时代建设中国特色社会主义的总体要求，根据新时代国家改革开放和投资建设的方向和重点，提出了“无房建不稳，无基础设施不强，无投资不富，无设计不优，无海外不亮”的公司发展重点，确定了到“十三五”末实现“5321”产业结构的发展目标：在主营业务收入中房屋建筑占50%，基础设施占30%，地产占20%，海外业务收入占10%。

到2030年，中国建筑的发展目标为“1211”：进入“世界500强”前十名，年营业收入2万亿元，市值突破1万亿元，成为世界投资建设领域的第一品牌和中国建筑业改革发展与推动我国城镇化建设的一面旗帜。

到2050年，中国建筑要在2030年“1211”目标基础上，与国家发展规划同向同步，成为全球投资建设领域主业突出、技术领先、管理先进、绩效优秀、全球资源配置能力强的世界一流企业。

国投：为国而投，打造世界一流投资公司

国家开发银行研究院－中国经济信息社

导言

有那么一群人，23 年前靠接收价值 70 亿元、由国家基本建设基金形成的股权资产，开始做投资生意。今天，他们资产总额 5000 亿元，是初期的 70 多倍。在国有资产不断快速增值的同时，他们创造的效益也由初期的亏损转变为 2017 年盈利 182 亿元。

他们就是国投人，一群从政府经济管理部门公务员转型而来的非投资专业人士，他们中有计划经济时代的政府官员，有曾在部委机关做投资计划管理的机关干部，更有曾经以做计划、收报表为主的普通公务员。就是这群人，在改革的大潮中，靠不断地加强党的领导、靠不断地解放思想、靠不断地改革探索，成功地在市场洗礼中锤炼成为服务国家战略的投资能手。

他们管理的国投公司本不起眼，在众多中央企业中规模小，横跨几十个行业，且当初在国资委分类管理中被列为“其他”。但就是这样一个“其他”，在没有行业依托、没有垄断资源依赖的情况下，在没有现成模式可供借鉴的情况下，经过 20 多年的自我探索，特别是党的十八大以来的改革创新，不断调整结构，优选主业，形成了一个具有独特竞争优势的投资控股公司。

作为我国投资体制改革的产物，国家开发投资集团有限公司（以下简称

“国投”）既是国企改革的试验场，又是中国经济“双重转型”的一个缩影。1995 年成立以来，国投在制度层面进行体制机制变革，在业务层面进行产业结构调整，在运营模式上进行投资管理方式创新，以及迎接全球化、市场化挑战带来的变革，这些都成为中国经济转型改革宏大叙事的一个个小插曲。从拨改贷到债转股，从招投标到项目经理责任制，从股份制改造到国有股减持，这些许多国企共同经历的变革，国投总是特别面对，身先士卒。

国投也是国有投资控股公司模式的探路者。在中央企业中，国投是唯一一家一诞生就是以国有资本投资运营为主要任务的投资控股公司，在国外也没有完全一样的企业，没有现成的模式可循。国投把探索发展模式作为体制机制变革的突破口，寻找投资控股公司的独特定位。国有资产如何实现资本经营？历史形成的不良资产如何处置？国投的探索成为企业国有资产管理和国有资本运营方式最早的一个试验。

“中国一定是做了非常对的事，才产生了我们见到的奇迹。”经济学家张五常称中国的改革，是“历史上最伟大的经济改革计划”。诺贝尔经济学奖获得者科斯也曾说：“更奇妙的是，这一切都发生在中国共产党领导下的中国。”而国投，正是在党的领导下，在这个奇迹中，在中国这场改革开放里，砥砺奋进、茁壮成长起来的企业。

一、国投成绩：从改革中破茧，在改革中壮大

党的十八届三中全会提出“以管资本为主加强国有资产监管”，“支持有条件的国有企业改组为国有资本投资公司”。消息一出，国投党组书记、董事长王会生便兴奋地说：“这一刻，我们等了 18 年。”对国投而言，这不仅是对其过去改革探索的肯定，更是阔步开启新征程的“指南针”和“金钥匙”。

（一）从“拾遗补缺”到国资委“14A”

回首从创立到发展壮大的历程，国投将其划分为三个阶段。1995 年至

图 1　国投总部大楼

2002 年为第一阶段，是“求生存、打基础”的初创时期；2003 年至 2012 年为第二阶段，是“二次创业、振兴国投”的加速发展时期；第三阶段从 2013 年至今，是国投不断深化改革、转型升级、创新发展的新阶段。

1. 求生存打基础

1994 年 3 月 17 日，国务院发布《国务院关于组建国家开发银行的通知》，决定撤销农业、林业、能源、交通、原材料、机电轻纺六大专业投资公司，成立国家开发银行，同时组建国家开发投资公司。在此背景下，1995 年 5 月 5 日，国投在投融资体制改革的大潮中应运而生。

成立初期，划分到国投的资产“多小散差”，许多项目资不抵债、收不抵支，公司财务良性循环面临困境。面对这样的局面，国投提出“站稳脚、小起步、抓住时机再迈步”的思路，坚持“拾遗补缺、谨慎从事”的原则，严格界定业务范围，保证项目开发少而精，同时按照现代企业制度的原则，强化投资风险约束机制，注重与国际经济接轨，不断增强公司的内外活力。

经过八年的艰苦创业，通过业务整合和管理变革，国投的经营模式逐步确定，发展方向逐步清晰，为未来的发展奠定了良好的基础。到2002年底，国投通过“一次创业”，实现了规模和利润较快增长：资产规模从组建初期的70亿元，逐年提高到733亿元；利润从初期的亏损1500万元到实现盈利8.55亿元；直接或通过全资子公司参股277家企业，其中控股企业93家，员工人数近3万。

2. 二次创业加速发展

2003年5月30日，国投党组通过《关于二次创业，振兴国投，加快公司发展》的决议，提出“五年内成为国内一流的国家投资控股公司，十年内成为世界一流的投资控股公司”的战略目标，国投开始了“二次创业”。

二次创业十年，国投综合实力显著增强，资产规模和效益以年均两位数的增幅快速增长，实现了规模扩张和效益提升的良性循环。十年间，公司总资产从733亿元增长到3113亿元，增长了3倍多，利润总额年均增长30%，经济增加值增长9倍，圆满实现了“二次创业”各项战略目标。国投还将业务布局从实业、金融、资产管理、中介咨询“四位一体”调整到实业、金融服务、国有资产经营“三足鼎立”，并逐步向国内实业、金融服务业与国际业务新的“三足鼎立”转变。完成二次创业后，国投从成立之初拾遗补缺的“替补角色”，发展成为国有投资控股公司的“排头兵”。

3. 深化改革、转型升级、创新发展

2013年召开的十八届三中全会，掀起了新一轮国资国企改革的热潮。国投以国有资本投资公司改革试点为契机，全面深化改革，推进转型升级，加快创新发展，全力打造具有国际竞争力的一流投资控股公司。国投的工作重心集中在四个方面：一是基础产业结构进一步优化，二是战略性新兴产业

突破发展，三是金融及服务业稳健发展，四是国际业务积极推进。

从 2013 年至今，国投结合国家关于国有企业深化改革的精神，不断推进改革创新，促进结构优化和转型升级，推动公司向高质量发展阶段迈进。从 2013 年到 2017 年的五年间，国投总资产从 3113 亿元增长到 4936 亿元，年均增长 10%，利润总额从 115 亿元增长到 182 亿元，年均增长 16%。国投连续 14 年获得国务院国资委年度经营业绩考核 A 级，成为获此殊荣的 8 家央企之一，连续四个任期获评“业绩优秀企业”。

图 2　国投各发展阶段总资产与利润总额增长情况（单位：亿元）

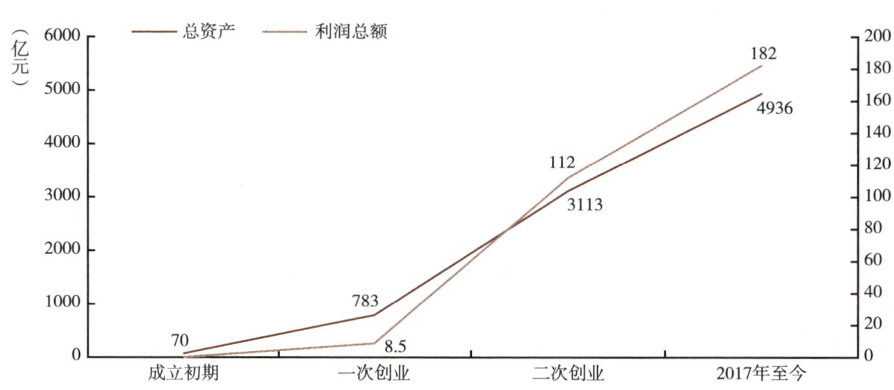

资料来源：国家开发投资集团有限公司官方网站，网址：https://www.sdic.com.cn/。

（二）生存靠改革，发展靠改革，做排头兵更靠改革

国投每一个发展阶段的辉煌成就，靠的都是改革，20 多年来先后进行了五次大的改革。1996 年构筑了母子公司的基本框架，提出将公司建设成为具有中国特色的国家投资公司；1999 年实行全员劳动合同制，推行项目经理责任制，实施专业化管理；2002 年开展管理咨询，初步建立与市场匹配的体制机制；2009 年推进集团化、专业化、差异化管理；2014 年推进大监督体系建设，整合监督资源，发挥监督合力，形成制度建设、宣贯、执行、监督、评价管理闭环。

通过五次改革实践，国投完成了业务梳理和调整，推进了基础产业优化升级，搭建了前瞻性战略性产业投资平台，改革了国际业务发展机制，并对11家子公司分类授权和建立股权董事制度，探索完善了国有资本投资公司的功能定位、体制机制和运营模式。

国务院国资委央企业绩考评中获得“14A”的8家企业中，国投是唯一一家投资控股公司，而且是一家没有垄断资源、没有行业依托的中央企业，需要在市场上“找食吃”。

“如果用衡量产业集团的标准看，国投在哪个行业上，怎么努力也做不了排头兵。”经过一番摸索，国投从劣势中找到了优势所在。国投认为，如果将央企中的产业公司比作“脊梁”，那么投资控股公司就是那双“手”：“你扛大包，我干点灵活事。”

从一个政策性与效益性相统一的政府投资公司，到明确自己就是“国有投资控股公司”。这就是国投几经探索之后的战略定位：服务国家战略，做国家产业结构调整“灵活有力的看得见的手”。

经过20年的自我发展，2014年国投成为国有资本投资公司改革首批两家试点单位之一。到2016年，中央和地方已有几十家国有资本投资公司改革试点单位，这让国投人的执着有了更广泛的意义。

二、国投经验：从“管资产”向“管资本”蜕变

改组组建国有资本投资、运营公司，是新一轮国企改革的重要一环。作为首批改革试点企业之一，近年来国投锐意改革，试方向、试机制、试管理、试监督、强党建，努力打造适宜国有资本投资公司发展的体制机制，交出了亮丽的转型成绩单。

（一）“投之大者，为国为民”：集中布局“命脉”与“民生”

为服务国家重大战略及推动供给侧结构性改革，近年来，国投已构建

基础产业、前瞻性战略性产业、金融及服务业以及国际业务四大战略业务单元。

图 3　国投四大战略业务单元

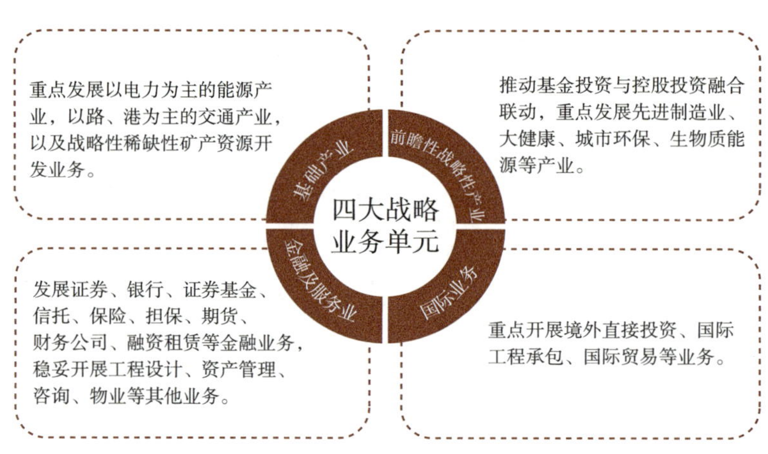

资料来源：《国家开发投资集团有限公司 2017 年社会责任报告》。

国投坚持服从服务精准扶贫、雄安新区建设、中国制造 2025、“大众创业、万众创新”、京津冀协同发展等国家战略，以及“一带一路”倡议。2017 年，国投率先在央企中做出参与雄安新区建设的决定，集团三家企业首批入驻雄安新区。

加快布局“命脉”“民生”。近年来，国投新增投资主要集中在水电、新能源等清洁能源，以及养老、生物能源、智能科技等前瞻性战略性产业和股权投资基金等符合国家及自身战略方向的领域。其中，清洁能源占比 16%，前瞻性战略性产业占比 21%，金融服务业占比 24%。

“为国而投，该退则退”，这是国投的使命。为响应国家号召，2016 年 8 月，国投与中煤集团、国源煤炭资产管理公司举行煤炭业务及相关资产移交协议签字仪式，成为第一家从煤炭业务整体退出的中央企业。

从成立之初，煤炭业务就是国投的支柱产业之一。2003 年之后的 10 年里，煤炭业务更是为企业创造了近 280 亿元的利润。此次移交涉及员工近 4

万人、资产500多亿元、煤炭产能约3500万吨。

2012年至2016年，国投通过市场化机制退出不符合发展方向和落后、过剩产能项目328个，回收的资金全部投向国家需要重点发展的行业和区域。

例如，煤炭产业无偿移交后，国投煤炭转型为国投矿业，将城市矿产等作为主业，投资的“合肥报废汽车综合利用项目”已经开工，建成后预计每年可回收废旧车辆5万辆以上。

（二）下放决策权，三级管理制度为总部“消肿”

自2014年7月被国务院国资委确定为国有资本投资公司试点以来，国投先行先试，努力探索国有资本投资公司功能定位、体制机制和运营模式等重大课题。

过去，国投的决策权多集中在总部，对子公司管得过多过细，使其活力不足。针对此，2015年年初将所有子公司根据不同实际情况划分为充分授权、部分授权、优化管理三类。作为充分授权改革试点的国投电力控股股份有限公司，总部除保留体现股东权责、有外部监管要求的事项外，将选人用人权、自主经营权、薪酬分配权等权利“能放则放”。子公司真正成了独立的市场主体，活力得以有效释放。

授权改革的同时，国投也注重发挥资本纽带作用，抓手之一就是做实子公司董事会。国投将总部派出的董事由兼职改为专职，将总部代行决策改为独立决策，董事对决策终身负责。如此一来，股权董事深入一线的多了，听汇报的少了，主动分析行业风险、寻求对策的多了，被动听指令的少了，确保了授权“授得下、接得住、行得稳”。

国投电力负责人说：“过去，很多投资项目的审批决策权都在总部，有时一个流程就得走一个月。现在，原本由总部决策的70个事项授权给了我们子公司董事会，我们的权利和责任重了，依赖心理也弱了，决策速度大幅提升，多年没有进展的海外业务也取得了突破。”

表 1 充分授权类与部分授权类子公司授权范围对比

事项	部分授权类	国投电力、国投高新
投资管理	部分子公司授权，投资额度较小	授权
内部机构设置及定员	授权，事前备案	授权，事后备案
总师总助的任免	授权，事前备案	授权，同中管人员一致，均事后备案
高管选聘和管理	不授权	随职业经理人试点一并开展
子公司经营班子业绩考核	不授权	授权，考核办法事前备案，考核结果事后备案
金融衍生业务管理	不授权	授权，事后备案
项目退出规划制定与调整	不授权	授权，事后备案

资料来源：国家开发投资集团有限公司官方网站，网址：https://www.sdic.com.cn/。

火车跑得快，全靠车头带。总部作为公司战略发展方向的把控者，价值管理的实施者，自身能否瘦身健体，轻装上阵，是改革试点能否顺利推进的关键。按照投资控股公司的经营特点和管理需要，国投实行集团总部—子公司—投资企业三级管理，管理层级一直保持在三级以内，总部部门由 14 个减少至 9 个。

近年来，国投确立了“小总部、大产业”的改革目标，着力解决总部职能管理存在越位、缺位、不到位，决策审批过多集中在总部，职能存在交叉，关联职能衔接不紧密，管服并存等问题。针对这些问题出了一些实招：产业经营职能下沉，能放则放，推动股东权利和经营权利相分离；该整合的整合，缩减管理岗位；推行管服分离，实现服务共享，压缩管理边界；该加强的加强，着重提升总部战略决策能力、资源配置能力、资本运作能力、监督评价能力和加强党的建设能力。

总部职能重塑优化后，总部主要通过公司治理机制，对所出资企业履行出资人职责，行使股东权利，全面落实国有资本经营责任。

（三）创新投资手段，撬动社会资本

一流的投资公司，离不开一流的投资手段。作为央企中唯一的投资控股公司，国投近年来从自身独特能力出发，运用基金、兼并、收购、转让和产权置换以及资本市场融资等多种手段，切实提高国有资本投资运营能力。

2017 年 7 月，深圳华大基因公司在深交所上市；2018 年 5 月，宁德时代新能源科技公司闪电“登陆”创业板。类似华大基因、宁德时代这样的高新企业快速发展的背后，少不了国投旗下各类基金的身影。

与此同时，国投加快了直接投资的步伐。为了更好地服务实体经济，完善投资公司功能，2013 年 12 月收购安信证券 57% 的股份，基本完成了除银行外的金融全牌照布局；2016 年并购英国红石能源及印尼万丹火电项目股权，实现电力板块海外业务零的突破。截至目前，国投 80% 的项目是投资主体多元化企业，通过混合所有制实现了国有资本的引导作用。

（四）改革与法治“双轮”驱动

作为投资控股公司，国投已形成“股权投资 – 股权管理 – 股权经营”的独特运作模式。与此相适应，国投的法律部门提供了股权作为公司主要产品的全生命周期的支持保障：投前进行适法性审查，避免合规风险；投后进行三项法律审核，规范运营，避免纷争，或积极应诉，妥善处置案件纷争。法律全程护航股权划转或转让行为，确保股权价值平稳顺利实现，从而创造了股权全价值链的法律管理价值。

2014 年国投被确定为国有资本投资公司试点单位后，新一轮改革开启。总部职能部门人员编制都相应缩减，但法律事务部不仅得以整建制保留，还增加了合规管理职能，设立了法律合规部。

“可以说，国投的法律合规部就是本轮改革的成果和产物。”深化改革和依法依规又相互促进，法治支持保障在深化改革中发挥了不可或缺、不可替代的作用。

法律全程参与公司改革各个环节，所有公司改革涉及的相关问题和相关

文件，均由国投法律合规部进行前期沟通、专项论证、节点审核，加强预研预判，为改革文件起草以及专题问题研究等提供必要的法律支持，确保改革在法治轨道上有序推进。

三、国投模式：努力打造世界一流投资企业样本

2015 年 7 月，习近平总书记在吉林省考察调研国企时指出，国有企业是国民经济发展的中坚力量，对国有企业要有制度自信。习近平总书记就国企改革提出了三个“有利于”的重要论断：“推进国有企业改革，要有利于国有资本保值增值，有利于提高国有经济竞争力，有利于放大国有资本功能。”第一次为国企改革确立了价值判断标准。

作为中央企业，国投正是沿着这样的路径和方向不断改革，把服务国家战略作为公司的首要目标，在重要领域和关键行业发挥国有企业的骨干作用。

（一）争当高质量发展的“排头兵”

党的十九大提出，新时代的社会主要矛盾已经从过去人民日益增长的物质文化需要同落后的社会生产之间的矛盾，转化成为人民对美好生活的需要和不平衡不充分的发展之间的矛盾。

面对新的任务要求和挑战，国投领导班子认识到国有资本投资公司在解决新的主要矛盾中的独特作用，于是将公司核心战略聚焦于“为新兴产业做导向”和“为美好生活补短板”两大方向，引导社会资本向国计民生产业集中，积极参与“一带一路”、京津冀一体化、长江经济带、“互联网 +”行动计划等与引领发展和提高供给质量密切相关的领域，努力争当高质量发展的“排头兵”。

1. 为美好生活补短板

2017 年中央经济工作会议提出，今后 3 年要决胜全面建成小康社会，重点抓好防范化解重大风险、精准脱贫、污染防治三大攻坚战。

（1）助力精准脱贫，创新中央企业扶贫模式

国投公司积极响应党中央、国务院的号召，积极履行扶贫责任，从定点扶贫、教育扶贫、专项扶贫、工程扶贫、基金扶贫和干部扶贫六个方面推进扶贫开发工作，助力贫困地区脱贫攻坚。按照习近平总书记提出的“精准扶贫”理念，国投提出“扶志”、“扶智”、“扶治”的扶贫方式：“志”就是志气，通过产业扶贫，增强“造血”功能，帮助贫困地区群众走上可持续发展之路，不懒惰、不依靠、不等待；“智”就是智力，通过教育扶贫，改变贫困地区群众的知识结构和认识水平，提高生活技能，用自己的智慧摆脱贫困；“治”就是治理，通过基金扶贫，用现代企业制度的理念，完善公司治理结构，改变贫困地区产业发展落后观念和机制，提高脱贫科学性和企业经营的可持续性。

扶贫先扶智。近年来，国投投入近千万元，设立了 10 个高中励志班，帮扶了 800 多名贫困家庭高中生顺利完成高中教育或考入大学；帮扶 3600 多名贫困家庭大学生顺利完成学业。这些贫困家庭的孩子，不仅通过知识改变了自己的命运，也在用知识改变着家乡的面貌。

提升农村治理能力。近年来，国投捐资建设基层党校、乡村文化夜校，提高农村基层党组织的领导能力，提高村民的文化水平和生产技能。为党的基础组织建设和破除陈规陋习、移风易俗贡献力量。

国投出资 20 亿元参与设立并管理贫困地区产业发展基金和中央企业贫困地区产业投资基金，基金规模合计 182 亿元；全资设立国投创益产业基金管理有限公司(简称“国投创益”)，负责基金的投资运作。截至2018年10月，两支基金完成投资项目 95 个，项目投资金额 140 亿元，引领撬动社会资本超过 1500 亿元，项目分布于全国 27 个省（自治区、直辖市），实现 14 个集中连片特殊困难地区全覆盖。

（2）助力污染防治，创新发展绿色产业

发展绿色产业，是解决环境污染的根本之道。国投党组认真学习贯彻习近平总书记关于推动能源生产和消费革命的重要讲话精神，将发展燃料乙醇

作为投资的重点领域，加快布局发展，服务国家能源安全战略，有效应对大气污染问题。

国投努力推动我国绿色产业发展。国投引领投资了宁德时代动力电池和比亚迪新能源汽车，使动力电池等核心技术水平大幅提升，推动我国新能源汽车产业发展；支持自主设计建造“蓝鲸 1 号”超深水钻井平台，助力我国首次试采可燃冰取得圆满成功，为开发清洁能源创造条件。

图 4 “蓝鲸 1 号”海洋钻井平台

资料来源：《国家开发投资集团有限公司 2017 年社会责任报告》。

国投建设的天津北疆 4×100 万超超临界机组，通过技术创新，使燃煤机组排放标准优于燃气机组排放标准，既提高了京津冀地区电网安全，又为京津冀地区大气治理做出了贡献。

四川境内的雅砻江水电，是我国唯一一个由一个主体开发的流域水电基地，共 22 个梯级，3000 万千瓦装机。现已建成了 5 个梯级、1470 万千瓦。电直接送到苏州等华东地区，既促进了西部大开发，又满足了东部发达地区对清洁能源的需求。

在雅砻江水电站2400米深的地下，有目前世界最深及最大的暗物质实验室——中国锦屏地下实验室，实验室由国投电力所属企业——雅砻江水电与清华大学、上海交大等一流科研机构共同建立并合作开展研究。2016年7月，相关实验室负责人在国际暗物质大会上正式公布了液氙暗物质探测器运行的最新结果，对可能的暗物质候选对象得出了最新的限制，这一探测结果的灵敏度处于当前世界最高水平。

图5　国投能源发电机组构成

<table>
<tr><td>电力业务控股装机容量
3162万千瓦</td><td>火电装机
1376万千瓦</td><td>水电装机
1672万千瓦</td><td>风电和光伏等新能源装机
114万千瓦</td><td>清洁能源装机比重
56.48%</td></tr>
<tr><td>新投产装机
233万千瓦</td><td>火电装机
200万千瓦</td><td>水电装机
0万千瓦</td><td>风电和光伏等新能源装机
33.55万千瓦</td><td>清洁能源新增装机比重
14.37%</td></tr>
<tr><td>新增核准装机
5万千瓦</td><td colspan="3">风电和光伏等新能源装机5万千瓦</td><td>清洁能源新增核准装机比重
100%</td></tr>
</table>

资料来源：《国家开发投资集团有限公司2017年社会责任报告》。

（3）布局大健康产业，助力养老产业

加快发展养老产业，是十八届三中全会提出的重大战略任务，是党和国家积极应对人口老龄化部署的重要民生工程，是全社会的一项重要共识。为更好地服务于国家关于发展养老及健康等民生领域的战略部署，切实践行央企社会责任，国投公司超前谋划、精心布局，将养老及健康产业作为战略发展方向。

在国投投资的大健康产业中，公司首个医养寿综合老年服务机构落户北京中心城区；北京国投大厦养老项目、广州中成外经大厦养老项目正在积极推进；与全球领先的生物制药企业阿斯利康合作投资全球领先的生物制药研发中心，在攻克高端前沿、突破产业瓶颈、引领产业发展等方面发挥积极作用。

2. 为新兴产业做导向

国投创新服务国家战略的形式，以先进制造业基金、京津冀协同发展基金、科技成果转化基金等肩负起国家前瞻性战略性新兴产业投资的重任。截至 2017 年底，国投管理的基金管理规模达 1500 亿元，是管理国家级政府引导基金支数最多的股权基金投资管理机构。基金发挥了国家财政资金的放大和导向功能，政府拿一元钱，最终在项目上体现近 20 倍的放大效应，实现了政府对产业的引导作用。

国投将股权投资基金作为进入战略性新兴产业的有效途径，大力发展股权投资基金业务，组建了国投创新、国投创业、国投创合等不同类别的基金管理公司，先后牵头与国家有关部委发起设立先进制造业基金、国家重大科技成果转化基金、新兴产业引导基金、国家级军民融合基金、中央企业贫困地区产业基金、京津冀协同发展基金等基金。

为了保证基金的合理利用和效益，国投进一步明确了三个投资重点：一是投资于国家要求国有经济发挥主导作用的行业；二是投资于基础性和高新技术项目，解决经济发展中的瓶颈问题；三是投资于资源性项目，保障经济社会发展的需要。在此目标指导下，国投结合“十三五”国家战略性新兴产业发展规划，加大了对先进制造业、生物能源、健康养老、城市环保、互联网 + 和大数据、检验检测等产业的投资力度，取得了很好的成绩。

国投创合国家新兴产业创业引导基金是国投投资的一支运作较好的产业基金。2016 年 7 月，国投集团子公司国投创合基金管理有限公司成为国务院批准的国家新兴产业创业投资引导基金管理机构之一，并成功完成募集。该基金围绕支持战略性新兴产业和高技术产业发展，统筹兼顾政策目标和市场原则，由国家出资引导，吸引社会资金投入，通过参股创投基金等方式，促进资本与技术的融合，提升新兴产业的整体发展水平和核心竞争力。目前，该基金已经完成出资的参股基金扶持了创新型企业约500家，带动100多家中外知名创业投资机构参与子基金投资，被投资企业已申报专利近千项，社会、经济效益显著。

先进制造产业投资基金服务于中国制造业转型升级。为推动先进制造业发展，增强制造业核心竞争力，支持国家经济向高质量发展阶段迈进，2016年6月8日，经国务院批准，由国家发改委、财政部、工信部牵头，通过创新投融资体制机制和中央财政资金管理方式设立的先进制造产业投资基金正式成立，基金规模200亿元。作为基金管理人，国投运营的目标是将国家政策导向和市场化运作有效结合，推动产业转型升级、创新发展。截至2017年底，先进制造产业投资基金已签约投资额达到基金可投资额的86%。先进制造业基金的设立充分发挥了国家财政资金的放大和导向功能，传递了国家大力发展实体经济，特别是制造业发展的明确信号。

（二）探索中国特色国有资本投资公司管理模式

十九大报告明确指出，要改革国有资本授权经营体制，推动国有资本做强做优做大。国有资本投资公司是完善国有资产管理体制、改革国有资本授权经营体制的重要载体，是国有经济布局优化、结构调整、战略性重组的重要平台。国投作为首批国有资本投资公司改革试点单位，为更好地服务国家战略、服务人民对美好生活的向往，在建设具有中国特色的现代国有投资企业管理模式方面做出了有益的探索。

作为一家国有投资控股公司，国投在管理对象、管理内容、管理方式和手段等方面，与一般的产业公司存在很大的差异。公司始终坚持以质量和效益为中心，建立和完善适合投资控股公司特点的管控体系，建设规范的法人治理结构，推进集团化、专业化、差异化管理，不断提升管控水平，激发各级企业活力。

1. 基于市场化原则，建立规范治理结构

（1）培育和发扬市场化管理基因

国投主动顺应国有企业改革的大趋势，认真研究和吃透《公司法》，坚定地按照现代企业制度组建现代公司制的投资控股公司。同时，对所有控股、参股的企业都按《公司法》的要求建立了规范的法人治理结构，明确公司的股份，确立作为国家出资人代表的权利、责任和义务，在投资企业全力推进现代企业制度建设，这为企业发展奠定了良好的制度基础，成为推行现代企业制度最得力的中央企业之一。

（2）构建协调运转的公司董事会

董事会是规范的公司治理结构中最为核心的环节，是关系公司发展重大事项的决策主体。国投在不断完善公司治理结构的过程中，十分注重加强董事会的建设，通过健全董事会制度、发挥外部董事的监管作用、推行专职股权董事等方式实现了集团公司董事会和子公司董事会的协调运转。

（3）建立权责明确的项目经理责任制

国投成立之初，由于其前身是国家政府机关，核心管理团队带有计划经济体制的思维模式。如何实现从政府到企业的身份转换，以及从计划经济理念向市场经济理念的转变，是当时国投面临的最大难题。国投探索市场化选聘和管理经理人的步伐从未停歇，从最初的项目经理责任制改革，到聘请专业咨询公司进一步完善，再到当前结合分类授权试点改革正在大力推行的职业经理人制度，极大地提高了经理人的工作热情，也很好地化解了委托代理问题。

2. 实行市场化、差异化的绩效考核与薪酬管理

针对投资企业行业多元化的特点，国投注重将绩效考核的引导作用和工资薪酬的杠杆撬动作用有机结合，并按照市场化、差异化的方向和原则，根据实业、金融、资产经营等业务的不同特点和发展规律，充分考虑各细分业务板块的行业差异，在用人制度、业绩考核、激励机制等方面采取更加贴近市场化的方法和手段，促进各项资源和要素的优化配置。

（1）市场化、差异化、有活力的绩效考核

业绩考核是企业管理的一项重要内容，客观、公正、准确地考核企业经营业绩，用好考核这个“指挥棒”，是企业健康持续发展的内在保障。根据投资控股公司的特点，国投建立了总部、子公司和控股投资企业三级考核体系，其中总部考核子公司，控股投资企业的考核由子公司根据总部确定的指导原则进行。业绩考核工作始终坚持战略引领、价值导向、分级分类、科学有效、全员覆盖、激励约束，在推动公司综合实力显著增强、资产结构不断优化、管控体系规范有效等方面发挥了积极作用。

（2）以奋斗者、奉献者为本的薪酬管理

随着国有资本投资公司试点改革的深入，国投进一步重塑薪酬管控体系，优化薪酬管理模式。通过完善激励约束机制，建立健全差异化薪酬管理和科学的选人用人制度，干得好就奖励，使更多的优秀干部脱颖而出，让大家工作有“奔头”、干活有“盼头”。

3. 以投资决策为中心，把控关键管理环节

（1）构建科学、有效的投资决策制度体系

国投作为一家国有投资控股公司，最重要的战略决策就是投资决策。国投于 2002 年聘请科尔尼进行管理咨询，制定了公司投资决策相关流程，确保项目投资决策的程序合规。此后随着业务的发展，分别于 2003 年、2005 年、2007 年、2011 年历经四次修订完善，逐步形成了原则、流程、指引“三位一体”的投资决策制度体系。

（2）兼顾共性与个性的全面预算管理

作为投资控股公司，国投有着与产业公司截然不同的特点，涉足行业范围广，主营业务类型多，管理模式差异大。国投全面预算管理在管控目标、组织体系、管理要素、管理手段等方面必须具有不同于传统产业公司的鲜明特色才能够满足集团管控的要求，实现有效管理。经过多年的探索，国投以总部统领、分级管理为原则，结合集团业务布局的调整和管控要求的变化，建立了以公司发展战略为引导、以价值创造为核心、以全面预算管理办法和

流程为基础、以全面预算管理信息系统为依托，坚持服务集团战略、推动转型升级，实现发展规模与发展能力相匹配、资源占有与效益贡献相协同、过程控制与结果考核并重的全面预算管理体系。

（3）设置红、黄、绿三色预警指标的全面风险管理

国投从成立之初就非常重视风险管理，强调树立公司发展的忧患意识和市场经济运作的风险意识，一直秉持“要实现公司的持续健康发展，就必须加强风险防范”的风险理念。每年通过对内外部整体风险的辨识评估，在确定重大风险的基础上拟定风险应对策略和风险解决方案，并按季度进行风险预警分析，跟进督促管理风险事件处置，倡导风险管理文化，开展了扎实的风险管理工作。其中，比较具有特色的全面风险管理做法包括：一是从战略风险、财务风险、市场风险、运营风险、法律风险五个维度确定应重点管理应对的固有重大风险；二是设置职能部门和经营单位、风险管理办公室与经营部合署办公、审计部三道防线；三是按照“红、黄、绿”三色预警的方式建立了直观清晰的风险监控预警指标体系；四是建立了全级次投资企业的风险事件管理台账；五是竖起与实业之间的风险隔离墙。

（4）建立“一体两翼多元”司库管理体系

长期以来，国投基于国有资本投资公司的独特定位与管理架构，以实现全球一体化资金管理为目标，有管有服、有收有放，全面构建“一体两翼多元”全球一体化司库管理体系。

总部作为“一体”是集团资金管理的“大脑”和中枢，在集团资金管理中居于核心地位，负责掌舵集团资金管理整体发展规划，统一集团资金制度规范及资金管理要求，统一集团资金资源的整体配置，统筹并协调与银行等外部金融机构的合作事宜。充分发挥财务公司和融实国际的作用，打造境内境外资金平台，实现综合运用境内外两个市场、两种资源，有效应对政策与市场变化的能力，解决实体企业多维度资金需求，支持业务发展。

四、启示与建议

国投在我国改革开放的潮流中不断求索，摸索出了一条国有资本投资公司管理和发展的途径，在收获了公司业绩的同时，在如何管理运营好国有资产的问题上向党和人民交出了一份满意的答卷。国投在促进国有资产保值增值、推动国有资本做强做优做大方面的经验，值得在国有资本投资公司中推广借鉴。同时，国投在试点改革过程中亟须全面深化、巩固提高之处，也为国有资本投资公司下一步改革提供了方向。

（一）党管资本筑牢“根”和“魂”

习近平总书记指出，坚持党的领导、加强党的建设，是我国国有企业的光荣传统，是国有企业的“根”和“魂”，是我国国有企业的独特优势。

“根”是事物的根本。党的领导对于国有企业，好比“树根”对于“树干”，没有党的领导就不可能有国有企业的生存发展壮大。“魂”是“精气神”。党建抓得好，企业才有魂，才有做大做强的“精气神”。

成立二十多年来，国投不忘初心，始终把党建工作放到重要位置，切实增强党在企业中的政治领导力、思想引领力、群众组织力、员工号召力，引领企业实现高质量发展。公司党组成员坚持讲党课、抓作风。“所以国投的班子和管理团队没有出现大的问题。”王会生反复强调，“党风廉政、经营管理必须同抓同落实，以两个责任落实促国投健康发展。”

实践证明，坚持党的领导是国投不断取得进步的根本保证，加强党的建设是国投全面深化改革、推进转型升级、加快创新发展的根本举措。国投公司作为国务院批准设立的国有投资控股公司和国有重要骨干企业，成立二十多年来，始终坚持党的领导、加强党的建设，全面从严管党治党，各级党组织的创造力、凝聚力、战斗力不断增强，党员干部整体素质不断提高。国投党组充分发挥政治核心和领导核心作用，把方向、管大局、保落实，坚持改革试点与加强党建同步推进，将加强党的领导和完善公司治理有机统一，积极探索混合所有制企业加强党建的有效路径，通过“试方向、试机制、试管理、试监督、强党建”的“四试一加强”改革举措，探索出了市场化、有活力、管理有效的国有资本投资公司的发展之路和符合国有企业实际的新型党建工作之路——“卓越党建管理模式”，做到了党建工作“有组织、有活动、有作用、有影响”。

图 6　国投卓越党建管理方法

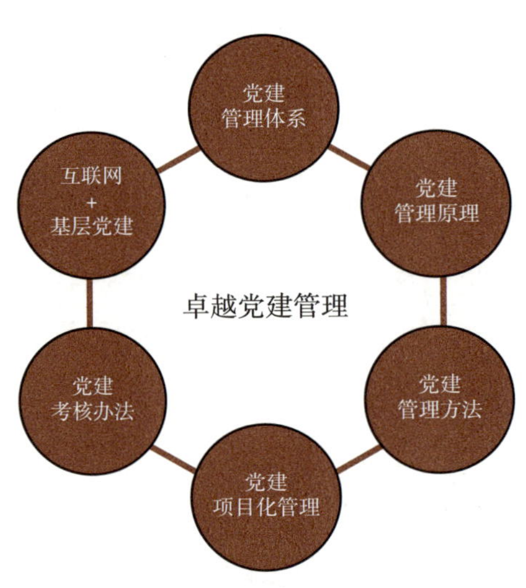

资料来源：《国家开发投资集团有限公司党建报告（2013～2017 年）》。

经过不懈探索与实践，“卓越党建管理模式”在国投取得了显著成效，基本解决了国企党建普遍存在的不系统、管理粗放、方法陈旧、考核不科学、“两张皮”等问题，被中宣部、国务院国资委列为国企改革宣传首家重点企业。国资委对中央企业负责人进行年度经营业绩考核以来，国投连续 14 年荣获考核 A 级，成为 8 家连续“14A”中央企业之一，并连续四个任期荣获“业绩优秀企业”，涌现了以国投新疆罗布泊钾盐有限责任公司、雅砻江流域水电开发有限公司等为代表的一大批优秀典型。国投罗钾公司党委被中组部选树为“时代先锋”，李守江同志被中宣部授予“时代楷模”荣誉称号。

（二）国有资本投资运营试点有待深化

加快推进国有资本投资公司试点改革，是贯彻落实十九大精神的重要举措，对推动建设一批具有全球竞争力的世界一流企业具有重要作用。

一是试点方案仍需进一步明确。监管机构尚未出台国有资本投资运营公司试点改革的实施方案，跨部门联动的综合配套政策支撑体系尚未建立，《中共中央、国务院关于深化国有企业改革的指导意见》提出的“开展政府直接授权国有资本投资、运营公司履行出资人职责的试点”进展缓慢。落实董事会职权试点、中央企业兼并重组试点等十项专项改革，与国有资本投资公司试点企业不完全重合，亟待在国有资本投资公司试点企业开展“综合改革试验”。

二是国资监管方式有待优化。监管机构尚未对投资运营公司试点企业实施以“管资本”为主的监管方式改革，尚未明确监管权力清单和责任清单，需要在企业产业多元化发展、产融结合、考核政策等方面进一步向投资公司放权、授权。

三是投资公司在国有资本布局结构调整、新兴产业培育中的作用有待加强。中央企业在战略性新兴产业布局方面的作用不够明显，培育新产业缺乏动能和机制。

四是部分试点企业管控模式需进一步完善。部分企业总部仍侧重运营管控，战略管控、财务管控、风险管控和资本投资运营的能力亟待提升；所出资企业尚未建立运作有效的公司治理机制。

（三）多措并举推动国有资本投资运营公司改革

国投改革创新实践证明，国有资本投资公司在授权范围内市场化、规范化运作国有资本，有利于促进国有资产保值增值、推动国有资本做强做优做大。当前，国有资本投资运营公司试点改革亟须全面深化、巩固提高。

一是进一步理顺政府、国资监管机构和国有资本投资运营公司的关系。国资监管机构应围绕增强企业活力和提高效率，建立监管权力清单和责任清单；按照“一企一策”原则，加大对国有资本投资公司重大决策、人事任免、考核激励的授权力度；做实做强国有资本投资公司董事会，规范公司治理，保障董事会依法独立行使权力、履行职责。

二是完善国有资本投资公司试点改革的配套政策。健全国有资产监管法律法规体系，出台配套法规。完善相关资产评估增值、土地变更登记和国有资产无偿划转等方面的税收优惠政策，明确债权债务承接主体和责任，完善国有企业退出的相关政策，依法妥善处理劳动关系调整和社会保险关系接续等问题。完善国有资本投资公司的管理体系，特别是调整优化国有资本投资公司考核体系。

三是发挥好国有资本投资公司市场化专业化运作平台作用。进一步扩大试点范围，将部分国有企业改组为国有资本投资公司，建立高效的资本投资运营模式。把国有资本投资运营公司改革试点和国有企业布局调整、经营性国有资产统一监管、深化供给侧结构性改革结合起来，赋予改革试点企业资产优化重组、结构调整、产业培育等职能，更好地发挥试点公司的平台作用。

“实践证明，国有资本投资公司通过开展投资融资、产业培育、资本整合，可有效推动产业集聚和转型升级，优化国有资本布局结构。”国资委专家接受调研组采访时说，十九大报告明确提出“做强做优做大国有资本”是一次理论飞跃，为落实生产要素的市场化配置，国有资本投资、运营公司各项改革措施也应该基于市场化的方向，以市场化的途径和手段来进行国有资产的调整和转换，促进国有资本合理流动、保值增值。

四是推动国有资本投资公司所属企业混合所有制改革取得更大进展。在发展混合所有制企业过程中，应注重形成股权上的制衡机制，调动各类资本主体的积极性，激发企业发展动力和活力。应坚持“国民共进”理念，牢牢抓住国有资产保值增值这个核心，形成有效制衡的公司治理结构，形成市场化的管理体制和经营机制，形成以资本为纽带的“你中有我、我中有你”的利益共同体。

五是加快培育新兴业务。发挥央企资金、人力优势，着力强化基础科学研究，力争在关键技术突破。上海交通大学专家接受调研组采访时表示，伴随着煤炭、电力、矿业和交通等传统业务产能过剩和饱和，这些基础产业转型升级难度不断增加。中央企业应下大力气克服困难，加快技术攻坚和培育新业务。其中，培育新兴产业尤其要重视人才队伍建设。这就要求突破性地放开相关激励机制，探索引得进、留得住、用得好优秀人才的有效机制。

六是进一步提升参与国际资本市场的专业能力，在扩大开放基础上加强与跨国公司交流合作，积极引进外资等各类资本参与重组改制。抓住“一带一路”建设机遇提升国际资源配置能力。持续深化同沿线国家和企业交流合作，以工业园区和物流园区为载体，打造深化国际产能和装备制造投融资合作新平台，在“一带一路”建设中实现资源的高水平跨国配置。

招商局集团：改革增活力　创新竞一流

清华大学国情研究院

国有企业是推动全面现代化、壮大国家综合实力、保障全体人民共同富裕的重要力量。根据 2018 年《财富》世界 500 强排行榜，中国内地进入世界 500 强企业数已经达到 111 家，位居世界第二（美国 126 家），其中国有企业数量达到 88 家，超过了世界第三的日本全部 500 强企业数量。国有企业已经发展为国民经济的中坚力量，这是改革开放四十周年伟大成就的重要体现，也是我国实现历史性跨越发展的典型。

中国国有企业始终受到国内外的广泛关注。那么，我们怎样评价国有企业改革？采用什么样的客观标准？对此，习近平总书记明确提出三个“有利于”标准：“有利于国有资本保值增值，有利于提高国有经济竞争力，有利于放大国有资本功能”。这是评价我国国有企业的“中国标准”。

党的十九大报告提出建设现代化经济体系，坚定实施创新驱动发展战略。理直气壮做强做优做大国有企业，必须深入推动国有企业改革创新。清华大学国情研究院选择招商局集团有限公司（以下简称“招商局”）作为案例，多方位开展调查研究，总结国有企业在改革创新过程中的成功经验与启示。

本报告以改革创新建设世界一流企业为主题，旨在回答以下几个问题：如何增强国有企业活力？如何深入推进国有企业改革？我国国有企业在建设世界一流企业进程中面临哪些普遍性问题与挑战？打造具有全球竞争力的世界一流企业，应遵循哪些规律？招商局案例有哪些经验和启示？

一、与国家兴盛同向同行，走在改革开放最前列

招商局诞生于晚清洋务运动时期，是民族工商业的先驱，至今已有 146 年历史。招商局从洋务运动救国探索中走来，经历了中国人民站起来的建设时代、改革开放的富国时代，还将走向伟大复兴的强国时代，她始终坚持“与祖国共命运、同时代共发展”的理念，始终与中国走向现代化之路同向同行，始终与祖国共患难同命运，始终走在时代的前列。

招商局的较快发展，正是我国改革开放 40 年来取得伟大成就的生动缩影。改革开放初期，招商局勇立时代潮头，主持建设中国第一个外向型、开放型、改革型工业园区——蛇口工业区，以“敢为天下先”的无畏勇气，成为中国改革开放和发展市场经济的先行者。随后相继创办了中国第一家股份制商业银行——招商银行，创办了中国第一家企业股份制保险公司——平安保险公司，为中国改革开放事业探索提供了有益经验。经过四十年改革探索与自主创新，招商局形成了百年央企、在港央企、综合央企（产融结合）的优势，拥有诚信经营、稳健发展的经营文化，成为中国国有企业改革的成功典型。招商局百年历史就是一部改革史、一部创新史，其精髓就是改革创新。尤其是在改革开放 40 年中的探索与实践，推动了招商局的跨越发展。改革开放之初，招商局资产总额不足 1 亿元人民币，利润总额仅 1000 多万元人民币；到 2017 年底，招商局资产总额发展到 7.33 万亿元、年利润总额 1271 亿元，40 年复合增长率分别为 31% 和 25%。

进入中国特色社会主义新时代，招商局成为“一带一路”倡议的重要参与者和推动者。目前，招商局在 20 个国家和地区拥有 53 个港口，并总结蛇口综合开发经验，形成“前港—中区—后城”成熟蛇口商业模式，已经在白俄罗斯、吉布提等国落地。这种从“引进来”到“走出去”的转变，也生动地反映了我国改革开放 40 年的巨大变化。

企业强，国家强；国家强，企业更强。没有国家改革开放政策的支持，就没有蛇口工业区的出现；没有党的领导力、凝聚力和国家综合国力的全面提升，就无法为企业提供稳定的从商、经商、招商环境，也就没有招商局今日的成就。

二、建设世界一流企业，走在国有企业最前列

党的十九大报告提出，要深化国有企业改革，发展混合所有制经济，培育具有全球竞争力的世界一流企业。什么是具有全球竞争力的世界一流企业？目前尚无统一定义。根据国内外实践经验，可将具有全球竞争力的世界一流企业归纳为三个内涵及标准：一是规模总量进入世界企业前列，成为主导全球资源配置的领军企业；二是业务竞争力在同行业进入世界前列，成为国际同行公认的世界领先者，成为引领全球行业发展的标杆；三是拥有重大自主知识产权或重大标志性工程，成为具有全球影响力、国际话语权和软实力的品牌企业。招商局在这些方面取得了令人敬佩的成就。

招商局规模总量大，全球资源配置能力较强。长期以来，招商局持续保持两位数增长，根据招商局 2017 年法定审计报告，实现营业收入 2701 亿元人民币，利润总额 566 亿元人民币（不含招商银行），在 2018 年《财富》世界 500 强榜单中排第 280 位(这里不包含招商银行，招商银行排第 213 位)。无论是规模还是效益均进入世界前列，但与世界顶尖企业相比还有一定差距。

招商局多个业务进入世界前列，正在成长为引领全球行业发展的标杆企业。目前，招商局在港口、航运、物流、高端海工装备制造领域均已进入世界前列：①航运业务：招商局旗下船队运力 3479 万载重吨，位列世界第三，其中超大型油轮 (VLCC) 和超大型矿砂船 (VLOC) 规模与综合实力位居世界第一。②港口业务：招商局是中国最大、世界领先的港口营运商。2017 年集装箱业务吞吐量为 10293 万标准箱（TEU），突破 1 亿 TEU(北美十大港

2017年的吞吐量总和为4462万TEU，上海港作为世界集装箱物流第一大港，2017年的吞吐量为4023万TEU)。③物流业务：2017年，招商局物流业务实施重组整合后，成为中国最大的供应链综合物流服务商。其中，第三方物流和货运代理服务分别位居全球第六名和第四名。④高端海工装备制造业：招商局是国内领先的海工平台和特种工程船高端产品制造商。招商局多个细分行业进入世界前五，在航运、港口、物流、海工装备制造方面具有国际竞争优势。

招商局拥有自主知识产权与重大标志性工程，有较大的国际影响力和较高的品牌美誉度。目前，招商局拥有金融领域自主国际品牌一个和标志性工程一项，招商局作为第一大股东的招商银行进入2017年全球最具价值品牌500强第91位，在2018年度“全球银行品牌价值500强排行榜”上排名第11位。招商局创办的中集集团旗下中集来福士海洋工程有限公司建造了全球最先进的超深水双钻塔半潜式钻井平台——“蓝鲸1号”，是目前全世界最大、钻井深度最深的海上钻井平台，为中国成功率先开采新能源矿种可燃冰做出了重大贡献。

总体来看，招商局在综合实力和细分行业上基本符合世界一流企业的标准，在自主国际品牌、专利等方面取得突出成绩，在建设具有全球竞争力的世界一流企业方面，走在国有企业的前列。早在2014年底，招商局就提出“建设具有国际竞争力的世界一流企业”的战略目标。2017年底，又按照十九大精神进一步明确了“建设具有全球竞争力的世界一流企业”的战略目标。这一战略目标的具体内容是：到2020年我国全面建成小康社会和2022年招商局创立150周年时，招商局要初步建成具有全球竞争力的世界一流企业，主要业务指标较“十二五”末实现翻番，部分领域达到世界一流水平；到2035年我国基本实现社会主义现代化时，招商局要基本建成具有全球竞争力的世界一流企业，多数产业和企业达到世界领先水平。围绕战略目标的实现，招商局不断深入推进改革创新，在实践中摸索出了一套提升企业竞争力的策略方法。

三、招商局改革创新的主要经验

招商局的成功浓缩了我国改革开放与国企改革经验的精华，其核心所在就是持续推进改革创新，具体可以概括为五大经验：党的领导与现代企业制度相结合的公司治理、多元深层运用市场机制、强强耦合的企业管控、稳健灵活的战略规划、泛在融通的创新生态。

（一）党的领导与现代企业制度相结合的公司治理

党的领导和党的建设在招商局建设世界一流企业的实践中发挥着重要作用。中国特色现代国有企业制度，“特”就特在把党的领导融入公司治理的各环节，把企业党组织内嵌到公司治理结构之中，明确和落实党组织在公司法人治理结构中的法定地位。党的十八大以来，特别是中央巡视和全国国有企业党建工作会议以来，招商局党委坚持全面从严治党，充分发挥党委领导核心作用，把强化党的领导、推进党的工作作为促进企业改革创新的政治方向和重要依托，并在多个方面取得积极成果。

李建红（党委书记、董事长）认为：“党的领导是我们‘全球竞争力’的重要组成部分和独特优势。党的工作，做实了就是生产力，做细了就是凝聚力，做强了就是竞争力。”在全面加强业务工作的同时，招商局党委重点从公司治理、人才选用、提升竞争力等维度强化党建工作，把加强党的领导与现代企业治理结构、市场化选人用人机制、增强企业竞争力有机结合。

一是把加强党的领导与现代企业治理结构有机结合。2017 年，招商局对党委工作制度进行了升级，进一步明确了党委会审议范围，并在 2015 年建设规范董事会的基础上，进一步落实党委会前置程序。2017 年共召开党委会 24 次，前置审议“三重一大”事项达 47 项，对总部机构、职能、重大整合、重大项目等均进行认真研究决策，集团办公会在此基础上履行程序。招商局党委通过邀请外部董事参加年会、务虚会、实地调研等方式，让外部董事深入了解企业情况，保持充分沟通。董事们可以随时向各部门、各公司了解情况、听取汇报。经党委会前置把关后提交至董事会的议案，董事们（特别是外部董事们）对其质量均给予了高度评价。

二是把加强党的领导与市场化选人用人机制有机结合。全国国有企业党建工作会议召开后，招商局在选配二级公司领导班子时大力推动“党政一肩挑”，目前，招商局全部二级公司均由董事长或总经理担任党委书记，从领导班子建设上进一步加强了党的领导。招商局近年来运用市场机制的力度不断加大，二级公司主要负责人都是实行全球公开招聘，2017 年公开招聘了副总会计师、漳州开发区总经理等。在运用市场机制的进程中，招商局始终坚持党管干部原则不动摇，党委牢牢把握四个关——标准关、考察关、决策关、考核评价关，把坚持党管干部的原则有机地嵌入市场化选人用人机制中，既保证干部的政治素质，又通过市场选人用人，达到聚集人才、传导压力、激发活力的目的。

三是把加强党的领导与增强企业竞争力有机结合。加强党的领导，归根到底要体现在企业竞争力上。招商局始终注重与国家战略同向同行，在履行时代责任的过程中提升企业竞争力。具体来看：一方面，招商局始终坚持将企业战略融入国家发展大局，“一带一路”建设卓有成效：中白商贸物流园一期工程圆满完工，多哈雷多功能港正式开港，吉布提国际自贸区已开园，美洲港口实现零的突破，科伦坡南港实现跨越发展；中欧物流大通道班列数量、频次不断增加，线路布局日益完善并实现运营常态化，助力沿线国家和地区互联互通水平不断提升。另一方面，招商局充分利用资本市场，推动供给侧结构性改革。公路业务板块重组获得巨大成功，登陆深交所上市，同业市值中国第一，长远发展空间巨大。与辽宁省政府签署战略合作协议，辽宁港口整合取得突破，还收购汕头港 60% 的股权，并表湛江港。通过这一系列重组组合拳，招商局供给结构进一步优化，供给质量进一步提升。

总之，招商局党委通过一系列改革创新举措，加强了企业党的领导、党的建设，将现代企业制度的经济优势与中国特色的政治优势有机融合，落地生根，开花结果，也为全面建设具有全球竞争力的世界一流企业提供了坚强的政治保证和组织保障。

（二）多元深层运用市场机制

改革开放40年的巨大成就充分证明了中国特色社会主义市场经济的重大价值，即只要与中国实际相结合，充分发挥市场在资源配置中的基础性和决定性作用，经济效应和发展质量就会越来越好。招商局充分尊重市场规律，并有效发挥市场在内部要素配置、激励相容等领域的优化作用，具体体现在如下几个方面。

一是采用市场竞争对标机制。招商局坚持各产业板块树立“跑赢大市、好于同行”的业绩导向，通过与市场先进水平持续对标，一方面将“世界一流”的总体战略自上而下地分解成三个“世界一流”、四个“全国领先”的具体业务战略目标；另一方面也有助于发现差距、寻找问题，并将对标结果直接运用到经理人的考核、薪酬和任用当中，有力激发了管理人员活力和干劲。招商局总体与通用电气、淡马锡等对标，港口业务对标香港和黄集团，航运业务对标Frontline等，招商银行对标富国银行等。

二是推行市场化选人用人机制。自2015年起，招商局累计在招商轮船、招商港口等10家二级公司实施全球公开招聘总经理，并在2017年上半年在仁和人寿等4家公司领导班子绝大部分岗位采用市场机制选聘。在选聘过程中严格执行“酝酿动议、推荐考察、四个凡必、党委会审议”等选拔程序，不断提升选人工作质量。对于经市场公开招聘上岗的二级公司总经理，按职业经理人的标准实施契约化、任期制管理，使通过市场机制进入的人才能够在平等的机制下参与企业经营管理，从而激发干事创业的热情。此外，逐步将多家二级公司领导班子成员纳入市场化任用机制，由招商局或所在二级公司与领导班子成员签订三年期聘书，明确领导班子成员的聘任、考核、薪酬和退出机制，强化契约化管理，到期考核不合格的经理人不再续约，予以免职或调岗。对年度考核结果为“有待改进”者进行调岗、免职或辞退。近三年共调整招商局管理的高级管理人员累计达 198 人次，其中由于不能胜任工作原因或其他原因被降级、免职的共计 11 人次。实行“人员能进能出、干部能上能下、待遇能高能低”的“六能”机制，不仅消除“铁饭碗”、“大锅饭”等不作为思想，还成功地在招商局内部营造出了“有为者成、创新者胜、实干者赢”的良好奋斗生态。

三是实施市场化考核激励机制。招商局树立“跑赢大市、优于同行”的强业绩导向，加大年度薪酬与 KPI 业绩考核结果的挂钩力度，引入递延奖金机制，在三年战略考核周期内，将每年奖金中的一部分递延，到三年战略考核周期结束时一次性发放，递延奖金兑现额度根据三年战略考核分数调整。兑现额度系数从 0 到 2 不等，有效引导经理人关注战略落实进度，实现短期业绩、长期战略的协同发展。薪酬体系强调“与市场接轨、与行业相符、与地域相适、与业绩匹配”。与市场接轨：通过研究监管政策，与同行交流研讨，进行市场薪酬调研，开展专项咨询项目等，让薪酬标准贴近市场水平。与行业相符：选定同业上市公司对标，根据本企业效益指标年增长率所处分位值区间确定对标结果。与地域相适：不同区域的所属公司，其薪酬标准须参照所在地区的收入及消费水平确定。与业绩匹配：高级管理人员年度奖金与 KPI 考核结果紧密挂钩。

总之，招商局的市场机制运用是具有创造性的，是将市场机制更加深层地推向企业内部，通过学习市场化的理念，发挥市场化的资源配置和市场化的企业管理优势，充分调动企业每个细胞单元的积极性和创新自觉性。

（三）强强耦合的企业管控

招商局业务广泛多元，设有“三大主业”（交通物流、综合金融、城市与园区综合开发）和“八大板块”（港口、金融、地产、航运、公路、物流、工业、贸易）。在平衡总部有效管理与子公司高效运营方面，招商局不断深化改革，不断完善企业组织结构、健全公司法人治理结构、强化管理基础，通过规范化的企业运营，形成权威总部与高度自主二级公司相耦合的组织结构，有效地提升整体实力、多个业务板块实力和竞争力，形成高度集权与高度分权结合的组织模式。

一是精简总部核心职能，创新企业“大部制”，建立权威总部。为高效灵活应对市场竞争，降低企业内部沟通协调成本，招商局精简总部核心职能，定位为战略引领、风险管控和综合服务，并紧紧围绕总部核心职能构建起精简高效、职能顺畅的组织架构。其中，“战略引领”是指以战略为核心，总部部门协同制定和推行战略规划，指导和引领下属企业的发展目标、方向和路径，推动形成战略管理的闭环管理；“风险管控”是指总部通过构建全面风险管理，有效预判和应对各类风险，将各道防线的风控职能落实到总部各部门及下属企业，为战略的健康运行提供安全保障；“综合服务”是指总部职能部门为总部和成员企业提供优质、高效、专业的服务。为了落实这三项核心职能，招商局总部开展了“大部制”改革，到 2015 年总部职能部门从原来的 13 个减少到 7 个，有效精简了组织机构。此项改革完成后，总部人员编制减少 17%，人员压缩到 200 人以内，总部成员的人均劳动生产率大幅提高。2018 年，对总部职能进一步调整优化，将具有支持性、服务性、事务性的工作职责剥离，成立信息中心、审计中心、发展研究中心等协调服务中心，大大降低了内部的协调成本，缩短了服务周期，提高了运营效率，增强了部门之间的相互协同。集团“权威总部”、“价值总部”、“创新总部”的定位明显强化，管理效率显著提升。

二是激活二级公司管理自主权，培育具有竞争力的市场主体。招商局总部在强化激励约束机制的前提下，加大简政放权力度，将日常经营管理的一般职责划归给二级公司，积极推动各二级公司成为高效运营、自我约束、具有市场竞争力的独立市场主体，有效激发了二级公司的管理积极性和运营独立性，整体上大大降低了招商局的运营风险，实现了强总部与强子公司有机耦合。在管理运营过程中，招商局本着“以管资本为主”的要求，根据分类分级管控的原则，对绝对控股公司采用战略管控模式，对相对控股公司采用财务管控模式，建立战略层层分解、权力层层授予、责任层层落实的分级授权经营体系。随着市场主体竞争力逐步增强，招商局总部持续加大了对二级公司及其董事会的放权和授权力度，2015～2016 年总部累计调整下放投资管理、人事管理等方面关键权力 39 项，二级公司在投资、融资、工资总额等环节的自主权进一步扩大，市场主体地位进一步强化。招商局的二级公司全部建立了董事会；所属实体公司中，近 70% 的企业为混合所有制企业，已经成为新型混合所有制的国有企业集团。

三是加强优势资源整合与重组，用资金平台打造强产业链。党的十八大以来，招商局加快推进业务整合和战略重组，积极推动地产、物流、航运、公路业务的整合，主动参与国内主要区域港口整合和重要港口并购重组，并取得了较好的整合效益。“十三五”期间，招商局通过并购重组相关市场资源，推动相关产业在规模上率先实现世界一流、国内领先的目标，继而推动相关内部改革、重组及调整，从而实现竞争力、影响力、带动力的全面提升。这一点已经在中国外运长航集团有限公司（以下简称中外运长航）的重组整合中得到充分体现。2017 年招商局与中外运长航完成航运、物流板块业务重组的主体工作。整合后，综合船舶运力加手持订单规模达 4600 万载重吨，跃居全球第二位；招商局超级油轮船队（VLCC）和超级矿砂船队（VLOC）规模、盈利和实力继续保持全球第一。招商局成为中国领先、世界前五的综合物流服务供应商，全球竞争力进一步提升。

总之，招商局内部管理机制体现了既注重有效制衡，又避免影响决策效率；既明确董事会的决策主体责任、发挥党的政治核心作用，又划清组织决策职责和领导个人决策职责的边界。这种组织管理的改革创新不仅协调解决了风险、回报和信息问题，而且有效清除了束缚创新的阻碍，充分释放了体系活力。这些创新和改革的“中国国企方案”是具有全球竞争力的。

（四）稳健灵活的战略规划

善谋者胜，远谋者兴。作为中央企业改革创新的实践代表，招商局坚持“立足长远、把握当下”的战略原则，不仅汲取了国家五年规划制定执行的核心经验，而且创新了自身的战略规划管理体系。招商局战略规划的最大特点是将战略制定、战略实施以及战略考核紧密地结合，保证制定出具有前瞻性的战略规划，并细化分解为可执行、可评估的中短期目标，在优化的考核与激励中保证企业战略的达成。招商局的战略规划全过程构成了一个完整战略规划循环，为我们总结中央企业如何编制、评估、实施、考核五年发展规划提供了重要的参考。

一是企业战略规划和国家战略规划相结合。企业发展的最优路径就是与国家大局形成“45 度角”：一方面，企业要认识大势、乘势而上、顺势而为；另一方面，企业发展是国家命运所系，“企业兴、国家兴；企业强、国家强”，越来越多的国际化、全球化企业是中国兴盛强大的微观基础。招商局面对“十三五”期间我国经济总体发展生态，深刻把握我国全面深化改革夯基垒台、立柱架梁的要求，推进作为国家战略的创新以及推动供给侧改革，判断出“十三五”期间是企业的战略机遇期、转型发展期、格局重构期。在对国家大势准确把握的基础上，制定了顺应国家战略规划的企业“十三五”规划，为了解中央企业如何做强做优做大、争创具有创新能力和国际竞争力的跨国公司提供了鲜活的样本。

二是内外结合、上下沟通的战略规划研讨。大型企业制定出兼具远大志向与脚踏实地的战略规划具有相当难度，但对企业的长期发展却十分重要。招商局战略规划背后的奥秘在于招商局高度重视，以及外脑专业力量的引入。为编制“十三五”战略规划，领导班子围绕招商局发展战略进行了大量调研，对于现状“望闻问切”，从而有了清晰认识。充分借助“外脑”，引入咨询团队以及各领域专家学者辅助战略制定。在准确把握总体发展大环境的基础上，招商局结合自身发展阶段，在不同层次制定出总体、专项、业务战略规划。招商局与二级公司不断在规划实施过程中上、下相互沟通，调整五年战略规划和总体目标。

三是长期和短期相结合的战略调整机制。招商局每三年采取“3+2”方式研究制定五年战略规划，确定中长期发展战略和目标；在战略实施环节，招商局将五年战略规划细化、分解、落实到三年战略考核与年度综合经营计划中。在战略考核环节，将任期战略指标的完成情况与期初签订的三年任期战略指标考核表比较，进行全面检查与分析，给予评定。为了更好地落实战略指标，将核心指标与奖金挂钩，即在考核期内将二级公司负责人的年度奖金拿出一定比例实施延期兑现，递延奖金部分根据公司三年战略考核结果在战略考核周期结束后一次性兑现，这有助于引导经理人关注战略落实进度，实现短期业绩、长期战略的协同发展。

四是有力的战略实施保障机制。招商局坚持以“四化”完善战略规划管理体系，即深化战略研究、细化战略目标、优化战略举措、强化战略管控，形成战略制定、实施、考核的有机管理闭环。强化战略规划目标对经营发展的约束性，原则上每年不滚动编制规划；但在确定出现环境或形势重大变化时，可实时调整战略及战略目标。多策并举完善激励约束体系，包括制定总部部门和各二级公司的三年战略考核方案及递延奖金机制。建立战略对话机制，围绕年内部分业务战略和专项战略实施的进展情况和重点议题进行对话与沟通，力求统一战略理解、形成战略共识、强化战略执行、提升战略效果，完善战略管理闭环。

总之，企业战略规划既突破了企业战略，又发展了企业战略，既能与国家发展规划相结合，又能与企业中长期战略目标相结合，形成企业内部“看得见的手”，有效地使企业战略实施落地。企业战略规划正是中国特色企业战略的创新所在。

（五）泛在融通的创新生态

“创新不是我们的选择，而是我们的命运。”这不是口头支票，而是被招商局奉为圭臬并着力贯彻的原则。招商局经过百年发展历程，先后面临过几次企业危机，并最终渡过难关、涅槃重生，逐渐形成了特有的创新生态，主要包括：企业家精神、创新文化、制度设计。这三方面互为支撑，形成了泛在融通的创新生态。

一是传承弘扬优秀企业家精神。诚如习近平总书记所言："我们全面深化改革，就要激发市场蕴藏的活力。市场活力来自于人，特别是来自于企业家，来自于企业家精神。"招商局改革创新所取得的伟大成就，与其历任掌门人开拓进取的企业家精神密不可分。1979 年招商局在常务副董事长袁庚执掌下从香港跨海而来，创办了中国第一个外向型的工业园区——蛇口工业区。蛇口工业区打破思想禁锢，率先提出"时间就是金钱，效率就是生命"、"空谈误国，实干兴邦"等口号，在全国范围引起极大反响，促进了全国的思想大解放。蛇口工业区强调制度创新、解放生产力，通过大胆尝试各项制度创新，在全国率先推行企业的管理体制、分配体制、基建体制、干部人事制度、住房制度、社会保障体系、金融改革等一系列改革试验，创下了 24 项当时全国第一，孵化了一大批具有"蛇口基因"的优秀企业[①]，蛇口被誉为"单位面积培育知名企业最多的地方"。袁庚之后几任招商局掌门人都继承这种企业家精神并将其发扬光大，李建红董事长提出"以改革促创新，以创新促发展"，创新在招商局达到战略新高度。蛇口率先转型升级、腾笼换鸟，陆续推动旧的工业厂房改造成以网络信息、文化创意、高端装备、生物技术等产业为主的园区——蛇口网谷，把握招商局获批为全国首批企业"双创"示范基地的机遇，打造"双创"基地样板，成为"双创"高地。[②]改革开放以来，招商局带头人不断保持着干事创业的气魄，实现了"让优秀企业家精神代代传承"[③]。

二是以创新为导向的企业文化之魂。"招商血脉、蛇口基因"，招商局企业文化的核心就是改革创新。李建红董事长提出招商局文化的底色就是海洋

---

① 如创办中国第一家股份制企业——南山开发、第一家由企业创办的股份制银行——招商银行、第一家由企业创办的商业保险机构——平安保险、全球最大的集装箱制造企业——中集集团，以及孵化出华为、金蝶等创新型企业。

② 李建红：《历史只会眷顾坚定者、奋进者、搏击者——蛇口 40 年改革开放的实践与启示》，《求是》2018 年 12 期。

③ 中共中央、国务院《关于营造企业家健康成长环境弘扬优秀企业家精神更好发挥企业家作用的意见》，新华社，2017 年 9 月 25 日电。

文化，根本就是“新、诚、惠、容”。“新”，就是吐故纳新、生生不息；“诚”，就是诚信经营、稳健发展；“惠”，就是互惠互利、合作共赢；“容”就是海纳百川、包容并蓄。创新和改革为核心的企业文化已经深入招商局企业骨髓，推动着其保持持续创新动力和大众创新特征。如在金融方面创新，招商银行1995年在全国率先推出的一卡通，为其成为“中国最佳零售银行”打下了坚实的基础。目前招商金融成立了招商局金融科技公司，通过持续创新，支持招商金融应对互联网金融挑战所需的科技引领能力。再如招商局鼓励创新能力强、有创业意愿的内部员工在一定期间内进入内外部双创平台开展创新创业活动，并通过建立回岗保障机制、提供创业补助和给予50万元起步资金支持等举措，促进大众创新，使资本所有者与劳动者形成利益共同体。这些颇具特色的创新烙印，正是其企业创新文化与时俱进的鲜明体现。

三是创新驱动的制度设计。招商局利用自己的产业链优势，带动和孵化其他企业创新：第一，建立覆盖“全生命周期”双创孵化平台。作为国家首批7家企业“双创”示范基地之一，招商局提出打造具有自身特色的“四全(全链条、全周期、全流程、全要素)、四加（线下 + 线上、空间 + 资本、资源 + 机制、境内 + 境外)、四化(专业化、特色化、协同化、产业化)”的“双创”生态，实现创新资源的集聚。第二，高度重视研发投入。2017年，招商局科技研发(R&D)经费投入（含招商银行）为64.4亿元。截至2017年底，招商局共有研究机构47个（含博士后工作站），其中国家级科技创新平台7个，海外研究机构3个（美国、荷兰、德国各1个）。科技研发人员数为10544人，专利拥有总量为6076件，其中发明专利拥有总量为1995件。2017年专利申请量为811件，其中发明专利申请量为381件（含招商银行和中集）。第三，建立多种形式的创新激励制度。招商局鼓励创新投入，对部分二级企业设立科研投入专项KPI考核指标，制定科研投入视同考核利润等措施，鼓励各层级企业加大创新投入力度。同时成立创新专项基金，每年投入1亿元扶持各企业创新项目、奖励创新先进单位和个人。此外，建立容错机制：设立创新投资的平台性公司——招商创投，把“互联网 +”领域创新创业项目的投资都向该平台集中，通过总体投资组合收益，平衡单个项目投资失败所造成的影响。建立跟投机制：招商局把 PE 行业中成熟的跟投机制复制到创新项目投资上，将跟投主体从项目实施者扩展应用到投资决策者，真正做到风险共担、利益共享。

总之，企业家精神的本质就是创新，企业文化之魂是创新，制度设计的目的更是创新。唯创新者胜，唯创新者强。

四、国有企业建设世界一流企业的主要问题与对策

招商局作为国有企业先行军，遇到的问题与挑战具有一定普遍性。调研组结合招商局和其他国企的案例，将国有企业建设世界一流企业面临的主要问题与政策建议总结为以下几个方面。

（一）完善人才管理制度，释放人才资源红利

习近平总书记指出：发展是第一要务，人才是第一资源，创新是第一动力。国有企业，特别是央企，是我国人力资本、人才聚集的高地，但是目前的国有企业人才配套措施跟进不足，已经制约人才发展，造成国有企业人才资源的流失。

（二）提升国际化程度，提高全球化能力

国有企业发展历程多是立足于中国本土，中国化、本土化能力较强。但在参与全球竞争、进入国际市场时，表现出国际化水平和全球化能力不足。

（1）国际化人才配置不足，表现为相关人才配置还不够。这就需要鼓励国有企业特别是央企吸引优秀的国际企业家和专业人才，并将之作为国际化的重要指标。

（2）国际化观念意识缺乏，表现为对国际环境、所在国国情不够了解。这就需要加强对当地语言、风俗民情的学习和了解，建议加强与国内外一流

的外语专业院校合作，加大对国外工作人员有针对性的培训力度。

（3）受当地政治波动影响显著，发展稳定性需提高。当地国家政府换届对于国有企业的项目会带来一定程度的不确定性，这就需要加强国有企业国际化战略眼光，精心布局，深耕细作，避免急功近利、急于求成。建议国有企业全球化要更加注重口碑、品牌价值、影响力等维度的提升。

（三）推进创新驱动，释放创新红利

创新驱动不足仍是当前我国国有企业做大做强的主要瓶颈，这主要是由于缺少创新驱动的顶层设计。面对席卷全球的科技革命和商业世界的重构，国有企业要坚持把创新驱动作为企业的核心战略。结合企业自身业务特点和经营模式，聚焦集成创新，强化技术、制度、模式、管理的多元创新体系，加快探索实体经济、科技创新、现代金融、人力资源协同发展的新模式。

（1）国有企业创新研发投入不足。在科技创新上要舍得花钱、舍得耗时、舍得投入精力。这就需要进一步扩大研发投入规模并提高其在总体支出中的占比，尤其是加强对核心技术的自主研发投入，提高企业核心竞争力，有效支撑企业创新驱动发展。

（2）国有企业科研成果转化不足。这就需要通过政府引导，促进科研成果向市场进行成果转化，设立专门的研发机构和整合研发资源的平台，促进科技创新成果转化，优先在国有企业内部建设科技创新成果分享网络，提升科技成果转化效率。

（四）加快转型升级，增强产业竞争力

国有企业在产业转型过程中遇到的困难主要在于如何处理好传统产业与新兴产业、新兴产业中的多元化与专业化的关系。这就要求国有企业必须更多地关注客户需求的变化、商业场景的迁移和生产方式的演变，加强与各类企业的协同合作和跨界融合，加强各种资源的整合，在融合发展中重塑供应链、产业链、价值链。

（1）正确处理好传统产业与新兴产业的关系。例如，需要集中力量探索如何在原有传统产业的基础上进行“+ 互联网”升级，同时介入“互联网 +”的新兴产业。建议在加大传统产业优化升级的同时，鼓励投资开发新兴产业，为国有企业注入新鲜血液。

（2）正确处理好多元化与专业化的关系问题。由于国有企业本身所具备的资本优势，在投资发展过程中涉及的业务大都比较多元化，这就需要平衡好多元化与专业化、关联性与独特性、投资型与经济型等的关系问题。

解决上述问题，需要国家明确进一步扩大授权的具体路径和具体安排。同时也需要在央企结构调整和创新转型过程中给予更多的支持、指导和协调。建议在部分企业先行先试，取得经验之后再向其他国有企业推广。

五、培育具有全球竞争力的世界一流企业的有益启示

改革破旧，创新立新。改革是为了高效利用各类生产要素，从而解放生产力，发展生产力，使企业充满活力；创新是为了创造新的生产要素和生产模式，使企业更具竞争力。招商局的改革创新经验充分体现了习近平总书记提出的“惟改革者进，惟创新者强，惟改革创新者胜”的成长规律。国有企业建设成为具有全球竞争力的世界一流企业，必须一手抓改革、一手搞创新。具体来说，建设具有全球竞争力的世界一流企业，必须遵循下述规律。

（1）党委领导与现代企业制度相结合。世界上并不存在唯一标准的现代企业制度。中国的世界一流企业不是简单重复外国企业制度。国有企业改革发展历史表明，党的领导与现代企业制度不是对立的，而是可以通过改革创新有效结合的，更好地体现中国特色现代企业的重要特征。坚持党的领导，加强党的建设，是国有企业提高全球竞争力、建设成为世界一流企业的关键路径，是国有企业更好地适应社会主义市场经济以及国际竞争的必然要求。这个客观规律，具体来说就是党的领导可以有效避免企业内部人控制。在支持公司治理的过程中，充分发挥好政治优势、组织优势和群众优势，更加有

力地推动建设具有全球竞争力的世界一流企业目标达成。

（2）市场机制与国有企业优势相结合。国有企业运用市场机制并不是私有化，而是如何更充分地发挥市场在资源要素配置中的基础性决定作用，这要求充分利用市场机制的手段，实现市场机制与国有企业优势有机结合。通过加强国有企业内部市场机制建设，将经营自主权充分下放，打造自负盈亏的市场竞争主体。发展混合所有制经济，充分发挥混合所有制优势，更好地实现“有利于国有资本保值增值，有利于提高国有经济竞争力，有利于放大国有资本功能”的目标。

（3）历史传承与时代潮流相结合。世界各国经济增长和技术进步无不与创新高度相关，世界发达国家无不把创新、企业家精神等摆在至关重要的位置。创新和发扬企业家精神是历史潮流的发展趋势。招商局有着一百多年历史，始终秉承“招商血脉、蛇口基因”，既传承企业发展经验，形成了稳健、延续的历史积累，使得企业能够在大风大浪中行稳致远，主动适应潮流并引领潮流，通过持续不断创新探索适合国企改革发展的新路。只有历史传承与创新潮流相结合才能使企业基业长青，建立百年基业，与国家共发展、共兴盛。

（4）战略规划与战略执行相结合。战略规划管理已经超越了传统意义上的战略管理，其本质特征是将无形的战略之手转化为有形的规划之手，这是中国国有企业的创新所在，以保证长远重大战略目标的实现。战略和规划一旦脱节，战略就变成了空中楼阁；而一旦有效结合，就能实现组织的快速发展。招商局战略规划管理体系的有效应用表明，企业战略规划的制定和落实结合起来使企业发展更有前瞻性；企业战略规划和国家战略有机结合起来，使得“企业兴，国家兴；国家强，企业更强”；企业内部中长期规划和短期计划相结合，使企业在确保延续性的前提下最大限度地保持灵活性。

（5）国内发展与全球布局相结合。中国进入世界经济舞台中心，中国国有企业带头“走出去”是大势所趋。随着全球化进程的加快，企业的发展进步更加依赖全球资源的支撑。国有企业“走出去”，还会通过开放倒逼改革创新，提升企业竞争力。在全球化经营过程中，并购国际市场优质资产（和技术专利）、雇用国际优秀人才、学习国际先进管理理念，都有助于提升国有企业国际竞争力。同时，“走出去”要量力而行、循序渐进。由于中国已经成为世界最大规模市场，在中国国内同行业居一流的企业，更有可能在全球化竞争中独占鳌头。企业在走向世界的进程中，不仅仅要投资欧美发达经济体，更要注重投资非洲、东南亚、南美、俄罗斯、东欧等崛起型经济体，后者会有更多的机遇、更大的空间。

招商局实践表明：建设具有全球竞争力的世界一流企业，不是朝夕之功，需要在生产要素、企业制度、管理方式等层面深化改革、持续创新。精心培育一批具有全球竞争力的世界一流企业，要以习近平新时代中国特色社会主义思想和党的十九大精神为指导，在党建、人才、改革、创新、开放五个维度不断深入推进、狠抓落实。

（一）加强党的领导，建设强根固魂的先锋企业

打造符合我国国情的中国特色现代国有企业制度，关键要使党的领导同现代企业制度有效结合，把企业党组织内嵌到公司治理结构之中，把党的领导与公司治理、市场化选人用人、提升核心竞争力、一流企业建设相结合，通过做实做强做细党的工作，为建设具有全球竞争力的世界一流企业提供坚强保证。具体地讲，积极推动董事会决策作用和党组织政治作用的有机结合，在重大问题决策、重要人事任免等过程中，坚持党委会前置审批等必要程序。建立健全巡视体制机制，巩固反腐败压倒性态势，营造良好政治生态。要处理好党组织和其他治理主体的关系，明确权责边界，形成各司其职、各负其责、协调运转、有效制衡的公司治理机制，实现党的领导和现代企业制度高度融合。

（二）实施人才强企战略，建设世界级智力密集型企业

习近平总书记强调：“硬实力、软实力，归根结底要靠人才实力。”人才

强，企业强。国有企业实现转型升级，更加要紧紧依靠人才资源、大力开发人才资源、全面培养人才队伍，牢固树立人才是企业第一资源的观念，加快确立人才优先发展战略布局。具体地说，要建立以员工为中心的企业文化，培育企业员工的认同感，增强企业员工的凝聚力。健全人才培养选拔使用机制，畅通人才成长渠道，着力打造坚强有力的领导班子、高素质的企业家群体和人才队伍，高度重视国际化经营管理人才的培养和使用。要大力培育年青一代企业家，加大实施管理科技人才等重点工程。着力解决人才报酬及待遇如何与人才的实际绩效挂钩的问题。

（三）全面深化改革，建设充满活力的高效企业

制度是企业健康发展的重要保障。为适应市场竞争，增强企业活力，需要不断进行自我革命，在竞争中通过组织变革和制度改革等举措建立起灵活高效的市场化经营体制机制。具体地说，改革不但要有外部的市场机制改革，还要推动市场机制深入企业的内部，培育敢闯敢试的企业文化基因，同时，还需要强化战略规划之手，既需要制定企业中长期和五年规划，也需要年度评估和三年修订调整。通过循序渐进改革，先累积优势，适应国内市场，再量力而行，逐步“走出去”，适应国际市场。

（四）全面创新驱动，建设具有竞争力的领先企业

坚持把创新驱动作为企业的核心战略。鼓励企业通过科技创新手段开辟新的赶超路径，不仅仅要弯道超车，更要实现“隧道超车”。创新企业管理，做好创新制度安排和机制保障：第一，建立创新的容错机制，国有企业特别需要建立一种包容失败、鼓励创新的精神与容错的机制，以有效地鼓励创新。招商局的投资风险分散机制就是一种重要的容错机制。第二，加快建设智慧企业，聚焦跨界融合、集成创新，推动物联网、云计算、大数据、人工智能等先进技术在各业务领域的广泛应用。第三，建立开放式创新生态，国有企业应建立起“自主研发 + 外部创新吸纳 + 创新资源整合”的开放式创

新生态，既能促进总部创新战略与二级公司创新项目相衔接，还有助于发现和培育孵化有潜力的初创企业，将新兴产业与企业经营范围相结合。

（五）全面开放发展，建设合作共赢的全球企业

国有企业要对非公有制企业开放。通过集聚各类资本，全方位、多层次推进与民营资本、金融资本、社会资本和国际大公司的务实合作，放大国有资本功能，形成深度融合的发展新格局。国有企业要进行多层次开放，不仅要对资本开放，也要对技术开放、对管理开放；不仅要大力“引进来”，还要加快“走出去”。充分利用“一带一路”建设的难得机遇，顺应全球化发展的新要求，构建全球价值链网络，打造全球化商业生态平台，深度参与全球竞争，以全球资源服务全球客户，形成互利共赢的全球化格局。

华润集团：用红色基因铸就优秀业绩，以商业文明践行改革开放

中国人民大学国家发展与战略研究院

一、华润集团的历史与现状：红色基因铸就优秀业绩

作为一家由中国共产党在新中国成立前亲手创办的在港中央企业，华润（集团）有限公司（以下简称华润）现为国务院国有资产监督管理委员会监管的多元化大型国有控股企业集团，是国有重点骨干企业。在 80 年发展的风雨历程中，华润经历了民族解放、国家独立、新中国建设和改革开放的各个历史时期，始终按照党的嘱托，坚守传承“红色基因”，践行引领“商业文明”，充分地将“红色基因”与“商业文明”结合在一起，创造了商业上的优秀业绩，出色地完成了党和国家交付的光荣使命。

1978 年改革开放以来，已经步入“不惑之年”的华润及时根据国家发展战略调整了企业发展方向，主动加入改革开放的大潮，提出了“立足香港、背靠内地、走向世界”的经营方针，内引外联、发展经营设施、投资实业化项目、布局海外市场，很好地发挥了中企窗口作用。在 40 年的改革开放历程中，华润不仅借助改革开放使自身由一家综合性贸易公司转型成为以实业化为基础的多元化控股企业集团，由一家传统国企发展成为举世瞩目的新国企，而且通过“商业文明”为内地企业改革起到了示范引领作用，成为中国与世界经济沟通的一座桥梁。

（一）华润集团的发展历史：生于国难，长于国盛

1938 年，神州烽火遍地，为了团结香港及海外支持抗战的民主人士，接受和保管各界抗日捐款和物资，为抗日根据地采购军需物资及药品，在老一辈无产阶级革命家周恩来、陈云的领导下，创始人杨廉安同志携带党交付的“两根金条”，在香港创立了华润集团的前身“联和行”（Liow & Co）。1948 年，联和行进行改组、扩大，更名为“华润公司”。其中，“华”代表中华，“润”取自毛泽东的字“润之”，蕴含“中华大地，雨露滋润”的美好寓意，钱之光任首任董事长。正是由于党对华润赋予的这一特殊历史使命，华润的“红色基因”与生俱来，在后续的成长发展过程中，华润又将这一“红色基因”不断发扬光大，不仅出色地完成了党和国家交给的各项任务，而且保证了组织活力和经营业绩，成为国有企业的杰出代表。

抗日战争时期，华润前身“联和行”积极配合宋庆龄领导的“保卫中国联盟”开展大规模抗日募捐活动，将社会各界的捐赠物资辗转运抵抗日根据地，为八路军、新四军采购军需物资及药品。解放战争时期，华润千方百计突破封锁，采购和运送内地急需物资，有力地支援了三大战役、渡江作战，直至解放全中国。1948～1949 年，华润历经艰险先后分四批把 350 多位著名民主人士、700 多位文化名人及爱国华侨从香港秘密运送到东北解放区，保证了新中国第一届政协会议的胜利召开。

新中国成立后，华润充分发挥在港企业的便利，执行党的特殊使命，成为新中国与世界贸易沟通的第一座桥梁。特别是 20 世纪 60 年代初，为了充分发挥华润在企业运行和国家发展中的独特价值，周恩来总理为华润指出了重要的发展方向：“社会主义企业、资本主义运营”，即华润从根源上属于社会主义性质，但在运营上需要借鉴市场经济的企业运行理念，通过市场经济的企业运行理念发展壮大社会主义的企业。自此，华润集团在“红色基因”的基础上，进一步注入了“商业文明”的血液，保证了企业旺盛的生命力。

1952 年至 20 世纪 80 年代中期，华润一直是中国进出口贸易公司在港澳及东南亚的总代理，保证香港市场供应，协助内地制订对港及海外出口计

划、扩大出口，衔接货源并建立销售网络，与世界各国加强贸易联系，进口内地所需商品，赚取外汇，为计划经济年代的中国外贸事业做出了重要贡献。1957 年，华润发起并筹办首届中国出口商品展览会，拉开了“广交会”的序幕。1962 年，华润属下五丰行承担起内地鲜活冷冻食品供港的“三趟快车”的运作，保证了香港的食品供应。20 世纪 70 年代初期，华润协助将内地国产石油输入香港，有效地缓解了香港石油危机。

1978 年改革开放后，华润迎来了新的发展时期。改革开放初期，华润首创“三来一补”模式并大力推广，开启了香港制造业向内地转移的先河。20 世纪 80 年代，华润由代理贸易向自营贸易转型，努力发展中长线投资项目。1983 年，华润大厦落成，华润公司改组为华润（集团）有限公司，开始建立现代企业制度。1992 年，华润集团注资上市公司永达利，更名为“华润创业”，成为华润系第一家上市公司，开创了中资企业进军资本市场的先河。90 年代中后期，华润旗下五丰行、北京华润置地、励致国际等企业先后成功上市，华润同时积极和国际资本接触，正式开始了借助资本市场壮大企业的发展阶段。

进入 21 世纪，华润进军内地，通过并购重组、产业培育、改造国企、业态创新、管理创新、打造差异化生意模式、实现总部价值创造等途径，成功建立起一批具有行业领导地位的主营业务。2003 年，华润成为国务院国有资产监督管理委员会领导下的中央企业，在之后的十多年间，完成了两个“再造华润”的宏伟战略目标，企业的资产规模和效益连续十多年保持了快速增长，在业务转型、管理变革、组织发展、文化建设等各个方面取得长足进步，综合竞争实力大大增强。与此同时，华润通过深化改革、努力探索管理多元化企业的经验，由一家传统国营公司发展成为世人瞩目的新国企，发挥了示范引领国企改革的作用。

党的十八大之后，华润集团主动适应“新常态”，制定了以实业发展和资本运营为“双擎”，以互联网和国际化为“两翼”的“十三五”发展战略，全面推动华润在新时期实现转型创新、质量发展。在企业发展方面，优化产业布局、业务组合，加快利用资本市场大力发展产业基金，积极参与国家战略，加大研发投入和创新机制建设，开展瘦身健体提质增效，完善公司治理，落实公司改制、推进混改、创新激励方式，深化市场化用人机制，加强制度建设、合规建设，履行社会责任、实现绿色发展。通过上述工作，十八大以来华润集团业绩继续保持平稳较快发展，运行质量逐年提升，整体业绩实现了跑赢大市、优于预期的目标，产业控制力、影响力进一步增强，并积极进入“大健康”、“大消费”等领域，积极主动布局解决“不平衡、不充分”的时代矛盾，努力发挥满足民生需求、创造财富积累、引领产业创新、引领商业文明等方面的价值，各项工作迈出新步伐，取得了新成效。

（二）华润集团的发展现状：红色基因铸就优秀业绩

在“红色基因”和“商业文明”的指引下，华润集团取得了出色的经营业绩。一个客观的表现是，华润集团在世界 500 强企业中的名次逐年提高，从 2013 年世界 500 强排行榜的第 187 位跃升至 2017 年世界 500 强第 86 位，创造了令全球瞩目的成绩。目前，华润集团总部设在香港湾仔港湾道 26 号华润大厦，主营业务包括日用消费品制造与分销、地产及相关行业、基础设施及公用事业三大领域，下设五大战略业务单元，旗下共有 17 家一级利润中心，在香港拥有 5 家上市公司：华润燃气（HK1193）、华润创业（HK291）、华润电力（HK836）、华润置地（HK1109）和华润水泥（HK1313）。其中，华润电力、华润置地位列香港恒生指数成分股，华润燃气、华润水泥位列香港综合大型股指数成分股和香港恒生中资企业指数成分股。从各板块的贡献来看，华润的业务布局于民生类领域，核心业务包括消费品（零售、啤酒、饮品、食品）、电力、地产、医药、水泥、燃气、金融，其他业务还涉及微电子、医疗、纺织、化工（聚酯切片）等。具体而言，华润集团的主要业务及其优秀业绩如下。

1. 消费品业务

包括零售、啤酒、食品及饮品业务。超市业务已连续多年居中国连锁超市第一位。华润万家已进入全国 29 个省、自治区、直辖市和特别行政区，241 个城市，全国年客流 13 亿多人次。2017 年实现营业额 881 亿元（金额单位：人民币，下同）。华润雪花主要从事啤酒酿造和分销业务，2017 年实现营业额 308 亿元，年销售量 1182 万千升，连续十二年保持中国啤酒市场份额第一。华润五丰主营大米、果蔬、肉食、综合食品、进口食品及现代农业产业，2017 年实现营业额 131 亿元，大米加工产能达到 60 万吨，在上海、南宁、深圳、杭州、香港拥有大型屠宰场，百色希望小镇产业发展流转土地 13417 亩。华润饮料主营“怡宝”牌系列饮用纯净水，还发展了多个品牌饮料，销售网络遍及 13 个省、自治区、直辖市。2017 年实现营业额 105 亿元，包装水年销售量达 922 万吨。

2. 电力业务

业态涉及火电、风电、水电、光伏发电、分布式能源、煤炭等领域。2017 年营业额 650 亿元，业务分布 26 个省、自治区、直辖市，可控运营装机容量 4162 万千瓦。

3. 地产业务

已形成万象高端、城市高端、郊区高端、城市品质等八大住宅产品线。商业地产发展了万象城都市综合体和“五彩城”区域商业中心两种模式。2017 年进入全国 64 个城市，开发项目超过 240 个，销售物业累计签约面积 957 万平方米，在营投资物业总建筑面积为 1052 万平方米。此外，在香港、内地及泰国投资、开发和运营都市综合体、木棉花系列精品酒店，经营高端工艺品零售业务。

4. 医药医疗业务

医药业务包括研发、制药、医药流通及医药零售等全产业链环节，制药业务涉及 500 多种医药产品，涵盖化学药品、中药、生物制剂及营养保健品，产品组合覆盖心血管系统、感冒止咳、抗感染、生殖健康、消化道及新陈代谢、皮肤及儿科治疗等领域。医药商业在全国 27 个省、自治区、直辖市建有省级销售平台和 124 个地市级网络，拥有 700 余家直营零售连锁药店和销售网点。医疗业务以健康小镇为平台，所属华润凤凰医疗共有 10 家三级医院、15 家二级医院、27 家一级医院和 55 家社区机构，共计 1.5 万张床位，是亚洲最大的医疗集团。

5. 水泥业务

业务区域分布 10 个省、自治区、直辖市，水泥、熟料及商品混凝土年权益产能分别达到 10260 万吨、7445 万吨及 4220 万立方米，骨料产能 1030 万吨。

6. 燃气业务

业务包括城市管道燃气、车用燃气及燃气器具销售等，在超过 235 个大中城市投资，是中国最大的城市燃气运营商。2017 年底民用户总数达 3042 万户，加气站总数达 359 座，年销气总量达到 197 亿立方米。

7. 金融业务

已形成包括金融控股管理平台，及华润银行、华润信托、华润资产、华润资本、华润租赁、华润保险经纪六大业务单元在内的“1+6”综合金融布局，并战略持有国信证券等国内金融机构，与台湾元大共同设立华润元大基金。2017 年营业额 108 亿元，管理资产规模达 14226 亿元。

8. 微电子业务

聚焦模拟功率半导体等领域，包括集成电路设计、掩模制造、晶圆制造、封装测试及分立器件。

9. 其他业务

纺织业务现有棉纺织、锦纶、服饰品牌和新型纤维四大业务板块，2017 年销售额 36 亿元。化工业务主要为生产聚酯瓶片（PET），以及经营液体化工品码头和仓储业务。

表1 2017年华润企业主要业务构成

业务分类名称	资产		营业收入		利润总额		在职职工（人）
	金额（万元）	占比	金额（万元）	占比	金额（万元）	占比	
消费品	11521076	9.4%	14406029	26.1%	275303	4.2%	208024
电力	18773746	15.4%	6498252	11.8%	725921	11.0%	22379
置地	49555414	40.6%	10350392	18.8%	2440061	37.1%	36572
水泥	4873569	4.0%	2611406	4.7%	426241	6.5%	21372
燃气	5729560	4.7%	3222987	5.8%	569485	8.7%	26128
医药	12838143	10.5%	14929222	27.1%	737631	11.2%	55614
金融	19543020	16.0%	1076219	2.0%	446294	6.8%	3727
微电子	978684	0.8%	591702	1.1%	6223	0.1%	8111
纺织	327396	0.3%	360550	0.7%	-94925	-1.4%	7578
化工	598102	0.5%	1262851	2.3%	33204	0.5%	1412

资料来源：华润集团财务部。

在经济贡献方面，华润集团整体业绩常年保持了稳健发展的势头，主要经营指标在央企中名列前茅，整体实现了跑赢大市、跑赢预期的目标。2017年，集团实现营业收入5554亿元，同比增长9.5%；全年利润总额实现648亿元，同比增长36.1%。在中央企业中利润总额排名第5，利润总额增幅排名第3，在《财富》世界500强中排名第86位。利润总额5年复合增长率为16.2%（剔除万科投资收益后复合增长率为10.6%，与营业额增幅相符）。2017年底集团总资产12212.6亿元，同比增长11.0%。近5年总资产和总负债的复合增长率分别为10.8%和10.9%，基本与营业额增幅一致。华润集团近5年的主要财务、税收数据见表2、表3。

表 2　华润集团近 5 年主要财务数据

（单位：亿元，%）

	2013 年	2014 年	2015 年	2016 年	2017 年
营业收入	4055.5	4614.1	4812.2	5034.1	5554
利润总额	362.9	374.9	439.7	483.4	648
总资产	8488.7	9346.5	9945.2	11000.4	12212.6
所有者权益	2415.5	2706.5	2956.8	3173.0	3537.4
资产负债率	71.5	71.0	70.3	71.2	71.0
上缴国有资本收益	10.8	16.8	20.4	71.1	93.1

注：2017 年财务数据采用报送国资委财务监管局 12 月财务快报数据，2013～2016 年采用年度财务决算数据。

表 3　华润集团近 5 年税收上缴情况

（单位：亿元）

	所得税	增值税	营业税	消费税	其他税种	合计上缴
2013 年	118	121	45	28	50	361
2014 年	126	132	44	28	63	393
2015 年	157	138	65	28	90	478
2016 年	145	131	32	28	79	414
2017 年	238	165	0	28	97	528

在社会贡献方面，华润积极营造商机，创造就业，贡献财富积累。2017 年华润集团服务于 6000 多万个客户和消费者，提供了 42 万个就业岗位。在内地缴纳税金从 2013 年的 360.82 亿元增至 2017 年的 528.04 亿元，年复合增长率为 7.91%，过去五年合计缴纳税金 2173.89 亿元；累计上缴国有资本收益 212.2 亿元，其中包括 120 亿元专项收益。兴建华润希望小镇，开展产业帮扶，参与社会公益。集团在革命老区和贫困地区兴建在建华润希望

小镇 10 个，帮助当地居民过上了业有所就、居有其所、老有所养、幼有所教、病有所医的生活，人均收入逐年大幅增长。海原地区的产业帮扶选择了草畜一体化肉牛养殖项目，已建成西北五省规模最大、设施最现代化的养殖基地。投资建设的山西吕梁岚县 30MW 光伏扶贫电站，项目投产后可使岚县 1200 户建档立卡深度贫困户每年每户增收不低于 3000 元，并持续获益 20 年。投资宁夏海原县 300MW 风电项目，每年可为当地居民提供 7.557 亿 kWh 的清洁能源，该工程配套的 1200 万元生态公益林捐款于 2015 年底全部到位。华润每年还出资开展捐资助学、扶危济困、关爱困难员工等活动，集团成立了慈善基金会，所属企业设立了员工关爱基金，通过华润义工组织开展活动。2017 年华润集团被评为中国企业社会责任发展指数第一名。发挥抢险救灾保障作用。在地震、飓风、洪水等抢险救灾中，华润集团发挥民生类企业优势，组织地处灾区附近的企业第一时间赶赴救援。华润饮料的怡宝水、华润五丰的食品、华润医药的药品，为灾区提供民生饮品、食品、药品保障；华润健康的医疗队、华润燃气的管道燃气等为灾区提供服务保障；华润置地为灾后重建和道路恢复提供保障，发挥了集团综合能力，体现了央企的担当和责任意识。

在保障民生方面，华润集团以“引领商业进步，共创美好生活”为使命，在民生领域有着很强的渗透率，与衣食住行密切相关，提供的优质产品和服务满足了消费者对美好生活的需求。

在消费品领域，华润拥有多个著名品牌，满足消费者对时尚、健康的生活方式的需求。生产的中高端雪花啤酒，已连续多年成为中国及全球销量最大的单一啤酒品牌。主营的大米、肉食、生鲜、综合食品，代理的国内外优质食品，成为香港居民的菜篮子、国内绿色有机名优食品的象征。主营的怡宝纯净水是国内最早的水饮料企业，目前在国内市场普及率很高，是中国驰名商标。截至 2017 年底，集团拥有 3180 家零售自营门店，啤酒年销售量 1182 万千升，大米年销售量 108 万吨。

在能源和基础设施建设领域，华润担负着电力和燃气供应保障、基建保障的责任。电力业务涉及火电、水电、分布式能源、风电、核电等，燃气供应业务涉及管道燃气、车船用燃气、分布式能源及燃气器具销售等，基建保障涉及熟料开采、水泥生产、混凝土分销等。2017 年底燃气民用户总数为 3041.5 万户。

在综合地产领域，华润以提升城市居住品质为使命，满足当地对住宅、商业物业的高品质需求，包括有竞争力的住宅产品线，以及城市综合体、区域商业中心、体验式时尚潮人生活馆等商业物业，正在围绕康养地产、文体地产、科技工业园、海外地产等做积极探索。在港拥有大厦、商场、服务式公寓，在曼谷拥有都市综合体，满足办公、居住和购物需求。

在大健康领域，华润拥有 999、双鹤、赛科、紫竹、东阿阿胶、天和等众多为消费者所熟知的著名品牌，拥有 104 家医院，形成了由综合性医院和脑科、妇儿、中医等专科性医院组成的医疗体系，为患者提供优质医疗服务。2017 年就诊量 389.5 万人次，年出院量 18.6 万人次。

在综合金融领域，业务涉及银行、信托、基金等，为客户提供有吸引力的金融解决方案。

在工业制造和高科技领域，华润微电子是国内产业链最齐全的企业之一；纺织业务生产女士手袋、女鞋及饰品，在中高端女士袜品、时尚女装等领域具较高影响力；综合性电商平台业务满足客户的一站式商品购买、生活服务、健康服务及金融产品等需求。

过去五年来，华润结合地方经济结构优化、产业升级的需要，以康养、教育、文体、科技园等为重点打造智慧城市，带动医疗、制药、新能源、微电子、环保等高端产业发展。2017 年，在京津冀地区协同推进了多个重大项目；在上海，推动微电子、地产、康养等多领域创新升级；在西安，启动集群式、成片区承担城市基础设施建设和运营；在江西，开展包括医学、医药、健康等方面的大健康领域全面合作；在东北，推进以节能环保和绿色产业为核心的振兴东北重点项目合作。

正是基于在经济社会各个方面的杰出贡献，华润集团不仅在世界 500 强企业中名列第86位，而且连续多年在社会责任发展指数方面位列全国第一。集团多年来获得了中央企业经营业绩考核工作先进单位、中国商标金奖、中央企业法制工作年度考评A级、2010～2012年任期考核节能减排优秀企业、全国“六五”普法中期先进集体、央企信息化水平A级企业、中央企业档案工作A级企业、中国社会责任卓越企业、中国社会责任百强企业排名第六、中国最佳企业公民、中国企业社会责任榜优秀实践奖、香港绿色企业大奖等一系列重要奖项，华润慈善基金会获评2013年度全国5A级基金会。

二、华润集团的发展经验：以商业文明践行改革开放

在改革开放的40年中，华润始终把握时代脉搏，以商业文明践行改革开放，根据党和国家的需要调整发展方向、发挥价值作用、做出重要贡献。改革开放初期，面对贸易垄断地位不断下降的局面，华润主动适应改革，提出了“立足香港、背靠内地、走向世界”的经营方针，内引外联、发展经营设施、投资实业化项目、布局海外市场，很好地发挥了中企窗口作用。1992年邓小平南方谈话、内地迈向社会主义市场经济之后，华润借助香港资本市场，推动企业上市、深耕内地市场、开展并购整合，规模迅速扩大、实力迅速增长，华润的价值体现得更为多元、作用更为突出，表现在繁荣稳定香港、满足民生需求、促进产业发展、配合国家战略、创造财富积累、履行社会责任等多个方面。与此同时，华润通过深化改革、努力探索管理多元化企业的经验，由一家传统国营公司发展成为世人瞩目的新国企，发挥了示范引领国企改革的作用。十八大以来，华润主动适应经济新常态的发展要求，努力发挥满足民生需求、创造财富积累、引领产业创新、引领商业文明等方面的价值，各项工作迈出新步伐，取得了新成效。

（一）与改革同呼吸，和开放共命运

在改革开放40年的历程中，华润集团每一次都站在了改革开放的前沿，

不仅经历了放权让利、建立现代企业制度、管理创新、持续深化改革四个大的发展阶段，而且随着改革深化、红利释放，企业也由贸易转向实业，成为在激烈市场竞争中不断发展壮大、在民生领域发挥重要作用的多元化控股企业集团。

1. 设计改革方案，扩大经营自主权

1978 年内地改革开放，国家开始对国营企业实行扩大经营自主权、放权让利的改革，当年华润公司即着手研究公司改制、向自营贸易转型、市场化管理等改革方案，并向外经贸部提出了扩大经营自主权的要求。经上级批准，1983 年将无限公司改制为有限公司，将下属机构变为以股权为纽带的企业，同时，获得了外经贸部授权，可以在港开展自营贸易、投资经营设施、兴办货源基地、建立自属干部队伍、开展薪酬激励。1983 华润公司更名华润（集团）有限公司，企业进入了自主经营、自负盈亏、市场化运营阶段，通过改革积累了资金，积蓄了实力。

在 1983～1992 年向自营贸易转型时期，华润集团许多首创性工作成为国企改革的先河。一是围绕自营业务在香港投资兴建了大批经营设施，涉及商场、超市、屠宰仓、工厦、油库、货仓、船队、车队、码头、写字楼、加油站等，以及微电子、电器、服装等生产企业；二是率先开展“三来一补”并向全国推广，在此基础上发展中外合资企业，在内地投资兴建了众多货源基地，涉及轻工、电器、纺织、服装、食品、五矿等领域；三是响应“国际大循环”号召，在海外设立了一批贸易公司、代表处，投资资源开采、零部件生产等领域。上述举措推动了华润集团向实业化转型。

在这一时期，集团围绕建立现代企业制度进行了初步探索。一是建立了由各外贸专业总公司向华润派董事，由外经贸部委任华润董事长、总经理的公司治理方式；二是实行了干部划归，将各专业总公司派驻华润工作的干部人事关系转至华润集团，并争取到向国内大学独立招聘毕业生的资格，由此建立了自己的干部队伍；三是干部管理方式由外交人员管理转为企业化管理，改革了工资制度，推行经营承包制，奖金与经营结果挂钩；四是推行成

本核算，加强财务管理。

2. 深化改革，建立市场化运营机制

在1992～2000年向实业化、多元化发展时期，华润集团抓住实行社会主义市场经济、允许企业上市、建立现代企业制度、国企抓大放小等机遇，在改革发展方面进行了大胆探索和创新，培育了发展新动能。一是加快向房地产、能源、基础设施、银行金融、通信、农产品深加工、制造业等领域投资布局，推动贸易向实业化转型，获取新利润增长点。二是开展企业上市、并购重组，由此筹集发展资金，引入市场化经营机制，倒逼机制体制改革，壮大主营业务实力。三是关闭贸易企业、海外机构，清理投资项目，将业务聚焦于四大领域，由此成功抵御了亚洲金融危机的冲击。四是研发6S管理体系，重新划分业务单元，建立从预算、报告、审计、考核、激励一体化的运营管理制度，奠定了多元化企业的管理基础。五是探索企业全生命周期的管理模式。抓一把手和团队建设，强化执行力；开设MBA班，加快实业化管理人才的培养；实行股权激励，调动业务发展的积极性。通过上述举措，华润成为转型最早、最为成功的外贸公司，成为率先利用资本市场的企业，也成为市场化经营机制最灵活的企业。

3. 开展制度和管理创新，面向市场参与竞争

2001～2014年集团抓住内需快速增长、加入世贸后开放市场、两地经济融合、住房医疗体制改革等机遇，推行战略引领下的企业改革发展，积极布局内地市场，围绕民生领域发展起一批产业，繁荣了国内市场，推动了产业进步，释放出新动能，起到了引领示范作用。

在业务发展方面采取了四项重大措施。一是制定发展战略，明确了企业定位、发展方式、业务组合、区域布局等重大方向性问题；二是通过投资并购、重组整合、沿微笑曲线配置资源，建立了7大业务板块，涉及消费品（零售超市、啤酒、食品、饮料）、地产、电力、水泥、燃气、医药、金融等主业；三是不断优化资产结构、业务结构，退出了一批非核心业务，涉及石化分销、特殊钢制造、服装加工、压缩机生产、隧道码头、农产品加工等；

四是探索多元化企业投资运营和价值创造模式，形成了母公司孵化注资在股权层面实现价值创造，利润中心提升产业竞争力在经营层面实现价值创造的发展模式。

在管理变革方面采取了四项重要措施。一是开设高层领导力培训班，加强领导力建设，培养领军人才。二是开展中长期战略激励，实现绩效与收入挂钩。三是推行职业经理人制度，实行市场化薪酬制度，市场对标评价考核激励，实现干部能上能下、能进能出。四是建立完善多元化企业管理模式。升级 6S 管理体系，形成了从战略规划、商业计划、绩效合同、管理报告、业绩评价、绩效激励的闭环战略管理机制。推行 5C 管理体系，根据战略开展资产配置、优化资本结构、实现现金创造、加强现金管理、筹集资金支持资产配置，由此形成了适应多元化投资运营公司需要的财务价值创造和价值管理体系。研发 TOP 人力资源管理体系，实现人才、组织、业绩闭环管理，确保战略、组织和文化的一致性。五是推进企业文化、社会责任建设，兴建华润希望小镇，依靠文化凝聚人心、规范行为；依靠责任履行，发挥央企、中资企业的示范带头作用。通过上述举措，华润在多个产业建立了行业领导地位，进入了世界 500 强，在保增长、提供积累方面，发挥出了央企排头兵、主力军的作用，集团的控制力、影响力和带动力进一步提升。

4. 持续深化改革，适应新时代要求优化调整

党的十八大之后，中国经济进入新常态，华润的发展也面临着从追求速度规模转向质量效益，从并购扩张转向研发创新，从面向国内市场转向海外发展的要求。为此，集团制定了以实业发展和资本运营为“双擎”，以互联网和国际化为“两翼”的“十三五”发展战略，全面推动华润在新时期实现转型创新、质量发展。

在企业发展方面，围绕动能转化、提质增效采取了五大举措。一是优化产业布局、业务组合。加强对康养产业、大消费、新能源、综合金融、互联网、高科技等战略性新兴产业投资，培育新增长动力。在煤炭、水泥、火电业务上减少了战略性资本支出。二是加快利用资本市场，大力发展产业基

金。开展了对消费品板块业务的重组，大幅提升了啤酒业务的市场价值。入主了凤凰医疗，一跃成为亚洲最大的医疗集团。实现了医药业务在香港上市。成立了 17 只基金，规模 600 亿元人民币，助力战略性新兴产业发展。三是积极参与国家战略。围绕重塑香港业务战略，参与粤港澳大湾区、雄安新区建设规划，落实了一批重点项目，获得了新的发展商机；收购了澳大利亚、英国等地的实业化项目，获取了国外“好产品”、“好渠道”、“好技术”。四是加大研发投入和创新机制建设。集团层面大力推进华润通、华润汇、数据中心建设，利用信息技术实现智慧运营和管理；各利润中心研发推广了一批新产品、新业态、新技术、新模式。五是开展瘦身健体提质增效。从去产能、调结构、稳增长出发，坚定推进化解下属煤炭过剩产能工作，积极推动完成僵尸特困企业治理工作、管理层级“压减”工作、剥离企业办社会职能工作等,围绕优化招采管理、“两金”管理、资金集中管理、卓越运营体系建设等方面实现控制成本、提高效率、增加效益的目标。2017 年底累计压减法人公司 335 家，关闭煤矿 10 座，化解过剩产能 480 万吨。全年处僵治困减亏 33 亿元，亏损子企业家数和亏损额分别净下降 27% 和 28%。

在加强管理方面，围绕文化重塑、深化改革采取了五大举措。一是完善公司治理。开展了规范董事会建设，将党的领导写入公司章程，建立了董事会决策制度和运行机制，成立了专业委员会辅助董事会决策，加强了对投资、采购和资金的管理。二是落实公司改制，推进混改，创新激励方式。完成了中国华润总公司改制，推进 3 家子公司有限责任公司改制。集团已有 7 家上市公司，78% 的资产已进入上市企业，这些企业均实行了混改。在华润微电子开展了员工持股试点，在华润医药开展了认股权计划。三是深化市场化用人机制。完善选人用人标准，推行三项制度改革，开展业绩与薪酬双对标。四是加强制度建设、合规建设。以“大党建、强基础、塑文化、促发展”为总体思路，落实全面从严治党要求。3 年间修订和新建各项制度 335 项，对违反制度和纪律的经理人严肃问责。五是履行社会责任，实现绿色发展。华润希望小镇已建和在建项目已达 10 个，海原地区的精准扶贫也摸索出一条新路。加大对新能源业务的拓展，推动循环经济产业园建设，持续加强食品药品安全体系建设。

通过上述工作，十八大以来华润集团业绩持续保持平稳较快发展，运行质量逐年提升，整体业绩实现了跑赢大市、优于预期的目标，产业控制力、影响力进一步增强。一是规模和影响力持续提升。2017 年华润集团业务涉及消费品、综合地产、能源与公共事业、大健康、综合金融、科技制造等民生类领域，服务于 6000 多万个客户和消费者，以 1850 多亿元人民币的国有资产权益控制 12000 多亿元的总资产，形成了年逾 5500 亿元的经营规模，提供了 648 亿元的利润、519 亿元的税收和 42 万个就业岗位，在中央企业中利润总额排名第 5，利润总额增幅排名第 3，在《财富》世界 500 强排名第 86 位。二是效益持续增长、产业地位继续巩固。2017 年集团销售收入较 5 年前的 2012 年增长 66.6%，利润总额增长 111.8%，总资产增长 67.1%，净资产增长 66.5%，在《财富》世界 500 强排名提升了 119 位。连续多年获得国资委 A 级企业称号。产业集中度提升，零售、医药板块销售额进入千亿元之列，地产、电力、医药利润迈入百亿元之列，零售、啤酒、燃气、医疗经营规模持续保持行业第一，电力、水泥继续保持行业盈利能力最强，地产经营规模进入内房股前 10 位。

（二）改革开放中的“华润经验”：何以锻造企业优秀业绩？

1. 在传承发扬红色基因中锻造企业生命力

华润集团之所以在改革开放的大潮中成为商业的佼佼者，一个重要的根源在于华润集团的“红色基因”，这种“红色基因”使得华润集团的领导力有了组织保证，在发展的过程中凝聚为“四大精神”——“以身许国的奉献精神、敢为人先的创新精神、笃定前行的坚守精神、自强不息的奋斗精神”。这种“红色基因”为华润高歌前行注入源源不断的发展动力，使得华润集团聚焦民生、产业报国，为改革开放、国家富强、民族伟大复兴，努力创造价值，做出更大贡献，从而也锻造了企业顽强的生命力，铸就了企业的优秀业绩。

从企业诞生起，党的建设就一直是华润集团工作的重心。作为党在80年前亲手创办的中央企业，华润始终将党的领导置于企业发展的首位，并将党的强大力量注入企业运行中。华润集团通过落实“将加强党的领导同完善公司治理相统一”的公司治理模式，形成了“权责对等、运转协调、有效制衡、适度授权”的公司治理机制。强化了党员干部和经理人队伍管理。通过坚持党管干部原则，坚持党委对选人用人的领导和把关作用，明确集团党委作为集团直管经理人选拔任用的最高决策机构，有动议权、提名权和决策权，重要人事任免均经过党委会集体讨论决定。各级单位普遍实行双向进入、交叉任职领导体制，切实肩负起“一岗双责”的政治责任，集团和二三级子企业实现了党委书记、董事长“一肩挑”领导体制。坚持党委对选人用人的领导和把关作用。修订《集团党委贯彻落实“三重一大”决策制度实施意见》和《集团党委会议事规则》，重要人事任免均经过党委会集体讨论决定，成为董事会决策重要人事任免事项的前置程序，通过制度形式明确了党委的决策定位和范围。树立正确的选人用人导向，按照国企领导人员20字标准、十九大报告提出的建设高素质专业化干部队伍及“八大本领”的要求，构建新的华润经理人能力素质模型，实施年轻经理人潜质人才盘点工作，着力将一批德才兼备、善于经营、充满活力的年轻中层骨干纳入潜质人才库。完善的公司治理结构和优秀的企业领导选拔机制保证了企业的发展方向和企业活力。

华润集团在发展的过程中提出了“大党建、强基础、塑文化、促发展”的总体思路，把党的建设与公司治理、转型创新、文化建设、群团工作、员工关爱、诚信合规等各方面工作有机结合，形成横向协同、上下联动的党建工作格局。实施“研究一个党建课题，推进一项党建创新，培育一个党建典型”的“三个一”工程，形成可操作、可复制、可推广的典型示范，在全集团推广实践。从规范党内政治生活、将党的领导与公司治理相结合、落实党管干部原则、加强党建工作顶层设计等9个方面制定了25项具体举措，明确了集团党建工作的切入点和着力点。建立区域工委工作机制，对区域内华润企业党建工作和业务工作进行协调，制定区域工委工作指引，每年组织区域工委书记座谈会。结合业务特点推进“两学一做”学习教育常态化制度化。举办“七一”主题党日活动，组织开展“润德·润心·润企”传统文化主题实践，强调“守正出新，正道致远”，强化企业价值观，发展华润红色文化，以传统文化丰富现代企业管理内涵，提升干部员工队伍素养。

尤其是党的十八大以来，集团党委班子坚决贯彻中央要求，旗帜鲜明地加强企业党建工作，认真组织“三严三实”专题教育和“两学一做”学习教育，牢固树立“四个意识”，思想上、政治上、行动上与以习近平同志为核心的党中央保持高度一致，重塑华润文化，并将党建工作纳入“十三五”战略规划，从组织机构、干部管理、纪检监察等各方面采取了一系列措施，传承并发扬了“红色基因”，不断为企业的发展注入鲜活的生命力。

2. 在充当“改革试验田”中探索市场化经营机制

改革开放以来，华润利用地处香港、受发达市场经济长期熏陶的优势，率先开展企业上市、资本运营，同时在股权激励、职业经理人制度、建立多元化企业管理模式、规范公司治理等方面进行了积极探索，这使得华润成为一家不依靠政策保护、在一般竞争性领域参与激烈竞争并不断发展壮大的国有企业，许多经验被复制推广，对国企改革产生了示范效应。

改革开放以后，国家对企业下放经营权，激发了华润改革的动力。1978年华润就开始着手研究公司改制、向自营贸易转型、市场化管理等改革方案，并向外经贸部提出了扩大经营自主权的要求。经上级批准，1983年将无限公司改制为有限公司，将下属机构变为以股权为纽带的企业，同时，获得了外经贸部授权，可以在港开展自营贸易、投资经营设施、兴办货源基地、建立自属干部队伍、开展薪酬激励。1983华润公司更名华润（集团）有限公司，企业进入了自主经营、自负盈亏、市场化运营阶段，通过改革积累了资金，积蓄了实力。20世纪90年代，华润率先开展企业上市，转换经营机制。华润创业是集团第一家在港上市公司，也是最早利用香港资本市场的中资企业。华创上市之初，资产来自多年培育的贸易类、实业类业务，之后利用资本市场逐渐聚焦于消费品业务，2016 年剥离后转型为啤酒单一业务，如果不在香港，这种转型将难以在资本运作层面实现。华润置地的资产来自早年在内地参股北京华远的股权并将其在港上市。华润电力上市的资产源自汇丰银行推荐的美资在华电力业务出售的信息。华润燃气上市的资产源自出售华润石化业务后在内地收购的城市管道燃气项目。华润水泥、华润医药上市的资产源自集团内部业务整合。通过企业上市，华润筹集了发展资金，开展了重大并购，规范了公司治理，引入市场化的评价机制，建立了职业经理人队伍，形成了市场化激励机制，提升了主业发展能力。

在华润集团成立之后至十八大之前，集团通过建立多元化管理体系，探索职业经理人制度，成为转型最早、最为成功的外贸公司，市场化经营机制最灵活的企业，以及探索多元化企业管理模式最为成功的企业。

十八大以来，华润围绕文化重塑、深化改革采取了四大举措。一是完善公司治理。开展了规范董事会建设，将党的领导写入公司章程，建立了董事会决策制度和运行机制，成立了专业委员会辅助董事会决策，加强了对投资、采购和资金的管理。二是落实公司改制、推进混改、创新激励方式。完成了中国华润总公司改制。集团已有 7 家上市公司，78% 的资产已进入上市企业，这些企业均实行了混改。三是深化市场化用人机制。完善选人用人标准，推行三项制度改革，开展业绩与薪酬双对标。四是加强制度建设、合规建设。3 年间修订和新建各项制度 335 项，建立了问责机制，防范了违反制度和纪律的行为。

华润集团的先行先试精神与改革开放的实验探索精神高度契合，不仅使得华润成为一家不依靠政策保护、在一般竞争性领域参与激烈竞争仍然能够不断发展壮大的国有企业，而且许多经验被复制推广，对国企改革产生了示范效应。

3. 在满足人民美好生活需要中实现企业价值

改革开放 40 年来，华润以“引领商业进步，共创美好生活”为使命，通过在民生领域发展，不断创新生意模式，打造产品和服务品牌，有效地促进了产业发展，为提高大众的生活品质做出了应有的贡献。目前经营领域已涵盖大消费（零售、啤酒、食品、饮料）、电力、地产、水泥、燃气、大健康（医药、医疗）、金融等，业务遍及全国各个省市。随着业务向全国扩张，带动了地方经济发展，形成了政府、社会和企业多方共赢格局。华润凭借优质产品和服务满足了消费者对美好生活的需求，实现了企业价值。

在大消费领域，拥有万家、苏果、Ole'、blt、乐购等多个著名品牌，满足消费者对时尚、健康的生活方式的需求。在城市综合运营领域，主营住宅及商业地产开发运营、物业服务，形成了 8 大住宅产品线和 3 种商业地产业态，包括城市综合体、区域商业中心、体验式时尚潮人生活馆等，目前正在围绕康养地产、文体地产、科技工业园、海外地产等做积极探索。在公共服务领域，电力业务涉及火电、水电、煤炭、分布式能源、风电、核电等领域，燃气业务涉及管道燃气、车船用燃气、分布式能源及燃气器具销售等领域。在大健康领域，从事研发、制造、分销、零售种类繁多的医药及其他营养保健品，拥有 999、双鹤、赛科、紫竹、东阿阿胶、天和等众多为消费者所熟知的著名品牌。在综合金融领域，业务涉及银行、信托、基金等，为客户提供有吸引力的金融解决方案，为华润实体产业提供金融支持。在工业制造和高科技领域，涉及微电子、纺织、化工、综合电商平台等多种业务。

通过不断创新产品和服务，充分满足人民的美好生活需要，华润不仅从中实现了企业价值，也积极回应了时代需求，从而赢得了市场认可，取得了优秀的经营业绩。

4. 在执行国家光荣使命中扩大企业影响力

华润集团的优异成绩还来源于 40 年中不断配合国家战略的使命感和责任感。改革开放 40 年来，华润集团时刻将国家战略使命摆在首位，也正是基于此，企业的业绩伴随着国运的昌盛而不断成长。

改革开放之初，华润光荣地完成了中央交托的任务，在保证民生供应、参与香港经济建设、发挥中资窗口企业作用等方面，发挥着重要影响力、带动力。2000 年以后，根据战略发展需要，集团分阶段出售了没有市场前景、趋于饱和的本地业务，目前保留下来的业务都是华润80年积淀形成的精华，主要分布于超市、中艺、华润堂、肉食品、物流、物业出租、混凝土等领域。2017年底华润在港总资产约586.2亿港元（占整体的5%），营业额108.8亿港元（占整体的4%），经营利润18.7亿港元（占整体的6%）。高峰期吸收就业5.5万人，目前提供就业岗位5429个，每年为香港创造2亿港元的税收贡献。为了落实中央关于进一步扩大中资在港经济社会影响力的要求，2017年集团提出了“重塑香港业务”战略，通过巩固一批、发展一批、创新一批，打造华润在港业务新局面，发挥影响力。全年新增对港投资33.7亿元，科技、地产、医疗健康等一批项目正在港落地。华润置地在港参与研究投标地产项目20个，已中标香港中环赞善里住宅重建物业、香港华东货仓大厦物业。华润北京生命科学产业园正在推进与香港科技园的深度合作，通过项目引进、学术对接，相互促进在生命科学领域的研发能力，并正在雄安新区携手打造科技创业园区。华润大学联合香港科技大学举办了“2017年香港科技大学百万奖学金国际创业大赛”，将实业与科研资源有效对接，共同打造开放式创新平台。通过这些探索，培育新兴产业，形成优势向内地复制推广。积极配合国家“一带一路”、雄安新区、粤港澳大湾区建设，认真落实习近平总书记在香港回归20周年重要讲话精神，结合集团特点和优势进行规划，安排项目落地。

作为在港企业，华润积极搭建平台组织加强与港人联系。成立了“华润集团职工联谊会”、“华润之友”和义工组织，通过开展文体、公益和各类聚会活动，凝聚爱国爱港社会资源，支持特区政府施政。通过机制安排培养青年人才。吸收香港政商界人士担任华润系上市公司非执行董事，资助香港年轻人到内地上大学。2002年，在香港经济不景气、大学生就业困难之际，华润推出“华润带你闯内地”活动，招聘香港大学生。之后开展“华润助你上北大清华”活动，资助了136名优秀的香港学生到北大、清华学习。2007年，华润在香港岭南大学设立奖学金，资助内地偏远地区学生，为内地和香港培养更多人才。

此外，华润积极参与“雄安新区”和“粤港澳大湾区”建设。明确了华润集团参与雄安新区和大湾区建设的总体思路和建设规划，制定了战略目标，确定了三大类十个项目，落实了华润大学扩建项目、北大华润雄安国际医学中心等重点项目。积极配合“一带一路”倡议，加快“走出去”步伐。华润利用地处香港的区位优势，努力发挥超级联系人的角色。十八大以来华润围绕“走出去”战略进行了积极探索，2017 年实现了许多重要突破：获取了英国 Dudgeon 离岸风电场资产；完成了与全球最大的橄榄油出口公司的合资，对阿露玛咖啡公司的收购，对英国伦敦写字楼项目的收购；引入国外药企新药；对 8 个海外优质消费品进行了股权投资；在泰国设立了华润东南亚代表处，为集团培育东南亚区域项目发挥了积极作用。

主动承担国家战略，不仅使得华润出色地完成了党和国家交付的各项任务，而且企业的业绩伴随着国运的昌盛而不断成长，成为改革开放进程中国家与企业“同命运、共呼吸”的发展典范。

5. 在履行社会责任中塑造企业担当

华润集团在企业发展的同时，不忘红色基因，努力回报社会。2008 年以来在革命老区和贫困地区兴建和在建华润希望小镇 10 个，华润利用在农业、零售、城镇开发等方面的丰富经验，选择因地制宜的产业帮扶项目，为当地居民盖房铺路、整治村容村貌，修建学校、福利院、托儿所、卫生院，使当地居民过上了业有所就、居有其所、老有所养、幼有所教、病有所医的幸福生活，人均收入逐年大幅增长，为探索新农村、新城镇化建设之路做出了积极贡献。海原地区的产业帮扶选择了草畜一体化肉牛养殖项目，目前已建成西北五省规模最大、设施最现代化的养殖基地，受惠农户 2272 户、8380 人。2012 年竣工的广西贺州循环产业园项目，实现了电力、水泥、啤酒生产中的废弃物、污染物的循环利用，达到零排放的标准，被评为“广西壮族自治区级循环经济产业示范园”、“国家循环经济教育示范基地”。华润持续加强食品药品安全体系建设，加大环保投入，全面完成了中央企业负责人第四、第五任期节能减排约束性指标目标，杜绝了重特大及较大人身伤亡事故及设备事故、较大及以上环境污染事故、重大食品药品安全事故的发生。在推动社会责任融合方面，华润重视诚信文化建设，各企业普遍开展了阳光行动，防范商业舞弊；加强了对中小投资者的权益保护；加强了食品药品质量安全管理，完善客户投诉与处理机制；开展重合同守信誉、合规宣传和销售的专项行动，与合作伙伴公平竞争、合作共赢。

华润积极承担社会责任的各项举措赢得了社会各界的信赖，2017 年被评为中国企业社会责任发展指数第一，改善了企业形象，企业美誉度不断提升，也进一步提升了市场的认可度和品牌价值，促进了企业经营业绩。

正是因为华润在“红色基因”和“商业文明”的指引下，秉承了“在传承发扬红色基因中锻造企业生命力，在充当改革试验田中探索市场化经营机制，在满足人民美好生活需要中实现企业价值，在执行国家光荣使命中扩大企业影响力，在履行社会责任中塑造企业担当”的发展理念，使得企业规模和影响力持续扩大，效益持续增长，产业地位继续巩固。2017 年华润集团服务于 6000 多万个客户和消费者，以 1850 多亿元人民币的国有资产权益控制 12000 多亿元的总资产，形成了年逾 5500 亿元的经营规模，提供了 648 亿元的利润、519 亿元的税收和 42 万个就业岗位，在中央企业中利润总额排名第 5，利润总额增幅排名第 3，在《财富》世界 500 强排名第 86 位。2017 年集团销售收入较 5 年前的 2012 年增长 66.6%，利润总额增长 111.8%，总资产增长 67.1%，净资产增长 66.5%，在《财富》世界 500 强排名提升了 119 位，连续多年获得国资委 A 级企业称号。

三、“新时代”下“世界一流企业”的构建：对华润集团和一般竞争性国有企业发展的建议

未来，中华民族的伟大复兴需要打造一批“新时代”下的“世界一流企业”。而且，就改革开放的趋势来看，“新时代”下“我国社会主要矛盾已经转化为人民日益增长的美好生活需要和不平衡不充分的发展之间的矛盾”，

消费作为经济增长的第一动力的地位将进一步巩固，节能环保、新一代信息技术、生物产业、高端装备制造业、新能源、新材料、新能源汽车等战略性新兴产业将进入迅速发展阶段，中高端消费、医药医疗、新金融、文旅康养等产业将快速发展，“一带一路”沿线投资将带来新的市场空间。宏观经济变化为华润集团提供了重大机遇，为此，华润集团作为一般竞争性国有企业的代表，需要在业务组合、区域战略、发展模式、管理能力等方面持续完善和提升，努力实现新突破。具体来说，在打造“世界一流企业”的过程中，华润集团和其他一般竞争性国有企业还需要在以下方面做出努力。

（一）利用市场机会，以市场竞争方式满足社会需求

应着眼不平衡不充分，重组整合优化配置。面对消费升级情况，针对企业现有各类资源配置中不够平衡、不够充分的部分进行重新整合优化，是帮助企业把握资本投资或产业开发的重要手段。不平衡不充分问题，实质上是国家在大方向上提出的宏观市场机会，重点在于需要企业以市场为导向，结合自身的业务类型、业务范围、业务发展程度重组整合，利用企业资产经营手段抓住新的发展机会，最终推动整个国民经济实现平衡充分的发展。应主动迎接挑战，具备忧患意识，着眼自身优势竞争点，积极探索产业转型升级路径，跑赢大市，培育核心竞争力。

（二）主动参与混合所有制改革，凭借资本运营提高资源配置效率

应引入非国有资本，拓宽融资渠道，实现国有资本增值。“非国有资本投资主体可以通过出资入股、收购股权、认购可转债、股权置换等多种方式参与国有企业改制重组或国有控股上市公司增资扩股以及企业经营管理。”作为一般竞争性国有企业，一方面，要打开自己的融资窗口，依托自身已有的竞争优势吸引社会优质资本，进一步提高市场竞争力；另一方面，要积极寻求与民营、外资企业的战略合作机会，通过海外并购、投融资合作等方式充分利用国际市场、技术、人才等资源和要素，发展混合所有制经济，深度

参与国际竞争和全球产业分工，提高资源全球化配置能力。

（三）改进企业经营管理架构，重塑总部管控方式，衔接国资监管体系

应借鉴国际上企业管控比较成功的经验，如“淡马锡”模式、GE 模式，对总部的管理职能进行梳理和精简，按照专业化、集约化、高效化的原则，把控核心职能，剥离下放非核心职能，以“小总部”带动“大产业”。建立动态演化的分类授权机制。企业总部应按照自身发展状况建立科学合理的授权体系，对下属企业按照行业特征、治理水平、经营能力、竞争力水平等多重维度设定运营状况评估指标，根据指标得分高低，进行充分授权或部分授权，并定期进行动态评估，根据评估结果调整总部与下属企业之间的权限内容。

（四）完善现代企业制度，释放体制机制活力

通过公司制股份制改革，实现资产证券化，股权多元化。国有企业集团层面要加大公司制改制力度，创造条件实现集团公司整体上市，使一般竞争性国有企业资产最大程度实现证券化，接受资本市场的调节和监督。但实现集团公司整体上市要依据本公司战略定位，逐步地引入多元股权，与国际接轨，盘活国有资产。健全公司法人治理结构，建立灵活有效的决策和监督机制。实行市场化的劳动人事薪酬制度，充分调动职工积极性。

（五）抓住战略机遇，优化业务结构

在新时代背景下，企业要积极把握消费结构升级的趋势，及其为零售、消费品制造、医药、燃气、医疗等行业的发展带来的巨大市场空间，不断培育新的产业增长点。利用技术创新与变革不断升级改造传统产业，增加产业附加值；集中精力和资源发展主业，适时地退出低效无效的资产，提高资产的配置效能。重视当前活跃的资本市场，利用资本市场推动核心业务发展。同时，根据国家政策适时地调整与修正发展策略，积极把握国家“一带一路”

倡议为企业国际化经营带来的机遇，通过产业布局和延伸为国家“一带一路”的建设提供支持，坚定不移做实做强做大做好国有企业。

（六）发挥行业标杆企业引领作用

新时代，一般竞争性国企要实现从“做强做优做大国有企业”向“做强做优做大国有资本”转变、从“培育具有国际竞争力的国有骨干企业”向“培育具有全球竞争力的世界一流企业”转变，关键在于提升核心竞争力。在世界 500 强企业中，一般竞争性国有企业虽有不少位列其中，但营业收入和利润总量的提升并不能完全等同于核心竞争力的增强。简而言之，一般竞争性国有企业需要在具体领域、细分行业之中进入世界前列，在关键产业领域引领进步。为此，及时总结成功经验，发挥行业标杆企业的引领作用，不仅有利于企业自身成长，也有助于推动国有企业整体发展提升，更可为全球企业提供来自中国的经验。

40 年前，“不惑之年”的华润集团在改革开放的大潮中重新启程；今天，祖国繁花似锦，历经沧桑的华润集团已是享誉世界的企业集团。从代理贸易到实业化转型，从专业化发展到全链条布局，华润在改革开放的历史中不断书写着梦想与荣光，走出了一条与改革开放命运紧密相连的道路。可以说，改革开放 40 年来，华润始终把握时代脉搏，根据党和国家的需要调整发展方向，发挥价值作用，做出了重要贡献。

而今，在“新时代”的号角下，华润集团正在重新整装，向着“世界一流企业”继续迈进，通过优秀的业绩为“社会主义现代化强国”的建设和“中华民族伟大复兴的中国梦”的实现做出更大贡献。

中国商飞：因改革开放而生
因改革开放而兴　因改革开放而强

上海社会科学院

2017年5月5日，C919大型客机一飞冲天，惊艳世界，大展中国之翼雄姿。中共中央、国务院发去贺电，指出这“标志着中国大型客机项目取得重大突破，是中国民用航空工业发展的重要里程碑。这是在以习近平同志为核心的党中央坚强领导下取得的重大成就，体现了中国特色社会主义道路自信、理论自信、制度自信、文化自信，对于深入贯彻新发展理念，实施创新驱动发展战略，建设创新型国家和制造强国，推进供给侧结构性改革，具有十分重要的意义”。

值此改革开放40周年之际，恰是中国商飞成立10周年之际。10年来，中国商飞在党中央坚强领导下，在地方政府和各相关单位、机构的鼎力支持下，乘着改革开放的东风，不断在体制、技术、管理以及开放上探索和推进“创新、创造、创业”，与中国民机产业共同实现了跨越式发展，开创了具有中国特色的民机产业自主创新发展之路，刷新了世界对“中国智造”的认识，为建设创新型国家和制造强国谱写了浓墨重彩的“大飞机”篇章，在三万英尺蓝天之上划定了具有鲜明中国印记的恢弘版图。

一、因改革开放而生：中国商飞的发展历程与成就

（一）中国商飞的使命由来

中国的大飞机梦旷日持久、艰难曲折。1970年8月，中国第一个大飞机项目“运十”启动研制工作；1980年9月26日，首架“运十”成功首飞；但到了1985年，由于综合国力等种种因素，“运十”宣布下马。从1985年起，上海飞机制造厂与美国麦道公司合作组装生产MD82客机；1997年8月，麦道公司被波音公司并购，与中方合作被迫终止。从1996年起，中国和空客公司开始联合研制AE-100型客机；1998年，空客终止了该项目。至此，中国大飞机的研制工作彻底停止，正可谓“一波三折堪回首，苍山远去水无声”。

飞机制造业具有“投资大、周期长、风险高”的行业特征，技术及经济门槛不断提高，综观全球，只有在现代工业和经济、技术发展水平达到一定阶段的国家才能成功发展。因此，长久以来，中国受到综合国力、财政实力、技术储备、工业和信息化水平、人才和对外开放等多种因素的影响，不具备发展民机项目的实力基础，自主研制大飞机的步伐在“运十”下马之后便停顿下来，国内各民航企业没有国产喷气式客机。一段时期，民用航空领域仿佛达成了共识：中国的比较优势不在飞机制造领域，只要进口飞机就可以满足国民经济发展的需要；中国“每年要成百上千亿都花在买飞机上，过去那个逻辑是，造不如买，买不如租。”“运十”下马的一个重要因素便是当时的中国无力承担该项目的巨额开支[①]；更重要的是，当时中国工业基础十分薄弱，技术水平不足，无法保障飞机性能。然而，中国不断增强的综合国力，日益提高的国际地位，为中国商飞公司设计并制造具有自主知识产权和国际竞争力的大飞机提供了资金、产业、技术基础和开放环境。航空行业长

① 按照中国当时的财政状况，继续运行“运十”项目相当于让一个月收入2000元的人以3600元的首付订购一块价值43200元的手表，且必须15年后付清全款才能取货。

期积累已形成了一定的技术、人才、设施、经验等方面的综合基础；各参研单位在设计、制造、试验、试飞等方面发展出各自的独特优势；部分国内航空企业曾为国外民机生产过一些配套部件，工业设计等各种基础材料、设备和配套条件也已经基本到位；国家对外开放的不断深化，也为积极开展少量关键技术的国际合作，提高研制水平，面向全球择优采购符合设计和适航要求的动力装置、航电设备和必要的原材料，提供了有利的开放环境。从市场需求空间来看，按照中国民航业发展规划，到 2020 年旅客运输量要达到 7 亿人次，到 2030 年旅客运输量要达到 15 亿人次。广阔的市场前景预示着民用飞机需求量将不断上升。根据预测，未来 20 年，仅中国市场就需要新增近 5000 架各型民用飞机，总价值高达 5600 多亿美元。另外，还有欧美发达国家航空公司机队的更新换代，东南亚和中东等新兴地区航空运输业增长迅猛，这些都对民用飞机有着大量的需求。未来市场足够大，也就为中国商飞公司的发展提供了难得的历史机遇。

在此背景下，2008 年 5 月 11 日，承载着发展中国大型客机的使命，中国商飞公司在国人蓝天梦想的召唤中挂牌成立。可以说中国商飞是我国改革开放的产物，又承担着进一步改革开放的使命和要求，中国商飞公司的诞生是促进产业结构调整和技术升级、提高国家整体实力和国际竞争力的必然要求，是国家技术及产业基础日益雄厚、制造业持续向高端迈进的必然结果，是挖掘中国航空市场巨大潜力、满足建设交通强国需求的必然选择，“是建设创新型国家的标志性工程，也是实现航空工业跨越式发展的重大工程”。

（二）中国商飞的发展历程

从 2003 年成立“大飞机项目论证组”开始调研，到 2008 年 5 月中国商飞公司揭牌成立，历经了漫长的论证和准备，中国最终下定决心推翻“造不如买、买不如租”的逻辑，成立自主实施大型客机项目的主体，以破釜沉舟的勇气研发制造自己的大飞机，打破民用航空工业长久以来被外国制造“卡脖子”的局面。10 年来，中国商飞公司按照中央战略部署，正确认识和处理安全性与经济性、自主创新与利用全球科技资源、体制机制创新与发挥现有技术人才作用、研制攻关与实现产业化、政府主导与市场机制之间的五大关系，围绕 ARJ21、C919、CR929 三条主线集智攻关，集中精力做好大型飞机重大专项的实施工作。

准备阶段：2000 年 2 月，国务院指出民机发展要按市场机制办事，决定发展具有自主知识产权的先进水平的新型涡扇支线飞机；“十五”计划纲要将新型涡扇喷气支线飞机项目列为国家十二大高技术工程之一；2002 年国家发展计划委员会正式批复新支线飞机项目（ARJ21）立项；2003 年 11 月科技部受国务院委派组建“运十”下马 20 年后的第一个“大飞机项目论证组”；2007 年国务院第 170 次常务会议原则批准大型飞机研制重大科技专项正式立项，并同意组建大型客机股份公司。

筹备阶段：2007 年 8 月 30 日，中央政治局召开第 192 次常委会，对大型客机重大专项做出了具体部署，决定成立大型客机项目筹备组以履行三大使命：筹备成立大型客机股份公司、研究航空工业体制改革、推进科研项目尽早安排。2008 年国务院第 211 次常务会议对《中国商用飞机有限责任公司组建方案》做进一步修改完善后，会签有关部门，报国务院审批，中国商用飞机有限责任公司（简称中国商飞公司）第一次有了正式的名称。

组建阶段：2008 年 3 月 13 日，国务院正式批准成立中国商用飞机有限责任公司。国防科学技术工业委员会、国家发展和改革委员会、科技部、财政部、国务院国有资产监督管理委员会五部委联合下发了《关于印发中国商用飞机有限责任公司组建方案的通知》。2008 年 3 月 21 日，由国务院国资委召集，国务院国资委邵宁副主任主持，中国商用飞机有限责任公司股东会第一次会议召开；2008 年 3 月 28 日，公司取得国家工商总局准予设立登记通知书和企业法人营业执照，顺利完成工商登记注册；2008 年 4 月 8 日，公司召开了第一次党委会议；2008 年 5 月 11 日，中国商飞公司成立大会在上海隆重召开，张德江副总理为大会做了重要讲话；5 月 12 日，温家宝在《人民日报》发表署名文章《让中国的大飞机翱翔蓝天》。

初创阶段：成立之后，中国商飞公司开始统筹国产支线和干线飞机发展。支线飞机方面，2008 年 11 月 28 日中国首架拥有完全自主知识产权的 ARJ21-700 新型涡扇支线飞机在上海成功实现首飞；2009 年 10 月 1 日，ARJ21 新支线飞机模型在庆祝新中国成立 60 周年大会上通过天安门广场接受党和国家领导人以及全国人民的检阅；2014 年 12 月，6 架 ARJ21-700 飞机完成取证前全部 300 项试验任务和全部 528 个验证试飞科目，中国民航局批准颁发 ARJ21-700 飞机型号合格证；2015 年 11 月 29 日，首架 ARJ21 新支线飞机交付成都航空公司；2017 年，ARJ21 飞机取得首张生产许可证（PC 证），进入批量生产，实现产品收入。干线飞机方面，2008 年 7 月，大型客机项目论证动员大会召开；2009 年 1 月 6 日，中国商飞正式发布首个单通道常规布局 150 座级大型客机机型代号“COMAC919”，简称“C919”；2010 年 12 月 24 日，C919 大型客机正式获得中国民航局的申请受理；2011 年 12 月，工业和信息化部在上海组织召开了 C919 大型客机项目初步设计评审暨转阶段会议，C919 大型客机项目进入详细设计阶段；2015 年 11 月 2 日，经过 7 年的设计研发，C919 大型客机首架机正式下线，标志着项目研制取得重大进展，在中国民用航空工业发展史上具有重要的里程碑意义，为首飞奠定了基础；2017 年 5 月 5 日，C919 首飞圆满成功，掀开了中国民用航空事业史册的崭新一页。此外，2016 年 6 月 25 日，在中俄两国领导人的见证下，中国商飞公司与俄罗斯联合航空制造集团签署了项目合资合同，中俄两国企业就研制宽体客机正式确立合作关系。

初创阶段的 10 年发展，对大飞机和中国商飞都至为关键。这 10 年间，中国商飞始终坚持加快实施创新驱动发展战略，把握自主创新战略基石不动摇。在实践中探索创立了具有中国特色的“主制造商—供应商”民机发展模式；确立了“自主创新、重点突破、支撑发展、带动产业”的发展方针和“中国设计、系统集成、全球招标，逐步提升国产化”的发展原则；确定了“自主研制、国际合作、国际标准”的技术路线。这 10 年间，商飞人深刻领会了航空产业国际标准，掌握了一批拥有知识产权的核心技术，形成了强大的企业自主创新能力，为从根本上扭转民用航空关键技术受制于人的局面打下了坚实基础。

（三）中国商飞的 10 年成就

成立 10 年以来，中国商飞公司围绕“把大型客机项目建设成为新时期改革开放的标志性工程和建设创新型国家的标志性工程，把中国商飞公司建设成为国际一流航空企业”的奋斗目标，求真务实、开拓创新、奋力拼搏，重点打造“三个产品、两个体系、一支队伍”，走出了一条由改革开放推动自主创新的民机事业发展路径。

第一，ARJ21 新支线飞机走完喷气客机设计、试制、试验、试飞、批产、交付、运营的全过程。至 2018 年 5 月累计订单 453 架、交付 5 架，执飞 8 条航线，安全运营 2803 小时，安全载客 7.4 万人次，单机利用率达到 9 小时。ARJ21 的开创性在于，它是中国首架自主知识产权新支线飞机，是中国按照国际惯例自主研制的第一个先进支线飞机产品，它的出现打破了波音、空客、庞巴迪、安博威等外国飞机厂商在中国民用航空市场的垄断格局，宣告中国研制的飞机正式“飞”入世界先进民机行列。

第二，C919 大型客机完成立项论证、可行性论证、总体方案定义、初步设计、详细设计、全面试制，进入试飞取证阶段。C919 于 2017 年 5 月 5 日成功首飞，至 2018 年 5 月累计订单 815 架。C919 的开创性在于，它是中国首次按照国际适航标准研制的 150 座级干线客机，其首飞成功标志着中国大型客机项目取得重大突破，是中国民航工业发展的重要里程碑。

第三，CR929 远程宽体客机完成三年前期论证，开辟了公司未来发展的新天地。2017 年 5 月 22 日中国商飞与俄罗斯联合航空制造集团成立合资公司——中俄国际商用飞机有限责任公司，2017 年 9 月 29 日型号飞机正式命名为 CR929，转入初步设计阶段。CR929 项目引起国际社会广泛关注：法国《世界报》称 CR929 将与波音及空中客车的类似机型构成竞争关系；英国路透社则将中俄两国联合研发大型客机称作与航空巨头波音和空客竞争的宏大计划；《俄罗斯报》称这种客机将计划用于远程航线，也会被提供给第三国。

第四，构建了“以中国商飞为主体，市场为导向，产学研相结合”的民用飞机技术创新体系。与国内 47 所高校联合技术攻关，建立多专业融合、多团队协同、多技术集成的协同创新平台。攻克了全时全权限电传飞控系统控制律设计、模块集成化的航电软件架构和设计验证技术等 108 项关键技术，攻克了柔性制孔、大部件自动对接等一系列数字化装配技术，突破了大型客机超临界机翼设计与分析验证技术、钛合金 3D 打印、蒙皮镜像铣等核心技术。掌握了 5 类 4 级 617 项专业技术、6641 项标准规范，累计申请专利 1055 项，授权专利 538 项，获得国家技术发明奖 1 项，上海市科学技术奖 31 项。

第五，建设了“以中国商飞为核心，联合中航工业，辐射全国、面向全球”的民机产业链体系。聚合中航工业、GE 等全球 15 个国家（地区）的 200 家一级供应商，促成国外系统供应商与中航工业、中电科等国内企业组建 16 家合资企业，动员了全国 22 个省市、200 多家企业、20 万人参与项目研制，提升了中国民机机体结构、机载系统、材料和标准件配套能力，带动了航空运输、材料、电子信息、金融租赁等相关产业发展。

第六，建立了一支信念坚定、甘于奉献、勇于攻关、能打硬仗、具有国际视野的大飞机人才队伍，包括以吴光辉院士为代表的领军技术人才队伍，以 C919 首席试飞员蔡俊、ARJ21 首席试飞员赵鹏为代表的试验试飞队伍，以“大国工匠”胡双钱、王伟为代表的技能人才队伍。此外，中国商飞公司累计培养了型号总设计师、专业总师、主任设计师近 300 人的核心研发人才，IPT 团队 0 级、1 级、2 级项目经理近 400 人的项目管理人才，超过 6500 人的科研人才队伍，包含 40 余人的“千人计划”专家海外人才队伍，员工总量突破 10000 人。

二、因改革开放而兴：中国商飞的发展经验与启示

中国制造业中外合资的历史经验告诉我们，制造业中关键核心技术必须靠自己；尤其是关系国家竞争力和发展优势的重大关键技术和核心技术，是买不来的，而且越是高端的技术越买不来。因此，中国商飞坚定自主创新的道路，以改革开放带动体制创新、技术创新、管理创新、开放创新。

（一）体制创新：市场经济下的新举国体制

1.举国合力

大飞机是一项庞大而复杂的创新性系统工程，其投入大、周期长、收益慢、风险高的行业特点决定了中国商飞公司想要实现研制成功、市场成功和最终的商业成功，必须充分依靠“举国体制”的优势。

一是党中央和国家领导人高度重视，悉心部署。习近平总书记对大飞机事业高度关怀，有 10 多次批示。2014 年 5 月习近平总书记考察中国商飞设计研发中心，“五问”国产大型客机试飞情况，并提出“把大飞机搞上去，起带动作用、标志性作用”。ARJ21 和 C919 两大型号飞机的每一次重大突破，都牵动着党中央领导的关注。习近平总书记曾在 2015 年 ARJ21 型号飞机取得型号合格证时指出，这“是我国航空工业发展史上的重要里程碑”；2017 年，总书记又对 ARJ21 安全运送旅客超过 1 万人次表示祝贺。2015 年 11～12 月，总书记连续两次提及 C919 大型客机总装下线，在表示热烈祝贺的同时，提出了“梦想总是可以实现的”鼓励；2017 年 4 月 C919 首飞之前，总书记指出“C919 首飞举国关注，举世瞩目，意义重大”；C919 首飞成功后，中共中央国务院即发去贺电。

二是成立高层次的领导协调小组。大型客机研制在 2006 年由国务院立项确定，是中国重大客机专项。国务院将其作为中国建设创新型国家的标志性工程，并成立大飞机重大专项领导小组，要求各有关部委、政府部门和企业积极参与，统筹协调，重点推进，制定政策，解决问题，陆续出台了有

关产业、市场、税收等支持政策，真正把创新发展民用航空工业上升为国家意志。

三是多方合力促发展。大飞机事业发展聚合了中央政府、地方政府、科研机构、市场企业等在内的全社会动能。除中央财政外，上海市为商飞公司提供了大量资金保障、专门的土地和人才政策，出台了共同推进大飞机重大专项实施、建设大飞机创新谷（大飞机科创中心）、建设航空产业园（航空产业集群）等方面的具体合作框架。与此同时，全国数十家高校、中科院等与商飞公司建立共性基础研究平台，开展技术研究和前沿技术探索；相关企业倾力支持，积极参与供应链（例如，商飞需要的某种特殊钢材，需要很多品种，需求量却很小，企业表示即使赔钱也生产；杭州西子公司承揽了飞机的结构件，表示亏本也要干）。更值得一提的是，国内的航空公司和租赁公司积极采购 ARJ21 和 C919 客机，通过航线网络支持带动国产客机拓宽市场渠道。飞机要想成功进入市场，前期的国家优惠政策和航空公司支持是必需的。ARJ21 支线客机投入商业运营后，首家交付客户成都航空公司更是把驾驶 ARJ 客机的飞行员薪酬大幅提高，以吸引更多飞行员驾驶该型号飞机。

2. 市场运作

与中航工业等以国家安全需要为纲、完全独立于市场竞争的军工航空企业不同，中国商飞公司彻底打破计划体制桎梏，明确市场观和客户观，形成了符合航空工业需求、具有自身特色的现代企业气质。

一是遵循现代企业体制模式运作。中国商飞突破了承载国家重大科技专项的中央大型企业由国资委单一股东构成的模式，在中央企业中开了国家控股、地方参股、其他中央企业共同出资组建股权多元化有限责任公司的先河。在这种现代企业治理模式下，中国商飞建立了现代公司治理结构和主要由外部董事构成的董事会决策机制，从而形成了权责明确、监督健全、有效制衡、协调运行的现代公司治理结构。

二是按照市场需求设计研发产品。中国商飞公司建立了“市场需求是我们的动力，乘客满意是我们的宗旨，客户盈利是我们的目标，一流服务是我们的承诺”的客户理念。如C919飞机从一开始研制就是客户需求导向思维，其专家咨询组有重要客户——东航的成员，研制过程中，还有专门的“用户指导委员会”提出建议。引用C919副总设计师傅国华的话，“飞机的设计是从顶层设计开始逐步往下剥离，如果说客户不要，哪怕造得再好，他们也不会用”。

三是借市场之力提升产品竞争力。中国商飞将产品研制的目标瞄准市场成功和商业成功，为了实现市场覆盖率、占有率扩大以及主制造商盈利，切实追求客机产品“更安全、更经济、更舒适、更环保”。

（二）技术创新：开放条件下的自主创新道路

中国商飞结合中国民机工业边建设、边研制、边发展的现状，创立了具有中国特色的“主制造商—供应商”民机发展模式，充分体现了“小核心、大协作”，聚全国之力、聚全球之智，最大限度地聚集和利用国内外资源[①]。“以中国商飞为核心，联合中航工业，辐射全国，面向全球”的民机设计集成、总装制造、客户服务、航空运营、金融租赁、维修改装、转包生产等较为完整、具有自主创新能力和自主知识产权的产业链正在逐步形成。

1. 小核心、大协作

为了适应航空工业产业链长、辐射面宽、连带效应强的特点，中国商飞逐步构建起“以中国商飞公司为核心，联合中航工业，辐射全国，面向全球”的民用飞机产业链、价值链、创新链。

一是采用国际通行的“主制造商—供应商”产业组织模式。作为整机制造商的中国商飞，与主系统承包商、分系统承包商和部件供应商紧密联系。确定中航工业所属7家企业为机体结构供应商，选择17家企业为材料供应商，发动22个省市的200多家企业、数十万产业工人参与到大型客机研制中来。此外，商飞公司在陕西、江苏、湖南、江西等省建立了一批航空产业

① 中国商飞公司董事长金壮龙在“2015～2016中国经济年会”的演讲。

配套园区，与国家知识产权局等部门签署战略合作协议，与多家金融机构开展金融服务与租赁等战略合作。

二是打造辐射全国的航空产业发展集群。以中国商飞公司为核心，上海市浦东新区已形成集设计、制造、配套于一体的商飞产业链，通过 15 年至 20 年的努力，浦东将形成一个产值规模 1500 亿元以上、财政贡献 100 亿元以上的民用航空产业集群，将民用航空产业打造成上海未来发展的重要支柱产业。除了上海外，中国商飞通过大飞机的研发生产还带动了中国东北、西北、西南、中部等多个地区的航空产业集群发展。生产 C919 核心部件的哈尔滨哈飞工业有限责任公司、四川成飞集成科技股份有限公司、江西洪都航空工业集团，其所在的哈尔滨、成都、南昌，也将成为中国航空产业的核心城市。

2. 举全国之力、聚全球之智

为了凸显后发竞争优势，中国商飞公司灵活运用中国航空工业体系已有平台，充分利用国内及国际优质资源，站在巨人肩膀上，使得跨越式发展成为可能。

一是择优选择高资质跨国公司作为大型客机发动机和航电等机载系统供应商。促成 CFM（由法国斯奈克玛公司和美国通用电气公司合资的发动机研制企业）、GE、Honeywell 等 16 家国际供应商与中航工业集团、中国电子科技集团等成立航电、飞控、电源、燃油和起落架等机载系统的合资公司。此外，还与作为竞争对手的波音公司共建航空节能减排技术中心，与空中客车公司开展技术与服务合作交流，与庞巴迪、福克公司成立合作促进委员会等。这些措施既共享市场，提升了国内机载系统的配套能级，又通过技术转移、扩散、溢出等方式提升我国民机产业研发与制造的整体水平。

二是重点抓好与科研院所协作，构建产学研相结合的技术研发体系。构建“以中国商飞公司为主体、市场为导向、产学研相结合的民机技术研发体系”，公司先后与科技部签署合作框架协议，共同打造国家大型民机科技创新能力建设平台；与上海交通大学、北京航空航天大学等共建协同创新中心，与清华大学、西北工业大学等签署战略合作协议，吸引和带动国内36所高等院校参与大型客机技术攻关和科研课题研究。正是依靠这种与多部门建立合作机制，商飞公司不仅加快了多领域关键技术的群体突破，还推进了诸多基础学科的发展，形成了支撑持续发展的学科体系、技术体系和产业体系，为大飞机长远自主发展奠定了坚实的学科基础和技术基础。

3. 中国设计、系统集成

中国商飞在成立之初就明确走“中国设计、系统集成、全球招标，逐步提升国产化”的技术路线。在此思路下研制出的C919大型客机具有完全自主知识产权，有力回击了“飞机发动机和航空电子系统等核心设备从国外进口”因而只是“中国组装”而非“中国制造”的质疑。

C919飞机从总体设计、气动布局、系统集成，到总装制造都由商飞公司自主完成；客机主要部分，如机身、机翼、尾翼、发动机、起落架的布局、座位、航程、电源、航电系统等都是商飞自己设计，供应商照此去完成；市场营销、客户服务和适航取证等任务都由中国商飞公司承担。其间突破关键技术难关102项，如发动机一体化设计、电传飞控系统、控制率设计、主控制技术、气动布局、超临界机翼、新材料、机载设备等。

一方面，大型客机是高科技密集的产品，总体设计极其重要，只有掌握了顶层总体设计能力和集成能力，才算拥有自主知识产权，而C919做到了。另一方面，系统集成是把几百万个接口与发动机、航电、飞控、液压等系统联系起来，不是简单买来零部件组装就可以完成。C919从提出“需求”开始设计，层层分解，再选择供应商，进行系统集成，每一个细节、每一个相关系统都是自主完成。

无论是ARJ21还是C919，中国目前走的路均是在开放条件下的自主研发，在学习基础上的逐步国产化——既实事求是地在一些目前仍不具备突破可能的领域引入世界先进技术，也投入精锐的科研力量围绕若干关键核心技术进行不懈攻关；既保持一定的开放度、与全世界的同行们进行有益交流，也培养自己的核心技术团队。在自主与开放之间把握平衡点，将是中国商飞不断探索和努力的方向。

（三）管理创新：数字化时代下的精品管理体系

1. 打造集约化的主制造商平台

作为中国民机项目的核心主制造商，商飞公司按照“一个总部、六大中心”的整体组织架构，拒绝企业布局“摊大饼”“求规模”，牢牢把握核心能力，着力打造“研发设计、总装制造、服务支援”三大平台，充分发挥大型客机项目的牵引带动作用，开创着、创造着大飞机研制与产业链构造的中国模式。用中国商飞公司前董事长、党委书记金壮龙的话说，“我们要为国家创造一个民机研发平台，这个平台今后可以持续不断地研发民用飞机”。

在“一个总部、六大中心”的架构中，设计研发中心目标是形成一流的总体设计能力、超强的系统集成能力、独特的试验验证能力、快速的应用转化能力；总装制造中心的目标是形成总装制造能力、试飞验证及交付能力、批生产采购及供应商管理能力、核心部件制造能力、飞机维修改装能力、新技术新材料新工艺研发与应用能力；客户服务中心的目标是形成飞行训练能力、航材支援能力、工程技术服务能力、技术出版能力、市场与客户支援能力、网络与数字化客户服务能力；北京民用飞机技术研究中心的目标是形成战略研究能力、总体论证能力、技术创新能力、数字仿真能力和识别评估能力；民用飞机试飞中心主要承担研制飞机的生产交付试飞、科研试飞、取证试飞及客户支援飞行工作；基础能力中心负责信息化、审计、质量审核、标准化、工业工程、档案等相关职能工作，形成技术基础与能力支持、资产经营与服务保障的“两项业务板块”。

2. 实施精细化的企业管理工程

确保大型客机项目研制与商业成功，必须在各项工作中坚持高标准、严要求，不能有一丝一毫的马虎。为此，中国商飞公司自觉对标国际一流企业，实施精品管理工程，不断创新企业内部的组织管理和项目管理体系。

一是建立 COMAC 管理体系的基本架构。公司坚持“以客户为中心，围绕产品实现过程，坚持自主创新，整合全球资源，协同高效运行，持续为利益相关方创造价值”的管理方针，建立健全战略管理体系、项目管理体系、人力资源管理体系、财务管理体系、内控管理体系、授权管控体系。

二是采用现代化的高效项目管理体系。公司采用基于 RPT/IPT 团队的项目管理模式，推进“两透一控、双五归零”质量管理方式落地；以实行“计划、技术、质量、适航、经费、人员”六维管理为总纲；掌握高端复杂产品研制的系统工程方法、多项目管理方法、产品全寿命周期管理等方法。

三是贯彻质量至上的经营意识和理念。公司着眼于为客户提供一流的产品和服务，遵循“精湛设计、精细制造、精诚服务、精益求精”的质量方针，树立“全球、全程、全员”的服务理念和“质量、适航、成本”的经营意识。大力开展各类培训学习和岗位练兵活动，使“飞机不带隐患上天，工作不在本岗位误点”、“无违规、无差错、无事故”的工作行为准则深深植入中国商飞全体员工的思想，有力保障了项目研制的顺利实施。

正是在精品管理的理念熏陶下，工匠精神在中国商飞蔚然成风，能工巧匠层出不穷，“电缆之星”、“支架之星”、“导管之星”、“工艺之星”、“测量之星”、“检验之星”、“装配之星”等月月涌现。在 C919 总装最前沿的新一代产业工人，用智慧、勤劳、灵巧、自信的双手打造精品，其中，35 年没有出过一个次品的航空“手艺人”钳工胡双钱、敲出中国大飞机精美弧线的钣金工王伟、一辈子追逐“大飞机梦”的高级技师 /C919 事业部副主任兼总装车间副主任孟见新，都是商飞“匠心筑梦”的杰出代表。

3. 建设数字化的智能制造工厂

从 2017 年下半年起，中国商飞公司总装制造中心专门成立团队开展智能制造研究，对生产线进行智能化改造，将机器、软件、设备、机器人进行互联互通，建成了以制造执行系统（MES）为核心，可以 24 小时作业的智能产线。截至 2018 年 5 月 10 日，随着最后一台设备调试完成，集大数据、人工智能、物联网和云计算技术于一体的中国商飞公司总装制造中心智慧数控车间（一期）项目正式完工投入使用。这是中国商飞公司实施创新驱动发展战略，推动民用飞机制造转型升级的重要探索。

中国商飞公司总装制造中心通过智能厂区管理、透明车间管理、智能产线和智能工具四大板块，初步构建了一个高效、节能、绿色、环保、舒适的智慧数控车间。

未来，中国商飞公司总装制造中心将在总结智慧数控车间运行经验基础上，进一步推动智能设计、智能管理、智能生产和智能服务，加快智慧园区建设。中国商飞公司还将充分发挥主制造商的示范引领作用，不断提升民用飞机关键零部件研制攻关能力，将先进技术用于大飞机制造，助推飞机批产提速，加快民用飞机制造向“智造”转型，打造工业 4.0 时代创新型、智能型民用飞机总装制造中心。

（四）开放创新：国际水准下的产品和服务质量保障

1. 对标国际产品标准

中国商飞在型号机的研制上严格对标国际标准，不仅要符合中国民航局标准，还向美国联邦航空局等国外一流标准看齐。

按照 C919 总设计师吴光辉的说法，“搞飞机必须是国际标准。波音、空客有先发优势，技术门槛高，适航标准高，但他们遵循的标准，我们也必须遵循，因为飞机是给全世界人民坐的”。ARJ21 新支线飞机项目便是严格按照国际通用的适航管理条例对设计、试制、试验、试飞、生产、销售和产品支援服务的全过程进行管理，这是中国民机研制实践的第一次。C919 大型客机是我国首次按照最新国际适航标准研制干线民用飞机，采用世界最先进的技术标准设计，严格按照国际适航标准设计生产。

2. 创建国际服务质量

在追求市场和商业成功的长远目标驱动下，商飞公司按照“以市场需求为导向，以客户满意为宗旨”的客户观，以“产品 + 服务”的理念，建立起与国际接轨的客户服务能力。

在 ARJ21 新支线飞机项目中，中国商飞便把研制任务从产品研发的单一任务扩展到“产品 + 服务”，这是中国民机研制实践的第一次。2008 年 6 月 12 日，商飞公司正式启动客服公司组建工作。这是中国民机制造商高度重视客户服务在确保民机产业商业成功中的战略作用，真正将“以客户为中心”理念付诸实施的重大举措。10 年走过，中国商飞客户服务中心向着“国际一流”目标挺进，在 C919 首飞前，为机组培训、飞行操作手册编制、地面支援设备研制等做了大量卓有成效的工作。“服务”与飞机一道成为主制造商的产品，发出优质的光芒。

3. 开发国际市场能力

面对高度集中化的全球民用客机制造市场，中国商飞在型号机研制中全面贯彻“更加安全、更加经济、更加舒适、更加环保”的理念，锻造切入国际商业市场的实力。

在使用材料上，C919 采用大量先进复合材料、铝锂合金等，通过飞机内部结构细节设计，显著减轻飞机重量。

在节能减排上，C919 是一款绿色排放、满足环保要求的先进飞机，通过环保的设计理念，飞机碳排放量较同类飞机降低 50%。

在舒适性上，C919 机舱座位布局采用单通道，两边各三座，中间座位空间加宽，并采用环控、照明设计，给旅客更多的空间感和舒适感。

在机身设计上，C919 采用四面式风挡，简化机身加工，减少机头气动阻力，是国际上比较先进的工艺技术，目前干线客机中只有最新的波音 787 采用。

三、因改革开放而强：中国商飞的发展目标与展望

十年来，得益于中国改革开放的进程，中国商飞取得了一系列成就、重要的阶段性进展，为开创具有中国特色的民机产业发展之路奠定了良好基础。伴随着中国特色社会主义进入新时代，中国商飞跨过初创期，迈入成长期。展望未来，“把大型客机项目建设成为新时期改革开放的标志性工程和

建设创新型国家的标志性工程，把中国商飞公司建设成为国际一流航空企业”的使命光荣迫切；“跨过成长期，进入成熟期，迈向世界一流”的任务艰巨，中国商飞未来发展之路更加充满挑战。

站在改革开放40周年、公司成立10周年的关键节点，中国商飞在党的引领下，深入贯彻十九大精神，贯彻习近平总书记关于大飞机事业重要指示精神，不忘初心，牢记使命，继续以改革开放促发展，走出具有商飞特色的中国自主创新之路。

（一）新时代、新要求

2017年10月18日，在中国共产党第十九次全国代表大会上，习近平郑重宣示“经过长期努力，中国特色社会主义进入了新时代，这是我国发展新的历史方位”。这是继我国改革开放初期做出社会主义初级阶段的重大判断之后，对党和国家当前所处历史方位做出的又一重大战略判断，必将引领全党全国各族人民为实现“两个一百年”奋斗目标的宏伟蓝图而不懈奋斗。国之重器中国商飞是推动中国民机走上世界舞台、推动发展迈入历史新时代的领跑者，新时代下面临新的发展要求。正如习近平总书记强调的，中国要做一个强国，就一定要把自己的装备制造业搞上去。……飞机这一项还是短板，所以一定要把飞机搞上去。……它是整个装备制造业综合实力水平的体现，牵扯到方方面面，它起到一个带动作用，也有一个标志性作用。

1. 高质量发展的新要求

中央经济工作会议指出，要围绕推动高质量发展，深化供给侧结构性改革；要推进中国制造向中国创造转变，中国速度向中国质量转变，制造大国向制造强国转变。

作为世界第二大经济体、第二大民航市场和新兴的旅游大国，中国民用航空增势强劲，而相对于需求侧的显著增长，被誉为现代制造业“皇冠”的航空制造业亟待乘势赶上，做供给侧结构性改革的生力军。作为国家大型飞机重大专项中大型客机项目的实施主体，作为统筹干线飞机和支线飞机发展、实现我国民用飞机产业化的主要载体，中国商飞必须当仁不让，坚持独立自主和吸收引进并举，勇于创新，将“大飞机中国造”进行到底，谱写高质量发展的新篇章。

2. 改革开放的新要求

得益于40年改革开放，中国面貌焕然一新，一跃成为世界第二大经济体、第一大工业国。如今，中国特色社会主义已经进入了新时代，站在新的历史起点上，改革开放也将再出发，在历史前进的逻辑中前进，在时代发展的潮流中发展，在人民对幸福的期待中继续求索。随着改革全面发力，开放程度继续扩大、开放内涵将更加深化，开放格局全面铺开。因改革开放而生、因改革开放而兴的中国商飞必须持续深化改革，积极主动适应，引领、践行改革；必须继续深化国际交流合作，主动布局和积极利用国际资源、市场，在更高起点、更广空间上构建合作共赢的伙伴关系。

3. 自主创新的新要求

2018年5月28日，在中国科学院第十九次院士大会、中国工程院第十四次院士大会上，习近平总书记再次强调了要坚持建设世界科技强国的目标，强化了建设世界科技强国对建设社会主义现代化强国的战略支撑，指出必须走中国特色创新之路。中国商飞必须要有强烈的创新信心和决心，既不妄自菲薄，也不妄自尊大，贯彻“长期奋斗、长期攻关、长期吃苦、长期奉献”的精神，直面问题、迎难而上，矢志铸大国重器，树大国名片，走出一条我国民机产业创新发展之路，开启我国大飞机事业新的奋斗征程。

4. 矛盾转化的新要求

十九大报告立足于新时代的基本国情与历史定位，对我国社会主要矛盾进行了重新判断，指出“我国社会主要矛盾已经转化为人民日益增长的美好生活需要和不平衡不充分的发展之间的矛盾”，提出“必须始终把人民利益摆在至高无上的地位，让改革发展成果更多更公平惠及全体人民，朝着实现全体人民共同富裕不断迈进”。新时代下，中国商飞面临的主要矛盾是自身能力不足与日益增加的国家要求和市场需求之间的矛盾。以“让中国大飞机翱翔蓝天”为使命、以“给客户提供更加安全、经济、舒适、环保的民用飞机”为愿景的中国商飞必须建设产品线、丰富产品线、改进产品线、更新产品线，提供优质可信赖的大飞机产品供给，更高层次、更高标准地满足用户多元需求。

（二）新特征、新挑战

根据企业生命周期理论，产能快速提升是一个企业进入成长期的重要标志，而市场基本稳定是进入成熟期的重要标志。随着 2017 年 ARJ21 飞机取得生产许可（PC）证、进入批量生产、实现产品收入，现阶段的中国商飞公司，已经正式从初创期迈向成长期，进入新的发展阶段。而这个阶段也体现出新的特征和挑战。

1. 新特征

大飞机是一项庞大而复杂的创新性系统工程，其投入大、周期长、收益慢、风险高。迈入成长期，中国商飞也进入研发攻坚期、投入高峰期、市场导入期的叠加期。在新阶段下，中国商飞发展呈现三大转变。

（1）产品由单一型号、单一状态向多型号、多状态转变。这意味着公司需要具备更有效的产品实现能力、更高效的多项目和产品生命周期管理能力、更强的内外部资源整合能力。

（2）企业由产品研制向产品经营转变。这意味着公司需要走出独具特色的产品经营道路，需要做好全面经营工作。

（3）产业由供应商选择、供应链构建向系统策划、统筹推进产业体系建设转变。这意味着公司要和国家部委更加密切地配合，弥补产业短板，增强产业弱项，提升产业能级。

国家大型客机重大专项专家论证委员会委员、ARJ21–700 飞机原总设计师吴兴世认为“民用飞机的研制投资可观，回收缓慢，风险巨大，一个新机型的回收期就要二三十年”。这也意味着新阶段下中国商飞的技术攻关、资金资源需求、经营发展将面临更加严峻、更加长期的考验。

2. 新挑战

波音公司发布市场报告预测未来二十年中国将需要 6339 架飞机，总价值约为 9500 亿美元。庞大的市场需求为公司发展提供了良好的市场机制。然而受国际贸易保护主义、民机产业格局、技术变革的多重影响，中国商飞发展之路竞争越发激烈，道路将更加曲折。

（1）国际发展环境不确定

全球经济仍未走出危机后的调整变革，世界经济弱复苏，发达经济体和新兴经济体面临不同的结构性难题。世界正处在新旧秩序复杂更替的过渡期，经济全球化面临新挑战。同时，全球正出现以信息网络、智能制造、新能源和新材料为代表的新一轮技术创新浪潮。新能源、新构型、超音速客机研发快速发展，新模式、新业态呼之欲出。美国等西方国家，为强化和巩固制造业领先地位，实施贸易保护主义，引导制造业回流。中国航空工业发展受到政治、金融、市场、技术等诸多因素的影响，未来的发展充满了挑战和机遇。

（2）中国航空工业水平有待提升

航空工业是高投入、高附加值和高风险性产业。中国民用航空产业规模不断扩大，产业体系不断完善，但整个民用航空工业与世界航空工业的先进水平在人才支撑体系、飞机设计理念、基础材料研究、制造工艺、制造技术等方面都还有不小的差距，竞争力有待提升。如我国航空工业最基本的制造材料工业，在经历了引进－仿制－改进－改型和自行研制的发展历程后，现在定型生产的航空材料及其相应的标准与规范，基本上能满足第二代航空产品生产的需求，但与新一代航空产品（尤其是第三、第四代）的需求还有较大的差距，支撑制造能力不足。这些产业弱项短板，也制约和影响着中国商飞的未来发展。

（3）中国商飞进入成长高危期

纵观世界民机产业发展史，成长期更是主制造商发展的高危期。自 20 世纪 40 年代以来，全球共有 15 个国家和地区的 32 家主制造商研制了 88 款喷气客机，其中53款被迫退出市场，28家主制造商未能渡过成长期，空客也是在政府超过300亿美元和扶持政策的支持下才渡过了25年的成长期。作为中国大飞机主制造商的中国商飞面临技术资金风险、需求风险、安全风险、竞争风险、可持续发展的风险，跨过成长期、进入成熟期的发展之路充满荆棘和挑战。

专栏：主制造商竞争激烈

从世界范围来看，主要的民用飞机制造商有四家，分别是美国波音公司（Boeing）、欧洲的空中客车公司（Airbus）、加拿大庞巴迪公司（Bombardier）和巴西航空工业公司（Embraer）。波音公司成立历史最悠久，无论是员工数量，还是年度销售额，都是行业中的领头羊，近两年发展势头略有下降。空客公司近几年来发展异常迅猛，尤其是在2003年和2004年，空客更是在市场交付和合同订货方面均超过波音公司，成为世界上最大的民航客机制造商。加拿大庞巴迪公司是世界领先的创新型交通运输解决方案供应商，生产范围覆盖支线飞机、公务喷气机以及铁路和轨道交通运输设备等。巴航是世界第四大飞机制造商、第二大支线飞机制造商，占110座以下飞机生产量的40%，仅次于加拿大庞巴迪公司的市场占有量（45%）。2017年10月，空客宣布收购庞巴迪的C系列客机项目，波音从2017年开始全力研发新中型客机（NMA），更多地将业务保留在美国本土，并酝酿收购巴西航空工业支线业务，世界民机产业格局可能发生重大调整，产业集中度将进一步提升，竞争将更加激烈。

（4）中国商飞企业发展瓶颈

经过10年发展，中国商飞的研制、生产、服务和管理能力大幅提升，但与国家要求和市场需求还存在较大差距。公司发展的主要矛盾是自身能力不足与日益增加的国家要求和市场需求间的矛盾，存在着产品和技术规划能力不足、技术预研和储备不足、技术的工程应用能力不足、产品研制能力不足、产品经营能力不足等瓶颈问题。为此，中国商飞提出要长期不懈地艰辛努力、探求创新，在国家长期坚定的支持下，跨过高危的成长期，进入收获的成熟期，最终实现项目成功、企业成功、产业成功。

（三）新征程、新篇章

十九大提出“决胜全面建成小康社会，开启全面建设社会主义现代化国家新征程”。国家陆续出台了有关的产业、市场、税收政策，为以中国商飞为代表的大飞机发展提供了坚强保障。习近平总书记指出“我们的事业刚刚起步，前面的路还很长，但时间紧迫，容不得半点懈怠，要一以贯之、锲而不舍抓下去，用前进的目标激励自己，用比较的差距鞭策自己，力争早日让我们自主研制的大型客机在蓝天上自由翱翔”。

中国商飞深入学习贯彻习近平新时代中国特色社会主义思想和党的十九大精神，学习贯彻习总书记关于大飞机事业重要指示精神，增强“四个意识”，坚定“四个自信”，落实“五位一体”总体布局和“四个全面”战略布局要求，坚持新发展理念，深入实施创新驱动发展战略，走中国特色民机发展道路，不忘初心，牢记使命，弘扬航空报国精神，奋力谱写新时代大飞机事业新篇章。

1.“两个建成”目标

十九大确定了“2020 年全面建成小康社会，2035 年基本实现社会主义现代化，本世纪中叶建成社会主义现代化强国”的奋斗目标。中国商飞对标国家战略部署，对标行业发展实践，遵循商用飞机发展规律，初步确定了公司在新阶段“两个建成”奋斗目标。

（1）到 2035 年，把商用飞机项目建设成为新时代改革开放的标志性工程和创新型国家及制造强国的标志性工程，把公司建设成为世界一流航空企业。

（2）到本世纪中叶，把商用飞机项目建设成为社会主义现代化强国的标志性工程，把公司建设成为“四个世界级”的航空强企。

2.“三步走”发展战略

中国商飞在国家长期坚定的支持下，深入贯彻“五大发展”新理念，实施创新驱动发展战略，结合自身十年发展积累，围绕未来强劲市场需求，按照高质量发展要求、稳中求进总基调，确立了“三步走”发展战略与总体安排。

（1）2021 年，公司成立 13 年，建党 100 周年，进入世界民机主制造商行列。产品方面，主要标志是“三个一”，即建党百年，ARJ21 飞机形成年产 30 架能力，力争交付第 100 架；C919 飞机取得中国民航局型号合格证，做好批产交付准备，力争交付第一架；CR929 飞机完成详细设计和生产准备，开工制造第一架；完成下一个民机基本型论证。产业方面，形成稳定的产业链和供应链体系，本土化率显著提升、产业短板逐项突破。人才方面实施“万人精兵”工程、建设四支队伍。创新方面推进管理创新、技术创新、产品创新、商业模式创新。绿色方面，研制“绿色飞机”、建设“绿色家园”、构建“绿色产业链”。

（2）2035 年，公司成立 27 年，进入世界主制造商第一方队。主要标志是核心技术掌握、产品谱系完整、主营业务盈利、市场初具规模、产业体系健全，力争完成下一个民机型号研制，形成支线飞机、中短程窄体客机、中远程宽体客机、远程宽体客机基本型及衍生型的产品群，满足全球客户多产品多用途需要，形成年交付飞机 200 架以上的能力。

（3）本世纪中叶，公司成立 41 年，新中国成立 100 周年，成为世界主制造商前三强，形成三足鼎立之势。主要标志是具备为全球客户提供空中交通运输解决方案的能力，在超音速、新能源、新构型、人工智能等领域领先世界。实现“四个世界级”，即研发世界级产品、塑造世界级品牌、建设世界级企业、形成世界级能力。

3. 实施“一图三略”

中国商飞遵循习近平新时代中国特色社会主义思想，把握民机产品研制、企业管理、产业发展三大规律，顺应产品、企业、产业三大转变，实施“一图三略”，力争使中国的大飞机早日翱翔蓝天，成为彰显中国装备制造实力的新名片。

（1）产品研制地图。把握市场需求，把握技术趋势，审视跟随策略，探索原始创新，研究制定公司未来基本型产品、衍生型产品和跨界产品发展的路线图，指导公司后续产品和技术研发、产品谱系的发展和完善。

（2）产品实现策略。夯实产品实现基础，提升产品实现能力。在研制之初，提升决策分析力，有效捕获需求，形成产品创意；在研制之中，提升过程控制力，保证最初想法变成最终现实；产品交付后，提升价值实现和延伸力，保证产品为客户带来价值。

（3）产品经营策略。以产品经营为主、以资产和资本经营为辅。通过产品经营提升盈利，做大规模，带动产业发展；通过制造端投资，强壮产业链条，弥补短板弱项，支撑产品研制；通过运营端投资，准确理解需求，及时满足需求，支撑原始创新。

（4）品牌经营策略。深刻洞察客户需求，造有思想灵魂的产品，提供为客户创造价值的解决方案。在为客户创造价值的过程中，赢得客户口碑，实现客户口口相传，建立产品和企业品牌。

四、大飞机精神：中国商飞的发展动力与法宝

伟大事业孕育伟大精神。“航空报国”，“四个长期”，“永不放弃”，这些信念在一代代中国航空人之间传承接续、潜移默化，成为高高飘扬在中国商飞人心中的精神旗帜。

（一）什么是商飞精神

1. 航空报国

C919 国产大飞机，从 2008 年 5 月项目研制正式启动、梦想开始起航，

到 2017 年 5 月首飞成功、梦想成为现实，整整经历了 9 个春秋。在这个梦想到现实的过程中，无数商飞航空人做出了不可磨灭的贡献。他们用自己的智慧和辛勤汗水，书写了大飞机从梦想到现实的报国故事。

曾经，由于缺乏项目支撑，国内民机队伍几乎无用武之地。C919 事业部主任、总装车间副主任孟见新为了不让自己手生，一度远渡重洋检修飞机。进入 21 世纪，随着中国民机事业再次起航，国产新支线客机 ARJ21 和大型客机 C919 项目陆续上马，他带着饱满的热情回到祖国。面对企业技能人才严重断层的现实，孟见新联合车间经验丰富的技师们，手把手带起徒弟，从锉刀、榔头、制孔、铆接、钣金件、管路安装等一一讲起。一锤一锤示范，一孔一孔指导，通过几年培养，一支初具规模的生力军终于成型。

上海飞机制造有限公司（简称上飞）C919 事业部王海从海军地勤兵退役后，很多机场、航空公司、武警部门都可以选择，但王海还是选择上飞，因为相信中国一定会有自己的大飞机，只不过是早晚的事。随后，支线立项、研制；大客立项、研制；宽体立项、准备研制，正应了那句话“守得云开见月明”。C919 首飞前，他日夜坚守、连轴工作，车间里确实有些年轻同志挺不住了，作为车间主任，王海与他们谈心，帮助他们重温“初心”，坚定他们留下来、干下去的信心和决心。军人讲究“为国而战”，大飞机事业讲究“航空报国”，无论是企业艰难时，还是如今快速发展时，王海一直都在，因为“报国之志”永不改变。

2.“四个长期”

研制大飞机，是空前浩繁而艰巨的开创性事业，是民族复兴梦想与个人奋斗梦想融为一体的千载机缘。即便是波音、空客这两家航空巨头，最初发展也是磕磕绊绊。中国进入世界民机领域，既需要雄心，更需要创业必需的恒心，需要树立和坚持明确的理想信念。中国商飞继承了“两弹一星”精神、载人航天精神和航空报国精神，把为国建功、共创伟业的豪情和气概化作“长期奋斗、长期攻关、长期吃苦、长期奉献”的实际行动和坚定信念。

中国商飞刚组建时，只有十几个人，办公室也是借来的。在“让中国的大飞机早日翱翔蓝天”的梦想召唤下，从政府部门、研究机构、高等院校、海外八方聚拢了一批人，在工具、流程、数据、体系等研发基础几近空白的条件下，从零起步、白手起家。万事开头难，但是经过努力，中国商飞坚持创业发展理念，边规划、边建设、边研制、边引才、边探索，奋力开拓中国民机产业科学发展之路，初显成效。

在神圣而艰巨的“四个长期”信念鼓舞下，中国商飞不仅是“奉献派”，同时也是“乐天派”。新疆哈萨克族的大学毕业生沙力塔那提，进入中国商飞两年，每次登上飞机做试验，都会被尾部噪声弄得头晕。尽管如此，他仍旧乐此不疲地参与试验，并笑称自己“50 岁就可以当总师了”。

正如习近平同志语重心长的勉励：“尽管这条路很长，要保持耐心，要一以贯之，锲而不舍，扎扎实实，脚踏实地。一定要有这个雄心壮志，要相信我们一定会实现这样一个伟大目标。”商飞人铭记这一巨大鼓励，坚定信念与信心，勇担使命与责任，以抓铁有痕、踏石留印的干劲奋力开创大飞机事业。

3. 永不放弃

上海飞机制造有限公司厂区停放着一架白色涂装的客机，这就是 1980 年首飞的“运十”，飞机前的石碑上镌刻着四个字——“永不放弃”。从 1970 年“运十”立项到 2017 年 5 月 5 日 C919 一飞冲天，穿过 47 年光阴的中国“大飞机梦”里，所有的遗憾与挫折、不屈与奋起、成功与自豪，都凝结在“永不放弃”这四个字里。

当年，“运十”飞机首飞成功后，飞遍了祖国的山川、沙漠、海洋、湖泊，还曾经七上青藏高原，国人为之振奋，世界为之侧目。由于种种原因，“运十”未能实现量产，但是中国人的“大飞机梦”并未尘封，而是化作“永不放弃”这四个字铭记心中。

从 2006 年立项到 2017 年首飞，十一年磨一剑，从设计、研制、测试到首飞，C919 的飞天之路可以说是从零开始，充满艰辛，每一次支撑商飞人闯过难关的都是永不放弃的精神。

一飞冲天的C919实现了几代人的梦想。欢呼之余还应清醒地看到，“运十”项目于1970年立项时，空客A300的研制也刚刚起步，而当C919项目奋力追赶时，空客已领先我国三十多年。几代机型的落后，要实现中国民机产业追赶乃至超越国际业界龙头，仍需要矢志不移、勠力同心、砥砺奋进。而指引中国航空人奋力前行的，仍然是那四个大字——“永不放弃”。

（二）用党建力量托举商飞精神

在中国商飞，“创新发展靠班子、凝神聚气靠支部、攻坚克难靠党员”，支部是“灯塔”，党员处处在“闪光”。公司牢记嘱托，突出党建工作的思想引领力；强基固本，激发党建工作的业务推动力；定规立矩，强化党建工作的制度保障力；春风化雨，熔铸党建工作的聚合感召力。用党建之力锤炼商飞人百折不挠的钢铁意志、培育攻坚克难的奋斗精神。

为了让国产大飞机早日翱翔蓝天，公司努力把党的组织优势转化为企业的发展优势，提升党建工作的思想引领力、业务推动力、制度保障力、聚合感召力，为型号研制工作提供源源不断的红色动力。

一是把党支部建在民机项目上，充分发挥支部“灯塔”效应。公司党支部总数从成立时的64个，增加到255个，党员总数从成立时的1107名，增加到5409名，确保研制工作开展到哪里，党的工作就推进到哪里。党员干部职工把“使命至上、航空报国”刻印到心底里，在科研生产一线以实际行动展现先进和优秀。总装制造中心在“大干一百天”会战中，1900多名党员累计加班50万个小时，攻克了C919首飞前的技术难关。2016年4月以来，中国商飞总公司和二级单位党委领导班子成员、高管现场带班累计达2000多个小时。

二是开展党员“闪光”行动，增强党员“发光发热”的内生动力。公司评选创建了35支党员攻关队、218个党员示范岗，在型号现场实行党员领导干部24小时带班制，要求党员领导干部“践行一线工作法”，深入型号研制最前线，带头落实“领导带班、吃住现场、昼夜工作、轮岗休息”等要求，靠前指挥盯任务、盯产品、盯进度。确保“关键任务有党员引领、关键技术有党员攻关、关键工序有党员盯守、关键时刻有党员冲锋”。公司总飞行师钱进担任C919大型客机首飞机组观察员，每次滑行试验都上机指导。作为一名具有40年驾龄的老同志，他充分发挥自己的经验，当好首飞机长的第三只眼睛，与机组成员一起筑起一道坚实的防火墙。公司制造总师姜丽萍全身心扑在C919制造一线，整合资源统筹项目推进、争分夺秒协调解决问题。

三是把党建工作延伸到产业链上，与客户、供应商、合作伙伴党组织开展联建共建活动，拓展大飞机“朋友圈”。

（三）用商飞精神铸造“三个共同体”

在大飞机精神指引下，中国商飞公司把大飞机事业放到中华民族伟大复兴的大局中去推进，通过铸造“三个共同体”，脚踏实地地铸就中国梦。

1. 企业发展与个人成长的共同体

中国商飞深谙“人才厚度决定企业发展深度”的道理，想干事的给机会，能干事的给舞台，干成事的给鼓励，为各类人才提供了青年成长成才的大舞台，尤其注重让青年英才在创新创业中茁壮成长。

中国商飞的引才育才用才机制包括三大层次。一是探索灵活多样的引才机制。公司与国际著名大型航空公司和人才资源机构合作，面向型号研制中的急需紧缺岗位，每年动态引进10名外国高端专家；或采取属地化模式引才，在海外设立全资子公司和研发机构，直接吸纳海外资深技术专家为公司服务。二是实行与项目发展同步的育才机制。一方面，公司以研究方向为引领，以科研项目和“商飞之星”人才培养行动为依托，推动领军人才和创新团队培养；另一方面，依托研制和发展大型客机重大项目，与清华、复旦等10所知名高校签订战略合作协议，联合培养人才。三是完善人尽其才的用才机制。公司为人才搭建舞台，瞄准C919大型客机和ARJ21新支线飞机等重点项目人才需求，组建产品集成开发团队；并专门出台加强海外高层次人才队伍建设的意见，把优秀海外人才配置到关键岗位。

按照“广纳天下英才，共创民机伟业，成就精彩人生”的人才观和“依靠人才发展项目，依托项目培养人才”的人才理念，中国商飞为各色人才搭建合适舞台，让他们在型号机研制和公司发展建设中成才。

专栏：中国商飞的“梦幻工作室”

在中国商飞北京民用飞机技术研究中心，有一支由“80后”组成的未来产品与技术研究团队——“梦幻工作室”，负责C919的“未来机型”，副组长是毕业于英国南安普敦大学和克莱菲尔德大学飞行器设计专业的张驰，他曾在英国参与无人机的研发工作。“因为怀揣着中国大飞机的梦想，对航空有着无穷的热爱和兴趣，我们把所从事的工作看成是一份高于个人利益的事业和使命。”这个全部由30岁左右青年组成的团队，如今正在设计研发缩小版的大飞机，这种“灵雀”飞机更具有未来感，无人驾驶，体积极小，一架飞机的成本只有C919的百分之一不到，承载着中国大飞机梦的未来。这群年轻人，未来极有可能成为机票贵、飞机油耗大这样的世界性难题的破题者。

现今，中国商飞35岁以下年轻人占70%以上。在ARJ21客机试飞取证、航线示范运营，C919大型客机设计研发、总装制造、首飞准备工作中，商飞青年发挥了先锋队和生力军作用——10支青年创新创业团队，成员超过230名，平均年龄不到30岁，承担了C919大型客机控制律攻关等37项民机关键技术攻关。与同样投身于航空报国的许多前辈们相比，当今的商飞员工是无比幸运的，因为，他们赶上了这个民族复兴的伟大时代，他们的理想抱负终能放飞，个人的价值终能与大飞机共同翱翔天空。

2. 企业发展与产业链形成的共同体

在“举全国之力”的体制模式下，全国范围内相关配套企业和供应商为大飞机项目的推进提供了全力支持和配合；而中国商飞同样责无旁贷地带动供应商与商飞公司、与中国民机产业共成长，始终把主制造商和供应商看作“生命共同体”，致力于打造中国的民机产业链体系。

中国商飞和供应商之间建立起我中有你、你中有我、一起攻关、一起成长的相互依存关系。“供应商的难题，就是我们的难题。”对此，C919副总设计师傅国华深有体会。江西省洪都公司主要承制C919前机身大部段，但囿于自身条件，洪都面临很大的技术挑战。为了帮助供应商尽快建立能力，从2013年起，傅国华带领设计、制造团队到洪都南昌航空工业城的工厂跟产，高峰时期跟产人员达30多人。当时，商飞和洪都两支团队在一起，同吃同住同劳动，花大精力攻克下使用“第三代铝锂合金”制造机身这个国际上处于领先水平的技术难点，成就了C919项目的亮点之一。

通过商飞公司和供应商的“生命共同体”，商飞既学到了许多供应商的先进工艺、先进经验，也把许多市场机遇和机会，以及国际先进的管理理念和经验带给了供应商，帮助供应商增强自身能力和竞争力。例如，誓言中国商飞需要的东西“赔钱也要干”的浙江西子航空公司，是C919机体供应商中唯一的民营企业，为C919大型客机提供应急发电机舱门和辅助动力装置舱门。通过中国大飞机产业平台，西子公司获得了进入国际航空市场的入场券，从一个生产锅炉、电梯的企业一跃成为航空高端制造企业，成为波音、空客、庞巴迪宇航、中国商飞、中航工业五大国际航空企业的供应商。这是商飞大客机项目带动相关领域发展的典范。

这类“借机高飞”的案例还有很多。承担C919零部件制造的中航企业如中航飞机、洪都航空，飞机维修企业海特高新，研制航空发动机和燃气轮机部件的四川成发科技，都利用C919大型客机项目，不断进步发展。此外，C919还带动长三角建立航空产业链，在上海浦东、杭州、镇江、常州、嘉兴、合肥等城市建立了航空产业园，为大飞机提供产品和服务，未来可达万亿级的市场规模。

3. 企业发展与国家梦想的共同体

中国从新中国成立之初就着力大飞机的研制，在发展大飞机的路上从

“运 8”、“运十”到今天的 ARJ21，C919，凝聚着一代一代人的心血，传承着一代又一代中国人的大飞机梦。中国拥有 1080 万平方公里的空域，丰富的空域资源在国民经济建设和国防建设中发挥着重要作用，然而长久以来中国人却没有坐上自己的大飞机。2007 年大飞机的正式立项，经过十年的时间，终于制造出了自主知识产权的大飞机，打破了长期由欧美垄断的大飞机市场，也展示着中国从制造大国向制造强国的转变。

大飞机是一个大国的“国家名片”，也是一个民族空前浩繁而艰巨的开创性事业。中国航空工业自诞生之日起，就与国家、民族的前途命运紧紧相连。随着国家综合国力不断增强，国际地位日益提高，应当设计并制造出具有自主知识产权和国际竞争力的大飞机，这是国家的意志、民族的梦想和人民的期盼，是实现中华民族伟大复兴中国梦的组成部分。

现阶段，党中央提出了“努力把大型客机项目打造成为新时期改革开放的标志性工程、建设创新型国家和制造强国的标志性工程，把中国商飞公司建设成为国际一流航空企业”的目标。党的十八大提出“实施创新驱动发展战略”；《国家创新驱动发展战略纲要》提出要发展大飞机、航空发动机等高端装备和产品；《中国制造 2025》明确加快大型飞机研制、适时启动宽体客机研制、推进干支线飞机产业化，形成自主完整的航空产业链；《“十三五”国家科技创新规划》提出要加速迈进创新型国家行列，加快建设世界科技强国，加快实施大型飞机等国家科技重大专项；国家“一带一路”倡议的提出，为中国民机产业加强国际合作、开拓国际市场提供了重要机遇。这些均为商飞公司发展提供了前所未有的时代机遇。承接着几代航空人近半个世纪的接续奋斗，以 C919 等国产客机为代表的“大国重器”必将成为建设创新型国家和制造强国的标志性工程，彰显着强国的民族自信心。

有研集团：以改革促进发展用科技支撑产业

中国科学院科技战略咨询研究院

创建于1952年的有研科技集团有限公司（以下简称“有研集团”），是我国行业科学技术研究开发机构成功转型为现代科技型企业的典型代表。在改革开放40年里，有研集团坚定执行党的方针政策，矢志做我国有色金属产业的科技脊梁，抓思想观念转变、抓体制机制转换、抓科学技术创新、抓产业发展服务、抓人力资源涵养，坚持处理好科研投入和企业效益的关系、科学领域建设和产业发展方向的关系、行业支撑服务和企业自身发展的关系，做到科研、产业协调发展，行业、企业共同发展，实现了不同历史阶段的科研经费制度改革、整体转制为企业、建立公司法人治理制度等重大改革目标；先后支援建设了十多个稀有金属、半导体材料等领域的大中型企业和科研院所，为建立我国稀有金属工业体系做出了突出贡献，并为包括“两弹一星”、“神舟”飞船在内的国防高科技领域和有色金属行业提供了一大批新材料、新工艺、新技术和新设备，走出了一条符合中国特色市场经济建设规律的行业关键共性技术研究院改革开放、创新发展之路，对我国新时代建立行业科学技术创新体系有重要参考价值。

按照国家高端智库理事会秘书处下发的《关于认真组织开展庆祝改革开放40周年“百企”调研的通知》的要求，有研集团课题组对有研集团进行了现场调研，并请有研集团提供相关资料。在深入思考、充分交流的基础上，形成调研报告。

调研报告从“以改革促进发展”、“用科技支撑产业”、“优质服务国防科技现代化建设”、“立体开展国际交流合作”和“进一步发展面临的挑战”课题等五个方面总结有研集团 40 年改革开放的宝贵经验，并在最后提出课题组的有关思考和建议。

有研集团在发展过程中，曾经几次更名。1952 年 11 月 27 日成立时的名称是重工业部有色局有色金属工业试验所，1955 年更名为冶金部有色金属工业综合研究所；1958 年 1 月，冶金工业部将有色金属工业综合研究所扩大为有色金属研究院；1979 年更名为有色金属研究总院；1983 年 4 月中国有色金属工业总公司成立后，有色金属研究总院隶属中国有色金属工业总公司管理，并于同年 11 月更名为北京有色金属研究总院；1999 年，北京有色金属研究总院转为中央直属大型科技企业；2000 年 1 月 26 日，北京有色金属有研总院在国家工商局注册为企业法人；2017 年更名为有研科技集团有限公司。故本报告在行文中除特殊说明外，在同一意义上使用北京有色金属研究总院（以下简称“有研总院”）和有研科技集团有限公司（有研集团）两个名称。

一、以改革促进发展

改革开放以来，解决计划经济时期形成的科技与经济相脱节的痼疾是科技体制改革的首要课题。为此，党中央、国务院出台了一系列改革科技体制的政策举措。有研集团结合自身情况，积极贯彻落实党和国家的方针政策，在改革实践中不断发展壮大。

有研集团的前身重工业部有色局有色金属工业试验所，是作为我国发展有色金属产业的行业共性科学技术研发单位设立的，其从诞生之日起，就肩负着支撑我国有色金属行业发展的科技重任。成立近 70 年来，特别是改革开放 40 年来，外部环境巨变、单位身份改变、从业人员流变，有研集团用科技研发支撑行业发展的组织基因丝毫没有变，并且在十八大以后，开启了历史新征程。

（一）响应时代召唤，勇做改革先锋

1978 年召开的党的十一届三中全会，开启了改革开放历史新时期。有研总院认真贯彻 1979 年 4 月中共中央工作会议确立的"调整、改革、整顿、提高"的方针，发挥技术优势，开发新产品，建立生产试制线，有偿转让技术成果，积极从单一科研型组织向科研、开发、经营相结合的综合型组织转变。1985 年中共中央发布《中共中央关于科技体制改革的决定》（中发〔1985〕6 号），改革科研经费拨款制度，激励科研单位发挥研发优势、参与市场经济。有研总院成为国家科技体制改革首批试点单位，国家减拨事业经费，不足部分单位自筹。有研总院响应党的政策，进行了以承包责任制为核心的运营机制、人事制度、组织机构的配套改革，成立科技咨询公司，大胆开拓市场，通过技术咨询、技术服务、成果转让、委托开发、合资办厂等方式，形成了较强的创收能力，有效推进了科研成果向生产力的转化，向"经济建设必须依靠科学技术，科技工作必须面向经济建设"的科技体制改革目标扎实迈进。

1999 年 7 月，在国务院等部门的领导部署下，原国家经贸委管理的 10 个国家局所属的 242 个科研机构转制为企业。有研总院按照国家的部署转为中央直属大型科技企业，于 2000 年 1 月 26 日率先在国家工商局注册为企业法人。转企后，有研总院进一步解放思想，转变观念，锐意改革，开拓创新，坚持走发展高科技、实现产业化的道路，在继续争取国家纵向课题、承担国家重大项目（包括军工项目）的同时，在市场中找出路、求发展，努力进行科技成果转化，通过企业转移科技成果、进行产业化等多种形式进入经济建设主战场，逐步形成了集科学研究、技术开发、高新技术产业、内贸外贸于一体的国际化高科技企业集团的发展格局。

在科技成果的转化路径方面，有研总院积极探索多元化的产业发展模

式：一方面，把研究成果转移到行业内企业，促进企业产品结构调整、升级换代，充分履行行业共性技术研发机构的社会责任、产业责任；另一方面，利用自身条件成立公司，建线生产，把技术创新成果及时转化为有市场竞争力的产品，用产品带来的收益反哺有色金属行业发展所需的应用基础研究。

2017 年 12 月 28 日，有研总院按照国务院国有资产监督管理委员会的要求，进行公司制改制，依《中华人民共和国公司法》注册为国有独资公司，更名为“有研科技集团有限公司”。有研集团以建立现代企业制度和公司法人治理结构为契机，充分落实股东会、董事会、监事会、高层管理经营班子的职责和权利；建立职业经理人制度，更好发挥企业家作用；经过探索、磨合，已经理顺关系，调整到位，初现成效。

（二）确立高科技实体目标，实施模块化战略布局

在 40 年的历程中，有研集团在改革开放、创新发展的总战略指引下，根据内外部环境，找准战略定位，确立发展目标，采用模块布局，谋求永续经营。

1992 年邓小平同志南方谈话之后，我国改革开放进入历史新阶段，方方面面活力大增。有研总院抓住历史机遇，确立了“以科研为基础，以有色金属新材料为主体，以效益为中心，建成技工贸结合的跨国经营的高科技实体”（简称“三位一体”）的发展目标，围绕有色金属新材料、选矿冶金新工艺等进行研究开发，形成了一大批国民经济和国防军工急需的高技术成果，并通过科技成果自主转化，先后组建了稀土材料、复合材料、电子材料分析测试、有色金属质量检验 4 个国家级中心，以及有色金属行业技术开发基地、有色金属材料制备加工国家重点实验室，初步形成了一批高技术产业。

1996 年，国务院做出深化科技体制改革的决定，有研总院成为改革试点的重点骨干科研院所。有研总院围绕此前确立的“三位一体”发展目标，进行模块化布局，加强内部资源重组整合，把优势科研力量分为若干模块，集中瞄准国家急需、国际前沿、技术含量高的科研方向，建立了半导体材料

国家工程研究中心、稀土材料国家工程研究中心、国家有色金属复合材料工程技术研究中心等重量级研究机构。

1992年确立的高科技实体发展目标和1996年实施的模块化部署，奠定了有研总院后来发展路径的基本格局。有研总院“十三五”规划中提出的“价值型高科技企业”的战略定位，可以理解为1992年确立的“高科技实体”的当代升级版。

1996年实施的改革举措主要有如下三点。一是人员分流。有研总院将部分职能部门和院部人员从行政体系中划出，成立经营性服务公司，直接面对市场。此举成功分流了300多名职工及后勤保障人员，并激发了部分人员的经营才能。二是机制转换。有研总院实施“全成本核算”和“目标管理责任制”，将二级单位按照不同的情况分为科研型、产业型（开发经营型）、综合型三种，从科研水平、科研后勤、经济效益、精神文明四个方面进行目标管理和考核，并将考核结果与工资和奖金挂钩。三是制度创新。有研总院制订了《岗位责任考核奖励办法》，实施全员劳动岗位合同制，改革了用工、分类制度，引进了竞争机制，大胆起用有经营管理才能的年轻人。

（三）活用资本市场手段，构筑纵深创新体系

1999年，经过充分准备，有研总院以旗下的半导体材料国家工程研究中心、红外材料研究所、北京金鑫半导体材料有限公司50%的股权独家发起，募集设立有研半导体材料股份有限公司（简称“有研硅股”，1999年1月21日，该公司首次向社会公众和证券投资基金公开发行普通股，并于3月19日在上海证券交易所正式挂牌交易，股票代码600206）。这是我国转制科研院所中第一支公开发行的股票。有研硅股运用上市筹集到的资金，瞄准国际高新技术发展方向，对大直径硅单晶及抛光片制备、先进电力电子器件、红外及光电系统用材料进行了技术改造或扩大生产。有研硅股的上市为有研总院的科技成果转化提供了融资渠道，同时推动了有研总院由科研院所向高科技企业发展。随着有研硅股的不断发展，2014年，该公司重组，更

名为“有研新材料股份有限公司”（简称“有研新材”），目前其旗下直接全资控股或参股公司中有5家公司为国家级高新技术企业。

（四）不忘初心，再启征程

十八大以来，有研集团着力建设有色金属行业共性关键技术研发与服务平台、高新技术孵化与产业化平台，科技成果转化进入新时代。

有研集团及其下属公司的产品多为高技术含量的产品，由于目前国内市场对其需求较少、国内市场价格竞争激烈等因素，有研集团将开拓国际市场作为其发展的一个重要方向。有研新材70%以上的稀土产品用于出口，在国际市场上比较具有竞争力，客户都是实力比较强的国外客户。在和国外客户合作的过程中，对标国外先进企业的要求，有研集团不断提高自身的生产管理水平和质量管理水平，满足客户的需求，使客户对有研新材的产品非常信赖。稀土方面，有研集团申请的国际专利占比达20%。这些核心专利是进行国际合作的重要保障，也是有研集团技术实力的证明。

有研工程技术研究院有限公司（以下简称“有研工研院”）是有研集团改革试点技术创新新模式的单位，探索建立研发－孵化－转化一体化的技术创新体系。改革前，和很多科研院所和高校一样，有研工研院的科研工作以固定的课题组为研究单元，关心具体的研发工作，很少关心研发工作以外的发展战略、投资、市场、生产、技术成果转化等问题，创新体系与资本、市场、生产等要素脱节，导致很多课题组往往只能依靠国家项目经费和一些小产品生产收入维持生存，因而发展缓慢。有研工研院通过改革，新组建了10个研发项目组和产品试制孵化线，培养了10名80后项目经理或产品经理（相当于团队负责人），团队负责人的平均年龄由原来的44岁降到了38岁；项目组成员可以自由组合，打破了原来行政化的团队模式，释放了人才潜能。改革提高了有研工研院的研发质量和效率，使得技术转让逐渐呈常态化，大大加快了技术转让速度，提高了技术转让收入。

由于在有色金属科技研发方面非常有权威，有研集团牵头组织或参与了

23个产业技术创新联盟，构建了有色金属行业共性关键技术研发与服务平台和高新技术孵化与产业化平台，带动了2000余家企业的发展。国联汽车动力电池研究院有限责任公司（以下简称“国联研究院”）就是一个很好的例子。国联研究院是在政府部门大力支持下，由中国汽车工业协会倡导和组织、有研总院牵头发起，汇集国内的科研单位、动力电池生产企业和整车制造企业共同组建的产业技术协同创新平台。国联研究院的主要定位是开展先进动力电池的研究开发、测试验证、成果转化和行业服务，主要任务是通过技术协同创新，推动我国动力电池产业的升级换代，支撑我国自主品牌新能源汽车产业发展。2016年6月30日，我国第一家制造业创新中心——国家动力电池创新中心成立。国家动力电池创新中心以国联研究院为核心，构建中国汽车动力电池产业创新联盟（有研集团牵头成立的产业技术创新联盟之一），构成了“小核心、大协作、广开放”的创新生态网络。

二、用科技支撑产业

有研集团作为我国有色金属行业中研究领域广、综合实力强、具有承担重大攻关任务和解决复杂技术难题能力的综合性科研机构，在向现代企业转制过程中，牢牢把握科技创新和高新技术产业化，走出了一条行业共性技术研发与科技成果产业化的新路子。

据统计，自1952年成立以来，有研集团共承担国家级科技计划项目7000余项，取得科技成果4000多项，获得国家级和省部级科技成果奖励1000余项，获授权专利1700余项，制订国家和行业标准500余项，实现重要技术转移1200余项。其中，“十二五”期间共争取纵向科研经费14.3亿元，比“十一五”增长27.6%；签订横向技术服务合同2.39亿元，比“十一五”增长83.6%；获国家科学技术奖4项，省部级科学技术奖80项；发表科技论文1338篇，获专利授权838项。

（一）坚持自主创新，解决“卡脖子”技术难题

有研集团解决了我国产业发展中的诸多技术难题，代表性的技术成果包括航空航天用高性能7000系铝合金材料、半导体硅材料、大尺寸半导体用超高纯金属原材料及靶材等。

航空航天用高性能7000系铝合金强韧化热处理基础理论和关键技术取得了重大突破；建立了完整的强韧化热处理技术体系，填补了国内多项技术空白，使我国在该领域总体迈进了国际先进行列；多级均匀化退火、三级时效热处理等关键技术处于国际领先水平，并已全面实现工业化应用；相关单位年生产各种热处理状态的7000系铝合金产品近万吨，新增销售收入数亿元，产品广泛应用于国产大飞机、新型战机、航天飞行器等，全面打破了长期以来国外对我国关键技术与材料的封锁，实现了我国重大型号工程关键材料的自主保障。

半导体硅材料取得重大突破。在国内率先实现了直径200mm硅片的批量产业化，产品为国内外知名集成电路制造厂商成功应用。攻克了直径300mm硅片制备关键技术，填补了国内空白。国内唯一突破了直径450mm硅单晶的制备及其相应的硅部件制备技术，达到国际领先水平，并占据全球近1/3的市场。建立了比较完备的硅材料标准体系，引领国内半导体硅材料技术和行业的发展，夯实了我国半导体产业持续健康发展的基础。

大尺寸半导体用超高纯金属原材料及靶材打破国外垄断。是国内唯一建立“超高纯原材料－靶材－回收综合利用”一体化研发生产平台的单位，牵头和参与制定了我国半导体薄膜材料国家行业标准29项（目前全国共35项）。半导体用封装靶材占国内市场90%的份额。

（二）突破关键技术，促进产业绿色发展

引领全球稀土产业绿色发展。自主开发一系列稀土绿色高效冶炼分离新工艺并广泛应用。非皂化萃取分离稀土新工艺从源头消除了氨氮废水污染，已在9家企业规模应用，化工材料成本降低35%以上，年减排氨氮或钠盐废水数百万吨；采用碳酸氢镁法分离提纯稀土原创技术成功改建年处理

30000 吨包头混合型稀土精矿石的新一代绿色冶炼分离生产线，实现镁盐废水及二氧化碳的循环利用，解决了困扰行业多年的硫酸钙结垢难题。离子型稀土矿绿色高效提取分离新工艺有偿转让给中国铝业、厦门钨业、广东稀土等稀土大型企业集团下属企业，首次实现了低浓度稀土浸出液直接萃取富集的工业应用，解决了困扰离子型稀土矿企业的含放射性废渣处置难题。

多项绿色选冶技术国际领先。首创了难处理铜镍钴铀矿资源绿色生物选择性提取理论和技术，从源头上解决了生物冶金中酸、铁、水等多尺度平衡重大工程技术问题，建成了第一座年处理千万吨矿石的选择性生物堆浸提铜矿山。创新建立了高原高寒地区铜铅锌钼硫化矿原生电位调控浮选新技术体系，建成了首座高原铅锌矿、铜钴硫矿和高寒铜钼矿等原生电位调控浮选工程，流程缩短 1/3、药耗降低 1/2、能耗节省 1/3。

新型低温无铅焊料助推电子行业绿色制造。创造性地解决了微电子装联用锡基合金焊料中粉体制备技术及其产业化应用中的重大技术难题，建立了具有自主知识产权的生产线，产品可完全替代进口。系统开发了完整体系的无铅焊料合金，为我国电子业实现全面无铅化奠定了基础。发明了性能优异的新型低温无铅焊料合金，若全面使用该焊料系列产品，有望每年减少二氧化碳排放约 210 万吨，减少行业 40%的能源消耗，实现节能减排，助推绿色制造。

（三）解决共性技术，带动战略性新兴产业发展

动力电池技术支撑新能源汽车产业发展。2016 年，第一家国家制造业创新中心——国家动力电池创新中心挂牌成立，有研集团联合动力电池全产业链的优势单位组建了中国汽车产业创新联盟，开展从关键材料、单体电池到系统的研究开发、试验验证与成果转化。目前，已完成比能量 260Wh/kg 锂离子动力电池产业化技术开发，技术许可建设年产 3GWh 动力电池生产线（合同金额 3.4 亿元）；突破了 300Wh/kg 电池关键技术，开发出了 350Wh/kg 电池技术原型。

太阳能利用材料在新能源产业广泛应用。在太阳能高温发电用核心元器

件方面，有研集团依托在吸热涂层材料（吸收率大于96%）及长管镀膜技术（透过率96%）、吸气阻氢材料（真空度10^{-2}Pa）、异质材料封接技术等方面的自主技术，建成年产2万支的4米集热管生产线，产品应用于中国华能集团三亚南山1、2期电站、中广核德令哈电站等10余项示范工程。

（四）完善科技创新服务体系，构建创新高地

围绕创新链条形成完善的科技创新服务体系。有研集团作为我国有色金属行业中研究领域广、综合实力强的综合性研究院和产业化平台，在提供行业共性技术研发与科技服务的过程中，已形成了从研发、中试到产业化服务的全产业创新链条的技术创新服务体系，拥有16个国家级中心、实验室和研发制造基地，不仅为有研集团自身的科技成果转移、转化提供了完善的创新平台，也为各行业对关键材料的战略需求提供了有力支撑。

在关键技术研发环节，有研集团建成了国家有色金属复合材料工程技术研究中心、国家新能源有色金属材料与制品工程技术研究中心、半导体材料国家工程研究中心、稀土材料国家工程研究中心、生物冶金国家工程实验室、有色金属材料制备加工国家重点实验室、智能传感功能材料国家重点实验室、国家认定企业技术中心、国家级国际联合研究中心、国家有色金属行业技术开发基地、国家动力电池创新中心等国家级研发服务平台；在中试与产业化环节，有研集团建成了国家有色金属及电子材料分析测试中心、国家新材料测试评价平台、军用有色金属材料多品种小批量科研生产基地、国家有色金属质量监督检验中心、国家“大众创业、万众创新”示范基地等国家级中试与产业化服务平台。

以创新平台搭建促协同创新。国家动力电池创新中心作为“中国制造2025”规划的第一家制造业创新中心，围绕研发设计、测试验证、中试孵化和行业服务能力开展建设工作，坚持以企业为主体、以市场为导向，将汽车动力电池作为关键领域，聚焦国内主要汽车厂商（例如一汽、东风、北汽等），同时聚合大学和研究单位，搭建协同攻关，开放共享的动力电池创新

平台，在技术研发、人才培养、行业科技服务等方面做出了重要贡献。

（五）加强科技成果转化与服务，促行业创新驱动发展

以科技成果转化促高技术产业发展。有研集团紧紧围绕建设国内领先、国际一流的价值型高科技企业的战略定位，通过价值链延伸式并购、重组等商业运作，促进现有产业与资本市场更加紧密有效的结合，以现代企业管理运行机制为基础，基于有色金属高新技术孵化与产业化平台的科技成果和孵化企业，在微电子与光电子材料、有色金属粉末及粉末冶金制品、有色金属特种加工材制品、有色金属生物医材制品等领域组建了20余家控股公司（见表1），实现了产业总体规模的扩张与经济效益的平稳快速增长。目前这些公司在各自细分领域中大多处于龙头企业地位，为我国有色金属新材料产业的发展做出了重要贡献。

表1 产业板块与产业公司名称

产业板块分类	产业公司名称
微电子与光电子材料产业	有研新材料股份有限公司
	有研光电新材料有限责任公司
	有研稀土新材料股份有限公司
	有研国晶辉新材料有限公司
	有研亿金新材料有限公司
	北京翠铂林有色金属技术开发中心有限公司
	国科稀土新材料有限公司
	廊坊关西磁性材料有限公司
	乐山有研稀土新材料有限公司
	北京国晶辉红外光学科技有限公司
有色金属生物医材制品产业	有研医疗器械（北京）有限公司
	北京有泽医疗科技有限公司
	北京博拓康泰医疗器械有限公司

续表

产业板块分类	产业公司名称
有色金属粉末及粉末冶金制品产业	有研粉末新材料（北京）有限公司
	有研粉末新材料（合肥）有限公司
	重庆有研重冶新材料有限公司
	北京恒源天桥粉末冶金有限公司
	北京康普锡威科技有限公司
	Makin Metal Powders(UK) Limited
有色金属特种加工材制品产业	厦门火炬特种金属材料有限公司
	北京有研特材科技有限公司
分析测试产业	国标（北京）检验认证有限公司
	国合通用测试评价认证股份公司
	上海有色金属工业技术监测中心有限公司
新能源动力电池产业	国联汽车动力电池研究院有限责任公司

以分析测试和科技信息服务提升行业创新水平。有研集团是我国新材料分析测试领域的主要研究机构，也是有色金属行业分析测试标准的骨干起草单位之一，拥有一支基础理论扎实、实践经验丰富的分析测试研究队伍，拥有先进的大型分析测试仪器 40 余台（套），长期致力于有色金属材料的分析和检测工作，设有国家成立的首批检验检测中心——国家有色金属及电子材料分析测试中心和国家有色金属质量监督检验中心，通过了中国计量认证（CMA）、ISO17025 实验室国家认可（CNAS）、实验室审查认可（CAL）、培训机构资质认证（NTC），是我国新材料权威的第三方检测机构。2017 年，有研集团联合 7 家行业骨干企业并汇集新材料的测试评价机构、专业技术机构、生产单位和新材料的应用单位构成了中国新材料测试评价联盟，并获工信部批准建设国家新材料检测评价中心（主中心），牵头承担国家新材料测试评价体系的建设工作。近年来，有研集团推进分析测试业务市场化改革，成立国标（北京）检验认证有限公司，并购上海有色金属工业技术监测中心

有限公司。加强有色金属特种加工材产业化平台建设，镁/铝/锌阳极和锰铜产品生产线注入厦门火炬公司。

在行业科技期刊方面，有研集团出版发行包括《稀有金属》《中国稀土学报》《分析实验室》等在内的七本中英文期刊。其中，*Rare Metals Journal of Rare Earths* 被 SCI 收录，JCR 影响因子分别为 1.500 和 2.524；《稀有金属》被 EI 收录，CJCR 影响因子为 1.204，已经连续七年在金属材料领域排名第一；《分析实验室》的 CJCR 影响因子为 0.955，现在冶金工程技术领域排名第一。

（六）注重人才培养，为行业发展提供创新源泉

高精尖创新人才聚集。有研集团现有在职员工近 3800 人，专业技术人员近 1200 人。其中教授级高工 220 人，高级工程师 352 人，高工以上职工占 15%；博士（后）251 人，硕士 565 人，硕士及以上学历职工占 21%。有研集团拥有院士 5 人，国家有突出贡献专家 7 人，政府特殊津贴专家 115 人（其中在职 42 人），国家“千人计划”特聘专家 1 人，中组部“万人计划”领军人才 3 人，国家“万人计划”青年拔尖人才 2 人，“百千万人才工程”9 人，科技部创新人才推进计划 2 人，科技北京百名领军人才 3 人。

创新人才培养与孵化的高地。有研集团目前拥有 2 个一级学科（材料科学与工程、冶金工程）、6 个博士学位、8 个硕士学位授予点和 2 个博士后科研流动站，并与多家企业联合建立博士后工作站，每年招收研究生和博士后近百名。有研集团先后向外部输送各类人员 1700 名、设备 4200 多套，援建了 11 个企业和科研院所，为我国建立完整的稀有金属工业体系提供了重要支撑。近年来在有色金属新材料与新技术创新基地建设中，有研集团专门设立了创新培育培训中心，为项目研发团队提供全方位的服务与培训。

设立专项基金，加强人才激励。有研集团设立高端人才基金，用于支持国家“千人计划”、国家特支计划等高端人才开展科研工作；设立创新基金，对具有发展前景的研究领域提供资金支持，重在培育科技领军人才和创新团

队；设立青年基金，为年轻科技人员提供项目平台，让年轻员工独立承担课题研究，提高其独立解决工程技术问题的能力。另外，在国家有关政策支持下，有研集团在两家符合分红权试点条件的控股公司开展岗位分红权激励试点，在一家上市公司开展了限制性股权激励，重点激励在科技创新和成果转化过程中发挥重要作用的研发人员，充分调动了研发骨干的积极性和创造性。

（七）创新组织结构，构建现代化企业新型治理模式

有研集团积极建设“一个平台 + 两个中心”的新型模式，以“技术 + 资本 + 人才”的深度融合，加速技术研发和产业化进程。“一个平台 + 两个中心”即数字化研发平台、投资中心与创新培育培训中心，以此为核心打造有色金属材料工程技术创新基地，为技术、资本与人才的深度融合提供了载体和平台，以市场化机制运营的项目筛选、基金管理、人才培养、培训服务等，进一步加速了技术研发与科技成果产业化进程。其中，产品全周期的数字化研发平台以新材料检测评价、材料计算为核心，在微电子、光电子、新能源、健康医疗、智能传感等领域搭建与国内外知名大学、科研机构、企业紧密合作的共性及关键技术研发平台。

有研集团通过组建投资中心和基金管理公司，推进形成以资本和股权为纽带的创新发展新模式。有研集团设立私募股权投资基金、产业并购基金等基金，以市场化机制筛选科技含量高、市场前景好、附加值高的项目，实现技术集成创新和商业模式创新的有效融合。

在技术、资本对接的基础上，有研集团通过培养、组建或引入核心研发团队、管理团队、经营团队等方式，构建了创新培育培训中心，为项目研发团队提供全方位的服务与培训，包括办公、法律、财务、人事等企业运营的基础服务，也包括围绕核心研发团队创新创业的投融资服务、科技成果转移转化服务、市场能力培训服务等。

三、优质服务国防科技现代化建设

有研集团作为我国有色金属行业规模最大的工业性研发机构，也是国家重点军工配套单位，为我国重大国防军工项目、国家重点工程提供了强有力的战略性新材料保障，为我国国防科技现代化建设做出了重要贡献。有研集团曾先后为“两弹一星”、“神舟飞船”、“载人航天”和“探月工程”等国家重点工程提供了大批新材料、新工艺、新器件，与中航工业、航天科技、航天科工、核工业、兵器工业、兵器装备、电子科技、电子信息、中船重工、中物院等军工企事业单位建立了紧密联系和广泛合作。仅“十二五”期间，有研集团就总计牵头获批承担各类军工项目近 50 项，经费 3 亿元，实现产品供货 4 亿元。

（一）落实军民融合战略，支持国防科技发展

党的十八大以来，以习近平同志为核心的党中央着眼国家安全和发展战略全局，对推动军民融合发展做出了一系列重大战略部署，把军民融合发展上升为国家战略。党的十九大提出，要坚定实施军民融合发展战略，形成军民融合深度发展格局，构建一体化的国家战略体系和能力。

除传统的国防科工局、总装等口径，有研集团也已开始通过采购信息网承担了多项军工科研任务。目前，武器装备科研生产许可的门类大幅消减，很多产品直接面向社会采购。由工信部、财政部批复建成了国家军民融合公共服务平台，打造国务院有关部委、军队、军工单位和民口企业沟通交流的桥梁和纽带，为军民融合需求对接和资源共享提供丰富便捷的信息服务。中国人民解放军总装备部建立了全军武器装备采购网，面向社会公众、民营企业、军队装备采购部门、军工集团等用户全面开放，可实现军队装备采购需求信息发布、企业产品和技术信息推送、军地需求对接、信息动态监测等功能。该网自 2015 年初开通以来发布了大量的采购信息，投标单位更加多元化，成为有研集团参与军民融合的重要途径。

在军民融合发展的国家重大战略背景下，有研集团进一步密切与承担重大军工项目和重点工程的企业的合作。2017 年 8 月 17 日，有研集团与中国核工业集团有限公司签署“1+N”战略合作协议。与此同时，中核集团旗下的中国原子能科学研究院、中核四〇四有限公司、中核北方核燃料元件有限公司分别与有研集团签署了战略合作协议。双方将在现有合作的基础上，全面推进核材料的研发与应用，合力推动核电用关键材料国产化进程，加大核能技术创新与科技成果转化力度。另外，双方还将采用合作开发、合资共建等多种形式，加快新材料和新技术应用与发展，联合申报核工业用新材料预研课题，定期举行核能技术领域学术交流会议等。有研集团与航天科技集团、航天科工集团下属研究院密切沟通，进行轻质高强结构材、耐高温金属、高性能粉末、高性能表面涂层材料、钛合金、铝合金、磁性伸缩材料等金属材料在航天领域应用进行需求对接与合作，以联合申报项目、培养研究生等形式开始深度合作。例如，有研集团与航天五院将联合组建材料和制造联合实验室。

（二）发挥自身研发优势，保障重大国防任务

有研集团发挥自身在有色金属新材料领域的研发优势，为我国国防建设提供红外光学材料、有色金属特种功能材料、有色金属结构及特种加工材等配套材料，为保障国防军工重大项目和重点工程做出了突出贡献。在红外光学领域，有研集团研制提供了大尺寸、高性能多光谱硫化锌和硒化锌材料，满足了多个高新型号材料的急需。在微电子领域，有研集团为军工单位提供了集成电路用硅抛光片和高纯金属靶材。有研集团在国内率先研制成功多光谱硫化锌材料，已应用于我国多款新型高速导弹和战机光电系统的研制和生产，并获得国防科技进步二等奖。在特种功能材料领域，有研集团研制的吸气、储氢、封装、屏蔽等特种材料满足了型号的需要，如研制的铝不锈钢复合热管用于嫦娥三号的着陆器和巡视器热控系统，研制的 4N 级高纯铪保障了某专项的进展。有研集团开发的固态金属氢化物储氢装置，具有储氢压力

低、密度大、纯度高、安全等特点，在单兵作战、移动发电装置、深海潜器、军事工程备用电源等领域具有巨大的应用潜力。在结构材料领域，有研集团开展了先进轻合金及复合材料的研究与应用开发，为我国先进战机、导弹等装备起到了重要的支撑作用。研制的先进铝合金为大飞机提供了轻质高强新材料技术保障；研制的镁合金材料用于某型导弹，实现了减重增程的显著效果；研制的具有优良综合性能的Zr-2合金，应用于我国第一代攻击性核潜艇。与宝鸡钛业股份有限公司联合研制的国产TC4钛合金挤压型材成功用于火箭某段结构，替代了铝合金型材，满足了大推力运载火箭高温承载结构设计需求，提高了结构效率，保障了我国目前起飞重量最大、技术跨度最大、运载能力最大的新一代大型运输火箭“长征五号”成功首飞。TC4钛合金挤压型材在航天领域的首次成功应用填补了国内空白。2012年开始申报的有色金属多品种小批量基地已于2017年全面建成并投入使用，为一些军用关键材料的生产提供了坚实保障。

（三）推进科研成果军转民，促进经济社会发展

有研集团为国防军工提供的很多关键材料及技术向民用转化后也产生了显著的经济和社会效益。有研集团自20世纪五六十年代为我国“两弹”工程研制生产了近百种牌号的锂、钠、钾、铷、铯、钛、锆、钽、铌、铍、钨、钼、钒、稀土纯金属及合金。为适应我国国民经济的发展需要，有研集团陆续将为国防提供的技术和产品向民用转化，先后援建或组建了抚顺铝厂、遵义钛厂、宁夏有色金属冶炼厂、峨嵋半导体材料厂和研究所、洛阳单晶硅厂、宝鸡有色金属加工厂、宝鸡稀有金属加工研究所、包头冶金研究所、广州有色金属研究院等，产品和技术在保障军用的同时也为我国稀有金属工业体系的建立和国民经济的发展做出了全面而突出的贡献。有研集团20世纪60年代就开始向军工部门提供晶体管、整流器用硅材料，经过半个多世纪的发展，产品除满足军用，大部分进入了民用市场。一方面，在我国半导体硅单晶及抛光片研发生产领域，有研集团已经成为龙头企业之一；另

一方面，有研集团为军工研发生产的其他技术和产品，如锗单晶、砷化镓、屏蔽套、吸气元件等在民用方面也创造了良好的经济效益。

（四）破解制约服务国防瓶颈，切实保障国防建设需求

在我国军民融合发展战略下，具有浓厚国防军工情结的有研集团继续坚持军品第一原则，依靠自身研发优势和长期承担国家军工配套任务积累的经验，主动跟进，通过推动军民资源信息共享平台、联合研发军工产品等方式，精准对接需求，促进新技术在新装备中快速应用。通过交流装备中技术问题，有研集团提前介入装备设计生产过程，使先进的民用技术快速为军工关键装备的性能提升做出贡献。有研集团继续加强材料及器件的检验、验证，积极推动建立联合实验室，共享试验设施，开展联合技术攻关，加快科技成果在国防建设和国民经济建设两方面的应用。

四、立体开展国际交流合作

改革开放以来，有研集团在全球竞争中以广泛的技术能力在国际同行享有较高声誉，以单一企业拥有 64 种有色 / 稀有金属分离提取工艺而获得国际知名度，构筑国际合作基础。通过整合全球优势资源，有研集团不断提升自主创新能力，在产业价值链中逐步上移，突破了发达国家在某些战略性材料与零件领域对中国的封锁，改变了畸高价销售的状况。

（一）整合优势资源，在优势领域提高全球竞争力

有研集团针对有色金属新材料产业“多、小、散、变”的特点，构筑创新基础平台，在重点领域进行改革发展，通过整合资源进行协同创新，加强与国际机构的合作，提升微电子与光电子材料、有色金属粉末及粉末冶金制品、有色金属特种加工材制品、有色金属生物医材制品等细分领域的国际竞争力。

有研集团积极响应国资委“走出去”的战略部署，并购了英国 Makin 公司，迈出了国际化经营的第一步，从而进一步发挥技术市场的协同效应，把有研品牌推向国际。有研粉末（合肥）公司与 Makin 公司签署技术转让协议，双方在渠道、客户和竞争对手等信息共享方面进行合作。在公司治理层面，有研集团维持 Makin 原有管理、运营及品牌等的独立性。同时，有研集团向产业链下游延伸，兼并和重组康普锡威、恒源天桥、有研重冶等国内公司，整合资源，成为国际领先、全球一流的有色金属粉末生产解决方案的提供商，形成怀柔基地、合肥基地、重庆基地和英国基地四个地方的产业布局。有研集团已掌握国际领先的金属及合金粉末和高端制品成套制造技术，拥有国内规模最大的生产基地，可为电子封装和粉末冶金市场提供全方位的技术解决方案和技术服务方案，广泛应用于汽车、集成电路、军工、轨道交通、硬质合金工具等领域。通过有效的整合与融合，有研集团实现了境外国有资产的稳健运行。以有研粉末为例，截至 2017 年底，境外资产总额达 10721 万元人民币，所有者权益达 5876 万元人民币，2017 年净资产收益达 11.78%。

改革开放以来，有研集团稀土业务从初期以资源开采、冶炼分离和初级产品加工为主转变为中高端材料和应用产品为主。作为稀土行业领域的国家级高新技术企业，有研稀土拥有高层次科研及新产品开发人员，不断优化产品结构，将产业定位为行业高端产品，主要服务于出口及国内高端客户。随着世界科技革命和产业变革的不断深化，高端稀土产品在国民经济和社会发展中的应用价值将进一步提升。

有研集团注重基础平台建设，积极参与国际标准的互认与制定，以改变与国际测试评价机构缺乏协同互认的现状。例如，依托国联研究院成立的国家动力电池研究中心在关键材料、关键部件和电池管理系统进行法规性试验中，不仅仅进行国家标准的试验，也进行国际标准和国外标准的对接，以夯实自身进行海外市场拓展和进行海外合作的基础。

（二）在国际业务中学习，提升技术能力与管理水平

有研新材在产品出口的过程中，在为国外客户提供产品和技术服务时，积极与客户进行沟通和协作，从而在转制之后缺乏企业管理经验的情况下，能获得技术管理和质量管理上的迅速提升。在实际协作中，通过客户派遣技术人员进行产品认证等方式，有研新材获得了产品技术的提升，在满足技术上的指标要求后，再通过客户派遣质量管理方面的人员优化质量管理流程，以确保产品能批量稳定地进行生产。通过出口中学习的策略，有研新材极大地提高了生产和质量管理水平，公司已在下游客户群体中树立了良好的口碑和品牌。

目前有研新材在稀土冶金与材料、超高纯金属靶材、红外光学材料等领域处于国际领先水平。2015 年，有研新材实现了 LED 产业荧光粉产品的突破，打破了国外企业的市场垄断，改变了价格畸高的现状。通过技术创新，有研新材突破了日本专利限制，并申请了器件专利，率先在业内实现了高显色照明用氮化物红粉的产业化开发，为国内下游 LED 企业发展提供了重要可靠材料保障，从材料方面改变了中国 LED 产业发展受制于人的局面。

（三）与全球领先用户合作，向产业价值链上游攀升

在科技创新快速发展和数字化的时代背景下，产品的生命周期逐渐缩短，对关键基础材料不断提出新的挑战和需求。改革开放以来，有研集团通过自身技术能力的提升，由原来的被动接受国外客户的订单与要求，转变为主动与全球领先企业直接联系和对接，建立合作关系。如有研新材依托多年积累的技术和研发成果，与 Intel、优美科等全球领先企业用户展开合作，共享技术，共同研究开发下一代产品，从而降低了研发不确定性，并逐渐迈向产业价值链的前端。

（四）面对国外技术封锁，着力加强基础研究国际合作

近年来，由于先进材料技术受到发达国家的管制，中国企业在国际市场

上并购受阻。如美国对海外并购实行穿透审查，有研集团的并购计划在谈判最后环节被美国政府否决；德国 2017 年开始重新制定海外投资办法，限制了有研集团通过企业并购进入海外市场的渠道；一些出访包括参加国际会议都不能成行。因此，有研集团在国际业务拓展方面侧重建立基础性的合作关系，与国外知名高校和研究机构建立战略合作关系，联合培养科技人才。

有研集团国际合作形式主要包括项目合作、学术交流、外聘专家及建立创新中心或联合实验室。2007 年，有研集团建立了国家级国际联合研究中心——中韩新材料联合研究中心，充分利用中韩两国的科技和人才资源，全面提升国际科技合作质量，拓展国际科技合作领域和渠道，创新合作方式，实现项目、基地、人才的集成发展。有研集团依托国家级国际联合研究中心和北京市国际科技合作基地，与麻省理工学院、英国布鲁内尔大学、英国焊接技术研究所建立了全面战略合作关系，与美国、英国、俄罗斯和澳大利亚等国家和地区的一批科研机构和大学开展了项目合作，聘请了麻省理工学院、日本产业技术综合研究院、英国皇家工程院、英国布鲁内尔大学、英国焊接技术研究所、中国台湾工业技术研究院、韩国材料科学研究院等国际知名机构的一批专家担任兼职教授和技术顾问。

在国际合作项目方面，2010 年以来，有研集团承担了国家的国际科技合作项目 9 项，合同额达 2028 万元，国际合作项目、合同额呈现迅速增长态势，合作国家范围也迅速扩大。有研集团已经与美国 AO 史密斯公司、美国瑞美公司、美国 GLOBITECH 公司、美国通用公司、德国瓦克化学公司、日本松下公司、日本三井集团、日本住友集团、中国台积电公司等建立合作关系。

有研集团在金属材料技术领域的国际化程度逐渐增强，显示了我国在该领域技术水平的提升。近年来，有研集团每年接待来访专家数量达四百余人次，出访几百人次，在金属技术前沿和交叉领域展开国际交流合作。主办英文国际期刊 3 个［《稀有金属》（英文版）、《稀土学报》（英文版）、《分析检测》（英文版），前两者 SCI 影响因子分别连续 4 年和 5 年处于国际相关领域 Q2 区（排名位于前 50%）］。2011～2017 年，有研集团发表国际 SCI、EI 论文

1734篇；申请国际专利93项，授权国际专利49项，特别是2016年以来国际专利申请数量增长迅速；制定国际标准2项。

（五）培养高端创新人才，推动企业国际化发展

有研集团高度重视高层次科技人才的引进工作，利用国家千人计划的政策条件，引进千人计划2名；通过国际学术活动、国际合作项目及专家推荐等多种途径吸引有意向的高水平院外专家学者加盟有研集团，或来有研集团短期工作、开展技术合作与学术交流；在全球招聘多名公司高级管理人员、生产总监、质量总监等。近几年，有研集团从美国、英国、德国、瑞典、法国等国家引进30余名海外人才。为培养具有国际视野的高端人才，有研集团一是积极选派科技人才到国内外著名院校与研究机构（美国麻省理工学院、英国布鲁奈尔大学和TWI研究所以及中国台湾工研院等）学习进修；二是选派大量技术骨干参加工信部、国资委等部门组织的境外高级研修班，为科技人员提供大量的交流学习机会；三是邀请知名专家学者来有研集团举办讲座。

除此以外，有研集团还充分利用外聘专家的力量，推动国际创新中心或联合实验室的建设。如聘请加拿大皇家科学院和皇家工程院的两院院士孙学良教授担任创新中心投资在加拿大西安大略省设立的“固态电池联合实验室”主任；与美国前总统奥巴马的科技顾问、材料基因组计划的倡导者、伯克利大学Ceder教授开展合作，推动新能源材料、材料计算领速发展。

五、进一步发展面临的挑战

经过改革开放40年的发展，有研集团的综合实力不断增强。在新的国内外形势下，有研集团的进一步发展面临着一系列挑战。这些挑战主要有以下几个方面。

（一）科技创新潜力有待进一步发掘

有研集团由国立科研机构转制而来，原有的领域布局和创新体系尚未与当代市场完全接轨，科技成果的产业化转化缺乏有力的政策导向、机制激励和服务支撑，科技人员成果转化积极性未得到有效激发，科研成果转化速度和转化率仍偏低，集团内部科技创新和产业化需要系统性加强。研发领域凝练目标、聚焦目标不够，核心竞争力和影响力有待加强。“十二五”末期科研项目数量和到款经费数额出现一定下滑趋势。

（二）集团整体盈利能力尚显薄弱

有色金属新材料种类多、领域多，在每个行业领域中分布比较散，每类产品的细分市场容量小，市场和产品发展变化较快。这对有研集团的发展壮大是非常大的挑战。反应在有研集团的企业经营上，集团盈利能力不足，产业规模偏小，主导产品利润率偏低，产业可持续发展的技术支撑不强，市场化激励手段不足，企业法人治理结构需进一步完善，内部管理需进一步加强。

有研集团的双重身份对其发展产业化有一定的负面影响。一方面，有研集团是国有大型科研机构，需要承担起国家发展产业的责任，进行诸多行业共性关键技术的研究，解决制约我国有色金属行业发展的“卡脖子”问题；另一方面，有研集团是自负盈亏、追求利润的企业，上级管理部门对其有国有资产保值增值的要求。这样的双重身份，使得有研集团在与行业内公司合作时，业内其他公司担心有研集团获取其商业秘密、技术秘密等，因而对其持有一定戒心。保持大型的科研机构需要强大的人力、物力、财力支撑，目前有研集团的收入和利润规模并不是很大，保持这么大的科研机构运作有很大压力。

（三）投融资模式方面有待改进

有研集团已经设立了有研鼎盛投资有限公司，但由于机制体制、历史、文化等问题，目前市场、资本和技术的深度融合仍存在机制性障碍，一方面缺乏风险投资基金，另一方面现有技术与资本和市场要求的成熟度尚有一定差距，科研支撑产业、产业反哺科研的良性循环尚需巩固和发展。目前有研集团科技和产业的发展缺乏足够的市场化资本和服务的支撑，商业模式相对单一，与市场对高科技企业的发展要求不相适应。

（四）人才队伍建设有待加强

在人才队伍方面，有研集团现有的人才队伍同质化现象较为严重，知识和年龄结构不合理，产业化人才不足，尤其是具有企业家精神的高级经营管理人才严重缺乏。金融和资本运作方面人才缺乏，经验不足。

面对这些挑战，有研集团已经做了较为充分的准备。在我国“创新驱动发展”战略的引导下，有研集团作为一家发展历史长、科技实力强的企业，立足于国家战略，主动投身于国际大市场，以“一流工程技术创新基地、百年有色科技服务先锋”为战略目标，营造国际竞争优势，形成新的经济增长点，必将为国家和社会带来更多的经济价值和科技成果。

六、思考与建议

（一）对有研集团经验的思考总结

在改革开放 40 年的历史进程中，有研集团是我国行业科学技术研究开发机构转制发展、创新提升的一个缩影，所取得的经验、所面临的挑战，都具有时代性意义。只有把关键核心技术掌握在自己手中，才能从根本上保障国家经济安全、国防安全和其他安全。有研集团的发展实践，充分证明了这一振聋发聩的新时代判断。

回顾有研集团改革开放、创新发展的实践，我们总结出以下几点非常宝贵的经验。

1. 坚定执行党和国家的方针政策，自觉走在科技体制改革前列

科技体制改革是我国体制改革的重要组成部分。党和国家高度重视科技体制改革，多次出台重要政策指引，推进科技体制改革。有研集团在历次科

技体制改革重要举措出台时，都坚定走在贯彻执行的前列。在落实改革任务的过程中，找准了定位，看清了方向，规划了路径，付出了努力，取得了成绩，做出了贡献。

2. 坚持科技创新、支撑行业发展

1952 年，有研集团创建初期，适应当时计划经济体制下发展有色金属产业的要求，在“基础研究 – 应用开发 – 产品试制 – 规模化生产”的线性创新模型中，主要对应应用开发，兼顾基础研究和产品试制，定位于行业共性关键技术研究基地。1978 年以来的改革开放，打破了计划经济体制的桎梏和对线性创新模型的幻想，有研集团和其他许多行业共性关键技术研究基地不得不直接面对市场。有研集团依靠在本行业科技领域多年深耕细作的积累，得以存续和发展，并逐步探索出以研究开发为业务基础、以博士后流动站和博士、硕士学位授予点为人才培养基地、以符合经济规律的技术转移和企业孵化为创值手段的创新发展模式，在有力支撑行业发展的同时，也发展壮大了自己。

3. 挑战关键难题、服务国防事业

长期以来，有研集团一直坚持军品第一的原则，把服务国防事业视为天职，主动请缨国家重大战略任务，多次解决国防、军工科技难题，为我国重大国防军工项目、国家重点工程提供了强有力的战略性新材料保障，为我国国防科技现代化建设做出了重要贡献。

4. 活用市场经济体制，构建纵深创新格局

1999 年，有研集团在资本市场公开发行我国转制科研院所的第一支股票，给当时备受亚洲金融危机影响的我国股市带来一股新风。资本市场是市场经济的核心和精髓，有研集团不但利用资本市场筹措资金、反哺科研，还利用资本市场的原理、机制“开疆扩土”，构筑了多层次、立体化的创新格局，在起伏甚大的有色金属产业中立于不败之地。

5. 高度重视人才，谋求基业长青

人才是第一资源。有研集团一直把人才工作放在重要位置。刚刚开始改

革开放的1978年，有研集团就招收了研究生，经过多年发展，有研集团的科研人才培养体系已经颇具规模，是我国有色金属产业科研人才培养重镇。有研集团还根据发展的需要，通过举办培训班等形式，培训技术转移、企业孵化人才。对于急需的经营人才，则高薪延揽、委以重任。

（二）基于有研集团调研的政策建议

1999年，包括有研集团在内的242个科研院所转制后，由于改革配套措施不到位和国家产业政策调整等诸多原因，我国一些行业共性关键技术的供给能力受到不同程度的影响。这种影响至今还或多或少存在着。在新的历史条件下，如何建设重点行业科学技术创新体系，实现关键技术、关键材料、关键工艺、关键设备的自主可控，行业共性关键技术研究组织至关重要。历史上任何时候，都没有像今天这样更需要有研集团这样的行业共性关键科学技术研究组织。同时，也要清楚地认识到，有研集团当前面临的大多数挑战，都不是一个企业凭一己之力能够解决的。因此，基于对有研集团的调研，提出以下建议。

1. 尽快启动重点行业共性关键技术研发机构立法调研工作，研究行业共性关键技术研发机构立法的重要性、迫切性和可行性

这个立法调研内容应该包括用法律形式明确规定行业共性关键技术研发机构的责任、地位、治理形式、资源投入等核心事项，确保这类机构能够发挥重点行业科技支撑的作用。

2. 设立重点行业共性关键技术研发专项资金，解决行业共性关键技术经费来源问题

在此，提出如下几点建议。（1）在行业共性关键技术研发专项资金使用上，参考、借鉴国家高端智库运行管理模式，成立行业共性关键技术研发专项资金理事会，根据申报单位的基础条件，评选、认定单位资质。对于符合条件的单位，每年拨付相对稳定的经费，要求使用这些经费解决理事会成员单位提出的行业共性关键技术难题。（2）在行业共性关键技术研发专项资金

筹措上，开放理事会资格，鼓励企业通过出资来获得副理事长、常务理事、理事等职位。原则上，出资多者职位高。对于专项资金资助形成的研发成果，职位高的企业单位，有优先接受转让、许可等权利。理事长一职，由政府行业管理部门担任。

3. 在行业共性关键技术研发机构中倡导工程师精神

快速、有效、精准解决行业生产、经营中的实际问题，是行业共性关键技术研发机构的根本所在。解决实际问题，需要工程师精神。我国不少转制而来的行业技术研发机构，或多或少地存在着科研价值取向，这通常有悖于解决实际问题的要求。在重点行业设立“工程师奖”，鼓励共性关键技术研发机构研发人员以解决生产经营中的实际问题为荣，吸引人才，切实推动行业技术进步。

4. 鼓励行业共性关键技术研发机构在行业技术转移中发挥枢纽作用

综合利用现有的各类优惠政策，包括技术市场优惠政策、成果转化优惠政策等，鼓励行业共性关键技术研发机构发挥承接基础研究成果向产业技术、设备转化的功能，提高我国技术转移效率。

5. 加强分类管理，重视科研机构的战略定位评价和应用类科研项目的经济性考量

充分考虑不同类型科研机构、项目的差异性，对其实施分类管理。对科研机构的评价，要提高其战略定位的权重。对科研项目的评价，要及时予以分类，并把相应的考核指标对应于相应的考核周期。对于面向市场的应用类科研项目，要将经济性指标（如投入产出比、市场规模等）纳入审批和后续管理范围，贯穿整个项目研究过程和技术路线；对于一些比较好的概念，先支持其开展前期研究，如果在研究过程中能够找到化解存在问题的有效方法，再给予更大的投入。